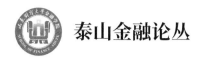
泰山金融论丛

IPOS AND M&AS:
PRACTICAL EXPLANATION AND THEORETICAL EXPLORATION

IPO与并购：
实务解析与理论探讨

黄方亮 等 ◎ 编著

中国财经出版传媒集团
经济科学出版社
Economic Science Press

图书在版编目（CIP）数据

IPO 与并购：实务解析与理论探讨／黄方亮等编著.
—北京：经济科学出版社，2022.2
（泰山金融论丛）
ISBN 978 - 7 - 5218 - 2811 - 5

Ⅰ.①I… Ⅱ.①黄… Ⅲ.①上市公司 - 财务审计 -
研究 - 中国 ②上市公司 - 企业合并 - 研究 - 中国 Ⅳ.
①F239.65 ②F276.6

中国版本图书馆 CIP 数据核字（2021）第 174911 号

责任编辑：刘　悦　杜　鹏
责任校对：隗立娜
责任印制：邱　天

IPO 与并购：实务解析与理论探讨
黄方亮　等　编著
经济科学出版社出版、发行　新华书店经销
社址：北京市海淀区阜成路甲 28 号　邮编：100142
编辑部电话：010 - 88191412　发行部电话：010 - 88191522
网址：www.esp.com.cn
电子邮箱：esp@ esp.com.con
天猫网店：经济科学出版社旗舰店
网址：http：//jjkxcbs.tmall.com
北京时捷印刷有限公司印装
710×1000　16 开　26.75 印张　460000 字
2022 年 2 月第 1 版　2022 年 2 月第 1 次印刷
ISBN 978 - 7 - 5218 - 2811 - 5　定价：118.00 元
（图书出现印装问题，本社负责调换。电话：010 - 88191510）
（版权所有　侵权必究　打击盗版　举报热线：010 - 88191661
QQ：2242791300　营销中心电话：010 - 88191537
电子邮箱：dbts@ esp.com.cn）

序

　　自 1990 年中国的证券市场建立以来，股票首次公开发行（initial public offering，IPO）数量逐渐增加，上市公司数量逐渐庞大起来，成为资本市场和经济中的重要主体；与此同时，并购活动也逐渐增多，资本市场的资源配置优化作用得以发挥。尤其是在近些年，随着中国经济的快速发展，证券市场的规模也正在快速提升，在全球已经居于前列，对于 IPO 与并购的实务分析和理论研究的现实意义日益凸显。为此，我们在以往出版的教材和著作（《公司上市与并购》《新股发行风险信息披露的多维分析》）及相关论文等学术成果的基础上，编写了本书《IPO 与并购：实务解析与理论探讨》。

　　中国一直在推动证券市场的改革，多次修订《中华人民共和国公司法》《中华人民共和国证券法》《首次公开发行股票并上市管理办法》《上市公司收购管理办法》《上市公司重大资产重组管理办法》以及交易所的股票上市和并购规定等相关法律法规，并且有许多新政策不断出台。经过长期酝酿的注册制改革也已启动，分别于 2019 年和 2020 年在科创板、创业板试点推行。对于资本市场中出现的新动态、新规定，本书紧跟改革的步伐，进行了及时归纳，使本书的内容更加贴近现实。

　　此外，与先前成果的内容相比，我们在阐释相关实务操作等知识的基础上，着重补充国内和国际案例分析与理论研究的内容，这有助于拓宽读者观察相关问题的视野，提升读者观察相关问题的高度。

　　书中有关实务知识的阐释，适合于有关实务工作者、金融专业的学生等阅读。其中有关案例分析、理论研究的内容，适合于高年级本科生、硕士、博士研究生以及有关学者等学习和参考。

　　书中着重提供的有关理论研究的内容，有利于指导实践，便于实务操作者和其他读者不仅知其然，也知其所以然，有利于在实务操作中以创新性的精神去开拓业务，设计出创新性的业务模式。例如，"企业为什么要上市？"这个问题看似简单，但在现实世界中，有的企业千方百计去争取上市，而有的企业尽可能不去上市，这种相悖的并存现象产生的原因是什么？实务工作者在面临这种问题时如何进行决策？从理论层面对企业上市的动因和效应进行分析，有助于企业探寻到较为准确的答案。再如，企业进行管理层收购或员工持股计划起到的激励作用有多大？对此类问题在理论上的思考与探讨，有助于启发相关方创新性地设计出更加能发挥良好作用的激励机制。对于有关专项问题的学术研究，我们已经取得了部分阶段性成果，其中有些内容体现在本书中，有些内容仍然在研究过程中。

本书的作者团队多年从事企业发行与上市、兼并与收购、投资学及高级公司金融等方面的教学和科研以及相关的实务工作，具备较丰富的实践经验和理论基础。本书由黄方亮总体主持完成。各章撰写分工如下：黄方亮、聂左玲撰写第 1 章、第 2 章和第 16 章；孙莉、黄方亮、宿淑玲撰写第 4 章、第 5 章、第 8 章和第 9 章；聂左玲、郭健、王高山撰写第 10 章、第 13 章、第 14 章和第 15 章；崔越、李文君、向丽锦、陈萌、王倩、吴多文、刘奇耀、徐超撰写第 3 章、第 6 章、第 7 章、第 11 章和第 12 章。

本书得到了山东财经大学金融学院、山东财经大学数字经济研究院以及上海证券交易所与山东财经大学合建的泰山资本市场研究中心等单位有关领导、同仁的大力支持，并得到国家社科基金重点项目"IPO 信息披露与投资者权益保护研究"（15AJY019）以及山东省社会科学数字山东专项项目"大数据、人工智能与现代产业集群融合发展研究"（20CSDJ22）、"山东省政务数据与社会数据融合应用研究"（20CSDJ226）和"数据赋能与经济社会发展活力问题研究"（20CSDJ28）等的资金支持与帮助。深圳证券交易所王文立博士、山东省金融学会的李菡研究员、山东上市公司协会邢梅研究员为本书提出了许多指导性意见。殷浩文、马一川、邹雪、崔红燕、李彤彤、于梅、韩瑞、王建伟、于庆艳、王捷、朱晓琳、廖倩、杨颜潇、姚晨蔚、何昌锴、黄京秋、辛雨等搜寻、筛选、整理了部分案例和文献，并分别对不同章节的内容进行了校对。经济科学出版社的领导和刘悦编辑为本书的出版付出了许多辛苦。在此我们表示诚挚的感谢！我们参阅了许多国内外论文、著作等相关文献资料，在此向所有文献的作者致谢！

黄方亮

2021 年 9 月

目　　录

第1编　IPO

第2编　并　　购

第1编

IPO

第1章　IPO 导论

细分来看，股票的发行与上市是两个过程。在股票公开上市交易之前，公司一般需要进行股票首次公开发行（initial public offering，IPO）。而公司上市（going public）是指公司的股票在证券交易所上市交易。在公司的股票公开上市之后，企业由非公众公司（private company）变为公众公司（public company）。

公司上市是个漫长复杂的过程，不同的证券交易所对公司上市的流程有不同的规定，不同的公司也会根据本公司的实际情况选择适合的上市方式。这一切，都需要证券市场尤其是证券发行市场职能的有效发挥。

1.1　证券市场与公司上市

证券市场是有价证券发行和交易的场所，公司股票首次公开发行和股票在交易所上市交易均是在证券市场上进行。

1.1.1　证券市场概述

1.1.1.1　金融市场体系的构成

1. 金融市场包含的主要子市场

金融市场是指资金供给者和资金需求者通过交易金融资产而实现资金融通的市场。金融市场具有融通资金、配置资源、反映经济运行情况、促进资金合理运用以及为宏观金融调控提供便利等功能。在现代社会中，金融市场功能的有效发挥对各项经济活动的实现和整个经济正常运行发挥着至关重要的作用，也是增加个人财富积累、加快企业资金周转、优化资源配置和提高经济运行效率的有效途径。

金融市场有多种分类方式。其中，根据标的金融资产的期限，可以将金融市场划分为货币市场和资本市场。货币市场是指融通短期（一年及一年以下）资金的市场，包括同业拆借市场、回购协议市场、商业票据市场、银行承兑票据市场、短期政府债券市场、大额可转让定期存单市场和货币市场共同基金市场，其最大的特点是高流动性，一旦需要便可迅速获得流动资金。

资本市场是指一年以上的中长期资金交易的市场，由于发展程度的差异，资本市场在发达国家和发展中国家被赋予了不同的含义。一般来说，发达国家的资本市场是不包括长期信贷市场的证券市场，包括股票市场、债券市场、基金市场和衍生品市场。而对于发展中国家来说，信贷市场对长期资金的配置起重要作用，因而也是资本市场的研究内容。无论如何，在现代社会中，证券市场是资本市场的核心，也是金融市场最重要的组成部分。

证券是用来证明持券人或证券指定的特定主体拥有某种特定权益的凭证。根据性质不同，证券分为有价证券和凭证证券。适用于《中华人民共和国证券法》（以下简称《证券法》）（2019 年修订）规定的证券包括股票、公司债券、存托凭证和国务院依法认定的其他证券的发行和交易，以及政府债券、证券投资基金份额的上市交易。①

证券市场是证券发行和交易的场所，也是价值、财产权利、风险直接交换的场所。

2. 证券市场的分类

证券市场是一个复杂的市场，根据不同的划分标准，可以有多种分类方式。为了更全面地认识证券市场，我们从以下三个角度对证券市场进行分类。

（1）按照市场职能划分，证券市场可以分为证券发行市场和证券交易市场。

证券发行市场又称为"一级市场"或"初级市场"，是发行人以筹集资金为目的，按照一定的法律规定和发行程序，向投资者出售新证券所形成的市场。证券发行是证券走向流通领域的第一步，是证券能在二级市场上交易的前提。

---

① 详见《证券法》（2019 年修订）第二条。注意一个相关规定是发行和交易；另一个是上市交易。

证券交易市场是投资者通过买卖已发行的证券实现流通转让的市场,又称"二级市场"或"次级市场"。证券交易并不能够增加证券总量和投资总量,但通过证券买卖,卖出者可将证券迅速变现,买入者可进行方便快捷的投资,从而为证券创造了流动性。

证券发行市场和证券交易市场都是证券市场体系必不可少的组成部分,证券发行市场创造出新的投资品种,为证券在二级市场上流通交易提供了前提;证券交易市场是证券发行市场存在的必要条件,为证券提供流通变现的可能,使发行的债券对投资者具有吸引力。证券发行市场和交易市场相辅相成,构成了统一的证券市场体系。

(2) 按交易对象划分,证券市场包括股票市场、债券市场以及基金市场。

股票市场是股票发行和交易的场所。由于股票是一种权益工具,股票市场也称为权益市场。股票市场也分为一级市场和二级市场,一级市场是指公司直接或通过承销商发行新股以筹集资金的市场,包括首次公开发行股票和再发行股票。二级市场是投资者在交易所内或场外买卖已发行的股票所形成的股票交易市场。

债券市场是债券发行和交易的市场。同股票市场一样,债券市场也分为一级市场和二级市场。我国的债券市场发展相对滞后,上市债券占债券总量的比重很小,上市债券中又以国债居多,企业债券发展缓慢。

基金市场是基金发行和交易的市场。基金市场发展是个人投资向联合化、机构化发展的产物,有利于解决个人投资者盲目投资、经验不足、信息不充分、难以通过分散投资降低风险等各种问题,但目前我国的基金市场发展还不够完善,尤其是基金公司运作不规范,影响了投资者的投资信心。

(3) 按交易组织形式划分,证券市场分为场内交易市场和场外交易市场。

场内交易市场又称交易所市场,是由证券交易所组织集中交易的市场。证券交易所是证券市场的核心。场内交易市场规定了严格的交易时间、交易方式,对交易主体和客体也有严格的限制,例如交易者必须为具备一定资格的会员证券公司及特定的经纪人和证券商,一般投资者只能委托经纪商间接地进行证券买卖,交易对象限定为符合特定标准并在交易所上市的证券,诸多条件使得许多中小投资者无法涉足。场外交易市场是交易所市场的补充,有效弥补了交易所市场的不足之处,它是通过电话、网络连接起来的一种分散的无形的市场，交易时间灵活、监管宽松、程序简单，多采用议价方式成交，交易对象原来主要是大量未上市的证券，近几年一部分上市证券也涌入场外交易市场。但场外交易市场的交易特点和规则暴露了它的不足，例如组织性差、竞争性差、交易风险大，因而需要进一步规范发展。①

1.1.1.2　证券市场的主要功能

证券市场是市场经济发展到一定阶段的产物，是为解决资本供求矛盾而产生的。证券市场作为证券发行和买卖的场所，为资金的供给者和需求者提供融通资金的渠道，并通过竞争机制确定证券价格。随着证券市场的深入发展，其功能不再仅仅局限于融通资金，而是以自己独特的方式影响着整个社会经济，例如为政府提供公开市场操作的调节杠杆，反映经济运行状况，进行社会资源重新配置等。

（1）融通资金。证券市场最初是为满足筹资需求而发展起来的，由于银行信贷期限短、利息高、限制条件多，不能满足各类筹资者的需要，因而证券市场应运而生。证券市场为一般企业、政府及社会机构提供了通过发行股票或债券直接向社会公众融资的平台。资金短缺者从证券市场上融资，可以获得长期稳定的资金，优化资本结构，资金使用限制也较少，更能满足特定筹资者的需求。筹资和投资是密不可分的两个环节，资金盈余者向证券市场投入的资金是证券市场发挥筹资功能和其他一切功能的前提。证券市场为投资者提供了风险和收益多样化的投资产品，拓宽了投资者的投资渠道，促进了储蓄向投资的转化。

（2）定价功能。证券的价格反映了证券所代表的资产质量，企业经营状况越好，证券的预期报酬率越高，证券价格越高。证券价格也是证券供给和需求共同作用的结果，在供求关系的影响下，证券价格围绕其价值上下波动。

（3）资源配置功能。证券价格波动反映供求关系，证券的需求代表投资者对该企业的投资意向。投资者往往通过公布的信息来判断经济运行状况及行业和个别企业的发展前景，将资金投放到最有发展潜力、最能为投资者带来最大报酬的行业和企业，使有限的资金得到合理的运用，实现资源的优化配置。

①　黄磊.证券投资学［M］.北京：中国财政经济出版社，2008；黄磊，葛永波.证券投资学［M］.北京：经济科学出版社，2013.

（4）经济观察功能。能够在证券市场上市的公司，一般都是有规模、有实力、有发展前景的大企业，它们在各自的生产领域占据一席之地，所占资本份额也高，它们的发展变化往往能够反映一个行业的发展现状甚至国家的经济形势。证券市场有严格的信息披露制度，要求上市公司定期披露财务状况和经营成果，证券市场上的各类指数，是根据有代表性的公司股票交易情况编制的，更能直接反映行业和国家经济运行状况。因此，分析机构将证券市场数据分析作为经济观察的重要手段。

（5）宏观调控功能。证券市场是一国经济的"晴雨表"，它反映实体经济发展状况而又先于实体经济，因而往往成为国家进行经济分析的重点。政府通过对证券市场行情变化的监管，发现证券市场和实体经济存在的问题，提前运用各种调控手段实现经济的平稳健康发展。例如，货币政策三大工具中的公开市场业务，就是通过中央银行买卖有价证券实现货币供应的放宽和收缩。

1.1.1.3　证券市场运行的基本原则

为了有效保护投资者的利益，保障证券市场的健康运行，一般要遵循以下三个原则。①

（1）公开性原则。这是证券上市、交易的基本原则。它要求信息公开，例如，上市公司必须及时公开公司的财务报表、经营状况以及其他相关的资料与信息，使投资者获得足够的信息进行分析和选择。

（2）公正性原则。这是指参与证券交易活动的每一个人、每一机构均须站在公正、客观的立场上反映情况，不得有隐瞒、欺诈或弄虚作假等侵害他人利益的行为。

（3）公平性原则。这是指证券上市交易中的各方，包括各证券商、经纪人和投资者，在头卖交易活动中的条件和机会应该是均等的。

1.1.1.4　证券市场的产生与发展现状

1. 国际证券市场的发展

最早的证券市场出现在 17 世纪初的西欧。当时荷兰、英国的企业不断扩张生产规模，需要筹集更多的资金，逐渐掀起了建立股份公司的热潮。新建

---

① 《证券法》（2019 年修订）第三条规定："证券的发行、交易活动，必须遵循公开、公平、公正的原则。"

立的股份公司资金充足，表现强劲，通过发行股票集资的方式越来越得到大家的认可，股份有限公司这种企业的组织形式也逐渐扩展到其他资本主义国家。市场的发展产生了股票流通转让的需求。1602 年，在荷兰的阿姆斯特丹成立了第一个股票交易所。1773 年英国第一个证券交易所在"乔纳森咖啡馆"成立，这是伦敦证券交易所的前身。1790 年，美国第一家证券交易所——费城证券交易所宣布成立，从事政府债券等有价证券的交易活动。1817 年参与华尔街证券交易的经纪人通过一项正式章程并定名为"纽约证券交易会"，1863 年正式成立"纽约证券交易所"[①]。在这一时期，资本主义产业革命带动相关国家企业组织形式的巨大变革，各类股票、债券都在证券市场上流通转让，标志着证券市场的形成。但此时的证券市场有其显著的特点：信用工具简单，只有股票、债券两种；市场规模小；市场分散；手工操作；投机、操纵行为普遍，缺乏相应法律监督。[②]

19 世纪中期，各国工业革命相继结束，传统的手工业被机械制造业替代，越来越多的股份公司建立，股份公司成为产业革命后企业主要的组织形式。此时的证券市场进入了快速发展的阶段，表现为：有价证券发行量和发行金额日益扩大，到 20 世纪 30 年代前达到顶峰；有价证券结构也发生了变化，公司股票和债券占据主导地位，政府债券所占比重下降。

1929 年经济大危机给世界证券市场带来深重灾难，各国股价一落千丈，市场崩溃，投资者损失惨重。危机使各国政府认识到证券市场规范化、法制化的重要意义，开始制定相应的法规，建立管理机构，推动证券市场向制度化、法律化、规范化的方向发展。第二次世界大战以后，美国经济独领风骚，民众投资意愿强烈，证券市场异常活跃，日本欧洲经济复苏也带动了证券市场发展，到了 70 年代，国际证券市场高度繁荣。

现在，国际证券市场处于不断完善的时期，也涌现出了不同于以往的新特点：（1）证券市场网络化。20 世纪 50 年代后期，计算机开始逐步应用于证券市场，至今，世界上主要的证券市场都已基本实现了计算机操作交易，大幅提升了证券市场的运作效率。（2）投资者法人化。法人、机构投资者比重日益加大是目前证券市场的又一个显著特征。各种养老基金、投资基金、保险公司等金融机构甚至非金融领域的其他法人机构都纷纷投资证券市场，

---

① 黄磊. 证券投资学［M］. 北京：中国财政经济出版社，2008.

② 证券期货. 西方国家证券市场的形成与发展［EB/OL］.［2009 - 6 - 19］. http：//www.gdoff.com/xiehui/xiehui_291.html.

这有利于投资者投资水平的提高。（3）证券市场国际化。随着经济全球化的发展，证券市场交易也趋向于全球交易。一级市场上大量企业到本国以外的国家发行股票、债券等，二级市场上投资者可以投资外国有价证券，证券市场真正成为一个国际性的市场。（4）金融创新不断深化。证券品种和交易方式的创新成为目前证券市场发展的重要影响因素。证券交易不仅限于股票、公司债券、政府债券，很多新的交易品种不断涌现，例如可转换债券、认股权证等；交易方式也不仅仅是现货交易，出现了期货、期权等交易方式。在这方面，美国金融界表现出很强的创新能力，由此获得了巨大收益，但 2008年的金融危机给美国金融界当头一棒，原本为了分散风险的金融创新却引发了全球性的金融危机。我国非常鼓励金融创新，同时要以此为鉴，将金融创新与监管相结合，坚持司法独立，在创新的同时注意防范风险。

2. 我国的证券市场

（1）我国证券市场发展历史和现状。

1840～1949 年中国的证券市场和许多国家一样，也是以股份制公司成立和政府发行公债为开端的。中国最早的股票出现在洋务运动时期。1872 年，李鸿章向清朝同治皇帝申请发行股票，筹资组建大清的轮船招商局，这是中国最早的股票。洋务运动时期建立了一批股份有限公司，也发行了数量不少的股票，但此时没有股票流通的市场。辛亥革命以后，中国资本主义初步发展，民族工业肇兴，股票流通市场逐渐形成。1914 年，上海股票商业公会成立；1920 年，上海证券物品交易所成立，此后发展为国内规模最大的交易所。

中华人民共和国成立后，国家逐步消灭已往的证券市场。1952 年，关闭了所有的证券交易所；1959 年，终止了国内政府债券的发行。此后的 20 多年中，我国不再存在证券市场。直到国家实行改革开放，将发展资本市场作为改革的重点，新中国的证券市场才开始起步。

新中国的证券市场建设时间虽然尚短，但强劲的发展势头令世界瞩目。中国证券市场的出现和发展，极大地推动了社会主义市场经济和国民经济的发展，是中国经济体制改革最重要的成就之一。截至 2019 年底，中国资本市场共有包括 A 股和 B 股的上市公司 3 777 家，股票市价总值 59.31 万亿元。[①]

---

① 相关数据详见国家统计局网站，http：//data. stats. gov. cn/easyquery. htm？cn = C01&zb = A01.09&sj = 2020.

（2）我国的证券市场体系。

目前，在我国的证券市场上，公司可以选择公开上市的板块有主板市场、创业板市场以及科创板市场。

上海证券交易所于 1990 年 12 月 19 日开始营业，现有主板和科创板市场。2018 年 11 月，习近平总书记在首届中国国际进口博览会上宣布将设立科创板并试点注册制。之后，中国证监会和上海证券交易所分别发布了一系列关于设立科创板的规章制度。2019 年 6 月，科创板正式开板，7 月 22 日首批公司挂牌上市。科创板主要面向具有一定规模的高新技术企业，重点支持新一代信息技术、高端装备、新材料、新能源、节能环保以及生物医药等高新技术产业和战略性新兴产业，这将进一步推动我国科技水平的提高。[①]

深圳证券交易所于 1990 年 12 月 1 日开始营业，现有主板和创业板市场。其中，原中小企业板市场启动于 2003 年 5 月，与主板发行上市的基本标准相同，是为成长性高、科技含量高的中小企业设立的，[②] 于 2021 年 4 月 6 日与深圳主板合并创业板市场启动于 2009 年 10 月，是为满足接近成熟期的自主创新型企业的融资需求而设立的，它与主板和中小板不同，其门槛降低，上市条件相对宽松。在创业板市场上市的公司有两类，一类是具有较高的成长性，例如新能源、新材料、节能环保、服务性企业；另一类是创新能力强、市场占有率较高的企业。这些企业往往成立时间较短、规模较小、业绩不确定性强、投资风险较大。为进一步推动注册制试点工作，《创业板改革并试点注册制总体实施方案》于 2020 年 4 月获得中央全面深化改革委员会第十三次会议审议通过，这是深化资本市场改革的又一次重要制度安排。

中国的证券市场体系除了主板、创业板和科创板及于 2021 年 9 月 3 日注册成立的首家公司制的北京证券交易所市场外，还有场外市场。场外市场是指在证券交易所以外进行证券买卖交易的市场。证券交易所上市条件比较苛刻，很多流通证券无法满足其要求，且成本较高、程序复杂，场外市场则弥补了证券交易所内上市的不足。在我国场外市场主要指于 2013 年正式揭牌的全国中小企业股份转让系统，即新三板市场，这是国家为了鼓励中小企业发展而设立的非上市股份有限公司股权交易平台。

---

① 黄方亮，孙莉，陈静，吴超鹏. 投资者 IPO 信息获取与权益保护：基于成熟投资者问卷调查的研究 [J]. 南开管理评论，2019（1）：181-193.

② 隋平，张楠. 公司上市业务操作指引 [M]. 北京：法律出版社，2012.

1.1.2 公司上市

公司上市是指公司公开发行股票并在证券交易所上市交易。股票在证券交易所上市交易的公司被称为上市公司。如果公司的股票没有在证券交易所上市交易，那么这样的公司就是非上市公司。

一般来说，公司上市会涉及以下三个方面的问题。第一，上市的公司必须是股份有限公司。非股份有限公司上市前必须进行股份制改造。第二，公司的股份必须已经公开发行。股票发行和上市是两个不同的环节，公开发行股票是公司上市前最重要的一步，只有公开发行了股票才可以向证券交易所提交上市申请。第三，公司发行的股票必须在证券交易所挂牌上市。公开发行股票的公司未必都能成为上市公司，还必须达到证券交易所要求的上市条件。

1.1.2.1 公司上市的方式

公司上市的方式有很多，国际上不同的证券交易所都规定了不同的上市方式。例如美国证券市场上实行的新股发行上市、存托凭证（包括美国存托凭证 ADR 和全球存托凭证 GDR）、豁免发行、反向收购；英国证券市场上实行的首次发行股票或二次上市、存托凭证（包括 ADR、GDR 和欧元存托凭证 GDR）、可转换债券；中国香港地区证券市场上发售证券以供认购、发售现有证券、介绍上市、供股、资本化发行等方式。[①]中国企业上市无论是在境内还是境外，总的来说包括以下两种上市方式。

1. 直接上市

企业直接上市的方式是指通过首次公开发行股票（即 IPO）而上市。进行 IPO 是股份公司第一次将其股份向投资者公开出售。发行人首次公开发行的申请经监管机构批复后，由承销商在一级市场承销，发行完成后再申请在证券交易所上市交易。

IPO 上市要经过境内外监管机构审批，程序比较复杂，对股份公司的要求较高，成本费用也高，因而通过 IPO 上市的企业数量有限。但 IPO 上市有

---

① 马瑞清，安迪·莫，珍妮丝·马. 中国企业境内上市指引［M］. 北京：中国金融出版社，2011.

很多明显的好处，例如上市后公司股价表现强劲，公司声誉和品牌知名度会有较大提高，可以获得持续稳定的融资渠道，公司会有更好的发展前景等，因而鼓励有条件的公司尽可能通过 IPO 方式直接上市。

公司上市的基本条件要求通常包括以下四项。

（1）资本金额。一般规定上市公司的实收资本额不得低于某一数值。

（2）持续经营能力。一般用税后净收益占资本总额的比率来反映获利能力。

（3）资本结构与偿债能力。一般用最近一年的财产净值占资产总额的比率来反映资本结构；一般用资产负债率、流动比率等指标反映偿债能力。

（4）股权分散情况。一般规定上市公司的股东人数不得低于某一数值。

当然，这里仅列举四个方面，其他还有许多条件要求。只有满足这些要求，公司才能够成功上市。

2. 间接上市

直接上市优点很多，但审核程序复杂，等待时间长，上市条件和成本较高，使很多无法满足条件又打算上市融资的企业不得不另谋出路，寻找间接上市的方法。所谓间接上市，是指不直接在境内或境外的交易所上市融资，而是寻找壳公司，通过一系列的资本运作，将非上市公司的资产和业务注入壳公司实现境内或境外上市的目的。壳公司可以是已经上市的公司，也可以是拟上市的公司。间接上市一般有两种方式，买壳上市和借壳上市。

（1）买壳上市。买壳上市也称为反向收购上市，是指非上市公司的股东收购壳公司（上市公司）的股份控制该公司，再由壳公司反向收购非上市公司的资产和业务，使其成为壳公司的子公司，从而实现间接上市。

买壳上市的一般流程如下。

①选择壳公司。选择合适的壳公司是买壳上市成功的前提。一般来说要选择效益差、没有增长前景的壳公司，这样的壳公司其大股东转让股份的可能性大，且买壳成本较低，同时也要注意壳公司的股权结构，股权分散不利于壳公司原股东形成一致意见。然后考虑壳公司有没有再融资能力，能否满足未来融资的需要。

②购买股权。这也就是通常说的买壳。一般有两种方式，一种是协议收购壳公司大股东的股权；另一种是在二级市场上公开购买壳公司的股份。第一种方式一般成本较低。

③剥离老的不良资产。买壳后需将壳公司的不良资产出售"净壳"。

④注入新的优质资产。上市公司收购非上市公司的股权，非上市公司将优质资产和业务注入上市公司，提高上市公司的经营业绩，以便达到增资发行或配股的条件，为上市融资做准备。

⑤复牌。买壳上市期间为避免股价波动，上市公司停牌，买壳上市完毕后再复牌。

（2）借壳上市。借壳上市是买壳上市的一种特殊形式，是指非上市的企业已经拥有了对上市公司的控制权，即二者为母公司和子公司的关系。借壳上市就是指母公司将资产注入已上市的子公司中，实现母公司的整体上市。

间接上市操作灵活，成本费用一般会低一些，花费时间短，为想要上市融资却达不到 IPO 上市条件的企业提供了出路，是目前国内和世界上常用的上市方式，但也有缺点，例如壳公司选择不当容易造成失败、保密信息泄露导致股价被恶性炒作成本增加甚至上市失败、监管部门对间接上市监管有加强趋势、公司上市一年后才可以融资等。

1.1.2.2　公司上市的简要流程

不同的上市方式有不同的操作流程，以境内企业 IPO 上市为例，中国企业境内上市一般要经过上市内部审批及准备、上市辅导、上市申报核准、股票发行与上市交易五个阶段。

中国企业境外上市要遵从相关证券交易所的上市操作流程，了解拟上市地资本市场上对上市申请的相关规定和程序，才能为企业顺利的境外上市提供可能。企业境外上市程序比境内上市复杂得多。第一，企业在进行境外上市决策前，要对企业的发展现状、管理层能力、上市时机、是否要走境外上市之路及境外上市的利弊作全面分析。第二，向境外有关机构提交上市申请前，企业要在国内完成改造重组和国内审批，因而程序更加复杂。而这也只是境外上市前的国内工作程序，至于境外的上市运作，一般由 IPO 公司在中介机构的指导、协助下完成。

1.2　证券发行市场

证券市场按职能划分可分为证券发行市场和证券流通市场，证券发行市场是整个证券市场的基础，没有证券发行就没有证券交易和证券投资。

1.2.1　证券发行市场的特点

作为一个以融资活动为主的证券交易场所，证券发行市场具有以下特点。

（1）以筹资为目的。筹资者通过发行新证券筹集资金，而且筹集的资金是长期性的。

（2）实现直接融资。有价证券由公司直接或委托中介机构发行给投资者，资金到位后投资者获得有价证券。也就是通过销售有价证券的方式，将资金直接由投资者转移到筹资者手中，从而实现零散资金的集中运用。

（3）证券发行市场是个无形的市场，它不存在具体的市场形式，而是抽象观念上的市场。证券发行不在有形的市场中进行，而是承销商接受发行人的委托在各地分散进行。

（4）证券发行具有不可逆转性，资金需求者发行证券筹集资金，资金供给者进行投资，这一过程决定了资金只能由投资者流向发行人，证券只能由发行人流向投资者，而不能逆转。

（5）在证券发行市场上，证券发行价格是由发行公司一般是经过询价确定的，所有的投资者均按照这一确定的发行价格购买股票，不会产生异价现象。

1.2.2　证券发行市场的结构

证券发行市场由证券发行人、投资者、证券中介机构和证券监管机构四部分构成。

（1）证券发行人。证券发行人是通过发行证券直接融资的主体，主要是企业、金融机构和政府机构等。

（2）证券投资者。证券投资者是指以获得股息、利息和资本收益为目的，通过认购有价证券进行投资的主体，包括个人投资者和机构投资者。个人投资者即社会公众，在不同国家和地区，由于经济发展水平和居民投资观念的不同，个人投资者在证券发行市场上所占的比重有很大差异，发达国家比重较高，发展中国家比重较低。机构投资者是以自有资金或信托资金进行投资的组织，主要有证券公司、商业银行、保险公司、信托投资公司、共同基金和企事业单位及社会团体等。机构投资者投资规模大且集中，因而对证券发行市场影响很大。

（3）证券中介机构。证券发行市场上的中介机构主要是负责证券承销和提供专业服务的机构。证券承销机构在各国并不完全一致。在欧美发达国家，证券承销机构主要是投资银行或投资公司，而在我国主要是经批准有承销资格的证券公司。专业服务机构包括证券登记结算公司、证券信用评级机构、资产评估机构、会计师事务所以及律师事务所等。

（4）证券监管机构。主要是政府的监管机构和行业自律组织。

1.2.3　证券发行市场的功能

证券发行市场是一个资金需求者筹措资金、资金供应者投资获利的场所，在此基础上实现资金的流通配置，但证券发行市场的功能并不局限于此。在发挥基本职能的基础上发行市场能够产生连带效应，对整个资本市场甚至金融体系产生影响。具体来说，发行市场有以下作用。

（1）对证券发行人来说，它为政府、企业和金融机构提供了新的融资渠道。一般来说，资金需求者有两种融资方式，直接融资和间接融资。政府、企业和金融机构通过银行借贷的方式融通资金为间接融资，而证券发行则是一种直接融资的方式。直接融资有很多优势，首先，它能最大可能地吸收社会闲散资金，直接投资于企业生产经营过程之中；其次，在证券市场上发行证券的筹资者有很大的自主权，筹资者可以根据自身需要确定所发行证券的期限、收益水平、风险、流动性、发行成本，根据市场供求状况确定发行数量，根据企业自身价值、成长性及类似证券的市场价格确定发行价格，从而创造出丰富多彩的证券产品类型；最后，发达的发行市场能够突破地区和国家的限制，极大地扩展证券筹资的地域和范围，提供充足的资金以满足各类筹资者的需要。

（2）对证券投资者来说，证券发行市场为投资者提供了投资和获利的机会，多种多样的证券产品更能满足投资者多样化的投资需求，有助于实现储蓄向投资的转化，同时，社会公众成为大众投资者，也为资产运营提供了一种社会化的约束机制。

（3）对整个证券市场来说，证券发行是证券交易和流通的前提和基础，没有发行市场就没有交易市场，没有交易市场则整个证券市场就无从谈起，因而证券发行市场支撑着整个证券市场的运行。

（4）形成资金流动的收益导向机制，实现资源的优化配置。在现代经济活动中，一切生产要素都跟随资金流动。由于市场机制的作用，那些符合国家经济产业政策、有广阔发展前景、经营状况良好的企业更容易在证券一级市场上募集到资金，使社会公众的闲散资金集中到使用效率最高的企业，实现资金和资源的优化配置。

（5）引导企业进行股份制改革，建立现代企业制度。在我国，公司要想在一级市场上发行股票，必须进行股份制改革，成为股份有限公司，这是公司上市的前提。将企业转变为股份有限公司的意义，不仅在于方便公司上市融资，更是转变企业的资本组织形式，进而使企业的生产经营、组织管理、内部控制、信息披露等方方面面制度化、规范化，这对我国的经济体制改革至关重要。

（6）政府调节经济的重要手段。证券发行市场是通过发行证券融资或投资的市场，在这个市场中，政府也是重要的经济主体。证券发行市场是政府筹措资金的重要场所。政府发行债券，一方面可以筹集资金用于平衡财政收支和基础设施建设；另一方面也可用于调节货币量进行宏观调控，实现经济的平稳运行。

1.2.4　证券发行方式

证券的发行方式可以从不同的角度加以分类和讨论，主要有以下三种。

1. 公募和私募

根据发行对象的不同，可以分为公募发行和私募发行。私募发行又称不公开发行或内部发行，是指向特定少数投资者发行证券的方式。私募发行对象一般与公司有特定关系，例如公司原股东、公司职工、与发行人有密切业务往来关系的企业或金融机构等，发行对象的数量也有限制。私募发行有其优点：一是有确定的发行对象，不用担心发行失败；二是程序简单，节约发行时间和发行费用；三是有助于调动股东和内部员工的积极性，巩固和发展公司的公共关系。但其缺点也很明显，私募发行通常需要向投资者提供高于市场平均收益的报酬，且投资者数量有限，权力集中，往往干预企业的经营管理，证券流通性差，不利于企业社会信誉的提高，因而尽管私募发行是各国均认可的发行方式，但有条件的发行人还是希望通过公募方式发行证券。

公募发行又称公开发行，是指发行人向不特定的社会公众投资者发行证券的方式。公募发行针对不特定的投资者，即对投资者没有限制，任何投资者都可以认购，这就极大扩展了投资者的范围，使筹集资金的潜力加大，且避免了证券集中于少数人手中，给予企业更大的生产经营自主权。公募发行的股票还可以上市交易，提高了股票的流动性和企业的知名度，为以后筹集更多资金打下基础，因而公募发行证券备受欢迎。但是，这种发行方式也有不足，其发行条件严格、程序复杂、难度较大，企业通常需要承销者协助才能完成，且公募发行耗时长、费用高，需要严格的信息披露以供投资者做出正确决策，这导致很多不能满足条件的企业无法通过该种方式融资。

2. 直接发行与间接发行

根据发行人销售证券的方式不同，可以划分为直接发行和间接发行。直接发行又称直接招股或自营发行，是指发行人不通过证券发行中介机构直接向投资者销售证券，承担证券发行过程中的一切事务和风险的方式。在这里，中介机构所起到的作用不再是协助发行或承销，而只是提供某些咨询服务。直接发行的优点是不用向中介机构支付高额费用，节约发行成本，同时发行程序也相对简单，有利于企业控制发行过程。但直接发行并不适用于所有的发行主体，它对发行人要求很高，一是没有中介机构的协助，就要求发行公司设立专门的发行机构，精通招股手续和技术，否则会由于事务繁多、经验不足导致筹资时间拉长，甚至发行失败。二是要求公司有既定的发行对象或公司信誉较高、风险较小，且发行数量不大，因为如果证券销售额达不到计划额度，新建股份公司的发起人或现有股份公司的董事会必须自己来认购出售的股票。一般来说，私募发行的证券通常采用直接发行方式，其中有些是承担不了大额发行费用的公司，但更多是实力雄厚、信誉很高、有把握发行成功的大型公司或金融机构。

间接发行是指委托证券发行中介机构承担股票销售工作的方式。中介机构亦即承销商承担发行工作，担负发行风险，获得佣金收益。这能够节省发行人的工作，且有助于发行人提高知名度。大多数公募证券都采取间接发行方式。间接发行又可分为全额包销、余额包销和代销三种。全额包销要求中介机构一次性将要公开发行的证券全部购买下来，然后根据市场行情逐渐卖出，对发行机构来说可以迅速获得所筹资金，对中介机构来说销售风险很大，因而这种方式的承销费用最高。余额包销是指中介机构与发行人签订合同，在规定时间内卖出合同约定的发行数额，如果不能完成任务，差额部分由中介机构购买。这种方式既能保证发行人在规定时间内筹集到所需资金，较全额包销又能节省承销费用，因而很受发行人欢迎。代销是指中介机构仅受发行人委托销售证券，不承担销售风险，承销期结束后，未销售的证券由承销商退还给发行人，而无须自行购买的方式。这种方式下证券销售风险全部由发行人承担，因而承销费用低。

3. 溢价发行、折价发行和平价发行

按照证券的实际发行价格与票面金额的关系，可以划分为溢价发行、折价发行和平价发行。溢价发行就是按超过票面金额的价格发行证券，折价发行就是按低于票面金额的价格发行证券，平价发行就是证券的实际发行价格等于票面金额。表 1 - 1 简要描述了三种发行方式的使用情况。

表 1 - 1   溢价发行、折价发行、平价发行对比

证券发行方式	适用情况	备注
溢价发行	新设公司增加资本金、股份公司再次发行股票时考虑股票内在价值上升等因素	以较少的股份筹集较多的资本金
平价发行	公司成立时首次发行	可准确确定每一股份在公司所占比例
折价发行	股票市场行情看跌而公司又急于筹集资金	受到严格控制

1.3 上市理论简析

股票公开上市是企业发展生命周期中非常重要的一环，有关上市的理论研究主要包括三个方面：公司上市决策与时机选择理论、IPO 抑价理论以及 IPO 长期收益表现理论。

企业为什么会选择公开上市以及在何时选择上市是企业在决定上市时首要考虑的问题，该角度形成的理论研究称为公司上市决策与时机选择理论。由于不同企业追求的目标有所不同，其上市的动因也就不同，没有理论能够涵盖所有企业上市决策的境况。信息生产与流动性驱动上市理论认为，如果公司拥有的证券流动性更好，那么该证券能反映出公司更多的信息，外部投资者就不需要进行重复性的、高成本的信息生产，若投资者能够在证券市场上以低成本获取更多有价值的信息，企业通过公开上市进行融资的优势也就越明显，高成本的信息生产、改善股票流动性有利于公司上市；[①] 产品市场

---

① Subrahmanyam, Avadnidhar, Sheridan Titman. The Going Public Decision and the Development of Financial Markets [J]. The Journal of Finance, 1999 (54): 1045 - 1082; Chemmanur, Thomas J, Paolo Fulghieri. A Theory of the Going-Public Decision [J]. Review of Financial Studies, 1999 (12): 249 - 279; Ang, James, Yingmei Cheng. The Endogeneity of Information Asymmetry and Corporate Financing Decisions [J]. Journal of Financial Research, 2011, 34 (3): 411 - 440.

竞争驱动上市的双头寡占市场模型即在双头寡占市场模型中，若其中一个企业可能通过支付成本公开上市来夺取产品市场份额，迫于对手的竞争；另一个企业即使资金不短缺也会申请上市，由于竞相申请上市而导致 IPO 浪潮的出现①；并购驱动上市理论即有些企业是以未来进行并购为目的而决定上市的，通过 IPO 公司可以获得大量资金为现金收购提供资金支持同时公司上市后可以增强其股票的流动性，为股权转让并购提供便利。②

选择合适的时机上市对企业来说至关重要，有关公司上市的时机选择理论包括热销与机会窗口理论、成本与收益的权衡理论和战略等待理论。热销与机会窗口理论是指当证券市场行情上涨时，IPO 热销现象出现，对于拟上市的公司来说是一个申请公开上市的机会窗口，在这个时期企业价值被高估，申请上市能够募集更多资金，因而很多企业选择在这个时期上市，由此形成 IPO 浪潮。③ 成本与收益的权衡理论是指进行公开上市决策时，企业发起人往往追求收益最大化，当发起人通过 IPO 获得的收益大于其将股权私下协商出售给投资方而获取的收益时，发起人会选择申请公开上市。④ 战略等待理论是指当宏观经济发展不乐观，经济低迷衰退时，企业会战略性地推迟上市时间，直至经济形势外部条件出现好转。在某个博弈模型中，由于没有人能准确预测经济条件何时出现好转，但某些优质经济体能从小的事件中捕捉到经济好转的细微变化，也就是说，某些公司上市与否，会成为其他公司是否决定上市的信号，其他公司在此之前会耐心地进行战略性等待。⑤

---

① Chemmanur, Thomas J, JieHe. IPO Waves, Product Market Competition, and the Going Public Decision: Theory and Evidence [J]. Journal of Financial Economics, 2011 (101): 382 – 412; Boeh, Kevin, Craig Dunbar. IPO Waves and the Issuance Process [J]. Journal of Corporate Finance, 2014, 25 (2): 455 – 473.

② Lyandres, Evgeny, Zhdanov, Alexei and Hsich, Jim. A Theory of Merger-Driven IPOs (October 1, 2009) [R]. The American Finance Association 2011 Denver Meetings Paper; Celikyurt, Ugur, Merih Sevilir, Anil Shivdasani. Going public to acquire? The acquisition motive in IPOs [J]. Journal of Financial Economics, 2010 (96): 345 – 363; Hsieh, Jim, Evgeny Lyandres, Alexei Zhdanov. A Theory of Merger-Driven IPOs [J]. Journal of Financial and Quantitative Analysis, 2011 (46): 832 – 859.

③ Lucas, Deborah J, Robert L. McDonald. Equity Issues and Stock Price Dynamics [J]. The Journal of Finance, 1990, 45 (4): 1019 – 1043.

④ Luigi Zingales. Insider Ownership and the Decision to Go Public [J]. The Review of Economic Studies, 1995, 62 (3): 425 – 448; Simon Benninga, Mark Helmantel, Oded Sarig. The timing of initial public offerings [J]. Social ence Electronic Publishing, 2005, 75 (1): 115 – 132.

⑤ Çolak, Gönül, Hikmet Günay. Strategic Waiting in the IPO Markets [J]. Journal of Corporate Finance, 2011 (17): 555 – 583.

在现实中，IPO 股票的首日上市交易价往往高出发行价许多，这种现象普遍存在于全世界的股票市场中。这种股票发行价格低于挂牌上市当日交易价格的现象被称为 IPO 抑价。在解释抑价现象的研究上，学者从不同的侧面做出了不同的解释，我们主要根据信息与理性两种研究方法，将抑价理论分为两类：基于信息因素的理论分析和基于理性因素的理论分析。[①]

以信息为出发点对 IPO 抑价的分析主要包括发行人、投资银行和投资者三方之间信息不对称的理论；投资银行与投资者双方之间信息不对称理论；发行人与投资者双方之间的信息不对称理论。发行人、投资银行与投资者三方之间信息不对称理论即委托定价理论、投资银行的声誉理论。一般来说，投资银行拥有专业的人员，比发行人掌握更多股票市场信息，因此，发行人可以将新股发行的定价决策权委托给投资银行，充分利用其信息优势，制定出信息含量更高的价格决策，抑价则相当于发行人为利用投资银行信息付出的委托代理成本[②]；同时，投资者对投资银行的了解多于对发行人的了解，从事过多次发行业务的投资银行拥有更好的声誉更为投资者熟知，投资银行的声誉为投资者传递可靠的发行信息。有研究表明，IPO 抑价程度与投资银行的声誉呈负相关。[③] 投资银行与投资者双方之间的信息不对称理论即动态信息获取模型将分为常客（机构投资者）和散客（个人投资者）两种。常客拥有自己不被发行人和投资银行察觉的信息，为诱使常客透露真实的市场需求信息及对发行人的真实估值，投资银行必须降低发行价格作为补偿。[④] 发行人与投资者双方之间的信息不对称即信号发送理论。为吸引投资者，激励投资，企业在股权融资时往往以相对较低的价格发行股票，我们把对这一现

① 黄方亮. 价格发现与股票 IPO 机制研究 [M]. 上海：上海三联书店，2008；尹伯成，黄方亮. 新股发行效率及发行价格理论——基于信息与理性因素的分析 [J]. 理论学刊，2008（4）：43 – 47.

② Baron, D P, Holstrom, B. The Investment Banking Contract for New Issues under Asymmetric Information：Delegation and Incentive Problems [J]. The Journal of Finance, 1980（37）：1115 – 1138；Baron, D P. A Model of the Demand for Investment Banking and Advising and Distribution Services for New Issues [J]. Journal of Risk and Insurance, 1982（63）：49 – 76.

③ Beatty, R, Ritter, J R. Investment Banking, Reputation, and the Underpricing of Initial Public Offerings [J]. Journal of Financial Economics, 1986（15）：213 – 232；Carter, R, Manaster, S. Initial Public Offerings and Underwriter Reputation [J]. The Journal of Finance, 1990（45）：1045 – 1067；Dewenter, K, Field, L C. Investment Bank Reputation and Relaxed Listing Requirements：Evidence from Infrastructure Firm IPOs in Hong Kong [J]. Pacific-Basin Finance Journal, 2001（9）：101 – 117.

④ Benveniste, L M, Spindt, P. How Investment Bankers Determine the Offering Price and Allocation of New Issues [J]. Journal of Financial Economics, 1989（24）：343 – 361.

象的研究称为信号发送理论。发行人比投资者拥有更多有关企业价值的信息，发行人通过抑价可以给购买新股的投资者较好的获利空间，老股东和内部人能够在未来高价卖出股票，这样，高额的初始收益可以作为公司股票上市后进行再融资的一种信号。①

从理性的角度对 IPO 抑价的理论研究相对较少，主要的研究成果有非理性的老股东理论、理性的投资银行理论和非理性的投资者理论。非理性的老股东理论即期望理论，期望理论假设投资者是损失规避型的，更加注重其净收益以及持有财富的多少。在新股发行时，老股东因抑价使他们的财富变少而心情不佳，因为老股东的期望发行价格是高于在监管机构申请的发行价格的，如果此时接收到比申请发行价更高的发行价格，他们会认为财富增加而不会去努力要求更高的发行价格。承销商利用老股东这种心理，先极力压低发行价格，而后提高一点，事实上抑价程度仍然很高。② 理性的投资银行理论即故意压低价格理论，投资银行通常会选择多种方法对企业进行价值评估，研究发现，除去其他影响确定发行价格的因素外，投资银行存在故意压价行为即使用多种方法进行价值评估后，会在计算出的企业公平价值的基础上打个折扣确定发行价。原因在于发行价的降低可以从整体上增大投资者的需求，同时有利于投资银行讨好投资者来节省营销成本，而发行人不易监督到这一行为，会将 IPO 抑价视为一种成本。③ 非理性的投资者理论即信息瀑布理论，投资者在新股发行中不只关注自己的信息，也关注其他投资者的购买意愿信息，如果某位投资者观察到他周围的投资者不想购买新股，那么即使他掌握着可以购买的信息也可能不去购买。通过抑价发行则可以克服这种现象，以低价首先吸引少数投资者，然后可以吸引更多的投资者，逐渐形成一个"瀑布"，扩大投资者面积。④

① Allen, F, Faulhaber, G. Signaling by Underpricing in the Market [J]. Journal of Financial Economics, 1989 (23): 303 – 323; Grinblatt, M, Hwang, C Y. Signaling and the Pricing of New Issues [J]. The Journal of Finance, 1989 (44): 393 – 420; Welch, Ivo. Seasoned Offerings, Imitation Costs, and the Underpricing of Initial Public Offerings [J]. The Journal of Finance, 1989 (44): 421 – 449.

② Loughran, Tim, Jay Ritter. Why Don't Issuers Get Upset about Leaving Money on the Table in IPOs? [J]. Review of Financial Studies, 2002 (15): 413 – 443.

③ Roosenboom, Peter. Valuing and pricing IPOs [J]. Journal of Banking & Finance, 2012 (36): 1653 – 1664.

④ Welch, Ivo. Sequential Sales, Learning, and Cascades [J]. The Journal of Finance, 1992 (47): 695 – 732.

　　近年来，越来越多的学者开始关注投资者情绪对股票价格的影响，其中也包括对 IPO 后市表现的影响。[1]

　　尽管新股上市后一般具有较高的初始收益率，但其长期走势经常不佳，这与传统金融理论认为不存在 IPO 长期收益异常的观点恰好相反。学术界对 IPO 长期收益问题上存在着激烈的争论，这里我们主要介绍两种对 IPO 长期表现弱势的理论研究。有学者（Aggarwal，Rivoli and Ritter；Ritter and Welch）指出，IPO 抑价现象是由于具有过于乐观情绪的投资者的过度反应所致。这些投资者期望购买到新股之后取得较高的回报，因而在新股上市后的短期内可能导致对股票过大的需求量，但长期持有后一旦发现期望落空，就开始卖出股票，甚至出现过度抛售现象，结果导致股票的长期表现不佳。这种解释被称为过度反应理论。[2]此外，证券市场中的乐观和悲观投资者对于新股发行价格水平的预期是有差异的。米勒和豪格（Miller and Houge）指出，新股发行时，由于对于新发行的股票投资者只有买入的选择，不存在做空卖出的机制，所以进行新股申购的投资者应该是对后市看涨的乐观投资者。这样新股发行价格很容易被乐观投资者推高。悲观的投资者会等到新股上市交易之后再视情况而决定是否购买。新股上市交易后，做空机制约束被放松，投资者可以获得有关企业价值更多的信息，股票价格会更接近于企业价值。乐观与悲观的异质预期投资者的广泛存在，会导致 IPO 的高抑价和负的长期超额收益。[3]

---

　　[1]　黄方亮，武锐. 证券市场信息披露质量：基于内容分析法的研究框架［J］. 江苏社会科学，2011（6）：32 – 37；黄方亮. 新股发行风险信息披露的多维分析［M］. 北京：经济科学出版社，2015；黄方亮，崔红燕，任晓云等. 年报管理层讨论与分析的语调倾向——基于 A 股市场的检验［J］. 投资研究，2019（5）：19 – 42；Huang Fangliang，Xiang Lijin，Liu Rongbing，Su Shuling，Qiu Hao. The IPO Corporate Social Responsibility Information Disclosure：Does the Market Care？［J］. Accounting and Finance，2019，59（S2）：2157 – 2198.

　　[2]　Aggarwal，Reena，Pietra Rivoli. Fads in the Initial Public Offering Market？［J］. Financial Management，1990（19）：58 – 67；Ritter，Jay R. The Long-run Performance of Initial Public Offerings［J］. The Journal of Finance，1991（46）：3 – 27；Ritter，J，Welch，Ivo. A Review of IPO Activity，Pricing，and Activities［J］. The Journal of Finance，2002（57）：1795 – 1828.

　　[3]　Miller，E M. Risk，Uncertainty，and Divergence of Opinion［J］. The Journal of Finance，1977（32）：1151 – 1168；Houge，Todd，Tim Loughran，Gerry Suchanek and Xuemin Yan. Divergence of Opinion，Uncertainty，and the Quality of Initial Public Offerings［J］. Financial Management，2001，30（4）：5 – 23.

1.4　知 识 扩 充

我国不同种类的上市股票

根据股票上市地点和所面向的投资者的不同，我国公司在境内和境外上市的股票有 A 股、B 股以及 H 股等种类。

A 股又称人民币普通股票，它是在中国大陆注册、在中国大陆上市的普通股票，以人民币计价和交易。A 股参与投资者为中国大陆机构或个人。

随着上市公司数量以及投资者规模的增多与增大，A 股市场规模也呈扩大趋势。中国股票市场在国际市场上已经具有了一定的影响力。

我国 IPO、增发、配股的情况如表 1-2 所示。

表 1-2　　　　　　　历年首发、增发、配股情况

年份	首发家数（家）	首发股数（亿股）	首发募集资金（亿元）
2018	103	97.11	1 154.29
2017	438	232.86	2 301.09
2016	227	137.47	1 496.08
2015	223	261.72	1 576.39
2014	124	70.10	668.89
2013	2	17.58	0
2012	155	85.97	1 060.40
2011	279	159.59	1 447.87
2010	351	583.44	2 718.24
2009	111	260.38	1 337.89
年份	定向增发家数（家）	定向增发股数（亿股）	定向增发募集资金（亿元）
2018	370	565.32	1 900.80
2017	633	963.05	4 804.28
2016	1 193	1 459.97	8 210.46
2015	1 226	1 862.51	12 508.11
2014	853	1 617.09	9 276.33
2013	489	932.12	3 396.84
2012	330	614.28	2 773.23
2011	221	484.72	5 168.50
2010	182	463.30	3 523.14
2009	143	414.87	3 075.26

年份	配股家数（家）	配股股数（亿股）	配股募集资金（亿元）
2018	19	55.11	66.63
2017	28	110.87	267.99
2016	10	30.49	127.34
2015	15	46.51	288.65
2014	11	10.29	54.55
2013	16	39.07	197.98
2012	11	16.50	89.77
2011	15	98.95	432.82
2010	18	384.08	1 454.79
2009	10	17.27	109.13

资料来源：根据国泰安 CSMAR 数据库数据整理。

B 股又称人民币特种股票，是在中国大陆注册在中国大陆上市的专供外国和中国港澳台地区的投资者购买的特种股票，人民币标明面值，以美元或港币认购和买卖（沪市 B 股用美元交易，深市 B 股用港币交易）。1991 年底第一只 B 股上海电真空 B 股发行上市。2001 年前 B 股的投资者限制为境外人士，2001 年之后，开放境内个人居民投资 B 股。B 股市场的公司数量较少、流动性较低，需在合适的时间予以改革。

我国 A、B 股上市股票的整体状况如表 1-3 所示。

表 1-3　　　　　　　历年 A、B 股上市股票整体状况

年份	A、B 股上市公司总数	A、B 股上市股票总数	A、B 股总股本（亿股）	A、B 股总市值（亿元）	A 股成交股数（亿股）	B 股成交股数（亿股）
2018	3 567	4 004	65 432.13	434 533.32	81 553.13	109.82
2017	3 485	3 649	53 746.68	567 086.07	87 628.57	152.27
2016	3 052	3 216	48 750.29	507 685.88	94 480.50	210.03
2015	2 827	2 991	43 024.14	531 462.70	170 541.00	498.48
2014	2 613	2 779	36 795.1	372 546.96	73 188.22	194.87
2013	2 489	2 659	33 822.04	239 077.19	47 953.66	263.89

资料来源：根据国泰安 CSMAR 数据库数据整理。

H 股是以港元计价在中国香港地区发行并上市的境内企业的股票，因香港英文名称（Hong Kong）首字母而得名 H 股。H 股不同于港股，港股是指在香港联合交易所上市的所有股票，因而 H 股是港股的一部分。H 股公司多是中国境内各行业具有领先地位的企业在香港上市。

2005 年由中国证监会和人民银行联合发布《合格境外机构投资者境内证券管理暂行办法》，允许符合条件并经证监会和国家外汇管理局批准的境外机构投资于 A 股。2006 年施行的《合格境外机构投资者境内证券投资管理办法》又对合格境外机构投资者在中国证券市场的投资加以规范。为规范人民币合格境外机构投资者在境内进行证券投资的行为，由中国证监会、中国人民银行和国家外汇管理局的审议通过的《人民币合格境外机构投资者境内证券投资试点办法》于 2013 年实施。为规范合格境外机构投资者境内证券投资管理，国家有关部门于 2016 年颁布了《人民币合格境外机构投资者境内证券投资试点办法》、于 2018 年颁布了《合格境外机构投资者境内证券投资外汇管理规定》等文件。

1.5　理 论 探 讨

对中国资本市场 20 年发展的会计和金融研究回顾 *

中国资本市场发展迅速，已成为全球金融市场最重要的参与者之一。中国资本市场所具有的独特特征引发了许多学者对一些新问题的探讨。

学者（Han，He，Pan and Shi，2018）回顾了 1999 ~ 2018 年在国际一级（Tier 1）期刊和亚太地区期刊上发表的关于中国资本市场的会计和金融领域的学术论文，讨论了新的研究趋势和未来的方向。

对于国际一级期刊，他们主要关注的是（按期刊缩写的字母顺序排列）：《美国经济评论》（AER）、《管理学会期刊》（AMJ）、《管理科学季刊》（ASQ）、《当代会计研究》（CAR）、《会计和经济学杂志》（JAE），《会计研究》杂志（JAR），《金融杂志》（JF），《金融经济学杂志》（JFE）、《金融和定量分析杂志》（JFQA）、《国际商业研究》（JIBS）、《管理科学》（MS）、《组织科学》（OS）、《会计研究评论》（RAS）、《财务评论》（RF）、《财务研

---

* Han, Jianlei, Jing He, Zheyao Pan, Jing Shi. Twenty Years of Accounting and Finance Research on the Chinese Capital Market [J]. Abacus, 2018, 54 (4): 576–599. 在黄方亮教授于山东财经大学开设的博士生高级公司金融课中，由张笑丁博士主讲讨论了此文。

究评论》（RFS）、《战略管理期刊》（SMJ）和《会计评论》（TAR）等。

对于亚太区域期刊，他们重点关注的是（按期刊缩写字母顺序排列）：《会计、审计和问责制》（AAAJ）、《澳大利亚会计评论》（AAR）、《算盘》（Abacus）、《会计与金融》（AF）、《澳大利亚管理杂志》（AJM）、《会计研究杂志》（ARJ）、《国际金融评论》（IRF）、《当代会计和经济学杂志》（JCAE）、《管理审计杂志》（MAJ）、《太平洋会计评论》（PAR）和《太平洋流域金融学报》（PBFJ）等。

他们在以上主要期刊统计的关于中国资本市场的会计和金融论文共有436篇，其中包括129篇一级期刊论文和307篇亚太地区期刊论文。论文数量的增长是显而易见的，从1999年的6篇增加至2017年的79篇。

以上研究涉及的六大金融研究领域为：资产定价与投资（AI）、银行与金融中介（BF）、公司金融（CF）、衍生品（DE）、国际金融（IF）和市场微观结构（MM）。在一级期刊中，关于中国资本市场的研究中，市场监管和信息披露是其中的一个热门领域。

在所有金融研究领域中，公司金融和资产定价以及投资共同占据了80%以上。其中，公司金融是最受欢迎的金融研究方向，在一级期刊和亚太地区期刊上所发表的关于中国资本市场的所有金融论文中，公司金融分别占64.38%和45.50%。

通过观察2014~2018年的相关研究成果，能够看出新的研究主题变化趋势：媒体作用、家庭金融、企业社会责任和政治关系。在这些研究中，有许多是涉及IPO、并购等公司金融领域的。

中国快速发展的资本市场及其改革为学术界提供了进行独特制度环境研究和进行自然实验的机会，在世界范围内受到越来越多学者的关注，有价值的研究结论会成为中国资本市场改革的决策参考依据。

1.6　本章小结

（1）证券市场是证券发行和交易的场所，它有融通资金、定价、资源配置、宏观调控等功能，它是资本市场的核心，是金融市场最重要的组成部分。

（2）证券市场可以按照多种方式进行分类，其中按市场职能划分，证券市场可以分为证券发行市场和证券交易市场。证券发行是证券交易的前提和基础，证券交易为发行的证券提供流通的可能，两者相辅相成，都是证券市场的重要组成部分。

（3）公司上市是股份有限公司的股票在交易所挂牌上市。公开发行股票与公司上市是不同的概念，已在证券一级市场上公开发行股票的公司向证券交易所提交上市申请，审批通过后公司股票在交易所挂牌后，该公司才成为上市公司。

（4）公司上市的方式有很多，一般分为直接上市和间接上市。IPO 上市可以使企业获得持续稳定的融资渠道，提高公司声誉和品牌知名度，但门槛高、审批时间长，因而很多企业选择以买壳、借壳的方式上市。

（5）证券发行市场通过发行有价证券，为政府、企业和金融机构提供融资渠道，为投资者提供投资机会，形成资金流动的收益导向机制，实现资源的优化配置，同时也是政府调节经济的重要手段。

（6）证券发行方式有很多种，公募和私募、直接发行和间接发行、溢价发行、折价发行和平价发行等都是根据不同标准划分的证券发行方式。

（7）有关公司上市的理论研究主要包括三个方面：公司上市决策与时机选择理论、IPO 抑价理论、IPO 长期收益表现理论。

1.7　问 题 思 考

1. 证券市场有哪些功能？如何理解这些功能？

2. 证券市场包括哪些类型？思考证券市场各个子市场的业务活动、功能和相互关系。

3. 证券市场有怎样的发展历程？

4. 什么是直接上市？试述直接上市与间接上市的优缺点。

5. 股票公开发行和上市需要什么样的过程？

6. 证券发行市场在经济运行中能够发挥哪些作用？

7. 证券发行方式有哪几种？各有什么利弊。

8. 与成熟市场的证券交易所相比，我国的证券交易所应如何选择发展方向？

第 2 章　上市的利与弊及上市决策分析

企业为了有效地进行产品生产和提供服务，必须以较强的资本运营能力为保障。能否进行有效融资，成为现代企业日常运营和克服危机的关键因素。企业融资不外乎两种方式：内源融资（internal financing）和外源融资（external financing）。内源融资成本相对低，但融资规模一般较小。外源融资包括直接融资（direct financing）和间接融资（indirect financing），其中企业上市融资是企业通过证券市场进行直接融资的主要方式。当然，公司上市的好处不仅局限于融资，还有改善品牌形象等众多方面。尽管上市公司有众多优势，但并不是所有企业都适合上市，公司上市的决策取决于企业的规模、组织形式以及上市的成本收益分析等多种因素。当退市的利大于弊时，已上市的公司也可选择通过主动退市来保障公司利益。

2.1　不同的企业组织形式

企业或厂商是指能够做出统一的生产决策的单个经济单位。一般来说，企业主要采取四种组织形式：个人独资企业、合伙制企业、有限责任企业和股份制企业。

2.1.1　个人独资企业

个人独资企业是最简单的企业组织形式。这种组织形式通常仅由个人出资并经营，归个人所有和控制，由个人承担经营风险和享有全部经营收益。个人独资企业也是最古老的一种企业组织形式，主要盛行于零售业、手工业、农业和某些服务业等行业。

2.1.1.1　个人独资企业的优点

（1）较低的设立成本。企业建立与解散所需要的程序简单。设立个人独资企业所需要付出的成本较低。

（2）较为灵活的决策过程。企业主拥有绝对的控制权，可以完全根据个人的意志确定经营策略，进行管理决策。

（3）较少的政府管制。企业的外部法律法规等对企业的经营管理、决策、进入与退出、设立与破产的制约较小；通常政府部门对个人独资企业征税也较少。

（4）较强的责任约束。企业主自负盈亏，对企业的债务负无限责任。企业经营的好坏同业主的个人经济利益密切相关，因而企业主会竭尽所能地把企业经营好。

2.1.1.2　个人独资企业的局限性

（1）融资较为困难。个人的资金量往往是有限的，以个人名义融资也是比较困难的，因而个人独资企业往往难以筹措到大量资金。

（2）发展空间比较有限。个人独资企业有限的经营所得，企业主有限的个人资产，企业主有限的工作精力、管理水准以及个人寿命都会制约个人独资企业未来的发展。

（3）个人责任较大。个人独资企业的存续完全取决于企业主个人的得失安危。若经营不善则易于破产，投资风险较大。

2.1.2　合伙制企业

合伙制企业是由两个或两个以上的自然人通过订立合伙协议，共同出资经营、共负盈亏、共担风险的企业组织形式。合伙制企业表现出相互代理、财产共有、利益共享的特征。许多会计师事务所、律师事务所等属于合伙制企业。

2.1.2.1　合伙制企业的优点

（1）在许多情况下，合伙人需承担无限连带责任，一般会更谨慎地控制经营风险。这会使合伙企业可以更容易地获得交易对手的信任，获得较多的商业机会，减少交易成本。

（2）通常合伙人人数较少，相互间往往具有一定的信任关系。这有利于合伙经营决策与合伙事务的执行。合伙人委托其中一人或数人或者共同决策合伙经营事项，执行合伙事务。这种合伙人之间的信任关系及合伙企业经营决策方式，不同于公司制企业股东之间的资本联系及公司所有权与经营权分离的现状，为投资者有效控制企业和避免相关风险提供了较优选择。

（3）合伙制企业通常会享有一定的税收待遇。

2.1.2.2　合伙制企业的局限性

（1）所有权转移有一定难度。合伙制企业通常是由两个或两个以上的自然人共同持有，当一方想要退出时，需要合伙双方共同同意才可，所有权不易转移。

（2）融资难度较大。合伙制企业在规模上局限性比较大，想要融得大量资金一般比较困难。

（3）合伙人的个人责任较大。与个人独资企业者一样，每一位合伙人个人均需承担合伙制企业的责任和债务，承担投资风险。

（4）合伙制企业的设立程序比个人独资企业要复杂些，成本要高些。

2.1.3　有限责任制企业

有限责任制企业也简称为有限责任公司或有限公司，是指由一定数量的股东出资设立，每个股东以其所认缴的出资额为限对公司承担有限责任，公司以其全部资产对债务承担全部责任的企业组织形式。有限公司将人合公司和资合公司的优点综合起来，是一种普遍的、重要的企业组织形式。有限责任制的形式多存在于中小企业中。

2.1.3.1　有限责任制企业的优点

（1）出资者人数有限，易于协调不同的意见。有限责任制企业的出资者人数较少，所以出资者之间容易通过协商达成一致意见。

（2）信息披露要求不高。有限责任公司一般不必进行财务报表公布等信息披露工作，通常只需向出资者公布即可。

2.1.3.2　有限责任制企业的局限性

（1）筹资难度较大。有限责任公司一般不能公开发行股票，筹集资金范围和规模一般都较小，进行大规模生产和经营活动的资金保障较弱。

（2）股权的流动性有限。有限公司的股权转让需要履行一定的法律程序，股权流动性不是很高。对出资者而言，其投资的变现能力较弱。

2.1.4　股份制企业

股份制企业是指两个或两个以上的利益主体，以认购股份的方式自愿结合的一种企业组织形式，通常被称为股份有限公司或股份公司。股份公司将不同出资者即股东所出资的生产要素集中起来，统一使用、共同经营、共担盈亏、按股分红。股份制是适应社会化大生产和市场经济发展的需要而出现的，其特点是把分散的使用权转化为集中的使用权，并且实现所有权与经营权的分离。许多中、大型企业选择股份制的组织形式。

2.1.4.1　股份制企业的优点

（1）股份制的形式便于企业筹集所需资金。通过股票的出售和认购，股份公司为投资者提供了一个简单、有效的投资渠道。

（2）企业所有权的流动性较高，出资者和公司设立之后的新增的股份持有人可以比较容易地将股票售出，转让给其他投资者。

（3）股份制企业有利于企业生命的延续。由于股票不能退还，从而使股票投资变成了一种永久性投资。并且股票可以比较容易地转让给他人。这避免了个人独资企业或合伙企业因投资人死亡或合作者退出等因素而导致企业寿命受影响的现象。

2.1.4.2　股份制企业的局限性

（1）公司设立程序较为复杂，企业内部的组织结构也较为复杂，设立和运行成本较高。

（2）公司股权相对分散，股东人数相对多，但只要掌握一定比例以上的股票，就能控制公司的命脉。因此，公司董事会容易对公司进行操纵和利用，损害众多小股东的利益。

2.1.5 四种企业组织形式的比较

个人独资企业与合伙制企业起源较早，组织形式比较简单。公司制企业包括有限责任公司和股份有限公司两种组织形式。采纳这两种形式的企业占据很大的比例。其中股份公司还经常被称为现代企业组织形式。从企业制度中所有权的安排来看，公司制是企业所有权与控制权相分离、企业治理结构比较完善的一种形式。

我们将上述四种企业组织形式的优点和局限归纳于表 2 - 1 中。

表 2 - 1　　　　　　　　企业组织形式的比较

类型	定义	主要优点	主要局限	其他主要特征
个人独资企业	个人出资经营、归个人所有和控制、由个人承担经营风险和享有全部经营收益	低成本；决策灵活；易于管理；政府管制少	融资难度大；出资者为企业债务担负无限责任；存续期有限	比较古老、简单的一种企业组织形式，主要盛行于零售业、手工业、农业等
合伙制企业	由两个或两个以上的自然人通过订立合伙协议，共同出资经营、共负盈亏、共担风险	筹资能力、企业信誉比个人独资企业有所提高	筹集资金仍有一定难度；一般需要承担无限、连带责任；所有权转移有难度	合伙制企业资金和规模仍然有限，适合于资本金需求额较小的企业，例如律师事务所、会计师事务所等
有限责任制企业	每位出资者以其所认缴的出资额为限对公司承担有限责任，公司以其全部资产对债务承担全部责任	设立程序不很复杂；股权集中，易于协调不同出资者的意见；信息披露要求不高	筹集资金仍有一定难度；债权人利益不能得到很好保障；所有权转让有一定难度	有限责任公司的财务状况一般不必向社会披露，公司的设立和解散程序比较简单，管理机构也比较简单，比较适合中小型企业
股份制企业	全部资本由出资者即股东认购的等额股份构成，公司以其全部资产对公司债务承担有限责任	大规模筹资比较便利；股权流动性增强；企业生命期延长；承担有限责任	公司设立、运行繁杂、成本较高；管理者和所有者的意愿不一致时可能会引发冲突	所有权与经营权分离，治理结构较完善，适合于较大规模的企业

各种组织形式有各自的优缺点，不同的组织形式适合于不同规模、不同发展阶段、不同业务性质的企业。企业需要根据自己的需要选取合适的组织形式，在适当的时候还可以进行变更。

除以上四种企业组织形式之外，还可按其他分类方式划分其他一些形式的企业，例如国有独资企业、有限合伙制企业等。

国有独资企业是指国家是企业的出资者和全部资产的所有者，有关国家机构对企业行使管理权，国有独资企业依法取得法人资格，实行自主经营、自负盈亏、独立核算，以国家授予其经营管理的财产承担民事责任。国有独资企业在我国存在的数量较多。为了改善国有独资企业的经营状况，许多国有独资企业引入现代企业制度，进行了公司制改造，设立了有限责任公司或股份公司。其中有些业绩优良的企业还成功上市，成为上市公司。

有限合伙制企业是合伙制的一种特殊形式，由有限合伙人和普通合伙人组成。有限合伙制企业在整体上对外仍然具有无限责任的性质，但有限合伙人不参与企业的经营管理，并仅以其出资金额为限承担有限责任。普通合伙人全权负责企业经营管理，并承担无限责任。有限合伙制企业为创业者提供了一种更灵活的企业组织形式。不同的创业者可以根据自己出资的局限和对风险的偏好选择成为有限合伙人还是普通合伙人。

对于股份制企业来说，如果条件允许，可以申请上市，通过资本市场进行融资。但上市有利有弊，股份制企业上市之前要对上市给自己带来的好处与坏处进行细致分析，谨慎权衡后再作出是否上市的决策。

2.2　公司上市的利弊权衡与公司的上市决策

一般来说，公司上市的动机或目的主要包括改善公司的财务状况、公司的治理结构和管理水平，以及提高公司的知名度等。有了一定的上市动机或目的，公司还需要对上市利弊进行详细的权衡分析，最终作出是否要上市的决策。

2.2.1　公司上市的好处

公司上市的好处主要体现在以下方面。

2.2.1.1 低成本、大规模募集公司所需的资金

公司上市为公司和股东提供了集资的机会，实现了企业利润的最大化。公司的上市可以使原来的投资者有更多的信心对其投资，新加入的投资者有机会对其进行投资。当股票拥有一个市价时，它可以给你一个参考的基准价格，公司可参考这个基准价格以制定发行股票的价格以筹集资金。任何一个潜在的投资者都可以通过互联网或致电经纪人得到上市公司的股票价格。一些上市公司还会给直接从公司内部买股票的投资者一些价格上的折扣，这样就会激发投资者的投资热情。

筹集的资金可用于多种用途，包括偿还债务、企业扩大营销、新项目的投产等，资金充足可以使企业的发展多元化。一旦上市，公司的融资选择也会迅速扩大，上市的公司可以到市场上通过发行股票或债券筹集资金。虽然对于一个公司的所有者来说股权终比债权昂贵，但它不像债务那样，这笔钱无须偿还，也没有利息。特别地，这给了公司展示自己增长水平和商业模式的途径，上市的公司还可以通过股票的权证和次级发行筹集更多的资金。

2.2.1.2 提高公司股权的流动性

非上市公司的所有权的流动性通常较差，因而很难出售，对小股东而言更是如此。上市为公司的股票创造了一个流动性远好于非上市公司股权的公开市场，在这个市场上，公司的股东有更多的机会卖出股票，上市让股权的买卖变得更加方便。一般而言，上市公司的股票比非上市公司的股票流动性更强，因为机构投资者和投机者在拨出资金之前需要一个公司上市，所以流动性对中小投资者、机构投资者、创办人和股东来说是非常重要的。

公司的管理层因为拥有公司的股票所有权，所以可以很容易得到借贷和免去个人担保。流动性也可以为投资者和公司的拥有者提供退出策略并使投资组合更具多样性。流动性更好也是上市公司比非上市公司估值更高的原因之一。

尽管流动性可以提升公司的价值，但是这取决于诸多因素，包括注册权、锁定限制和持有期等。例如不允许经营者和建立者在公司上市后的若干个月内将股权兑现。流动性还为公司将来增发股份卖给投资者进行再融资提供了更大的机会，帮助公司的负责人排除个人担保，为投资者或所有者提供了退出战略、投资组合的多样性和资产配置的灵活性。

2.2.1.3　有利于公司的兼并与收购

公司上市成功股票便开始流通，就有了通过交易股票来收购其他公司的可能。通过收购股票来收购一家公司相对其他的途径更为便利。由于具备了在证券市场进行再融资的能力，上市公司为现金收购提供资金支持的能力也更强。

2.2.1.4　有利于发现公司的价值，实现公司股权的增值

对企业的准确估值是一件非常困难的工作。证券市场的价格发现功能有利于对企业进行市场化的估值。此外，在同样的经营结构和同样产业的情况下，由于非上市公司缺乏流动性，上市公司通常要比非上市公司的估值高，而非上市公司上市后也会极大地增加市值。

2.2.1.5　公司的声誉提升

公开上市的公司让人感到其发展的稳定性，这本身就能为公司获得声誉，而且公司的上市会对公司的框架、竞争力和稳定性起着很强的推动作用，这些都能扩大公司的关系网，提高公司的知名度，增强消费者的信心。

通过上市，公司的创办人和管理者也会名声大噪。名声对于公司招聘核心员工，在目标市场上销售产品和服务都有很大帮助。与公众分享所有权，也意味着提高了公司的声誉，增加了商业机会。此外，公司还有很多在公众面前亮相的机会，为众人所知。

2.2.1.6　有利于建立和完善激励机制

股票可以作为用来吸引和留住关键人才的一种工具。许多公司利用公司股票和股票期权计划作为奖励，吸引并留住优秀的员工。用工资和股票相结合来招聘和支付主管人员薪酬的做法也是一种非常有效的激励机制。公司上市可以为其股票提供流动性，从而为持有公司股票的员工带来回报。

2.2.1.7　个人财富增长

上市最重要的益处之一就是公司的股票最终具有可流动性，为创立者和员工提供回报和资金自由。对于投资者来说，公开市场为股票提供了一个潜在的撤出战略和使之流动性的方法。一家上市公司可以提高公司股东个人实

际收入。即使这家上市公司的股东没有意识到眼前的利益，公开交易的股票可以用来作为抵押，保障贷款。许多人觉得这样做是明智的：在适当的时候为投资者和企业家用股票换取现金，以多样化持有的资产或是去享受生活。员工和主管有两种途径来增加财富，分别是工资和出售股票或交易股票获得的其他资产。

2.2.1.8　起到良好的对外宣传作用

公司上市可以成为一种强有力的宣传方式。上市公司比非上市公司更容易得到报纸、期刊以及新闻媒体的关注。正确地使用新闻发布、采访或新闻故事，可以增加投资者的意识、股东的价值和对股票的需求。强大的广告宣传活动再加上媒体的报道能潜在地提高销售额和收益。

对上市的宣传能鼓励大众投资、新业务开发和战略联盟。分析报告和每日股市图表增强了消费者和财经界人士对公司进一步的信心。上市后，公司信息更容易被外界了解。这就使不会对非上市公司投资而将投向上市公司的投资者去详细地了解公司上市的情况。

2.2.1.9　扩大公司的投资者范围

上市公司一个很重要的特点是它们享有广泛的投资者基础。非上市公司上市大大增加了利益相关者的数量。公司每一个股东都期望从公司的经营中受益，许多股东还具有比较强烈的主人翁意识，例如购买公司的产品和服务。公司与职工的命运直接联系在一起，其生产动力和生产效率会有更大的提高。

2.2.1.10　促进公司财务杠杆管理的灵活性

公司上市以后向社会公众和监管部门公布财务状况会成为公司定期的任务，倘若公司的经营业绩稳定增长，就能增强社会公众对它的信心。公司向社会公众公开其财务报表，大大增加了公司借款的灵活性，公司可以灵活地调整财务结构以便适应社会公众对它的信任度，更好地拓宽融资渠道。

2.2.2　公司上市的成本

对于一个企业来说，上市给公司带来的优势是巨大而深远的，但上市也有些不利因素，给企业造成直接或间接的成本。公司上市的代价主要包括以下六个方面。

2.2.2.1　公司利润的分享

如果公司正处在一个高盈利的阶段，未来的收益就要和外来的投资者一起分享。

2.2.2.2　公司保密程度降低

公司有时不愿上市的主要原因就在于在经营管理和政策方针的制定上失去了保密性。例如，公司如果公开某些技术或财务信息，就有可能被竞争对手利用。

2.2.2.3　控制权更加分散化

公司上市吸引的投资者越多，公司的股权就越分散，控制权也就越分散。

2.2.2.4　承担信息披露的责任

上市公司必须根据有关规定定期向政府监管部门报告公司的情况，并向社会公众披露财务资料和重大事项等信息。这不但需要占用一部分人力，花费一定数额的资金，而且向竞争对手提供了可能很宝贵的市场竞争信息。

2.2.2.5　公开发行与上市的费用支出

股票公开发行并上市需要一定的费用支出。其中包括公司筹备相关事宜的费用，支付给投资银行、会计师、律师等中介机构的费用，在交易所挂牌上市的费用，路演推介、公共关系处理等的印刷和宣传费用，在报纸、网络等媒体披露相关信息的费用等。

2.2.2.6　承担公开上市的法律风险

公司管理者等相关人员可能会受制于在申请上市过程中或上市后某些错误的决定或失误的做法，而因此承担起相应的民事、刑事等法律责任。

2.2.3　公司上市的决策

公司是否需要公开上市？在进行这个决策之前，公司的股东、管理层需要仔细权衡上市的利弊。公司上市的好处有很多，也十分有利于企业的短期和长期发展。在许多情况下，公司上市是利大于弊的。图 2 – 1 给出了一个公司上市的利弊衡量，在很多情况下上市的好处大于坏处。

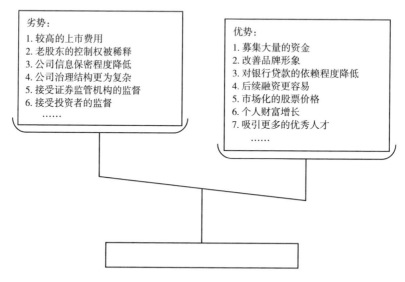

劣势：
1. 较高的上市费用
2. 老股东的控制权被稀释
3. 公司信息保密程度降低
4. 公司治理结构更为复杂
5. 接受证券监管机构的监督
6. 接受投资者的监督
……

优势：
1. 募集大量的资金
2. 改善品牌形象
3. 对银行贷款的依赖程度降低
4. 后续融资更容易
5. 市场化的股票价格
6. 个人财富增长
7. 吸引更多的优秀人才
……

图 2 – 1　公司上市的优劣对比

但是，公开发行即出售股权意味着公司成长所带来的收益会部分地永久消失，上市收益是否大于成本可能需要在 IPO 很多年后才可以确切地知道。公司的股东、管理层在 IPO 之前必须充分理解上市前后所要支付的成本和担负的责任。

在权衡上市的成本和收益时，公司也应该评估其他融资选择，例如公司股份的私下销售而非公开募集，通过银行进行贷款，引入战略投资者等。在决定上市之前，公司要估计所有能达到公司目标的方案，并对各种方案进行比较，在确信公司的确可以将上市作为一个目标时，最终作出上市决策并付诸行动。

2.3　公司退市及其利弊分析

与非上市公司申请上市相反，有的上市公司会因为各种原因而退市。当然，许多上市公司是因为不能够达到证券交易所的上市条件要求而被迫摘牌退市。但有些上市公司是主动退市。退市的利弊大致与上市正好相反。对于某些上市公司来说，当退市的好处大于上市之后，退市便成为一种合理的选择。

2.3.1　公司退市的定义、类型

上市公司退市是指其股票终止在证券交易所的交易，上市公司由公众公司变为非公众公司。上市公司退市制度是资本市场一项重要的基础性制度。退市制度是资本市场淘汰部分上市公司的一条途径，是实现上市资源优化配置的必然要求，也是保证上市公司总体质量，维持市场健康、持续发展的重要保障。

从公司退市的意愿来说，退市主要有两种形式：主动退市和被动退市。

主动退市出现于上市公司被主管经理人员或第三方私人投资集团兼并等情况中。

被动退市出现于上市公司被主管部门、机构或证券交易所强制摘牌的情况中。主要原因包括交易价格低于规定水平，违反交易规定或违法，或公司出现巨额亏损、破产或清算等情形。

从公司退市的方式来说，退市主要有以下四种情况：（1）按照有关法律法规的规定，公司自行将股票从证券交易所摘牌，股票不再公开交易；（2）某一位股东持有的股票数量增加到占总股本的一定比例（例如高达95%），该比例触及有关法律法规的规定，公司股票需要摘牌；（3）公司出现严重亏损，不再符合上市条件，被迫摘牌；（4）公司"卖壳"退市，即通过资产与控股权的出售和转移，变为非上市公司。

2.3.2　公司退市的利弊分析

2.3.2.1　公司退市的有利之处

退市是资本市场上一项重要经济活动。有些上市公司选择退市，成为非公众公司，可能是出于以下目的，或者说，会享有以下主要好处。

（1）减少法律、会计和公关等费用。一个上市公司每年在法律、会计和公关等方面需要花费可观的费用。公司退市后可以节省一大笔相关成本。

（2）避免公众过多关注，不必由于按季度、半年度、年度披露财务资料

等信息而被迫集中于追求短期经济效益。退市后，公司可以根据自身的需要，更加注重公司长期发展战略。

（3）避免成为其他公司的并购目标。一些具有较低市价和市盈率的公司常常成为收购的目标。如果公司是非上市公司，那么，其公司价值就不容易被发觉，也就更容易避免成为其他公司的并购目标。

2.3.2.2　公司退市的不利之处

（1）公司形象可能会受不利影响。公司从证交所退市很容易让人们联想到公司的经营状况或者财务出现了一些问题，并且一定期限内未能顺利解决，这会对公司的形象产生或多或少的不利影响。公司在未来的经营中可能会遇到一定的困难。

（2）投资者利益可能会遭受损失。公司退市对于大多数中小投资者来说是不利的。公司退市后，这些投资者持有的股票不再上市流通，股票转让的难度加大，股票增值的机会很小。

（3）公司人才可能会外流。公司一旦退市，对于员工来说可能不能再有原来的幸福感。即使在待遇不变的情况下，原有员工可能会选择社会认同度更高的企业。

2.3.3　退市机制对于资本市场建设的重要意义

公司的上市机制对于资本市场的意义是不言而喻的，但退市机制对于资本市场也具有重要意义。前者是企业进入资本市场的入口，后者是企业退出资本市场的出口。两者都是不可或缺的。一个成熟、有效的资本市场应具备良好企业进入和退出机制。

如图 2－2 所示，在二级市场的"入口"一侧，即使在"股灾"时期，监管部门也不必暂停公司上市。若从申请 IPO 的企业中精选出优质企业上市，则会提升二级市场上市公司的整体质量水平，不必担心分流二级市场投资者的资金而极低市场价格水平。另外，还能够避免因暂停公司上市而出现企业排队等待上市审批的"堰塞湖"现象。①

①　黄方亮，陈静，韩旭，黄京秋．我国股灾与 IPO 市场供给研究［J］．公司金融研究，2016（12）：196－210.

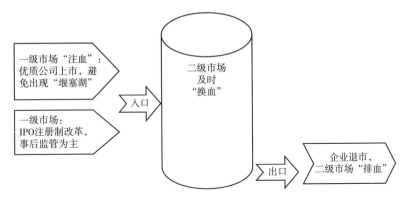

图 2 - 2 公司上市、退市与证券一级、二级市场之间的调节

概括来说，健全的退出机制对于资本市场建设的意义主要体现在以下四个方面：（1）将劣质企业淘汰出资本市场，有利于保证资本市场中上市公司的整体质量。（2）退市机制对于上市公司来说也是一种威胁机制，会迫使上市公司尽力保持较好的盈利状况，迫使上市公司规范经营。（3）加大投资者投机于劣质企业股票的风险，促进投资者树立价值投资的理念。（4）有利于促进市场资源的优化配置，保持市场的整体活力。

2.4 知识扩充

2.4.1 知识扩充一 关于公司治理的委托—代理理论*

委托—代理理论（principal-agent theory）是研究公司治理经常涉及的理论。该理论由美国经济学家伯利和米恩斯于 20 世纪 30 年代提出，他们意识到企业的所有者与经营者一体的做法存在着企业经营上的缺陷，指出所有权和经营权的分离会促进企业的发展。

2.4.1.1 代理

每当一个或几个个体（被代理人）雇用另外几个个体或组织（代理人）

---

　* Wikipedia. Principal-agent problem ［EB/OL］. http：//en. wikipedia. org/wiki/Principal% E2% 80% 93agent_problem.

执行某项服务，也即委托其作出决策时，代理关系就会发生。从上述定义不难看出，当存在代理时，就有可能存在潜在的利益冲突。

2.4.1.2 委托—代理理论

在股份制公司里，一般而言，大股东和债权人是被代理人，公司总经理扮演的是代理人即管理者的角色。因此，潜在的利益冲突可能会在管理者和股东以及管理者和债权人之间发生。

1. 股东和管理者

当管理者所拥有的股份少于普通股的 100% 时，潜在的委托—代理问题就会显现出来，管理者既不会获得他的努力带来的所有回报，也不必全部担负因个人私利所带来的责任，管理者的个人目标可能与股东利益的发生冲突。因而管理者可能有对股东利益不利的动机；管理者还与股权人、债权人存在甚至发生潜在的利益冲突。

既然管理者会与这么多人发生冲突，为什么还存在代理呢？难道管理者就这样成为众矢之的了吗？当然不是，因为有很多促使管理者实行对股东利益有益的策略，例如管理补偿、股东直接干预、解雇和接管的威胁等。

2. 股东与债权人

债权人既有权要求公司盈利时分红，也可以要求公司破产时参与公司资产的处理。然而，他们却无法控制与公司利润和风险决策有关的决定。

股东倾向于通过比预期有风险的投资成为债权人，通过管理者的实施，由借贷额外资金回购部分公司的流通股票，以杠杆效应获得股东的股本回报率。

3. 管理者与债权人

债权人保护其利益的方法有：（1）把限定性的协议注明在契约中；（2）拒绝长久的交易；（3）索取较高的利息以补偿高风险。

2.4.2 知识扩充二 纳斯达克市场的退市制度*

二板市场的退市制度也有其独到之处，上市公司退市在纳斯达克证券市

---

* 欣士. 纳斯达克：创业板市场的典范［J］. 深交所，2008（1）：59 - 62；Financial Industry Regulatory Authority. NASD Rulemaking［EB/OL］.［2012 - 10 - 19］. http：//www. sec. gov/rules/sro/nasd. shtml.

场上是很平常的，由此看来，最成功的二板市场纳斯达克市场也是最活跃的市场之一。

2.4.2.1 退市标准

证券市场规定的退市条件一般都表述为股票持续挂牌的条件和责任。与上市条件类似，持续挂牌的条件通常包括数量标准与非数量标准。数量标准要求上市公司在总资产、净资产、股票市值、营业收入、盈利能力、公众持股人数、持股量及市值、股价等方面满足规定的条件，而非数量标准主要从公司治理结构、信息披露等方面提出要求。

具体的判断标准为：（1）若上市公司在连续 10 个交易日内做市商的数量低于要求的最低数量，则判定该公司违反最低做市商数量的条件成立。一旦条件成立，上市公司将立即接到通知，并有机会在自接到通知起 30 日内设法消除终止上市的因素。（2）若某股票在连续 30 个交易日内股价低于最低出价条件和公众持股市值条件，则判定终止上市条件成立。一旦条件成立，上市公司将立即接到通知，并有机会在自接到通知起 90 日内设法消除终止上市的因素。若某股票已消除上述终止上市的因素，其判断标准为：在其后的 90 天内有连续 10 个交易日该股票的最低出价和公众持股市值恢复到标准以上。

2.4.2.2 退市程序

纳斯达克市场终止上市程序的特点是采用聆讯制。在判定某股票已不再满足上述持续挂牌的条件后，纳斯达克市场的上市资格部或上市调查部将通知上市公司其股票因不再满足纳斯达克市场持续挂牌的条件而终止上市。如果上市公司对上述决定不服，可以逐级上诉。首先是纳斯达克市场的上市资格小组；其次是纳斯达克市场的上市与聆讯审查委员会；再次是全美证券商协会（NASD）理事会；最后可上诉到美国证监会，美国证监会的决定将是最终裁决。

聆讯制的具体过程如下：纳斯达克上市资格部或上市调查部依据有关规定作出股票终止上市的决定并通知上市公司，同时指出上市公司拥有申请聆讯会的权力。若 7 日内公司没有提出聆讯申请，则上述决定生效，股票将被立即摘牌。若公司提出聆讯申请，则暂缓摘牌。

2.5　理论探讨

IPO 还是借壳：是什么影响了中国企业的上市选择 *

　　企业上市可以选择通过 IPO 来实现，此外，企业还可以通过"借壳"来达到上市的目的。例如，2015 年申通借壳艾迪西上市，2016 年圆通速递借壳大杨创世上市，2017 年顺丰借壳鼎泰新材上市。借壳上市活动属于重大事项，对市场影响较大，投资者、监管者等对此非常关注。

　　屈源育、吴卫星、沈涛（2018）将我国通过借壳上市的企业与通过 IPO 上市的企业进行比较，发现企业在上市前，采用借壳上市的企业一般比 IPO 上市的企业规模更大、业绩更好。通过分析企业的融资约束，他们发现在上市前企业的融资约束越严重，企业越可能选择借壳上市。会计信息质量和信息不对称程度并不能对企业选择借壳上市的现象作出解释。

2.6　案例归纳

2.6.1　案例一　华谊兄弟在创业板上市后的收益分析

　　根据《金华日报》的报道，2009 年 9 月 27 日，证监会创业板发行审核委员会正式审核通过华谊兄弟传媒股份有限公司的首发申请，这家注册在东阳横店的企业成为全国首家在创业板上市的影视传媒企业。①作为全国影视文化企业"排头兵"的华谊兄弟顺利通过首发申请，发行 4 200 万股，预计募集资金数额为 62 000 万元，其筹资投向将用于补充影视剧业务营运资金。如

---

　　* 屈源育，吴卫星，沈涛. IPO 还是借壳：什么影响了中国企业的上市选择 ［J］. 管理世界，2018（9）：130 – 142.

　　① 金敬军，胡灵敏. "华谊兄弟"登陆创业板 ［EB/OL］. ［2009 – 11 – 01］. http：//www. jh-news. com. cn/jhrb/2009 – 11/01/content_769249. htm.

本次发行实际募集资金量超出预计募集数额，华谊公司将把超额部分资金用于影院投资项目。

华谊兄弟的成功上市不仅实现了大股东个人财富的增长，也对推动公司的发展起到了重要作用，公司上市后电影产量扩大、类型增多，票房收入显著增长。

2.6.2　案例二　顺丰速运集团有限公司借壳上市的分析

顺丰速运集团有限公司（以下简称"顺丰"）是一家主要经营国际、国内快递业务的国内快递企业，由王卫于 1993 年 3 月 26 日在广东顺德创立，总部位于广东深圳市福田区。

2003 年初，公司与扬子江快运签下合同，成为国内第一家使用全货运专机的民营速递企业；2017 年 2 月 24 日，顺丰借壳鼎泰新材在深交所上市，股票代码为 002352 不变，证券简称由"鼎泰新材"变更为"顺丰控股"。

2.6.2.1　上市的原因分析

随着电商平台的兴起，快递行业发展迅速，2015 年 12 月 2 日，申通宣布借壳艾迪西上市，2016 年 1 月 15 日，圆通速递宣布借壳大杨创世上市，快递企业的市场规模越来越大，行业之间竞争越来越激烈，而作为国内领先的快递物流服务商，为顺应行业发展趋势，顺丰控股想通过这次上市来取得 A 股资本市场的运作平台，运用 A 股资本运作平台来实现融资、并购的整合功能。

2.6.2.2　上市过程

2016 年 5 月，顺丰控股和鼎泰新材双方协商一致，拟置入初步作价资产 433 亿元购入鼎泰新材；2016 年 7 月，顺丰完成过户手续及相关的工商管理登记手续，基本完成了资产重组；2016 年 10 月，中国证监会并购重组委发布 2016 年第 75 次会议审核结果公告，马鞍山鼎泰稀土新材料股份有限公司（发行股份购买资产）获有条件通过，即顺丰借壳景泰新材获得批复；2017 年 2 月，在深交所完成更名，顺丰控股正式完成上市。

2.6.2.3 启示

1. 企业要根据国家的行业情况及时调整自身的发展战略

顺丰在早期的发展中一直坚持不上市的原则，依靠自身的收入来维持发展，但是随着其他物流公司纷纷上市，打破了原有的行业布局，顺丰必须要调整自己的战略，否则就会陷入被动。

2. 借壳上市有其自身独特的优势

相比于直接上市，顺丰借壳上市有一定的优势，因为其所购买的股权价值在几年后很可能增长，给其带来一笔十分可观的收益，而且借壳上市可以迅速地解决顺丰面临的筹资难的问题，能使公司迅速地进入资本市场，积极的应对市场竞争。

资料来源：

① 张时杰，张咏梅. 借壳上市过程中关键节点管控探析——以顺丰控股为例［J］. 财会通讯，2017（31）：11–15.

② 顺丰控股 2016 年年度报告. 详见 http：//www. szse. cn/disclosure/listed/bulletinDetail/indcx. html? 35207186 – c795 – 4c16 – a8f2 – 093489c61d62.

2.6.3 案例三 分众传媒的退市分析

根据《21 世纪经济报》的报道①，2012 年 8 月 13 日分众传媒宣布，接到公司董事长江南春联合方源资本等投资方提交的私有化即成为非公众公司的建议书，拟以每股美国存托股 27 美元（每股普通股 5.4 美元）溢价方式将公司私有化。建议书提交方包括：方源资本、凯雷集团、中信资本、鼎晖投资、中国光大控股和公司董事长兼 CEO 江南春。上述成员将成立收购载体公司，拟采用债务资本和股权资本两者对交易进行融资。以每股存托股 27 美元的价格计算，私有化交易对分众的估值达到 35 亿美元。

公告显示，联合体已与花旗环球金融亚洲有限公司、瑞信银行新加坡分行、星展银行就交易融资事宜进行磋商，为交易提供融资。据悉，分众传媒已成立一个独立董事委员会，对交易进行斟酌。独立委员会被授权聘用顾问（包括独立的财务顾问和法律顾问）协助其工作。美国盛信律师事务所就交

---

① 辛苑薇，叶慧珏. 分众传媒私有化，中概股退市潮初显［EB/OL］.［2012 – 08 – 14］. http：//www. 21cbh. com/HTML/2012 – 8 – 14/1MNDE1XzQ5NzU1Mw. html.

易担任公司的美国法律顾问。

分众传媒是中国围绕都市主流消费人群的生活轨迹打造的数字化媒体平台，产品线覆盖商业楼宇视频媒体、卖场终端视频媒体、公寓电梯媒体、户外大型 LED 彩屏媒体、电影院线广告媒体等多个媒体网络。2005 年 7 月众传媒成功登陆美国 NASDAQ（股票代码 FMCN），成为海外上市的中国纯广告传媒第一股，并以 1.72 亿美元的募资额创造了当时的 IPO 纪录。

因美国少有楼宇广告，所以分众传媒难以被美国的投资者所认可，分众传媒选择退市既可以回避掉美国二级市场严格的监管，还能够利用自己"海龟"的身份以及其特殊的题材在我国 A 股或者香港证券市场重新得到热捧。

2.6.4　案例四　戴尔的退市与再上市

戴尔股份有限公司是于 1984 年由当时年仅 19 岁的迈克尔·戴尔（Michael Dell）创立的，主要生产、设计、销售家用及办公所用计算机，也生产与销售高端计算机、服务器、数据存储设备或网络设备等。

2013 年 2 月 5 日戴尔电脑（Dell Computer）宣布私有化即退市方案，集团创办人迈克尔·戴尔及 SILVER LAKE 基金，斥资 249 亿美元将戴尔私有化，股东可获得每股 13.75 美元现金，另加每股 13 美分的特别股息。交易主要通过现金加股票作融资，当中微软会借出 20 亿美元贷款。持有公司 14%股权的迈克尔·戴尔，在交易完成后继续担任董事长及 CEO。10 月 30 日戴尔以 249 亿美元完成私有化交易，迈克尔·戴尔持股比例升至 75%。

戴尔公司退市的主要原因是在苹果、联想等众多品牌产品的挤压之下，市场份额萎缩，经营出现了较大问题。戴尔公司为了更好地调整业务，通过退市避免信息公开披露，避免公众的过多关注。

戴尔退市 5 年后认为重新上市的时机成熟。在重新上市之前的 2016 年，戴尔花费 670 亿美元收购了从事数据存储、软件等业务的技术巨头 EMC 公司，并将公司名称由戴尔电脑改为戴尔科技（Dell Technologies）。

通过一系列包括回购 VMware 追踪股票（tracking shares，戴尔创造的一种虚拟股票）等比较复杂的股权安排，戴尔科技股票于 2018 年 12 月 28 日在纽交所挂牌交易。重新上市的成功表明戴尔在退市期间进行了较为成功的业务调整和转型。

资料来源：

① 郝奕博，颜明杰. 戴尔公司退市分析 [J]. 经济师，2017（8）：116，118.

② 吴家明. 戴尔要重新上市 却被"华尔街狼王"盯上 [EB/OL]. http：//news. stcn. com/2018/0704/ 14364873. shtml.

③ Welch，Chris. Dell Returns to Public Stock Market after Years as Private Company [EB/OL]. [2018 – 12 – 28]. https：//www. theverge. com/2018/12/28/18159305/dell – stock – market – return – public – nyse.

2.7　本章小结

（1）企业的组织形式。可以分为个人独资企业、合伙制企业、股份制企业三种，这三种企业组织形式各有特点、各有优势。

（2）在符合公司上市的前提的条件下公司可以选择上市融资，但是在作出上市融资的决定之前公司需要对上市的利弊进行详细的分析才可以最终作出是否要上市的决策。

（3）退市是指证券上市期届满或依法不再具备上市条件的，证券交易所要终止其上市交易。公司作出退市的决定往往要比决定是否上市更加谨慎，退市可能会对企业带来致命的打击，但是退市并不一定是说企业发展前景不好，经营良好的企业为了公司更好的发展也可能作出退市的决定。

2.8　问题思考

1. 公司有哪些组织形式？
2. 股份制企业有哪些优势？
3. 公司上市有何好处和弊端？
4. 公司应如何作出是否上市的决策？
5. 退市对于公司有什么影响？

第3章 IPO 实务：一般程序*

公司公开发行股票的全过程在不同国家或地区的股票市场情况不尽相同，但是，大致的过程是相似的。本章阐释多数股票市场所共有的大致过程，下一章将阐释某些更为具体的重要细节内容。

3.1 核准制下 IPO 的一般过程

一般来说，根据不同市场、不同时期企业申请 IPO 的程序，新股发行可以归为五个阶段，分别是进行准备、提出申请、获得批复、发行和上市，详细的内容如图 3-1 所示。

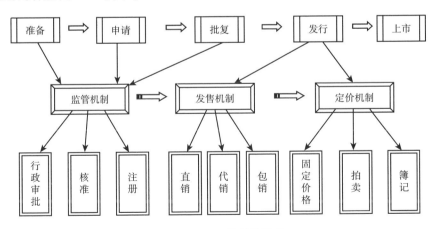

图 3-1 IPO 的整体流程

资料来源：笔者自行整理。

---

* 本章部分内容引自本书作者的专著，详见：黄方亮. 价格发现与股票 IPO 机制研究 [M]. 上海：上海三联书店，2008.

在每个阶段，发行人、投资银行、律师、会计师、证券监管部门等相关主体都需要履行许多具体的职责。

首先，在准备阶段，相关主体需要制订各自的工作计划，并按照计划展开申请前的有关准备工作。

其次，当准备工作做妥后，由发行人、投资银行向证券监管部门递交制作好的申请文件。

最后，证券监管部门对申请文件进行审阅并就申请文件提出反馈意见，发行人、中介机构根据反馈意见的要求再做相应的工作。

证券监管部门认为发行人具备发行条件时给予发行批复。

在获准发行后，发行人、投资银行根据发行的程序要求，分步进行公开发行工作，最终完成股票的挂牌上市工作（见表3-1）。

表3-1 公开发行股票的一般流程及相关工作内容

序号	阶段	具体工作内容
1	准备	发行人制订股票公开发行与上市的计划； 确定并聘请中介机构（主要包括投资银行、律师、会计师）； 中介机构制定各自的工作方案； 各方协调工作，确定整体工作方案； 各方根据有关方案展开各自的申请前的准备工作，根据有关证券监管部门的法律法规要求制作股票公开发行与上市的申请文件
2	申请	发行人、投资银行将制作完毕的有关股票公开发行与上市的申请文件报送证券监管部门，提出股票公开发行与上市的申请
3	批复	有关证券监管部门审阅申请文件，就申请文件给予反馈意见； 针对反馈意见，发行人与中介机构给予答复，并对申请文件等内容按反馈意见要求进行修改； 这种提出反馈意见与给予答复并修改的过程一般要反复进行几次； 证券监管部门认为达到要求时，给予允许公开发行股票并上市的批复
4	发行	发行人、投资银行制定公开发行股票的时间表； 按照不同股票市场的要求完成公开发行的各项程序，主要包括印制、刊登招股说明书等材料，在法律允许的范围内进行各种形式的发行前的宣传推介，与投资者进行沟通，进行公开发行； 根据规定向有关机构报送有关完成股票公开发行的材料

续表

序号	阶段	具体工作内容
5	上市	发行人、投资银行按照有关要求制定上市时间表； 按照时间表要求及时完成各项股票挂牌前的准备工作； 股票挂牌上市； 根据规定向监管机构报送股票上市的有关材料

资料来源：黄方亮. 价格发现与股票 IPO 机制研究［M］. 上海：上海三联书店，2008.

　　我国仅允许已经设立股份有限公司的企业公开发行股票。主板的 IPO 流程如图 3 - 2 所示。

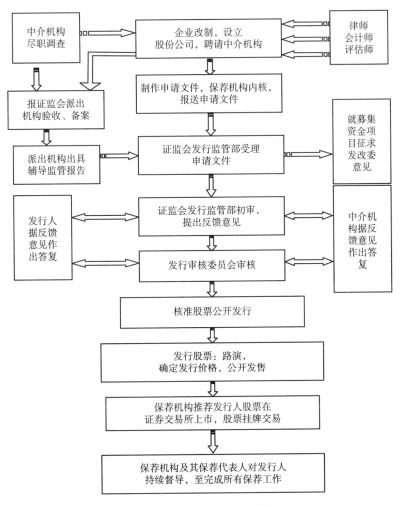

图 3 - 2　我国主板 IPO 流程

3.2 注册制下科创板和创业板市场 IPO 的一般过程

3.2.1 科创板市场 IPO 的一般过程

市场化、法治化的注册制是我国 IPO 机制改革的目标和方向。习近平总书记于 2018 年 11 月 5 日在首届中国国际进口博览会开幕式上宣布设立科创板并试点注册制。2019 年 1 月 30 日，经党中央、国务院同意，中国证监会发布了《关于在上海证券交易所设立科创板并试点注册制的实施意见》，设立科创板并试点注册制工作有序推进。

2019 年 6 月 13 日，科创板（Sci-Tech innovation board，STAR Market）在上海证券交易所正式开板。2019 年 7 月 22 日，德林海、大地熊、三生国健、震有科技、芯朋微、奇安信、力合微七家首批申请于科创板上市的 IPO 公司股票挂牌上市。

根据中国证监会发布的《关于在上海证券交易所设立科创板并试点注册制的实施意见》，科创板发展的主要目标是支持新一代信息技术、高端装备、新材料、新能源、节能环保以及生物医药等高新技术产业和战略性新兴产业，推动互联网、大数据、云计算、人工智能和制造业深度融合，服务的主要对象是符合国家战略、突破关键核心技术、市场认可度高的科技创新企业。科创板设置多种可选择的上市条件，其中包括允许尚未盈利或存在累计未弥补亏损的企业上市，允许特殊股权结构企业和红筹企业上市。

关于 IPO 的申请与批复程序，在科创板推出了注册制的改革措施。根据上述实施意见，科创板强调更加全面、准确的信息披露规则体系建设。上海证券交易所负责股票发行并上市审核，中国证监会负责股票发行注册。中国证监会负责对新股发行上市事前、事中、事后进行全过程监督，包括对上海证券交易所的审核工作进行监督。

根据上海证券交易所于 2020 年 6 月 12 日发布的《上海证券交易所科创

板首次公开发行股票发行与上市业务指南》1.2 版修订稿①，科创板 IPO 的总体流程主要包括发行上市前准备、发行、上市三大阶段。

3.2.2　创业板市场 IPO 的一般过程

在上海证券交易所科创板注册制试点积累的经验的基础上，深圳证券交易所创业板开始进行注册制改革。2020 年 4 月 27 日，中国证监会和深圳证券交易所开始就创业板 IPO 规则向社会公众公开征求意见。2020 年 6 月 12 日，中国证监会发布了《创业板首次公开发行股票注册管理办法（试行）》《创业板上市公司证券发行注册管理办法（试行）》《证券发行上市保荐业务管理办法》等文件，深圳证券交易所等机构发布了配套规则，正式设立起创业板试点注册制的基础性制度框架。

有关创业板注册制改革的文件规定了 IPO 的注册程序，包括交易所的发行上市审核程序和交易所报证监会注册的程序。大致程序与科创版基本一致。为提高注册效率、减轻企业负担，中国证监会与深圳证券交易所建立了电子化注册系统。

3.3　IPO 的前期准备

对于拟公开上市的公司来说，做好前期准备是公司成功发行股票、实现上市前十分重要的一步。由于不同企业的情况千差万别，发行股票的前期准备工作也是不尽相同的，但许多企业需要做比较烦琐的准备工作，具体包括组成公开发行股票的工作团队、进行企业改制，以及制作申请文件等。

3.3.1　成立 IPO 的筹备工作团队

由于公开上市的工作涉及许多方面，程序比较复杂，所以企业在作出准

---

①　截至此次修订，《上海证券交易所科创板首次公开发行股票发行与上市业务指南》共有 3 次修订稿。2019 年 6 月 21 日，上海证券交易所首次发布了的 1.0 版。在 2019 年 6 月 25 日更新的 1.1 版中只调整了每日需披露公告的上网时间。在 2020 年 6 月 1 日更新的 1.2 版中新增了关于网上、网下路演及上市相关事宜的声明、新增了公司章程命名规范、调整了《上市保荐书》和《上市申请书》的部分文字表述、调整了上市费用等内容。

备股票公开发行与上市决策之初，需要组建一个工作团队。工作团队一般包括企业的证券、财务、技术、战略规划等人员，以及投资银行、律师事务所、会计师事务所等中介机构的人员。

企业选择比较理想的投资银行是公开发行股票准备工作中的重要一环。选择合适的投资银行是成功发行股票的保证。投资银行在股票公开发行过程中主要负责以下工作：与发行人进行沟通，组织、协调企业以及各中介机构有序工作；进行充分的尽职调查并制作申请文件；与证券监管部门进行持续有效的沟通；担负持续督导责任等。

律师事务所需要对涉及法律事宜为企业提供咨询等服务，并出具法律意见书和律师工作报告等文件。

会计师事务所需要提供财务会计方面的咨询等服务，对企业的会计报表出具审计报告等文件。

如果涉及资产评估工作，则由有相关资质的资产评估机构负责完成。

3.3.2 企业改制重组

公开发行上市的主体必须是股份有限公司，在注册资本、组织结构等方面都有相关条件要求。如果准备申请上市的企业不是股份公司，那么，该企业需要按有关规定改制为股份有限公司。

企业改制除了需要具备股份公司的组织形式、独立经营、规范运作之外，还要有突出的主营业务、核心竞争力和持续发展的能力。

企业进行股份制改制时可以聘请有经验的机构作为财务顾问。财务顾问需要就股份制改组乃至公开上市提出总体方案。总体方案一般包括以下内容：资产、负债和人员重组方案，改制后企业的管理与运作，企业的公开上市计划等。

企业设立股份公司时，一般需要履行发起人出资、召开创立大会以及办理工商注册登记手续等程序。首先，企业需要设立验资账户，各发起人按发起人协议规定的出资方式、出资比例出资，以实物资产出资的应办理完毕有关产权转移手续。资金到位后，由会计师事务所进行验资，并出具验资报告。其次，需要召开公司筹委会会议，对公司筹备情况进行审议，初步审议公司章程草案，并确定创立大会时间，发出召开创立大会的通知。创立大会的议事事项包括选举董事（包括独立董事）、监事等相关人员。召开第一次董事会、监事会，选举产生董事长等相关人员。最后，办理工商注册登记手续，取得股份有限公司的法人营业执照。

3.3.3 投资银行等中介机构的尽职调查与辅导

在投资银行与拟公开上市的企业接触之后，通常会进行尽职调查，即尽职尽责地对企业进行法律、财务等各个方面的全面、审慎调查，充分掌握企业的经营、管理等状况，判断其是否存在某些方面的问题，是否符合公开上市的条件，以及是否继续为其上市提供服务。若决定继续为其提供服务，需要对企业存在的问题提出解决措施。所有工作需要做好记录，保存调查问卷、企业提供的原始资料，整理工作底稿，形成具有法律效力的工作文件。

其他中介机构也会根据自己负责的事务展开相应的尽职调查工作，形成自己的专业意见。

投资银行等中介机构在确认企业符合监管层有关公开上市的规定后，会展开进一步的发行上市工作，其中包括对企业进行辅导。企业在首次申请公开上市时，往往缺乏熟悉有关上市程序、要求的工作人员，需要由投资银行对企业的董事、监事和高级管理人员等进行前期的培训与辅导。培训与辅导的内容主要包括证券市场规范运作、IPO申请的条件要求以及信息披露等方面，目的是增强相关人员的诚信、法治意识。

3.3.4 IPO申请文件的准备、撰写

对于公开发行股票的申请文件内容与格式，各国监管层均有非常明确的要求。企业申请公开上市时，需要准备、撰写好相关文件并提交到监管层。

公开发行股票的申请文件主要包括：（1）股票公开发行的申请函及有关授权文件；（2）招股说明书；（3）投资银行关于公开发行的意见；（4）会计师关于公开发行的意见；（5）律师关于公开发行的意见；（6）企业财务会计资料相关文件；（7）有关证明文件。

其中，招股说明书是核心文件，需要以投资银行为主，组织撰写。招股说明书将向社会公众披露，便于感兴趣的投资者阅读并据以作出投资决策。招股说明书中需要披露企业各个方面的信息，篇幅一般较长，撰写耗费的时间较长。申请文件中的其他部分多是招股说明书的支撑、证明文件，有些不需要向社会公开披露，只需要提交到有关证券监管部门。

3.4 IPO 的申请与批复

3.4.1 IPO 申请

发行人、投资银行制作完毕有关股票公开发行与上市的申请文件之后，需要报送证券监管部门，提出股票公开发行与上市的申请。证券监管部门收到申请文件后，在一定的时间内作出是否受理的决定。

根据《证券法》（2019 年修订）中的有关规定，发行人申请首次公开发行股票的，在提交申请文件后，应当按照证券监管机构的规定预先披露有关申请文件。因此，证券监管部门受理申请之后，会要求发行人就某些信息进行预先披露。

在我国核准制下，发行人申请文件受理后、发行审核委员会审核前，发行人应当将招股说明书（申报稿）在中国证监会网站预先披露。发行人可以将招股说明书（申报稿）刊登于其企业网站，但披露内容应当完全一致，且不得早于在中国证监会网站的披露时间。

监管层推进的注册制改革更加注重对信息披露的要求，强调发行人、中介机构等市场主体在信息披露中的法定责任。2019 年 3 月 18 日，上海证券交易所开通科创板股票发行上市审核信息披露系统，正式受理审核科创板股票发行上市申请文件。按有关规定，IPO 公司通过保荐人以电子文档形式向交易所提出 IPO 申请，交易所在收到申请文件后 5 个工作日内作出是否予以受理的决定。若受理，发行人于受理当日在交易所网站等渠道预先披露招股说明书及相关文件。

3.4.2 证券监管机构对 IPO 申请的审阅、反馈和批复

有关证券监管部门收到申请文件后，开始审阅申请文件，并就申请文件给予反馈意见。针对反馈意见，发行人与各中介机构需要给予答复，必要时需要根据要求对企业的相关问题进行整改。之后对申请文件等内容按反馈意见要求进行修改。这种提出反馈意见与给予答复并修改的过程一般要反复进

行多次。

在我国核准制下，有关审核包括初审和复审两关。中国证监会受理申请文件后，由相关职能部门对发行人的申请文件进行初审；此外，证监会将就发行人的募集资金投资项目是否符合国家产业政策和投资管理的规定征求国家发改委的意见。进行初审时证监会与投资银行、发行人一般会进行多次意见反馈、回复与整改。

相关职能部门对发行人的申请文件初审完成后，由发行审核委员会组织发审委会议进行讨论。讨论后，通过投票表决方式，决定发行人的申请是否通过审核。发行人和投资银行的有关人员可能会陈述和接受发审委委员的询问。如果发审委委员发现存在尚待调查核实并影响明确判断的重大问题，应当在发审委会议前以书面方式提议暂缓表决。发审委会议首先对该股票发行申请是否需要暂缓表决进行投票。如果未能够通过暂缓表决的投票表决，发审委会议按正常程序对该股票发行申请进行审核。发审委会议对发行人的股票发行申请投票表决后，表决结果在中国证监会网站上公布。

在我国注册制下，IPO 的基本流程是由保荐人保荐，向上交所申报并予以保留工作底稿，上交所受理材料，分发、分送资料，组织见面会，进行审核问询，通过反馈会收集问询回复，对反馈意见予以落实，进行多轮问询，出具审核报告，再经由上市委员会会议讨论，由上交所作出审核意见是否同意上市，如若同意，报送证监会，同意注册即可刊登招股意向书，进行报价，IPO 审核工作流程结束。

3.5　股票的承销、上市

获得证券监管部门批复（包括注册批复）的 IPO 申请，可以开始向社会公开发行股票，并在证券交易所挂牌上市。在这个过程中，又需要经历路演推介、确定发行价格、承销与发售、挂牌上市四个阶段。

3.5.1　路演推介

路演（roadshow）是证券发行的一种推介方式，是促进股票成功发行、提升发行影响力的一种宣传手段，是对公开发行进行市场营销的一个重要组成部分。在路演过程中，发行人、投资银行向投资者介绍企业状况和拟发行情况等，回答投资者提问。

路演时一般会举行推介会，发行人向投资者就其历史沿革、经营业绩、行业状况、发展战略等作介绍，宣传企业的投资价值，对投资者提出的相关问题给予回答、解释。在路演过程中以及路演结束后，投资银行会仔细研究市场的潜在需求状况，研究有多少投资者有兴趣认购股票、认购数量是多少、以什么水平的价格认购。换言之，投资银行会得出此次发行的需求曲线。在发达国家和地区，对于大规模的发行，路演还要跨国界进行。

互联网为信息沟通提供了巨大便利条件。目前，网上路演已经成为一种重要的推介方式。发行人往往在某个专业网站上设置特定栏目介绍公司情况，并在预定时间内与投资者进行即时交流，并进行网上直播，所有社会公众均可通过网络看到即时交流的情况。

3.5.2 股票发行价格的确定

股票发行价格确定的机制有许多，包括固定价格机制（fixed-price mechanism）、拍卖机制（auction mechanism）和簿记机制（book-building mechanism）等。

3.5.2.1 固定价格机制

固定价格机制是指在进行公开发行之前不经过投资者参与，发行价格就被确定的一种机制。对于股票的分配，一般发行人与承销商不予以控制。

根据是否有政府干预，固定价格机制又可分为两种情况：政府干预的固定价格机制；非政府干预的固定价格机制。

在行政审批机制下，政府的监管机构通常也限定发行价格。这是由政府行政干预的固定价格发售机制。在非行政审批机制下，也有固定价格机制的做法，即投资银行和发行人在公开发行前确定一个固定价格并据此价格进行股票公开发行。

根据新股是否可以被分配，固定价格机制又可进一步被分为两种：允许配售和公开发售。其中公开发售的情况更为常见。当出现超额认购的情况时，股票分配多是根据投资者的申购数量按比例分配，如在中国香港地区、新加坡等的证券市场曾经按此方式分配股票；也有由承销商决定如何分配的情况，如在澳大利亚、泰国等。

固定价格机制是新股发行中比较简单的一种，通常在新兴市场中比较常用，或者用于发行规模比较小的情况，如马来西亚、新加坡、中国香港地区（1995 年以前）等。在美国，以代销机制承销的小盘股也常采用固定价格机制。

3.5.2.2　拍卖机制

拍卖机制又被称为竞标机制，是以公开竞价的形式，将特定物品或财产权利转让给中标的参与者的买卖方式。

拍卖成交的一般要体现价高者得的原则。拍卖的一般过程是，投资人申请在什么价位要多少股票。发行人将需求、价位从大到小排队，然后从上往下累计需求，等到发行数额足够，这个价位以上的申请人将按需求得到股票。每个申请人所付的价格有可能相同或不同。在标准拍卖过程中，发行人和承销商既不可以控制发行价格，也不可以控制股票的分配。

在有些股票发行中，先由机构投资者通过拍卖的竞价机制得出一个公平价格，先满足机构投资者的需求，然后剩下不到 50% 的股份则专门发售给中小投资者。

拍卖机制曾经在许多国家或地区使用，包括美国、日本、法国、以色列和中国台湾地区等。目前仍有拍卖机制出现在新股发行中，但是案例比较少。

3.5.2.3　簿记机制

簿记机制也被称为累计订单机制，是一种在供需双方讨价还价的基础上再确定发行价格与股票分配的机制。其一般程序是：首先，发行人与承销商一起确定向哪些投资者进行股票发行的询价，一般而言，只有资金量大的投资者能够成为询价对象；其次，向投资者进行询价，在前期询价后制定价格区间，填写认购册；最后，承销商根据认购情况和对投资人需求的判断形成新股的需求曲线，最终定价并决定股票的分配。

在簿记机制中，对于发行价格，发行人和承销商有确定权，因而说他们可以在某种程度上对价格有所控制；但是这种价格确定是建立在与投资者沟通、协商的基础上的，是在对市场需求信息比较充分地了解之后作出的价格确定决策，所以也可以说，发行价格是不受，至少是不完全受发行人和承销商控制的。对于股票的分配，发行人和承销商也是有一定的控制权的。

在成熟市场中，一般是在新股发行包销的方式下，采纳簿记机制。采纳簿记机制时对发行价格的确定一般包括两个步骤：（1）根据新股的价值、结合股票发行时的证券市场走势、公司所处行业股票的市场表现等因素确定新股发行的价格区间，一般用贴现现金流模型、可比上市公司比较法等方法确定。（2）投资银行与发行人组织路演活动推介股票，与机构投资者沟通，使机构投资者对发行公司的经营状况、财务信息、发展前景等方面有直接的了解。承销商根据所获得的需求信息在原来的价格范围上进行调整，最终确定发行价格，并确定股票发行数量和配售给机构投资者和散户的比例。

简记机制在机构投资者比例较高的成熟市场中得到广泛应用，并且在全球范围内流行开来。

我国证券监管部门目前允许股票首次公开发行采取多种价格确定方式，即可以通过向询价对象询价的方式确定股票发行价格（即簿记机制），也可以通过发行人与主承销商自主协商直接定价等其他合法可行的方式确定发行价格。①

采取簿记机制确定股票发行价格的，其询价对象可以包括证券投资基金、投资银行、信托投资公司、财务公司、保险机构投资者以及其他机构和个人投资者。

3.5.3 股票的承销与上市

3.5.3.1 股票的承销

股票的承销、发售其实是股票发行过程中一个问题的两个方面。发售就是指企业股票的对外公开销售。而承销是指从投资银行的角度看股票发行过程，由投资银行为企业股票的公开发行提供服务。

证券承销是投资银行的最本源、最核心的业务，也是投资银行区别于商业银行的最本质特征之一。在国际上，绝大多数 IPO 的操作都有投资银行的参与，仅有极少数情况发行人不聘请投资银行，自己组织 IPO 的操作并直接

---

① 详见中国证监会于 2018 年颁布的修订后的《证券发行与承销管理办法》。我国早期推行 IPO 询价制度的有关规定是 2004 年 12 月 11 日中国证监会发布的《关于首次公开发行股票实行询价制度若干问题的通知》及配套文件《股票发行审核标准备忘录第 18 号对首次公开发行股票询价对象条件和行为的监管要求》，规定 IPO 公司及其保荐机构应通过向询价对象询价的方式确定股票发行价格。2006 年 9 月 18 日，中国证监会发布了《证券发行与承销管理办法》，对 IPO 的询价、定价以及股票配售等环节进行了规范和完善。

销售给投资者。通常承销也被用来通指代销和包销两种方式。其中，代销是指投资银行代发行人发售证券，将未出售的证券全部退还给发行人的机制。包销又包括全额包销和余额包销两种机制。全额包销是指投资银行将发行人的证券按照协议全部购入，然后再出售给投资者的机制；余额包销是指在承销期结束时将售后剩余证券全部自行购入的承销机制。

3.5.3.2　股票公开发行承销协议

在股票公开发行之前，投资银行与发行人需要签署股票承销协议。承销协议的主要条款包括协议双方的名称、地址及联系方式等基本情况，承销股票的种类、规模、发行价格、承销方式、承销日期以及承销佣金等内容。

为分散承销风险，在股票公开发行时通常由多家投资银行组成承销团。担负主承销商职责的投资银行与发行人签署的是主承销协议。除主承销商之外的其他承销团成员属于分销商。分销商与主承销商签署分销协议或承销团协议，约定承销团内部各投资银行间如何分别承担拟发行股票的销售，明确各成员分销的股票种类、数量、分销费用等事项。

3.5.3.3　股票的挂牌上市

在股票成功公开发行之后，就可以在证券交易所挂牌上市进行二级市场交易了。当然，不同的证券交易所制定有不同的上市标准，只有满足上市标准，企业的股票才能在此交易所挂牌上市交易。①

3.6　知　识　扩　充

3.6.1　知识扩充一　核准制下我国 IPO 审核的主要流程*

为进一步规范行政许可行为、提高监管工作透明度，中国证监会发行监

---

① 有企业在公开发行之后，被查出存在不合法、不合规的问题，并因而不能够在证券交易所挂牌上市。

＊ 中国证监会. 发行监管部首次公开发行股票审核工作流程及申请企业情况［EB/OL］.［2019 - 07 - 05］. http：//www. csrc. gov. cn/zjhpublic/G00306202/201803/t20180324_335702. htm.

管部于 2014 年 6 月 10 日发布修订后的"首次公开发行股票审核工作流程"。该流程阐明，审核工作流程中的各个环节分别由不同处室负责，相互配合、相互制约。对每一个发行人的审核决定均通过会议以集体讨论的方式提出意见，避免个人决断。具体审核环节主要包括以下六个方面。

3.6.1.1 申请文件受理和预先披露

中国证监会受理部门根据《中国证券监督管理委员会行政许可实施程序规定》（以下简称《行政许可程序规定》）、《首次公开发行股票并上市管理办法》等文件要求，受理 IPO 申请文件，并按程序转发行监管部。发行监管部在正式受理后安排预先披露，并将申请文件分发至相关监管处室，相关监管处室根据发行人的行业、公务回避的有关要求确定审核人员。

3.6.1.2 反馈会和预先披露内容更新

监管处室审核人员审阅申请文件，从非财务和财务角度撰写审核报告，提交反馈会讨论，反馈会后将形成书面意见，反馈给保荐机构，确定需要发行人补允披露以及中介机构进一步核查说明的问题。保荐机构收到反馈意见后，组织发行人及相关中介机构按照要求进行回复。审核人员对回复材料进行审核。

发行人对反馈意见已按要求回复、财务资料未过有效期，且需征求意见的相关政府部门无异议的，将安排预先披露更新。对于具备条件的项目，发行监管部将通知保荐机构报送发审会材料和用于更新的预先披露材料，并在收到相关材料后安排预先披露更新，以及按受理顺序安排初审会。

初审工作结束后形成初审报告（初稿），提交初审会讨论。

3.6.1.3 初审会

初审会由审核人员汇报发行人的基本情况、初步审核中发现的主要问题及反馈意见回复情况。初审会由综合处组织，发行监管部相关负责人、相关监管处室负责人、审核人员以及发审委委员（按小组）参加。

根据初审会讨论情况，审核人员修改、完善初审报告。初审报告是发行监管部初审工作的总结，履行内部程序后与申请材料一并提交发审会。

3.6.1.4 发审会

发审委通过召开发审会进行审核工作。发审会以投票方式对首发申请进行表决。发审委委员投票表决采用记名投票方式。发审会召开 5 日前中国证监会发布会议公告。

3.6.1.5　封卷和会后事项

通过发审会审核后进行封卷工作。封卷工作在按要求回复发审委意见后进行。

会后事项是指 IPO 申请通过发审会审核后，招股说明书刊登前发生的可能影响发行上市及对投资者作出投资决策有重大影响的应予披露的事项。发生会后事项的需履行会后事项程序，发行人及其中介机构应向综合处提交会后事项材料。

3.6.1.6　核准发行

核准发行前，发行人及保荐机构应及时报送发行承销方案。

封卷并履行内部程序后，将进行核准批文的下发工作。发行人领取核准发行批文后，可启动招股说明书刊登工作。

3.6.2　知识扩充二　注册制下我国 IPO 审核的主要流程[*]

中国证监会、上海证券交易所针对注册制下的 IPO 审核程序出台了一系列的规章制度，包括《关于在上海证券交易所设立科创板并试点注册制的实施意见》《科创板首次公开发行股票注册管理办法（试行）》《上海证券交易所科创板股票发行与承销实施办法》《上海证券交易所科创板股票发行上市审核规则》《上海证券交易所科创板股票发行上市申请文件受理指引》等。注册制的 IPO 审核更加遵循公开透明和便捷高效的原则，审核程序透明度得到提高。具体的审核流程主要包括以下环节。

3.6.2.1　申请文件受理和预先披露

发行人通过保荐人向上海证券交易所发行上市审核业务系统提交电子版申请文件，电子版文件应与原件一致。相关文件应由 2 名保荐代表人签字。

上海证券交易所在收到 IPO 申请文件后 5 个工作日内作出是否受理的决定。若受理，IPO 公司在受理当日通过上交所网站披露募集说明书、发行保荐书、上市保荐书、审计报告、法律意见书等文件。

＊　根据上海证券交易所科创版网页发布的发行上市审核类业务规则整理，各规则详见 http：// star. sse. com. cn/lawandrules/lawandrules/marketrules/.

上海证券交易所的发行上市审核机构负责对 IPO 申请文件按受理的先后顺序进行审核。

3.6.2.2　审核问询

发行上市审核机构受理后提出第一轮审核问询。发行人和保荐人等中介机构按问询要求进行补充调查、核查，逐项回复问询的问题，并补充或修改 IPO 申请文件。

在发行人和保荐人等中介机构对问询作出回复后，如果审核机构发现新的需要问询事项等情形的，会继续提出审核问询。

审核机构须在 3 个月内作出审核意见。发行人及其保荐人、证券服务机构回复审核问询的时间不计算在内。

3.6.2.3　科创板股票上市委员会审议

审核机构认为不需要进一步审核问询后出具审核报告，然后提交科创板股票上市委员会。

上市委员会召开审议会议，通过合议形成同意与否的审议意见。

符合发行条件、上市条件和信息披露要求的，向中国证监会报送审核意见、相关审核资料和 IPO 申请文件。

3.6.2.4　中国证监会注册

中国证监会在 20 个工作日内对发行人的注册申请作出同意注册与否的批复。

若中国证监会同意注册，其有效期为 1 年。发行人可在注册有效期内自主选择时间点进行公开发行并上市。

3.7　理 论 探 讨

3.7.1　理论探讨一　中国 IPO 定价机制的演进、完善与评价 *

我国证券市场的建设时间虽短，但取得了公认的成绩。在证券市场的发

---

* 本部分的主要内容引自本书作者发表的论文，详见：黄方亮. 对中国首发（IPO）定价机制的评价 [J]. 上海投资，2004（3）：45 – 47.

展过程中，对 IPO 的价格的确定方式不断改进，逐渐趋于规范与完善。我国 IPO 定价制度的演变基本遵循了由简单定价到多方式定价、由严格的政府主导到不断放松管制的过程。

自 20 世纪 80 年代中期在集体制企业中实行股份制试点，到为扶持国有企业融资，再到逐步放开原先禁止的金融、房地产等产业企业的股份制改造和发行上市，直到目前证券市场对全行业的放开，我国股票 IPO 发行的方式在不断变化，发行价格的确定也不断演进与完善，从简单的面值发行，到比较完善的多方式定价。根据不同的价格确定方式，我们将其分为行政化主导和市场化改革两大时期。

3. 7. 1. 1　行政化主导定价时期

在这个时期，根据不同的定价方式，又分为三个阶段。

第一个阶段：1984 ~ 1990 年，股票价格按面值发行。20 世纪 80 年代中期是我国实施经济改革政策后进行股份制试点的启动时期，以股票、债券方式向社会筹集资金的经济活动有所发展，当时发行股票是在严格的监督和控制下，主要限于在少数经过批准的集体所有制企业中试行。所发行股票的面值不一，有 100 元的，也有 200 元的，一般是按面值发行。由于是试点时期，公众对股票发行的认识不足，尽管是按面值发行，认购也不很踊跃，多是行政派发给企业内部职工。

第二个阶段：1990 ~ 1995 年底，根据行政审批溢价发行。随着社会对股份制认识的深入以及对股票认购积极性的提高，初期按面值发行的方式变为多是溢价发行。1992 年 5 月 15 日国家经济体制改革委员会发布的《股份有限公司规范意见》第二十七条规定："公司不得发行无面值股票。股票的发行价格不得低于股票的面值。公司同次发行的同种类别股票，发行价格须一致。"翌年，我国颁布了《中华人民共和国公司法》（以下简称《公司法》），其第一百三十一条规定："股票发行价格可以按票面金额，也可以超过票面金额，但不得低于票面金额。以超过票面金额为股票发行价格的，须经国务院证券管理部门批准。"对于溢价幅度，管理层没有作出规定，但发行价格基本需由管理层确定，市盈率一般控制在约 13 倍之下。

第三个阶段：1995 年底至 1999 年初，发行价格（P）根据每股税后利润（EPS）与市盈率（PER）的乘积确定发行价格，也就是有了定价公式：$P = EPS \times PER$。显然，公式右边两项的大小直接决定着发行价格的高低。根据公式右边两项数值确定方式的演变，这一时期又分三个阶段。

（1）1995 年底至 1996 年底，EPS = 发行前一年及盈利预测平均每股税后利润。推行这一计算方式导致的问题是，为了多进行募集，有些企业预测的利润过高。发行市盈率受管理层限制，但高低幅度变大，平均在 9 ~ 15 倍。

（2）1996 年底至 1998 年初，EPS = 发行前 3 年算术平均每股税后利润。为避开有些企业预测利润过高的现象，IPO 定价不再考虑盈利预测因素。对由国有企业依法改组新设立的公司，可按主要发起人改制当年经评估确认后的净资产所折股数，模拟计算改制前各年度的每股税后利润作为定价依据。这一规定走向了一个极端：新股价格中不包含未来盈利信息，体现不出股票的未来价值。这样，成长性公司的企业价值（EV）一般会被低估，下滑性公司的价值一般会被高估。新股发行市盈率比上时期稍高，平均在 14 ~ 15 倍。

（3）1998 年初至 1999 年初，EPS = 预测利润/发行当年加权平均股本数，其中，发行当年加权平均股本数 = 发行前总股本 + 本次公开发行股本数 ×（12 - 发行月份）/12。该公式又走向了另一个极端：只考虑未来盈利因素。发行市盈率又略有上升，平均约在 14 ~ 17 倍。

3.7.1.2 市场化改革定价时期

自 1999 年初至今，发行定价在经过了第三个时期的几次变化后，管理层对此的监管时松时紧，规定需要考虑多种因素、以多种方式确定 IPO 价格。在这个时期，根据不同的定价方式，又分为四个阶段。

第一个阶段：1999 年初至 2001 年上半年，管理层逐步向资本市场价格机制市场化迈进。1999 年出台的《证券法》对发行价格有关规定出现在第二十八条，其内容是："股票发行采取溢价发行的，其发行价格由发行人与承销的证券公司协商确定，报国务院证券监督管理机构核准"。这比以前由管理层审批更进了一步，引入了由两方市场主体协商价格的机制。在实际操作中，定价的参考标准仍主要以每股税后利润与市盈率因素为基础。《股票发行定价分析报告指引（试行）》要求，IPO 定价需要综合考虑行业状况、二级市场状况、发行人现状和未来发展前景。但这里存在的问题是：对综合因素的考虑往往停留在表面，对发行价格未有实质性影响。发行市盈率平均在 16 ~ 31 倍。这期间还一时曾引入市场主体的第三方，要求发行前向机构投资者询价，体现出议价（bargaining）过程，但因在具体实施过程中存在"串谋"等情形而后来不再做要求。

对定价方法的要求变得多样化。在报送中国证监会的股票发行定价分析报告中要求除市盈率定价法之外还需有至少三种发行价格的确定方法，其中必须有折现现金流法（DCF）。在实际运作中，一般在报送证监会的材料中使用的定价方法包括两大类：同行业可比公司的横向类比估值法和发行人经济指标纵向折现模型法。横向类例如市盈率比较估值法、价值收入比倍数法，纵向折现模型根据经济指标的不同选择分为自由现金流折现模型法（又可分为股权资本自由现金流折现模型法和公司自由现金流折现模型法）、折现每股收益模型法等。

第二个阶段：2001 年下半年至 2004 年底，由前阶段的渐渐放开对发行价格的管制变为限制偏高的定价。随着股票二级市场熊市的出现以及持续，发行市场必然受到影响。体现在 IPO 价格上，就是证监会先是在审核过程中口头限定了发行市盈率，不高于 20 倍，同时，筹资额不得超过发行人上年度末净资产值的 2 倍，在此政策执行了一年多之后，于 2003 年 9 月 19 日颁布了《关于进一步规范股票首次发行上市有关工作的通知》，规定发行人"筹资额不得超过发行人上年度末经审计的净资产值的两倍"，该通知未对发行市盈率做规定，但实际审核时市盈率不高于 20 倍的限制仍然执行。

第三个阶段：2004 年底至 2012 年上半年，规定股票 IPO 必须通过询价确定发行价格。2004 年 12 月 11 日，中国证监会发布了《关于首次公开发行股票实行询价制度若干问题的通知》及配套文件《股票发行审核标准备忘录第 18 号对首次公开发行股票询价对象条件和行为的监管要求》，规定 IPO 公司及其保荐机构应通过向询价对象询价的方式确定股票发行价格。在之后的 2006 年 9 月 18 日，中国证监会又发布了《证券发行与承销管理办法》，对 IPO 的询价、定价以及股票配售等环节进行了规范和完善。

第四个阶段：2012 年上半年至今，放松对股票发行价格通过询价确定的规定，允许采纳其他方式定价（详见 2012 年 5 月 18 日由中国证监会颁布的修订后的《证券发行与承销管理办法》），这给予了投资银行和发行人以更大的自主权，可以根据具体发行情况选择定价模式。

证监会于 2018 年 6 月 15 日对《证券发行与承销管理办法》进行了新的修改，其中有关发行价格的修改内容如下。

"首次公开发行股票，可以通过向网下投资者询价的方式确定股票发行价格，也可以通过发行人与主承销商自主协商直接定价等其他合法可行的方式确定发行价格。公开发行股票数量在 2 000 万股（含）以下且无老股转让计划的，可以通过直接定价的方式确定发行价格。发行人和主承销商应当在招股意向书（或招股说明书，下同）和发行公告中披露发行股票的定价方式。上市公司发行证券的定价，应当符合中国证监会关于上市公司证券发行的有关规定。"

3.7.2　理论探讨二　有关 IPO 首日限价政策效果的检验

我国的 IPO 抑价率一直较高，投资者"炒新"现象比较突出。上海证券交易所于 2013 年 12 月 13 日出台了《关于进一步加强新股上市初期交易监管的通知》[①]，对新股上市首日的申报价格进行了比较严格的限制，实施了对投资者的有效申报价格范围进行限制、对新股上市首日连续竞价阶段出现的异常波动临时停牌等措施。魏志华、曾爱民、吴育辉和李常青（2019）以 2009 ~ 2015 年在中国沪深 A 股进行 IPO 的 1 194 家上市公司为样本，探究 IPO 首日限价政策其投资者"炒新"是否起到了应有的作用。研究结果显示：IPO 首日限价政策加剧了 IPO 后市短期炒作，还使那些具有炒作概念的 IPO 后市炒作更为剧烈，另外还助推了次新股炒作。他们还发现，首日限价政策提高了 IPO 后市股价的同步性，并与 IPO 发行定价管制产生了叠加效应。综合来看，IPO 首日限价政策的实施效果与监管初衷相悖，它不仅未能抑制投资者"炒新"，反而产生了推动作用。[②]

宋顺林和唐斯圆（2019）考察了 2006 ~ 2017 年的 2109 家 IPO 公司的后市表现，也发现首日价格管制没有能够抑制新股投机，相反，还导致 IPO 的抑价率更高。此外，投资者的情绪对 IPO 抑价率的影响也很大。另外，首日价格管制还导致 IPO 后市股票换手率和股价波动率的提高。但从长期来看，新股换手率和波动率回归正常水平。[③]

[①]　上海证券交易所. 关于进一步加强新股上市初期交易监管的通知［EB/OL］.［2013 - 12 - 13］. http: //www. sse. com. cn/services/ipo/old/c/4780357. shtml.

[②]　魏志华，曾爱民，吴育辉，李常青. IPO 首日限价政策能否抑制投资者"炒新"？［J］. 管理世界，2019（1）：192 - 209.

[③]　宋顺林，唐斯圆. 首日价格管制与新股投机：抑制还是助长？［J］. 管理世界，2019（1）：211 - 224.

3.8　案例归纳

3.8.1　案例一　中国石油天然气股份有限公司 IPO 申请过程简况[*]

中国石油天然气股份有限公司（以下简称"中国石油"，股票代码：601857）于 1999 年 11 月 5 日在中国石油天然气集团公司重组过程中成立。中石油是中国最大的原油和天然气生产商。中石油发行的美国存托股份及 H 股于 2000 年 4 月 6 日及 4 月 7 日分别在纽约证券交易所及香港联合交易所挂牌上市。2007 年 6 月 20 日，中石油又一轮融资项目启动，建议发行 A 股。中国石油 A 股于 2007 年 11 月 5 日在上海证券交易所挂牌上市。

中国石油 A 股 IPO 的具体过程包括以下四个主要环节。

3.8.1.1　聘用中介机构

1. 组建承销团

2007 年 6 月 29 日，中石油将瑞银证券有限责任公司聘为 A 股 IPO 的主承销商，中信证券股份有限公司与中国国际金融有限责任公司也成为此次 IPO 的分销商，由此组成了此次 IPO 的承销团，组成承销团的承销商应当签订承销团协议，由瑞银证券有限责任公司负责组织承销工作。此时，瑞银证券需要负责与中石油进行沟通，组织、协调企业以及各中介机构有序工作，对其进行尽职调查并制作申请文件。同时要与证券监管部门进行持续有效的沟通，并且对中石油担负起持续督导的工作。

2. 聘用 IPO 小组

发行人除了聘请承销团外，还需聘请其他中介机构，主要包括审计师、律师、评估师以及其他机构。中国石油的 IPO 小组组成包括：董事会秘书及助手、保荐人（瑞银、中信、中金）代表、主承销商辅导人员、注册会计师（普华永道中天会计师事务所有限公司）、律师（北京市金杜律师事务所、北

---

[*]　详见《中国石油天然气股份有限公司招股说明书》等有关公开上市的信息披露资料，以及《中国石油 IPO 案例分析》和张海云撰写的《中国石油集团资产重组与上市模式研究》。

京市竞天公诚律师事务所）。此时，北京市金杜律师事务所及竞天公诚律师事务所需要对涉及的法律事宜为中石油提供咨询服务，并出具法律意见书和律师工作报告等文件；普华永道中天会计师事务所有限公司需要提供财务会计方面的咨询服务，为企业的会计报表出具审计报告等文件。

3.8.1.2　改制重组

由于中国石油首次公开发行 A 股之前，已经在 2000 年 4 月 7 日首次公开发行 H 股，所以它的改制重组过程追溯到 1999 年，当时 H 股 IPO 的聘任的主承销商是高盛（亚洲）有限责任公司和中国国际金融有限公司。

1. 尽职调查

由中介机构在发行人的配合下，深入审核发行人的历史数据和文档、管理人员的背景、市场风险、管理风险、技术风险和资金风险，判断其是否存在某些问题，是否符合公开上市的条件，并对发现的问题给予解决措施。

2. 改制重组

因为公开发行上市的主体必须是股份有限公司，所以中国石油天然气股份有限公司于 1999 年 11 月 5 日在中国石油天然气集团公司重组过程中成立，由中国石油天然气集团公司独家发起设立。公司改制重组主要从业务、资产、组织结构、人员、财务五个方面进行，最后中国石油集团将经评估确认的后的 21 308 642.20 万元净资产的 75.09%（1 600 亿股）折为公司股本，由中国石油集团持有，股权定性界定为国家股。重组除了要重新整顿几乎整个中国石油工业，只保留了具有生产力的资产及不足 1/3 的雇员。

3.8.1.3　申报与核准

根据我国公开发行股票相关法律规定，申报材料包括首次公开发行 A 股股票招股说明书、近 3 年财务审计报告、法律意见书及律师工作报告等其他相关文件，并由中国证监会受理审核，批准于 2007 年 10 月 22 日发行股票。

3.8.1.4　发行上市

1. 发行定价

初步推介询价时间期间为 2007 年 10 月 22 日至 23 日每日 9：00～17：00以及 2007 年 10 月 24 日 9：00～12：00。10 月 22 日至 24 日，发行人及联席保荐人（主承销商）在上海、深圳、广州和北京，组织了多场"一对一"和团体推介会，对询价对象进行了预路演推介。共有 175 家询价对象在规定的时间内提交了合格的初步询价表。根据对询价对象提交的合格初步询价表的统计，报价区间总体范围为人民币 12.50~25.20 元/股。

发行数量不超过 40 亿股。回拨机制启动前，网下发行股份不超过 12 亿股，约占发行数量的 30%；其余部分向网上发行，约为 28 亿股，约占发行数量的 70%。发行人和保荐人（主承销商）根据初步询价情况，并综合考虑发行人基本面、H 股股价、可比公司估值水平和市场环境等，确定发行的发行价格区间为人民币 15.00~16.70 元/股（含上限和下限）。

2. 路演

2007 年 10 月 25 日（星期四）14：00~18：00 进行网上路演（中证网 www.cs.com.cn），历时 4 小时。中石油设置特定栏目介绍公司情况，并在预定时间内与投资者进行即时交流，并进行网上直播，所有社会公众均可通过网络看到即时交流的情况。

3. 发行方式

发行将采用网下向询价对象询价配售与网上资金申购发行相结合的方式进行。

4. 股票上市

经上海证券交易所批准，2007 年 11 月 5 日，中国石油（代码：601857）在上海证券交易所挂牌上市。

中石油进入 A 股市场，在一定程度上给予国内投资者一个更加优质的投资选择，进一步扩大了优质工业蓝筹股在市场中的比重，扩宽了中小企业融资的渠道，同时对稳定国内资本市场起到了促进作用。

3.8.2　案例二　海南橡胶股份有限公司 IPO 申请过程简况*

海南天然橡胶产业集团股份有限公司（以下简称"海南橡胶"，股票代码：601118）成立于 2005 年 3 月，是集天然橡胶种植、初加工、深加工、贸易、物流、研发以及橡胶木加工与销售等为一体的农业产业化国家重点龙头企业。其 IPO 程序主要包括以下三个方面。

---

　　* IPO 海南橡胶案例分析及创业板介绍［EB/OL］. http：//wenku. baidu. com/view/352f53f9f705 cc1754270901. html.

1. 改制重组

2005 年主要发起人海南农垦总公司，联合广东农垦、中华国际、星仕达实业、中联橡胶、北胶院共同发起设立股份有限公司。但当时的海南橡胶，还不能称之为真正意义上的股份制公司，因为大股东占有不多数的股份、企业治理机构不完善等原因，公司效益低下已成必然。为推进上市，海南橡胶进行了一系列的努力工作，于 2010 年改制更名为海南农垦集团有限公司，逐渐完成了政企分离、业务整合的工作，主营业务为农业生产、工业加工、商业贸易、科学研究、各类服务行业等。

2. 聘请中介机构

海南橡胶集团有限公司聘请中信证券公司为主承销商和财务顾问，评估机构由北京中企华资产评估有限公司担任，中审亚太会计师事务所担任审计验资机构，北京市天元律师事务所等作为主要中介机构。

3. 发行上市

海南农垦总公司将评估净资产 213 617.16 万元投入本公司，并经海南省国资委确认于农业农村部备案登记。其他发起人均以货币资金投入本公司：广东农垦投入 1 000 万元、中化国际投入 400 万元、星仕达实业投入 300 万元、中联橡胶投入 100 万元、北胶院投入 100 万元。投入资产按 1∶1 折股，总股本为 314 517.16 万股（面值 1 元）。

2009 年，为优化股东结构，公司进行了股权转让。农垦总公司以 1.50 元/股为最低转让价格，通过公开挂牌转让农垦总公司持有的不超过 6% 的本公司国有法人股股权。通过竞价，农垦总公司共转让本公司 18 000 万股，成交价格区间为 2.98~3.06 元，比评估总值高出 2.81 亿元，增值率达到 106.93%。

但是，2010 年 4 月 2 日，在中国证监会召开的首发申请审核会上，海南橡胶首发被否。其原因主要有：发审委认为报告期内申请人存在净利润、净资产收益率、每股收益、主要产品毛利率等财务指标持续下降的情形，缺乏对募集资金投资项目的可行性进行合理分析，并且存在着持续盈利能力不确定的情况。

公司上市首发受挫后，公司董事会坚定信心，总结经验教训积极做好第二次申报准备工作，并最终于 2010 年 12 月 10 日顺利通过审核。

2011 年 1 月 7 日，公司成功完成股票的首次公开发行，登陆国内 A 股市场。公司控股股东及实际控制人为前身是海南农垦总公司的海南农垦集团有限公司。

3.8.3　案例三　中泰证券 IPO 申请简要过程*

中泰证券股份有限公司（以下简称"中泰证券"，股票代码：600918）是一家拥有证券、期货、基金等业务的综合性证券控股公司。2016 年，中泰证券向中国证监会提交了 IPO 申请并预先披露了招股说明书①。2019 年 5 月17 日，中泰证券证监会网站披露了更新后的招股说明书。2020 年 6 月 3 日，中泰证券股票在上海证券交易所主板上市交易。

中泰证券 A 股 IPO 的具体过程包括以下三个主要环节。

3.8.3.1　改制重组

中泰证券成立于 2001 年 5 月，前身为齐鲁证券。2015 年 7 月，齐鲁证券召开临时股东会并作出决议，同意以 2014 年 12 月 31 日为改制基准日，按照有限公司经审计的净资产值进行折股，按照 1：0.401 4 的比例折合为股份有限公司股份，每股面值人民币 1 元，2015 年 9 月，完成整体变更的工商登记变更，公司名称改为中泰证券股份有限公司。

3.8.3.2　聘请中介机构

中泰证券聘请东吴证券股份有限公司为保荐机构，联席主承销商有安信证券股份有限公司、东吴证券股份有限公司、广发证券股份有限公司以及西部证券股份有限公司，所聘其他中介机构包括信永中和会计师事务所（特殊普通合伙）、北京市中伦律师事务所和中联资产评估集团有限公司。

3.8.3.3　发行上市

1. 发行定价

初步询价时间为 2020 年 4 月 23 日（T－4 日）9：30～15：00。初步询价和网下发行均通过上海证券交易所网下申购电子平台进行，申购平台网址

---

* 《中泰证券股份有限公司首次公开发行股票招股说明书（申报稿 2019 年 4 月 26 日报送）》等有关公开上市的信息披露资料，详见 http：//www. csrc. gov. cn/pub/zjhpublic/G00306202/201905/t20190517_356004. htm，2019－05－17.

①　中国证券监督管理委员会. 中泰证券股份有限公司首次公开发行股票招股说明书（申报稿 2016 年 3 月 22 日报送）［EB/OL］.［2016－03－25］. http：//www. csrc. gov. cn/pub/zjhpublic/G0030620 2/201603/t20160325_294730. htm.

为：https：//ipo. uap. sse. com. cn/ipo。截至 2020 年 4 月 23 日（T − 4 日）15：00，联席主承销商通过上交所网下发行申购平台收到 2 430 家网下投资者管理的 6 668 个配售对象的初步询价报价信息，申报总量为 6 640 520 万股，报价区间为 3. 27 ~ 15. 81 元/股。

发行规模为 696 862 576 股。回拨机制启动前，网下初始发行数量为 487 812 576 股，占发行总量的 70.00%，网上初始发行数量为 209 050 000 股，为发行数量的 30.00%。剔除无效报价后，其余 2 425 家网下投资者管理的 6 649 个配售对象拟申购总量为 6 621 520 万股，报价区间为 3. 27 ~ 15. 81 元/股，整体申购倍数为 135. 74 倍。

发行价格的确定是在剔除最高报价部分后，发行人与联席主承销商综合考虑剩余报价及拟申购数量、发行人基本面、所处行业、可比公司估值水平、市场环境、募集资金需求、每股净资产及承销风险等因素，协商确定发行价格、最终发行数量、有效报价投资者数量及有效拟申购数量，协商确定发行价格为 4. 38 元/股。①

2. 路演

中泰证券发布公告，发行人及联席主承销商于 2020 年 5 月 19 日（星期二）14：00 ~ 17：00 进行网上路演（上证路演中心：http：//roadshow. sseinfo. com，中国证券网：http：//roadshow. cnstock. com）。②

3. 发行方式

采用网下向符合条件的投资者询价配售和网上向持有上海市场非限售 A 股股份和非限售存托凭证市值的社会公众投资者定价发行相结合的方式进行。初步询价及网下发行由联席主承销商通过上交所申购平台组织实施，网上发行通过上交所交易系统进行。

网下申购时间为：2020 年 5 月 20 日（T 日）9：30 ~ 15：00。网下申购简称"中泰证券"，申购代码为 600918。网上申购的时间为 2020 年 5 月 20 日（T 日）9：30 ~ 11：30、13：00 ~ 15：00。发行网上、网下申购于 2020 年 5 月 20 日（T 日）15：00 同时截止。

---

① 详见上海证券交易所网站有关中泰证券披露的《首次公开发行股票发行结果公告》等相关消息。

② 上海证券交易所. 中泰证券首次公开发行股票网上路演公告［EB/OL］.［2020 − 05 − 18］. http：//www. sse. com. cn/home/search/？webswd = % E4% B8% AD% E6% B3% B0% E8% AF% 81% E5% 88% B8.

4. 股票上市

网上网下公开发行的合计 69 686.257 6 万股股票于 2020 年 6 月 3 日起上市交易。①

3.8.4　案例四　山大地纬科创板 IPO 申请简况*

山大地纬软件股份有限公司（以下简称"山大地纬"，证券代码 688579）于 1992 年成立。2020 年 4 月，科创板上市委审议山大地纬 IPO 申请并予以通过。2020 年 6 月，中国证监会出具《关于同意山大地纬软件股份有限公司首次公开发行股票注册的批复》并公示。② 2020 年 7 月，山大地纬在科创板上市。

山大地纬在科创板申请 IPO 的过程包括以下三个主要环节。

3.8.4.1　改制重组

2013 年 4 月，山大地纬根据经审计的以 2013 年 2 月 28 日为基准日的净资产值按 1.065 356 596 952 38∶1 折合股本，每股面值人民币 1 元，整体变更设立为股份公司。

3.8.4.2　聘请中介机构

保荐机构（主承销商）由民生证券股份有限公司担任，其他中介机构包括大华会计师事务所和北京市康达律师事务所等。

3.8.4.3　发行上市

1. 发行定价

发行的初步询价时间为 2020 年 7 月 1 日（T - 3 日）的 9∶30 ～ 15∶00。发行人和保荐机构（主承销商）通过网下初步询价直接确定发行价格，网下

---

① 上海证券交易所.中泰证券首次公开发行股票上市公告书［EB/OL］.［2020 - 06 - 02］. http：//www.sse.com.cn/home/search/？webswd = % E4% B8% AD% E6% B3% B0% E8% AF% 81% E5% 88% B8.

* 详见上海证券交易所科创版网站由山大地纬披露的相关信息。

② 中国证监会.关于同意山大地纬软件股份有限公司首次公开发行股票注册的批复［EB/OL］. http：//www.csrc.gov.cn/pub/newsite/fxjgb/kcbzczl/kcbzcqkgs/202006/t20200612_378183.html.

不进行累计投标询价。①

2. 路演

发行人进行管理层网下路演推介及网上路演推介。发行人董事会及管理层主要成员和保荐机构（主承销商）相关人员于 2020 年 7 月 3 日（T－1 日）14：00～17：00 组织安排发行网上路演。网上路演网站：上证路演中心：ht-tp：//roadshow. sseinfo. com，中国证券网：http：//roadshow. cnstock. com。②

3. 发行方式

采用向战略投资者定向配售、网下向符合条件的网下投资者询价配售与网上向持有上海市场非限售 A 股股份和非限售存托凭证市值的社会公众投资者定价发行相结合的方式进行。发行的战略配售、初步询价及网上、网下发行由保荐机构（主承销商）民生证券股份有限公司负责组织实施。③

4. 股票上市

2020 年 7 月 17 日，山大地纬股票在科创板上市交易。

3.9　本章小结

（1）企业在进行公开发行股票时，一般分为五个阶段：前期准备、申请和批复、发行及上市。公开发行股票的前期准备包括：制定股票发行与上市的计划，聘请中介机构及确定工作方案，制作申请文件；发行人需将有关股票公开发行的申请文件报送证券监督部门并提出申请，经证券监督部门审阅后给予反馈意见，发行人及中介机构针对反馈意见给予答复并对申请文件内容进行修改，直到得到证券监督部门的同意才得以发行；发行人需要刊登招股说明书等材料，并在发行前进行各种形式的宣传推介便于进行公开发行，

---

① 上海证券交易所. 688579：山大地纬首次公开发行股票并在科创板上市网上发行申购情况及中签率公告［EB/OL］.［2020－07－07］. http：//www. sse. com. cn/assortment/stock/list/info/an-nouncement/index. shtml？productId＝688579.

② 上海证券交易所. 688579：山大地纬首次公开发行股票并在科创板上市网上路演公告［EB/OL］.［2020－07－02］. http：//www. sse. com. cn/assortment/stock/list/info/announcement/index. shtml？productId＝688579.

③ 上海证券交易所. 688579：山大地纬首次公开发行股票并在科创板上市发行安排及初步询价公告［EB/OL］.［2020－06－24］. http：//www. sse. com. cn/assortment/stock/list/info/announcement/in-dex. shtml？productId＝688579.

最终根据规定向有关机构报送有关完成股票上市的材料，股票挂牌上市。

（2）公开发行股票的前期准备具体包括：组成公开发行股票的工作团队、进行企业改制及制作申请文件。工作团队一般包括企业的证券、财务、技术、战略规划等人员，以及投资银行、律师事务所、会计师事务所等中介机构的人员。

（3）公开发行上市的企业必须是股份有限公司，还要有突出的主营业务、核心竞争力和持续发展的能力。若不是股份公司，该企业需根据相关规定进行改制重组。企业在进行改制重组的过程中，需要履行发起人出资、召开创立大会以及办理工商注册登记手续等程序，并且可以聘请财务顾问给予帮助。

（4）公开发行股票的申请文件主要包括：股票公开发行的申请函及有关授权文件；招股说明书；投资银行关于公开发行的意见；会计师关于公开发行的意见；律师关于公开发行的意见；企业财务会计资料相关文件；有关证明文件。其中，招股说明书是核心文件。

（5）核准制下，IPO 审核工作流程包括中国证监会受理、预先披露、反馈、发审会、封卷、核准发行等主要环节。

（6）注册制下，IPO 审核工作流程包括证券交易所受理、预先披露、问询、出具审核意见、上市委员会审议、中国证监会注册等主要环节。

（7）确定股票发行价格的机制包括固定价格机制、拍卖机制和簿记机制等。固定价格机制可根据是否有政府干预分为由政府干预的固定价格机制和非政府干预的固定价格机制；也可根据新股是否可以被分配分为允许配售和公开发售两种机制。固定价格机制通常在新兴市场中比较常用，或者用于发行规模比较小的情况。拍卖机制是以公开竞价的形式，将特定物品或财产权利转让给中标的参与者的买卖方式。目前拍卖机制在新股发行中运用很少。簿记机制是一种在供需双方讨价还价的基础上再确定发行价格与股票分配的机制。簿记机制在机构投资者比例较高的成熟市场中应用得十分普遍，并且越来越在全球流行。

（8）股票承销包括代销和包销两种方式。代销是指投资银行代替发行人发售证券，将未出售的证券全部退还给发行人。投资风险较大的小型公司一般会采用代销的方式。包销是投资银行将发行人的证券按照协议全部购入然后再出售给投资者，或者在承销期结束时将售后剩余证券全部自行购入，即包销又分为全额包销和余额包销。

3.10　问 题 思 考

1. IPO 的基本流程是什么？

2. 公司公开发行股票的前期准备主要包括哪些？

3. 公开发行股票需要准备哪些申请文件？

4. 我国证券监管机构对公开发行股票有哪些要求？

5. 什么是路演？

6. 簿记机制是如何确定股票发行价格的？

7. 全额包销与余额包销有哪些区别？

8. IPO 核准制与注册制的主要区别是什么？我国应该如何进一步推进 IPO 机制改革？

9. 科创板股票公开发行并上市的流程是什么？

第4章 IPO实务：操作细节

在不同国家或地区的股票市场，虽然公司公开发行股票的全过程大致相似，但其许多细节内容还存在较大差异。上一章主要阐释了多数股票市场公开发行股票的大致过程，本章将阐释不同国家或地区在公开发行股票过程中的重要细节内容。

4.1 股票发行的监管机制*

政府机构对证券市场的监管目标、原则体现在效率与公平两个方面。有些国家采取以投资者保护为核心的监管模式，这反映出的主要是公平目标和原则；有些国家采取以价格形成、信息完全为核心的监管模式，这反映出的主要是效率目标和原则。而有些国家则追求效率与公平二者兼具的目标和原则。在不同的目标和原则下，根据有关政府部门对股票发行监管的干预程度，可以将不同的监管机制划分为三大类：审批制、核准制以及注册制。

4.1.1 国际上证券监管目标、原则与监管制度趋向

4.1.1.1 国际上不同的证券监管目标、监管职责

1. 以投资者保护为目标和原则的监管模式

大多数监管机构将保护投资者列为其监管目标。例如，IOSCO 将保护投

---

　 * 本部分的主要内容引自本书作者的专著，详见：黄方亮. 价格发现与股票 IPO 机制研究［M］. 上海：上海三联书店，2008.

资者列为其制定的三大基本监管目标之首。① 美国证券与交易委员会（Securities and Exchange Commission，SEC）将其首要的任务列为保护投资者和维护证券市场的完整性。日本证券与交易监管委员会（Securities and Exchange Surveillance Commission，SESC）制定了与美国证券交易委员会完全一样的目标。中国证券监督管理委员会（China Securities Regulatory Commission，CSRC，中国证监会或证监会）将保护投资者利益列为其任务的重中之重。为了保护投资者利益，美国于 1970 年 12 月 30 日成立了一家非营利性的会员制公司，即证券投资者保护公司（The Securities Investor Protection Corporation，SIPC）。美国对 SIPC 的董事会构成十分重视。SIPC 的董事会由 7 位董事构成，其中 5 位董事经参议院批准由美国总统委任；在这 5 位董事中，3 位来自证券行业，2 位来自社会公众，另外 2 位董事分别由美国财长和联邦储备委员会指派；董事会的主席和副主席由总统从社会公众董事中进行任命。中国于 2005 年 8 月 30 日注册登记设立了中国证券投资者保护基金有限责任公司。欧洲证券监管者委员会（The Committee of European Securities Regulators，CESR）以及英国、德国、奥地利、爱尔兰、保加利亚、孟加拉国、澳大利亚、印度尼西亚、马来西亚等国家的有关监管机构将保护投资者列为其监管目标之一。

2. 以价格形成、信息完全为目标和原则的监管模式

就世界上主要证券监管机构的监管目标、监管原则或监管职责来看，阿根廷国家证券委员会（The National Securities Commission，NSC）直接将其监管目标之一定为监督证券市场的价格形成过程。德国联邦金融监管局（The Federal Financial Supervisory Authority，BaFin）的职责范围中包括要求公司对影响股票价格的事件进行特别信息披露，以及跟踪监督价格操纵行为。瑞典、丹麦、巴西等国家的有关证券监管机构也在其目标或职责中明确规定要监督、禁止价格操纵行为。

信息对价格的作用是非常关键的，信息越完全越有利于证券市场的价格发现。对信息的重视几乎体现在所有的证券监管机构的目标或职责中。拥有全球 181 家会员的国际上最为重要的证券监管合作组织国际证券委员会组织

① IOSCO 设立于 1983 年，其前身是设立于 1974 年的全美区域协会（Inter-American regional association）。IOSCO 于 1983 年设立时仅有来自北美洲和南美洲的 11 家证券监管机构。到目前为止，全球绝大多数证券监管机构加入了该组织，其成员监管着全球 90% 的证券市场。IOSCO 是目前全世界最为重要的证券监管合作组织。

（The International Organization of Securities Commissions，IOSCO）要求国际上不同的监管机构之间应共享公开的和非公开的信息。对于有关发行人，IOSCO要求发行人需要完整、及时、准确地披露其财务状况及其他有关影响投资者投资决策的信息，并要求采用国际上认可的会计、审计标准。CESR也表示要促进不同监管机构之间的信息交换。美国证券与交易委员会的职责范围中多数与对信息披露的要求有关。德国、法国、荷兰、瑞典、丹麦、比利时、匈牙利、保加利亚、阿尔巴尼亚、巴西、俄罗斯、阿根廷、孟加拉国、中国香港地区、印度尼西亚、菲律宾以及中国等国家或地区的监管机构规定需要提高信息披露的质量，提高证券市场的透明度。

3. 以市场的公平、效率为目标和原则的监管模式

进行公平交易、建立公平市场也是各个监管机构所重点关注的问题。英国金融服务权威机构（The Financial Services Authority，FSA）强调要促进市场的效率、秩序和公平并帮助公众消费者进行公平的交易。香港证券及期货事务监察委员会（The Securities and Futures Commission，SFC）的法定监管任务首先是维持和促进证券期货业的公平性、效率、竞争力、透明度及秩序。IOSCO表示要保障证券市场的公平、有效和透明。阿尔巴尼亚、日本、巴西、孟加拉国、韩国、印度尼西亚等国家的有关监管机构也将建立公平市场作为其主要目标之一。

4.1.1.2　全球监管制度的趋同化：推进市场化与加强监管并存

理论上，尽管对于经济是实行市场机制还是进行政府管制存在许多争论，但从以上不同证券监管机构的相关情况来看，各监管机构的有关规定不尽相同，但在制度上都存在对证券市场进行一定程度管制的规定。随着经济全球化的不断推进，国际上证券市场的一休化也在加强，证券监管制度的趋同也成为一种趋势。而在监管制度趋同化的同时，出现了市场化与加强监管并存的局面。一方面，监管当局努力推进市场化的程度，尤其是在新兴市场，市场化被作为市场建设的最终目标；另一方面，对证券市场的监管力度在不断加强，许多监管机构的设置与功能的加强是在近十余年的时间内完成的。这从市场化与政府干预两个方面来看，似乎互相矛盾，其实，政府的作用是在努力弥补市场的不足，克服市场失灵现象的发生。

IOSCO被认为是世界上制定证券监管国际标准的主要机构之一。1998年IOSCO制定了一套证券监管的综合目标与原则，这成为全球所有证券市场发

展过程中的一个重要里程碑。2002 年，IOSCO 成员签署了一份关于促进各成员之间信息交流的多边谅解备忘录（IOSCO MOU）。2003 年，IOSCO 通过了一套综合评估方法，评估其监管原则在其成员立法中得以实施的水平，并对已发现的监管缺陷予以改善的切实行动计划进行评估。① IOSCO 将把发达市场与新兴市场之间的合作与交流作为其重要任务，这更将促进全球监管制度的趋同化。

作为欧盟诞生后一个相应产物，CESR 于 2001 年设立。在区域经济高度一体化的欧盟，CESR 设立的首要宗旨是加强欧盟内部成员之间在证券监管方面的合作。CESR 还要起到欧盟委员会证券顾问的作用，协助草拟证券监管措施，保证欧盟委员会的相关立法在各成员间得以连贯、及时地实施。

从前述不同证券市场的监管机构所订立的目标和职责来看，许多市场建设的目标和职责是类似，甚至是相同的。各个市场共同追求的目标包括：保护投资者，建设公平、高效、透明的市场，强调信息披露，禁止价格操纵等。不同的监管者在理论与实践的探索中创造出了各种监管模式，而在不断改进的过程中逐渐趋于达成共识。

在监管制度趋同化的同时，为避免市场失灵，成熟证券市场的监管者从不同的侧面对市场加强了监管。

挪威、丹麦、瑞典、澳大利亚、芬兰、英国、韩国、奥地利、德国、爱尔兰、法国等国家在 20 世纪 80 年代、90 年代纷纷整顿金融管理机构，设立一体化的金融监管组织。欧盟成员以及其他部分国家近期对金融市场监管的明显趋势就是对金融市场的一体化综合监管。由于从事银行、证券和保险业务的企业在业务上逐渐融合，金融市场的一体化在加深，银行、证券和保险分业监管的模式就不能够适应市场发展的趋势，一体化综合监管成为许多国家的选择。有关国家推行一体化监管的时间分别是：挪威于 1986 年推行，丹麦于 1988 年推行，瑞典于 1991 年推行，澳大利亚于 1991 年推行，芬兰于 1993 年推行，英国于 1997 年推行，韩国于 1999 年推行，奥地利于 2002 年推行，德国于 2002 年推行，爱尔兰于 2003 年推行，法国于 2003 年推行。

对金融市场的不干预思想在 19 世纪后叶的挪威表现得非常坚定。早在 1869 年，作为对整个经济推行自由化的组成部分，挪威议会废除了对证券经

---

① 详见 IOSCO 网站中的相关介绍，http：//www. iosco. org/about/index. cfm? section = history.

纪人的管制。其理由是经济活动的参与者应该自负其责，国家没有理由去干预它们的活动。之后挪威的金融市场经历了快速发展的阶段。

但是伴随着金融市场繁荣的是金融风险的出现，金融脆弱性日益显现。进入 20 世纪后挪威逐渐对金融产业进行管制。金融危机与第二次世界大战的爆发，使政府对金融产业的管制程度空前地提高。挪威的证券市场在第二次世界大战之后到 20 世纪 80 年代之前没有大的发展，主要原因是战后的严格管理体制制约了证券市场的发展，例如，高税收政策和对企业分红的管制等。于是，挪威开始推行放松管制政策。金融市场的自由化与金融创新导致了证券市场的再度兴旺以及经济结构的快速变化。银行、保险、证券之间的专业化分工界线越来越模糊。

为适应经济形势的变化，防止金融市场的不稳定，1985 年，挪威议会设立挪威金融监管局（Kredittilsynet），负责广泛地管理银行、抵押公司、保险公司、证券交易、房地产经纪人等机构，其中，证券业是其重点监管对象。对金融市场一体化的监管格局从此在挪威建立起来。①

瑞典的金融监管也是由来已久，最早可以追溯到 1659 年。当时瑞典的国王设立了银行主管办公室专门管理商业银行。1919 年，瑞典的皇家银行监管局更名为皇家银行与证券监管局，银行与证券被合并监管。到 1991 年，为了促进金融系统的稳定和效率、有效地进行消费者保护，瑞典对银行、证券、保险三大金融产业统一管理，合并了有关职能机构，成立了瑞典金融监管局（FI）。

德国对证券市场的正式监管是近期才开始的。1994 年，根据德国的《第二金融市场促进法》，联邦证券监管办公室成立（The Federal Securities Supervisory Office，BAWe），旨在提高金融市场的效率，增强其国际竞争力。该机构于 1995 年 1 月 1 日正式运行，这是德国历史上联邦机构第一次被赋予证券市场监管职能。为了加强对德国金融市场的综合监管，维持金融市场的稳定性并进一步提高其竞争力，德国于 2002 年组建了德国联邦金融监管局（BaFin），接管了原银行、保险、证券监管机构的职权，在历史上首次将银行、保险、证券三大产业统一管理。②

美国对证券市场的监管历程也是甚为典型。在 1929 年大危机前，美国一

① Ecklund, Gunhild, Sverre Knutsen. Protection against Crises? A Century of Financial Supervision in Norway [EB/OL]. [2004-08-16]. http://www.kredittilsynet.no/wbch3.exe? p=2107.
② 有关德国证券监管历史背景进一步的信息，详见德国联邦金融监管局网站，http://www.bafin.de/bafin/historie_wa_en.htm 以及 http://www.bafin.de/bafin/aufgabenundziele_en.htm#n1.

直奉行对证券市场不干预的政策，联邦政府对证券市场很少有管理行为。对信息披露以及防止证券欺诈行为的立法建议总是被忽略。大危机的爆发使公众失去了对证券市场的信心。为了重树市场信心，美国国会分别通过了在美国具有划时代意义的《1933 年证券法》（*The Securities Act of* 1933）和《1934 年证券交易法》（*The Securities Exchange Act of* 1934）。大致而言，前者是关于监管证券发行的法律，后者是关于监管证券交易的法律。出台这两个法案的核心目的是：（1）进行公开发行证券的公司必须全面、公正地披露相关信息（full and fair disclosure），披露相关的潜在的投资风险；（2）与出售证券相关的机构，例如经纪人、交易所等，必须公平、真诚地对待所有的投资者，置投资者利益于第一位。为推行这两部法案，为维护市场稳定、保护投资者，国会于 1934 年通过设立了 SEC。1933 年，美国还通过了一项非常重要的法律：《格拉斯—斯蒂格尔法》（*The Glass-Steagall Act*）。该法的第 16、第 20、第 21 和第 32 条构成了银行业与证券业之间的"格拉斯—斯蒂格尔防火墙"。在过了 66 年之后的 1999 年，美国通过了《金融服务现代化法案》（*The Gramm-Leach-Bliley Financial Modernization Act*），废止了《格拉斯—斯蒂格尔法》，结束了美国商业银行、证券公司、保险公司分业经营的长久历史，开始金融产业的混业经营。

2001 年 12 月，美国最大的能源公司之一安然公司（Enron）突然向纽约破产法院申请破产保护，负责安然审计工作的全球五大会计师事务所之一安达信（Arthur Andersen LLP）也陷入了前所未有的诚信与道德危机，此后美国证券市场上丑闻频出，对投资者在资本市场上的信心打击极大。为了进一步加强对公开发行公司的信息披露要求，2002 年，美国推出了《2002 年萨本尼斯—奥克斯利法》（*The Sarbanes-Oxley Act of* 2002，SOX）。该法被认为是"自罗斯福时代以来美国影响力最大的经济改革"。[1] 法案中推出了几项为加强公司的责任、加强财务信息披露、防止会计诈骗的重大改革措施，例如在公开发行时，发行人的董事会的部分或者全部成员需要组成一个审计委员会（Audit committee），专门负责检查公司财务会计信息的处理以及审计过程。根据该法，公众公司会计督察委员会（Public Company Accounting Oversight Board，PCAOB）成立。公众公司会计督察委员会是一个运行于 SEC 之下的

---

① 引自美国证券与交易委员会网站对美国证券与交易委员会历史发展的介绍，详见 http：// www.sec.gov/about/whatwedo.shtml.

一个被赋予许多会计监管职能的非政府机构，负责执行为发行人进行审计的会计师事务所的注册、推行审计报告标准、调查会计师事务所、处罚违规的事务所或个人等任务。

《SOX 法案》的出台标志着美国证券法律基本思想的转变：从只要求形式上的信息披露转向对信息真实内容的实质性管制，承认绝对无管制的市场容易走向极端和混乱。但是，事情似乎又走向了另一个极端。《SOX 法案》过于苛刻的要求导致公司股票发行与上市增加了许多成本，有些人还认为这已经对美国资本市场的竞争力造成不利影响。美国总统布什于 2007 年 1 月 31 日在纽约发表演讲说，美国国会应尽快修改和完善《SOX 法案》，以避免美国资本市场出现"监管过度"和"无关紧要的法律诉讼"的情况，增加美国资本市场的吸引力和竞争力。

导致日本于 1992 年组建日本证券与交易监管委员会（SESC）的原因是此前在日本出现的一系列的关系到几家大型证券公司的金融丑闻。金融丑闻的频频出现，使日本探讨设立专门的独立机构监管证券市场。SESC 设立时隶属于日本财务省（the Ministry of Finance，MOF），后来从财务省分离出来，现在隶属于日本金融厅（the Financial Services Agency，FSA），专门从事对证券市场的每日监视、诉讼和刑事案件的调查以及向首相或金融厅等提出问题处理的建议等工作。在通过加强监管使得金融市场逐渐平稳发展之后，日本开始考虑推进其金融产业的发展，将稳定发展阶段推向快速发展阶段。1996 年，日本提出《金融体系的改革——面向 2001 年东京市场的新生》。改革的目标涵盖所有金融产业，推进银行、证券、保险等金融机构在业务领域的相互渗透。随着改革的深入，日本资本市场的管制进一步放松。2004 年 12 月，日本金融厅推出了新的金融产业改革计划：《深化金融改革——日本的挑战：向建立金融服务国家的目标前进》。该计划提出，日本的改革目标要由"金融稳定"向"金融活力"转移，通过重视金融产业消费者的需求并加强对金融产业消费者保护条例的实施、对金融产业的信息技术保障、进一步加强金融市场国际化、建立更加透明和有效的管理体系等具体措施，来推动日本成为一个金融服务国家。金融厅已经列出了一个涉及 2005 年和 2006 年具体实施措施的详细工作时间表，一系列的管理制度将会有所改变。

中国香港地区在其证券市场历史上经历了两次大的动荡，每次之后香港地区政府对市场的干预均予以加强。1973 年、1974 年的股灾爆发，香港地区政府改变之前基本不干预证券市场的自由市场原则。在十余年后的 1987 年，股灾再次爆发，迫使香港股票市场及股票指数期货市场停市 4 日，也迫使香港重新研究其证券监管架构及机制、探讨有关的改善措施。香港反思的结论是有关当局耗费太多资源在效用不大的例行审查工作之上，而没有主动地监察及监督市场。1989 年 5 月，根据《证券及期货事务监察委员会条例》，①香港成立了独立的法定监管机关证券及期货事务监察委员会（SFC）。于 2003 年 4 月 1 日生效的《证券及期货条例》加强了对发行人信息披露的要求，引入了"双重存档"制度，由原来根据非法定的《香港联合交易所上市规则》将有关需要披露的发行与上市的申请文件报送香港联合交易所，改为也要把有关文件呈交 SFC 作法定备案。SFC 成为监管公司信息披露的法定机构。SFC 也可就上市文件的草拟稿及所要披露的数据提出意见，或要求提供进一步数据。如果这些文件的资料不足或有误导成分，SFC 有权反对有关公司的上市申请。

2008 年爆发的国际金融危机迫使各个国家更加重视对金融风险的监管和控制，但对于证券发行来说，为了促进实体经济发展，有些监管措施并没有变得更加严格，甚至相反。例如，美国为从整体上加强对投资者的保护，使用了金融消费者的概念，于 2010 年出台了《多德·弗兰克华尔街改革与消费者保护法案》（*Dodd Frank Wall Street Reform and Consumer Protection Act*）；但美国为了促进中小企业的发展，从证券市场为中小企业减负，于 2012 年颁布了《乔布斯法》（*Jumpstart Our Business Startups Act*，JOBS ACT），其主要内容是放松对新兴成长型企业（emerging growth companies，EGC）新股发行的监管，包括简化 IPO 程序、简化信息披露方式等提高发行便利性的措施。

就总体来看，国际上证券市场的监管趋势表现出以下特征。

（1）监管的国际合作不断加强。

（2）监管机构的作用受到更多的重视，监管机构的职责与权力得到强化。

（3）监管内容趋于标准化和规范化。

（4）有关的法律法规更加完善，事前监管的预防措施与事后监管的处罚措施更为周密。

（5）在某些方面强化监管约束的同时，在另外一些方面放松管制，提高

---

① 香港地区的《证券及期货事务监察委员会条例》后来与其他证券及期货业相关的条例合并，成为《证券及期货条例》，于 2003 年 4 月 1 日生效。参见香港证券及期货事务监察委员会网站，http：//www.sfc.hk/sfc/html/TC/legislation/legislation.html.

市场效率，推进市场化建设。

4.1.2　股票发行的监管机制

股票发行所涉及的不同的监管机制包括行政审批机制、核准机制和注册机制。从政府干预与市场化的角度来看，行政审批机制是政府干预的模式，注册机制是市场化的模式，核准机制是兼有政府干预与市场调节两种机制的中间模式。

4.1.2.1　行政审批机制

行政审批机制在股票发行定价和发行方式上行政干预程度最高，是一种"实质性审查制"。政府的深度干预侧重于保证证券市场运行的公平性。

在行政审批机制下，包括发行价格等所有发行事项均受政府行政部门的控制。有关证券监管机构拥有大量的行政审批权。对于哪些企业可以公开发行股票，政府具有选择权。拟进行 IPO 的公司需要向监管机构提出发行申请，监管机构对有关股票公开发行各个事项进行实质性审查，甚至进行现场调查，认为符合公开发行条件时予以批准。

行政审批制一般是延续计划经济体制的政府干预模式，出现在转轨经济国家证券市场的发展初期。由于在市场化早期的经济环境中法律法规还不健全，因此，有许多问题不能够根据可以依据的规定去处理，需要靠监管层的主观判断解决。

4.1.2.2　核准机制

核准机制虽然也进行实质性审核，但比行政审批机制的政府干预程度要低许多，强调对股票发行的合规性审核和强制性信息披露。这种较浅层次的政府干预也是侧重于保证证券市场运行的公平性。

在核准制下，根据有关监管要求，发行人在申请发行股票时不仅要充分公开企业的真实情况，而且必须符合有关法律和证券监管机构规定的必要条件，证券监管机构有权否决不符合规定条件的股票发行申请。证券监管机构在对发行申请的核准过程中，不仅对申报文件的全面性、准确性、真实性和及时性作审查，还对发行人的经营管理状况、盈利能力、未来发展前景、发行数量和发行价格等条件进行实质性审查，并据此作出发行人是否符合发行条件的价值判断和是否核准申请的决定。在发行价格问题上，一般要求发行人与承销商之间对此依据市场状况等因素进行协商确定。所以核准制仍然是一种"实质性审查制"，但在某些方面（如发行价格的确定）引入了市场机制。

欧盟对于 IPO 的监管虽然市场化程度很高，但仍然带有核准制的特点。为了建设统一的资本市场，欧盟统一了证券发行的信息披露制度。[①] 根据《修改说明书指令》等法规的规定，发行人只有满足了公开发行与上市的有关信息披露要求，并经过监管机构审核批准，拟发行的证券才能够在证券交易所上市。监管机构保持对发行人进行实质审核与对是否符合发行条件的价值判断的权力。发行人的招股说明书需要由母国的监管机构审核，批准后才可公布。在已经公开发行时，如果监管机构怀疑发行人违反指令的规定，有权决定暂停发行。

4.1.2.3 注册机制

注册机制在股票发行定价和发行方式上行政干预程度最少，通常几乎不存在政府干预。政府零干预目的在于尽量提高证券市场运行的效率。

注册机制的特点是监管者注重关于企业进行 IPO 的相关信息的充分、完整披露，不对企业做价值判断。在这种机制中，发行人的股票是否具有投资价值，需要投资者自己去判断。监管层要做的工作是，投资者在作出投资决策时，能够比较公正、客观地了解有关发行人的信息。所以注册制又被称为"申报制"或"形式审查制"。注册机制中核心的内容是发行人信息披露的完全性。尽管发行价格水平的高低不受政府行政部门的直接控制，但是发行价格一般也在监管机构的监督之下。

美国是实行注册机制的典型国家。进行 IPO 的企业需要通过 SEC 的批准。监管制度基本上是以《1933 年证券法》的有关规定为基础。《1933 年证券法》要求除了有几种可以获得豁免的情况外，所有向社会公众公开发行的公司都必须进行注册登记。任何购买未经注册登记的股票的投资者，都有权力要求全额撤回其投资。如果该投资者已经以亏损的价格卖出股票，那么投资者有权要求赔偿。这种权力的有效期为自购买股票之日起 1 年。但在实际

---

① 2003 年 11 月 4 日，欧洲议会与欧盟理事会通过了《证券公开发售或交易公开招股说明书及修改第 2001/34 号指令》（英文缩写为 RPD，简称《修改说明书指令》）。该指令第 29 条规定，截至 2005 年 7 月 1 日，欧盟成员国均需由执行原来各国的相关规定转为执行该指令。

操作中，过往的案例和职业判断也起着重要作用。

　　美国各州均有对证券发行与交易进行监督和保护投资者免遭欺诈的法案，俗称《蓝天法》（*Blue sky laws*）。大多数州的《证券法》参考了美国《1956 年统一证券法》（*The Uniform Securities Act of* 1956）。除非有些证券发行符合注册豁免条件可以不注册之外，在各州的证券发行必须根据蓝天法在各州注册。

　　简化公司申请发行股票程序的《条例 D》（*Regulation D*）自 1982 年开始生效。《条例 D》规定了 3 种可以豁免注册登记的情况，降低了股票公开发行上市的条件和成本。《条例 D》对于豁免注册登记规定的好处是只要买卖双方决定开始进行股票发行，发行工作就可以展开。发行人可以省去招股说明书的准备和呈报工作，省去有关法律费用、会计费用和注册登记费用。其缺陷是当发行人存在恶意发行行为时，可以利用这一技术性条款避免投资者撤资的惩罚。

　　许多州的证券监管者曾经审核证券发行的价格是否公平、合理。为了避免各州之间立法的不一致性以及州与联邦双重监管，协调在全国范围发行证券的行为，美国出台了统一全国证券发行的有关法律《1996 年全国证券市场改善法》（*National Securities Markets Improvement Act of* 1996，NSMIA）。该法限制了各州有关证券发行的立法与执法范围。NSMIA 对《1933 年证券法》的第 18 章进行了修正，创造出一种被称为"所涵盖证券"（covered securities）的证券，即其发行和交易不再受州《证券法》关于注册要求的限制。所涵盖证券包括在或者已获批准在纽约证券交易所（New York Stock Exchange，NYSE）[①] 和纳斯达克（National Association of Securities Dealers Automated Quotations，Nasdaq）的全国交易系统（the national market system，NMS）挂牌交易的证券等。但是，各州的监管机构还是有权调查和处理有关欺诈案件，并且，在许多州，还是有要求发行人向州证券监管机构报送有关发行材料、收取有关发行手续费的规定。因此，所涵盖证券的发行与交易仍然在许多方面受蓝天法的约束。

　　目前，美国证券发行的监管原则是在有关企业价值的所有信息被完全披露条件下的"买方自行当心"（caveat emptor）原则。招股说明书被要求包括所有重要信息，包括发行人的产品与业务、目标市场、历史沿革、管理团队、

---

　　① 2006 年 6 月 1 日，纽约证券交易所宣布与泛欧证券交易所合并组成纽约 – 泛欧交易所集团；2007 年 4 月 4 日，该集团正式设立并投入运行。

竞争力状况、潜在的风险、相关的承诺、发展战略等。对于会计信息的披露还有特别的规定。

通常，在申请 IPO 时，发行人需要准备一份包括所有发行信息的注册登记说明书，提交 SEC 备案。注册登记说明书包括两部分：（1）将提供给所有潜在投资者的招股说明书初稿，即"红鲱鱼"（red herring）招股说明书[①]；（2）提交给 SEC 的注册登记说明资料。

招股说明书的完成需要经历一个发行人、承销商与投资者的沟通过程，这个过程的工作量较大，耗费的时间较长，对于中介机构特别是主承销商来说是一个比较辛苦的工作阶段。参与发行的经纪交易商一般都将"红鲱鱼"招股说明书分发给其客户，然后将客户提出的意见反馈给主承销商。包括发行日期、发行价格等信息的最终版本的招股说明书将再分发到收到"红鲱鱼"招股说明书的投资者。

为降低发行成本，对于发行人规模不同、募集资金数量不同、发行人设立时间不同的几种情况，SEC 有不同的信息披露细节的要求。SEC 的《条例 C》（Regulation C）、《条例 S－K》（Regulation S－K）、《条例 S－B》（Regulation S－B）以及《条例 S－X》（Regulation S－X）分别对申请步骤、发行人的业务等非财务信息以及财务信息做了具体规定。对于大公司以及较大规模的发行，需要填写表 S－1（Form S－1）来注册公开发行上市的证券。该表涉及全面的注册登记，对信息披露的要求范围很广，对财务报告有严格的要求，涉及大量的文案工作。对于小公司，在《条例 S－B》中，SEC 规定了几种使注册程序简化的格式。小公司需要使用要求比表 S－1 简洁的表 SB－1（Form SB－1）或者表 SB－2（Form SB－2）进行注册登记。募集资金不足500 万美元的公司按照《条例 A》（Regulation A）注册登记。另外，对于不同产业的公司，信息披露的要求也有所不同。

有关发行价格的确定在发行人与承销商开始接触时就是双方讨论的重点问题之一。发行人与承销商会将初步的价格写入双方制定的合作意向书（letter of intent）中。在招股说明书初稿的封面，要刊登初步的发行价格。最终确切的承销价格要在 SEC 宣布发行人的注册登记表生效之后才能确定。

---

① 之所以称"红鲱鱼"招股说明书，是因为在招股说明书封面上必须有一段红字的引言声明注册说明书尚未生效并有待于完善或修订，并不构成出售要约。

在美国，注册登记表的"承销"部分以及招股说明书部分通常由承销商负责草拟，其他部分由发行人与律师起草。承销商需要审查发行人提供的资料，对其进行审慎的尽职调查（due diligence）。据《1933 年证券法》第 11 条规定，承销商及其在注册登记表中的签字人以及发表专家意见的人，需要对注册登记表中的重大不实陈述及疏忽负责。所以承销商的尽职调查需要重点关注注册登记表的内容。

在我国，为推动资本市场高质量发展，探索 IPO 注册制改革，上海证券交易所设立科创板并试点注册制。2019 年 3 月 1 日，上海证券交易所正式发布了设立科创板并试点注册制有关业务规则和配套指引文件，对科创板股票发行、上市、交易、信息披露、退市和投资者保护等各个环节作出了具体规定，确立了交易所试点注册制下发行与上市审核的基本标准、机制和程序。2020 年，深圳证券交易所的创业板市场也开始进行注册制改革。

4.2　中介机构的尽职调查

在证券发行过程中，尽职调查是中介机构在投入到相关服务工作时进行的一项首要工作。参与股票发行的各中介机构都必须本着遵循职业道德、勤勉尽责的原则，对发行人的情况进行审慎调查。尽职调查的目的在于全面掌握发行人的状况，判断各种可能的风险，为处理发现的相关问题、准备上市申请材料等进一步的工作奠定基础。这个阶段的工作做得越细致、越扎实，之后的工作通常就会越顺利。

4.2.1　投资银行的尽职调查

投资银行进行尽职调查的范围最全面，工作量最大，需要对发行人的各个方面进行调查。尽职调查包括发行人的历史沿革、公司治理状况、经营和管理状况、财务状况、技术水平、人力资源、市场定位、发展前景以及发展战略等内容。每个方面的问题都深入各个具体细节。

调查的方式包括书面问卷、口头问答、实地查看以及走访相关方等。

在投资银行进行了全面的尽职调查之后，会根据调查结果，对发行人的经营条件和经营前景等做出客观评价，决定是否继续提供融资服务；如果继续提供服务，会考虑如何解决发现的问题，如何准备上市申请材料，提出相关工作建议并展开具体工作。

投资银行工作人员在尽职调查过程中需要保留各相关文件，形成工作底稿和尽职调查报告。一方面，如果前期尽职调查时投行人员已经尽职尽责，一旦日后出现发行人某个方面的违法违规问题，工作底稿、尽职调查报告可以作为免责的证据；另一方面，工作底稿、尽职调查报告是后期工作所必需的基础材料，可以为后期的申请文件撰写等工作提供便利。

4.2.2 其他中介机构的尽职调查

其他需要做尽职调查的中介机构主要是律师事务所和会计师事务所。

律师进行尽职调查，是指遵照其专业准则，对发行人进行审慎和适当的调查、验证和分析，对相关资料、事件进行审查和法律评价。主要包括查询发行人的设立情况、存续状态、规范运作状况、资产和负债状况、税收和补贴、环境保护、员工的劳动和社会保障、募集资金运用以及诉讼、仲裁或行政处罚等内容。律师需要对发行人所提供相关资料的真实性、准确性和完整性作出执业判断，挖掘发行人可能存在的各种法律风险和问题，以及问题的性质和风险的程度，并出具相应的法律意见。

会计师进行尽职调查的主要工作是针对企业的财务会计状况，其目的在于：第一，判断发行人是否在财务会计方面具备上市的条件；第二，调查潜在的财务会计风险；第三，为对发行人的财务会计状况进行审计做准备。会计师的尽职调查工作内容包括查看企业过去几年的财务报告，分析公司产品的上下游以及市场情况，确认企业资产的产权是否清晰，以及对实物资产进行盘点等。

4.3 股票首次公开发行的申请文件

各个国家和地区的证券市场对股票 IPO 申请文件的格式要求不尽相同，但主要内容是相似的。在我国，申请到主板、中小企业板和创业板上市的 IPO 申请文件也不完全一样。其中，主板、中小企业板的 IPO 申请文件需要遵循《公开发行证券的公司信息披露内容与格式准则第 9 号——首次公开发行股票并上市申请文件》（2006 年修订）的有关规定。

创业板于 2020 年开始进行注册制改革。改革之前创业板 IPO 申请文件需要遵循《公开发行证券的公司信息披露内容与格式准则第 29 号——首次公开发行股票并在创业板上市申请文件》的要求。2020 年 6 月 12 日，中国证监会发布了修订后的《公开发行证券的公司信息披露内容与格式准则第 29 号——首次公开发行股票并在创业板上市申请文件（2020 年修订)》，并宣布该文件自公布之日起施行。

为试点注册制，2019 年 3 月 1 日，中国证监会发布了《公开发行证券的公司信息披露内容与格式准则第 42 号——首次公开发行股票并在科创板上市申请文件》，对"首次公开发行股票并在科创板上市申请文件目录"作出了具体规定。

为简洁起见，下面以我国主板、中小企业板的 IPO 申请文件格式为例，介绍申请文件的主要内容。

4.3.1　IPO 申请文件的主要内容

我国 IPO 申请文件主要包括以下内容。

第一章，招股说明书与发行公告，包括招股说明书全文（申报稿）和招股说明书摘要（申报稿）。

第二章，发行人关于公开发行的申请及授权文件，包括关于公开发行的申请报告、董事会和股东大会有关公开发行的决议。

第三章，保荐人关于公开发行的保荐书。

第四章，会计师关于公开发行的文件，包括财务报表及审计报告、盈利预测报告及审核报告（若提供）、内部控制鉴证报告，以及经注册会计师核验的非经常性损益明细表等。

第五章，发行人律师关于公开发行的文件，包括法律意见书和律师工作报告。

第六章，发行人的设立文件，包括企业法人营业执照、发起人协议，以及发行人公司章程（草案）等。

第七章，关于公开发行募集资金运用的文件，包括募集资金投资项目的审批、核准或备案文件，发行人拟收购资产（或股权）的财务报表、资产评估报告及审计报告（若有）等。

第八章，与财务会计资料相关的其他文件，包括纳税情况的说明，所得税纳税申报表，税收优惠、财政补贴的证明文件，主要税种纳税情况的说明及注册会计师出具的意见，主管税收征管机构出具的纳税情况的证明，原企业或股份公司的原始财务报表，原始财务报表与申报财务报表的差异比较表，注册会计师对差异情况出具的意见，资产评估报告（含土地评估报告），历次验资报告，以及大股东或控股股东最近一年及一期的原始财务报表及审计报告等。

第九章，其他文件，包括产权和特许经营权证书、重要合同、重组协议，以及保荐协议和承销协议等。

4.3.2 招股说明书的主要内容

招股说明书是 IPO 申请文件的核心，其他文件基本是围绕招股说明书展开的，为招股说明书提供支撑和依据。招股说明书不但作为 IPO 申请文件中的核心文件报送有关政府监管部门，还要向社会公众公开披露，以便于社会公众了解拟上市公司的情况，接受社会的监督。

与 IPO 申请文件的格式类似，各个国家和地区证券市场对于招股说明书格式的要求也不尽相同，但实质内容相差无几。我国对于招股说明书格式要求的制定借鉴了成熟市场的许多做法，并结合我国的具体情况，进行了多次修订、完善。目前，我国主板、中小企业板的 IPO 招股说明书格式需要遵循《公开发行证券的公司信息披露内容与格式准则第 1 号——招股说明书》（2015 年修订）的有关规定。下面我们以此为例，介绍招股说明书的主要内容。

招股说明书主要包括以下内容。

第一节 封面、书脊、扉页、目录、释义

第二节 概 览

第三节 本次发行概况

第四节 风险因素

第五节 发行人基本情况

第六节 业务和技术

第七节 同业竞争与关联交易

第八节 董事、监事、高级管理人员与核心技术人员

第九节　公司治理

第十节　财务会计信息

第十一节　管理层讨论与分析

第十二节　业务发展目标

第十三节　募集资金运用

第十四节　股利分配政策

第十五节　其他重要事项

第十六节　董事、监事、高级管理人员及有关中介机构声明

第十七节　备查文件

招股说明书全文往往篇幅很长，尤其对于规模大、情况复杂的企业，完整的招股说明书经常需要用几百页纸来完成，投资者阅读起来会占用很长的时间。为方便投资者阅读，IPO 申请文件中还要提供招股说明书摘要。

招股说明书摘要大大简化招股说明书全文的内容，有关规定要求其内容必须简明扼要、通俗易懂，目的仅为向公众提供有关公开发行的简要情况。但招股说明书摘要内容必须忠实于招股说明书全文，不能够出现与全文矛盾之处。

招股说明书摘要主要包括重大事项提示、公开发行概况、发行人基本情况、募集资金运用、风险因素和其他重要事项、发行各方当事人和发行时间安排等内容。招股说明书全文与摘要在股票公开发行前均需要向社会公众披露。

4.4　储架注册发行

储架注册发行（shelf registration 或 shelf offering）也被称为"储架注册"或"橱柜登记"，是股票公开发行中的一种特殊形式，是指在对股票发行监管推行注册机制的市场中，发行人向监管机构提出一次公开发行的申请，公开披露一次招股说明书，但可以将股票在不确定的未来（可以是几年之内）分次公开发行的机制。每次发行之前，发行人再向有关政府监管机构提交一份简短的说明公司经营、财务等情况与招股说明书中所陈述的情况已经发生了变化的文件。

例如，某公司在其股票公开发行申请文件中申请公开发行普通股股票

100 亿股。该公司在将申请文件提交到有关政府监管部门、完成注册程序之后，可以暂时不进行实际公开发行，也可以全部公开发行，还可以公开发行一部分。如果考虑当前的证券市场行情低迷等因素，发行人可以在前期先发行 20 亿股；次年证券市场行情变好，再发行 30 亿股；余下 50 亿股在第三年等其他时间再安排一次或多次发行。

与标准的一次申请、一次发行的股票公开发行机制相比，储架注册发行机制可以简化注册程序，降低融资成本，给予了发行人更大的按市场化规则运作的自主权和灵活性。储架注册发行机制适合在市场诚信体系建设良好的国家推行，适合给予信誉良好的发行人以一次申请、多次发行的选择权。

由于储架注册发行需要发行人具备良好的市场信誉，而进行 IPO 的企业由于是首次公开发行，往往不如已经公开上市的上市公司向社会公众披露的信息更多，有的上市公司在证券市场中塑造了良好的形象，得到了投资者和监管层的认可，这样的公司比进行 IPO 的公司更适合于进行储架注册发行，所以储架注册发行更适合于上市公司的再融资活动。

目前，储架注册发行机制主要在美国、英国、加拿大等发达国家施行。我国目前股票公开发行申请在获得批复之后，需要在规定的期限内进行一次性的公开发行。

4.5　股票的发售[*]

随着互联网络的普及与发展，各国股票的发售可以方便地通过网上进行。我国的新股发行一般采取网上公开发行和网下配售相结合的方式进行。

4.5.1　股票发售的一般程序

根据我国证券监管机构的有关规定，新股的发售需要经过向特定机构投资者（即询价对象）询价、确定股票发行价格、进行网下配售和网上发行等

---

[*] 本节的部分内容引自本书作者参加编写的教材，详见：黄磊. 证券投资学［M］. 北京：中国财政经济出版社，2008.

环节，其一般流程如图 4 - 1 所示。

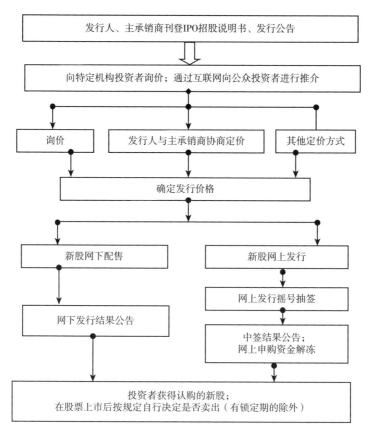

图 4 - 1　新股发售的一般程序

目前，在沪、深证券交易所首次公开发行股票需要采用网下向特定机构投资者询价配售（即"网下发行"）与网上资金申购发行（即"网上发行"）相结合的方式进行，通过全国与沪、深证券交易所联网的证券营业网点，进入沪、深证券交易所的计算机撮合系统发行。特定的询价对象和一般投资者均可参与到新股申购中来，但投资者参与网下发行需要遵循某些特别规定，参与网上发行的程序与参与二级市场证券交易的一般程序基本相同。

4.5.2　网下配售

根据中国证监会于 2018 年修订后的《证券发行与承销管理办法》，网下投资者可与发行人和主承销商自主约定网下配售股票的持有期限并公开披露。向战略投资者配售股票的，应当在网下配售结果公告中披露战略投资者的名称、认购数量及持有期限等情况。IPO 网下配售时，发行人和主承销商不得向发行人及其股东、实际控制人、董事、监事、高级管理人员和其他员工等一系列对象配售股票，不得通过配售可能导致不当行为或不正当利益。

发行人及其主承销商通过累计投标询价确定发行价格的，当发行价格以上的有效申购总量大于网下配售数量时，应当对发行价格以上的全部有效申购进行同比例配售。

首次公开发行股票的网下发行和网上发行同时进行，网下和网上投资者在申购时无须缴付申购资金。投资者应当自行选择参与网下或网上发行，不得同时参与。

首次公开发行股票的发行人及其主承销商应当在网下配售和网上发行之间建立双向回拨机制，根据申购情况调整网下配售和网上发行的比例。

首次公开发行股票网下投资者申购数量低于网下初始发行量的，发行人和主承销商不得将网下发行部分向网上回拨，应当中止发行。

网上投资者申购数量不足网上初始发行量的，可回拨给网下投资者。

对于参与网下配售部分的投资者，一般会有锁定期安排，获配股票的锁定期不得少于 3 个月，锁定期自网上发行部分的股票在交易所上市交易之日起开始计算。

首次公开发行股票数量在 4 亿股以上的，可以向战略投资者配售。发行人应当与战略投资者事先签署配售协议。发行人和主承销商应当在发行公告中披露战略投资者的选择标准、向战略投资者配售的股票总量、占本次发行股票的比例，以及持有期限等。战略投资者不参与网下询价，且应当承诺获得本次配售的股票持有期限不少于 12 个月，持有期自本次公开发行的股票上市之日起计算。①

4.5.3　网上发行

网上发行的申购手续与在二级市场买入交易所上市股票的方式基本相同，

① 关于修改《证券发行与承销管理办法》的决定［EB/OL］. http：//www. csrc. gov. cn/pub/zjh-public/zjh/201806/t20180615_340012. html.

只是在交易时间安排等方面有些特别之处。

网上发行通过交易所交易系统进行。保荐人（主承销商）在指定时间内将首次公开发行的股票输入在交易所指定的专用证券账户，作为该股票唯一"卖方"。投资者进行申购时，可以采取的委托交易方式包括：在与交易所联网的各证券交易网点柜台进行当面委托申购；通过电话委托申购；通过自助终端委托申购；进行网上证券交易委托申购。

参与网上发行的投资者应以 T−1 日首次公开发行股票网上资金申购发行公告中公告的发行价格区间上限申购缴款。如果最终确定的发行价格低于发行价格区间上限，差价部分将于 T+3 日与未中签的网上申购款同时退还给参与网上发行的投资者。

沪市规定参加网上发行申购的单一证券账户的申购单位为 1 000 股，每一账户申购数量不少于 1 000 股，超过 1 000 股的必须是 1 000 股的整数倍；深市规定申购单位为 500 股，每一账户申购数量不少于 500 股，超过 500 股的必须是 500 股的整数倍。每一个有效申购单位对应一个配号。每一个证券账户只能申购一次，一经申购不能撤单。

投资者可在指定的时间内通过与交易所联网的各证券交易网点，以发行价格区间上限和符合所规定的有效申购数量进行申购委托，并足额缴付申购款。申购结束后，由保荐人（主承销商）会同登记公司共同核实申购资金的到账情况，交易所和登记公司根据实际到账资金统计有效申购数量和有效申购户数。

网上投资者获配股票数量为以下确定方法。

（1）如网上有效申购数量小于或等于最终网上发行数量，则无须进行摇号抽签，所有配号都是中签号码，投资者按其有效申购量认购股票。

（2）如网上有效申购数量大于最终网上发行数量，则由交易所交易系统主机按每单位申购数量确定为一个申购配号，顺序排号，然后通过摇号抽签，确定有效申购中签号码。最终中签率的确定办法为：

最终中签率 =（最终网上发行数量 ÷ 网上有效申购总量）×100%

网下和网上发行结束后，首次公开发行股票达到一定规模的，发行人和其主承销商可根据总体申购情况于 T+1 日决定是否启动回拨机制，对网下配售和网上发行的规模进行调节，并在 T+2 日刊登的股票 IPO 定价、网下发行结果及网上中签率公告中披露。

全部申购资金由登记公司冻结在申购资金专户内，所冻结的资金产生的利息，归证券投资者保护基金所有。

首次公开发行股票数量在 4 亿股以上的，发行人和主承销商可以在发行方案中规定采用超额配售选择权。根据申购情况，发行人和主承销商决定是否选择进行超额配售。

网上发行投资者获配股票无锁定期，网上发行的股票在交易所上市交易之日起即可流通。

4.6 知识扩充

4.6.1 知识扩充一 科创板 IPO 申请文件目录

根据中国证监会于 2019 年 3 月 1 日发布的《公开发行证券的公司信息披露内容与格式准则第 42 号——首次公开发行股票并在科创板上市申请文件》，科创板 IPO 申请文件目录如下。

一、招股文件

1-1 招股说明书（申报稿）

二、发行人关于本次发行上市的申请与授权文件

2-1 关于本次公开发行股票并在科创板上市的申请报告

2-2 董事会有关本次发行并上市的决议

2-3 股东大会有关本次发行并上市的决议

2-4 关于符合科创板定位要求的专项说明

三、保荐人和证券服务机构关于本次发行上市的文件

3-1 保荐人关于本次发行上市的文件

3-1-1 关于发行人符合科创板定位要求的专项意见

3-1-2 发行保荐书

3-1-3 上市保荐书

3-1-4　保荐工作报告

3-1-5　关于发行人预计市值的分析报告（如适用）

3-1-6　保荐机构相关子公司参与配售的相关文件（如有）

3-2　会计师关于本次发行上市的文件

3-2-1　财务报表及审计报告

3-2-2　发行人审计报告基准日至招股说明书签署日之间的相关财务报表及审阅报告（如有）

3-2-3　盈利预测报告及审核报告（如有）

3-2-4　内部控制鉴证报告

3-2-5　经注册会计师鉴证的非经常性损益明细表

3-3　发行人律师关于本次发行上市的文件

3-3-1　法律意见书

3-3-2　律师工作报告

3-3-3　关于发行人董事、监事、高级管理人员、发行人控股股东和实际控制人在相关文件上签名盖章的真实性的鉴证意见

3-3-4　关于申请电子文件与预留原件一致的鉴证意见

四、发行人的设立文件

4-1　发行人的企业法人营业执照

4-2　发行人公司章程（草案）

4-3　发行人关于公司设立以来股本演变情况的说明及其董事、监事、高级管理人员的确认意见

4-4　商务主管部门出具的外资确认文件（如有）

五、与财务会计资料相关的其他文件

5-1　发行人关于最近三年及一期的纳税情况及政府补助情况

5-1-1　发行人最近三年及一期所得税纳税申报表

5-1-2　有关发行人税收优惠、政府补助的证明文件

5-1-3　主要税种纳税情况的说明

5-1-4　注册会计师对主要税种纳税情况说明出具的意见

5-1-5　发行人及其重要子公司或主要经营机构最近三年及一期纳税情况的证明

5-2　发行人需报送的其他财务资料

5-2-1　最近三年及一期原始财务报表

5-2-2　原始财务报表与申报财务报表的差异比较表

5-2-3　注册会计师对差异情况出具的意见

5-3　发行人设立时和最近三年及一期资产评估报告（如有）

5-4　发行人历次验资报告或出资证明

5-5　发行人大股东或控股股东最近一年及一期的原始财务报表及审计报告（如有）

六、关于本次发行上市募集资金运用的文件

6-1　发行人关于募集资金运用方向的总体安排及其合理性、必要性的说明

6-2　募集资金投资项目的审批、核准或备案文件（如有）

6-3　发行人拟收购资产（或股权）的财务报表、审计报告、资产评估报告、盈利预测报告（如有）

6-4　发行人拟收购资产（或股权）的合同或合同草案（如有）

七、其他文件

7-1　产权和特许经营权证书

7-1-1　发行人拥有或使用的对其生产经营有重大影响的商标、专利、计算机软件著作权等知识产权以及土地使用权、房屋所有权等产权证书清单（需列明证书所有者或使用者名称、证书号码、权利期限、取得方式、是否及存在何种他项权利等内容）

7-1-2　发行人律师就7-1-1清单所列产权证书出具的鉴证意见

7-1-3　特许经营权证书（如有）

7-2　重要合同

7-2-1　对发行人有重大影响的商标、专利、专有技术等知识产权许可使用协议（如有）

7-2-2　重大关联交易协议（如有）

7-2-3　重组协议（如有）

7-2-4　特别表决权股份等差异化表决安排涉及的协议（如有）

7-2-5　高管员工配售协议（如有）

7-2-6　其他重要商务合同（如有）

7-3　特定行业（或企业）的管理部门出具的相关意见（如有）

7-4　承诺事项

7-4-1　发行人及其实际控制人、控股股东、持股 5% 以上股东以及发行人董事、监事、高级管理人员等责任主体的重要承诺以及未履行承诺的约束措施

7-4-2　有关消除或避免同业竞争的协议以及发行人的控股股东和实际控制人出具的相关承诺

7-4-3　发行人全体董事、监事、高级管理人员对发行申请文件真实性、准确性、完整性的承诺书

7-4-4　发行人控股股东、实际控制人对招股说明书的确认意见

7-4-5　发行人关于申请电子文件与预留原件一致的承诺函

7-4-6　保荐人关于申请电子文件与预留原件一致的承诺函

7-4-7　发行人保证不影响和干扰审核的承诺函

7-5　说明事项

7-5-1　发行人关于申请文件不适用情况的说明

7-5-2　发行人关于招股说明书不适用情况的说明

7-5-3　信息披露豁免申请（如有）

7-6　保荐协议

7-7　其他文件

4.6.2　知识扩充二　注册制改革后创业板的招股说明书格式

根据中国证监会于 2020 年 6 月 17 日发布的《公开发行证券的公司信息披露内容与格式准则第 28 号——创业板公司招股说明书（2020 年修订）》，实施注册制改革后创业板的 IPO 招股说明书主要内容如下。

第一节　封面、书脊、扉页、目录、释义

第二节　概览

第三节　本次发行概况

第四节　风险因素

第五节　发行人基本情况

第六节　业务与技术

4.7　理论探讨

影响新股发行定价的因素研究

新股发行业务的核心环节是发行定价，定价合理与否不仅关系到发行人、投资者和承销商的切身利益，而且关系到股票市场资源配置功能的发挥。

徐浩萍、施海娜、施海娜、金彧昉（2017）选取 2009~2012 年 320 家创业板 IPO 公司为样本，以不同阶段新股定价作为被解释变量，以创新指标和历史业绩指标为解释变量，以主承销商声誉、风险资本或私募基金的股权、募集资金规模、财务杠杆、审计师声誉、新股中签率衡量的市场情绪、第一大股东持股比例以及公司成立时间等为控制变量，考察技术创新与历史业绩在新股定价中的作用。通过进行 OLS 回归、两阶段回归以及稳健性检验，他们发现：（1）在我国创业板新股定价的各个阶段，历史业绩特别是反映盈利水平的总资产收益率，是影响价值判断的重要因素；（2）创新信息仅仅在发行阶段被 IPO 投资者重视，二级市场投资者并未对创新信息给予足够重视。①

投资银行是直接融资过程中最重要的中介机构。邵新建、王新春、贾中正、廖静池（2019）利用机构投资者在中国 IPO 新股发行中的询价记录，基于报价参与和报价水平两个维度，分析了投行—机构关系对股票发行、定价的作用机制。他们的研究发现，关系机构的捧场报价显著提高了股票发行价格、增加了投行的承销收入；但当新股交易价格在长期内逐渐向其内在价值

---

① 徐浩萍，施海娜，金彧昉．新股定价基础：历史业绩还是技术创新？——基于中国创业板市场的研究［J］．金融研究，2017（4）：191 – 206．

水平收敛时，受到关系机构捧场支持越多的 IPO 新股，其长期回报率相对越低。[①]

4.8　案 例 归 纳

4.8.1　案例一　中国国际航空股份有限公司 IPO 招股说明书的主要内容[*]

中国国际航空股份有限公司（以下简称为"中国国航"）首次公开发行 A 股股票的招股说明书的主要内容包括封面、发行人声明、重大事项提示以及正文等几大部分。

其中，招股说明书封面标有"中国国际航空股份有限公司首次公开发行 A 股股票招股说明书"字样，并载明中国国航的地址、保荐人（中信证券股份有限公司、中国银河证券有限责任公司、中国国际金融有限公司）的名称及地址。

发行人声明的内容是：发行人及全体董事、监事、高级管理人员承诺招股说明书及其摘要不存在虚假记载、误导性陈述或重大遗漏，并对其真实性、准确性、完整性承担个别和连带的法律责任。

重大事项提示包括的内容有：根据对招股说明书的相关规定，有关风险因素可能对发行人生产经营状况、财务状况和持续盈利能力有严重不利影响的，应作"重大事项提示"。中国国航在招股说明书中特别提醒投资者认真阅读"风险因素"部分，并特别注意以下风险：飞行事故或事件、航空燃油价格、燃油附加费政策、汇率变动、季节性特征等。

招股说明书正文的主要有以下内容。

1. 释义

在本招股说明书中，中国国航对可能造成投资者理解障碍及有特定含义的术语进行了适当解释。例如，中航有限、国货航、全日空、重组协议、事

[①]　邵新建，王兴春，贾中正，廖静池. 投资银行—机构投资者关系、"捧场"与 IPO 中的利益问题［J］. 金融研究，2019（11）：170 - 188.

[*]　详见中国国际航空股份有限公司的首次公开发行 A 股招股说明书。

故征候万时率、湿租、FAA 等。

2. 概览

（1）公司简介。本招股说明书简要介绍了中国国航自 1950 年从事航空服务以来的发展历程：1988 年 7 月原中国国际航空公司成立，2004 年 9 月 30 日中航集团以其全资企业原中国国际航空公司拥有的相关资产、负债，及原中国国际航空公司持有的股权，以及货币资金人民币 56 078.21 万元作为出资，中国航空集团公司（以下简称"中航集团"）的全资子公司中航有限以其持有的中航兴业 69% 的股权作为出资共同发起设立中国国航。2004 年 12 月 15 日，公司在中国香港地区和伦敦公开发行境外上市外资股，成为国内最具领先地位的航空客运、航空货运及航空相关业务的运营商。

（2）公司控股股东简介。由招股说明书可知，中国国航的控股股东是中航集团。

（3）主要财务数据。本招股说明书列表分别说明了公司在 2004 年 12 月 31 日和 2005 年 12 月 31 日的总资产、总负债及股东权益，发现公司在 2005 年的总资产和股东权益相比 2004 年都有所增加，总负债有所减少。还说明了公司分别在 2003 年、2004 年和 2005 年度的主营业务收入、主营业务利润、利润总额及净利润。

（4）本次发行情况。本次中国国航计划向符合资格的询价对象发行 16.39 亿股每股面值为人民币 1.0 元的 A 股，每股发行价格为 2.80 元。

（5）募集资金运用。由本招股说明书可知，本次 A 股发行募集的资金主要用于购置飞机和扩建工程。

3. 本次发行概况

（1）本次发行的基本情况。本招股说明书说明了中国国航计划发行 16.39 亿股每股面值为人民币 1.0 元的 A 股，每股发行价格为 2.80 元。采用向战略投资者定向配售、网下向询价对象询价配售与网上资金申购定价发行相结合的方式。同时还说明了发行市盈率、市净率、发行前后每股净资产、募集资金总额和净额、承销费用、审计费用、律师费用等其他发行费用。本次发行是在上海证券交易所以余额包销的方式进行。

（2）新股发售的有关当事人。根据对招股说明书的相关法律规定，中国国航应披露下列机构的名称、法定代表人、住所、具体联系方式，同时应披露有关经办人员的姓名：发行人；保荐人、主承销商及其他承销机构；律师事务所；会计师事务所；资产评估机构；股票登记机构；收款银行；其他与本次发行有关的机构。并承诺本公司与上述中介机构及其负责人、高级管理人员不存在直接或间接的股权关系或其他权益关系。

（3）有关本次发行的重要时间安排。此次招股说明书披露了本次发行的询价推介时间、网下申购时间、定价公告刊登日期、网上申购日期、预计股票上市日期。

4. 风险因素

中国国航应根据自身的实际情况，充分、准确、真实地描述相关风险因素，并应对所披露的风险因素做定量分析或者定性描述。中国国航在招股说明书中指出：投资者在评估此次发售的股票时应特别考虑下列各项风险因素。

（1）航空安全风险。飞行事故或事件一方面会对公司的经营业绩和财务状况产生不利影响；另一方面还会影响公司的声誉，降低公信度。但是中国国航通过近几年对安全投入的加大，全面提升了安全管理水平，降低了飞行事故的发生率。

（2）市场风险。中国国航在招股说明书中披露的市场风险主要包括经济波动性风险、季节周期性波动风险、行业竞争的影响、航空燃油价格持续上涨的风险、燃油附加费政策变化的风险、价格竞争风险以及其他运输方式的竞争风险。并说明了针对增强公司竞争力、减小航空燃油价格上涨风险而采取的措施。

（3）财务风险。通过本招股说明书发现，中国国航面临的财务风险主要有偿债风险、汇率风险、利率变动风险等，其可能严重影响公司持续经营。

（4）民航业的政策监管风险。根据法律规定，招股说明书应当披露由于财政、金融、税收、土地使用、产业政策、行业管理、环境保护等方面法律、法规、政策变化引致的风险。中国民航局的一系列政策决定都可能会影响公司业务未来的发展。

（5）主要股东控制的风险。中航集团作为公司的控股股东，其利益可能会与中小股东利益存在不一致的情况。

（6）募集资金投资项目风险。中国国航本次公开发行 A 股所募集资金主要用于飞机的采购，而在北京奥运会和上海世博会运输高峰过后，航空市场需求会出现回落，很可能引发国内运力过剩的风险。为规避此风险，公司披露了其针对此风险而采取的应对措施。

（7）其他风险。中国国航在此次招股说明书中还披露了可能影响公司经营的其他风险，包括：航空基础设施限制航空运输能力的风险，飞行人员短缺的风险，恐怖袭击、疾病等突发事件的风险，股市风险。

5. 发行人基本情况

（1）发行人基本信息。中国国航应披露其基本情况，主要包括：注册中、英文名称；注册资本；法定代表人；成立日期；住所和邮政编码；具体联系方式等。

（2）发行人历史沿革。中国国航详细披露了以下改制重组情况：设立方式；发起人；在改制设立发行人之前、发行人成立时以及成立后，主要发起人分别拥有的主要资产和实际从事的主要业务；改制前后原企业及发行人各自的业务流程以及原企业和发行人业务流程间的联系；发起人出资资产的产权变更手续办理情况。还有设立以来股本的形成和其历次变化及股本变化的验资情况，全面披露具有重大影响的各关联方及其基本情况，以及对持有5% 以上股份的主要股东和作为股东的董事、监事、高级管理人员作出的重要承诺及其履行情况。

6. 业务与技术

（1）主营业务及营业范围。根据法律相关规定，招股说明书应当披露公司主营业务、主要产品（或服务）及设立以来的变化情况。中国国航招股说明书披露了公司的主营业务是提供航空客货运服务和航空相关服务。

（2）发行人应披露其所处行业的基本情况及其在行业中的竞争地位，与其经营业务相关的主要固定资产及无形资产情况，主要产品生产技术所处的阶段，主要产品和服务的质量控制情况以及拥有的特许经营权的情况等。中国国航在招股说明书中披露了国际与国内航空运输业的行业概况和市场容量，行业监管架构，行业发展趋势，技术水平，国内民航运输行业竞争格局和市场供求状况，以及进入本行业的主要障碍。公司还披露了其在客运业务、货运业务方面面临的主要竞争状况，并分析了自身的竞争优势及面临的挑战。中国国航还披露了其研发情况和技术创新机制，以及其境外经营情况和质量控制情况。

7. 同业竞争和关联交易

（1）同业竞争。发行人应披露是否存在与控股股东、实际控制人及其控制的其他企业从事相同、相似业务的情况。对存在相同、相似业务的，发行人应对是否存在同业竞争作出合理解释。中国国航在招股说明中对本公司的同业竞争情况进行了说明，并且作出了避免同业竞争的措施。

（2）关联交易。发行人应根据《公司法》和《企业会计准则》的相关规定披露关联方、关联关系和关联交易、对关联交易决策权力与程序的规定及发行人的履行情况。中国国航披露了最近 3 年关联交易的情况及其执行情况，关于关联交易的决策权力与程序的规定，以及规范和减少关联交易的措施。

8. 董事、监事及高级管理人员

中国国航在本次招股说明书中披露了董事会成员、监事会成员、其他公司高级管理人员以及本公司与董事、监事及高级管理人员签订的协议情况和为稳定相关人员已采取或拟采取的措施。还有董事、监事和高级管理人员的薪酬情况，其持股、兼职和相互关系以及近 3 年其变动情况。

9. 公司治理结构

（1）中国国航在本次招股说明书中披露了股东大会、董事会、监事会、独立董事、董事会秘书制度的运行情况及其履行职责的情况。

（2）还披露了公司的重大经营决策程序与规则，对高级管理人员的选择考评、激励和约束机制，利用外部决策咨询力量的情况，以及对内部控制制度的评估意见。中国国航设立至今不存在违法违规行为，不存在资金被控股股东、实际控制人及其控制的其他企业占用的情况。

10. 财务会计信息

中国国航聘请安永华明会计师事务所依据《中国注册会计师独立审计准则》对本公司 2003 年、2004 年、2005 年的合并会计报表及母公司会计报表进行了审计，并出具了无保留意见审计报告。发行人应当披露最近一期末主要固定资产类别、折旧年限、原价、净值；对外投资项目及各项投资的投资期限、初始投资额、期末投资额、股权投资占被投资方的股权比例及会计核算方法；披露最近一期末主要无形资产的取得方式、初始金额、摊销年限及确定依据、摊余价值及剩余摊销年限；披露最近一期末的主要债项：主要的银行借款，对内部人员和关联方的负债，主要合同承诺的债务、或有债项的金额、期限、成本，票据贴现、抵押及担保等形成的或有负债情况；披露各期末股东权益：股本、资本公积、盈余公积、未分配利润；披露流动比率、速动比率、资产负债率（母公司）、应收账款周转率、存货周转率、息税折旧摊销前利润、利息保障倍数、每股经营活动产生的现金流量、每股净现金流量、每股收益、净资产收益率、无形资产（扣除土地使用权、水面养殖权和采矿权等后）占净资产的比例等财务指标；披露各期经营活动产生的现金流量、投资活动产生的现金流量、筹资活动产生的现金流量的基本情况及不涉及现金收支的重大投资和筹资活动及其影响，以及披露相关期后事项、或有事项及其他重要事项。

11. 管理层讨论与分析

中国国航在招股说明书中对资产负债构成及资产减值准备提取情况、偿债能力、资本周转能力、盈利能力、资本支出情况和未来业务目标以及盈利前景进行分析，并对历史年度经营业绩进行比较。

12. 业务发展目标

中国国航披露其战略目标是成为主流旅客认可、中国最具价值、盈利能力最强、具有世界竞争力的航空公司。为实现此目标，公司制订了相应的发展战略和发展计划。还应披露拟定上述计划所依据的假设条件，实施计划将面临的主要困难以及上述业务发展计划与现有业务的关系。

13. 募集资金运用

中国国航在招股说明书中不仅披露了本次募集资金的总量和其对主要财务状况及经营成果的影响，募集资金的具体用途，还披露了前次募集资金的数额、到位时间和使用情况。

14. 股利分配政策

中国国航披露了最近 3 年和发行后的股利分配政策以及实际股利分配情况。还披露了本次发行完成前滚存利润的分配安排和已履行的决策程序。

15. 其他重要事项

在其他重要事项中，中国国航披露了公司信息披露制度和为投资者服务的计划及其对公司业务、未来发展或财务状况具有重要影响的合同和本公司对外担保情况。还披露了公司在 2005 年 9 月发行的 30 亿元债券，与国泰航空的股权重组和业务合作及有条件私有化中航兴业及其重大诉讼。

16. 董事、监事、高级管理人员及有关中介机构声明

17. 备查文件

备查文件包括下列文件：发行保荐书；财务报表及审计报告；盈利预测报告及审核报告（如有）；内部控制鉴证报告；经注册会计师核验的非经常性损益明细表；法律意见书及律师工作报告；公司章程（草案）；中国证监会核准本次发行的文件；其他与本次发行有关的重要文件。

4.8.2 案例二 北京市中伦律师事务所关于四川金时科技股份有限公司首次公开发行股票并在深圳证券交易所上市的法律意见书摘录*

致：四川金时科技股份有限公司

根据四川金时科技股份有限公司（以下简称"发行人""公司"）与北京市中伦律师事务所（以下简称"本所"）签订的委托合同的约定及受本所指派，本所律师作为发行人首次公开发行股票并上市（以下简称"本次发行"）工作的专项法律顾问，现就发行人首次公开发行股票并在深圳证券交易所上市（以下简称"本次上市"）有关事宜，出具本法律意见书。

一、本次上市的批准

（1）公司本次上市已经依照法定程序获得公司于2017年9月22日召开的2017年第二次临时股东大会的有效批准。

（2）2019年2月22日，中国证券监督管理委员会（以下简称"证监会"）出具《关于核准四川金时科技股份有限公司首次公开发行股票的批复》（以下简称《核准批复》），核准发行人公开发行不超过4 500万股新股，批复自核准发行之日起12个月内有效。

（3）本次上市尚需深圳证券交易所审查同意。

二、本次上市的主体资格

（1）发行人是依照《公司法》及其他有关规定，由四川金时科技有限公司（以下简称"金时有限"）于2017年6月26日整体变更设立的股份有限公司，金时有限于2008年12月24日在企业登记机关注册登记，至今持续经营时间已经超过3年。

（2）发行人现持有成都市工商行政管理局核发的统一社会信用代码为915101126818379484号的《营业执照》，依法有效存续，不存在根据法律、法规、规范性文件及公司章程规定需要终止的情形。

基于上述，本所认为，发行人是合法设立、有效存续的股份有限公司，符合《公司法》《证券法》及其他法律、法规、规章和有关规范性文件之规

---

* 详见北京市中伦律师事务所关于四川金时科技股份有限公司首次公开发行股票并在深圳证券交易所上市的法律意见书。

定，具备本次上市的主体资格。

三、本次上市的实质条件

（1）根据《首次公开发行 A 股股票网下发行初步配售结果公告》《首次公开发行 A 股股票网上中签结果公告》及江苏公证天业会计师事务所（特殊普通合伙）就本次发行募集资金情况出具的《验资报告》，发行人已公开发行股票 4 500 万股，该等发行已经中国证监会核准，符合《证券法》第五十条第（一）项和《上市规则》第 5.1.1 条第（一）项的规定。

（2）发行人本次发行前的股本总额为 36 000 万元，本次发行新增股本 4 500 万元。根据江苏公证天业会计师事务所（特殊普通合伙）出具的《验资报告》，截至 2019 年 3 月 12 日，发行人的股本总额为人民币 40 500 万元，符合《证券法》第五十条第一款第（二）项以及《上市规则》第 5.1.1 条第（二）项的规定。

（3）发行人本次向社会公开发行的股票总数为 4 500 万股，占本次发行完成后股份总数的 11.11%，符合《证券法》第五十条第（三）项以及《上市规则》第 5.1.1 条第（三）项的规定。

（4）根据相关政府主管机出具的证明、发行人的确认并经本所律师核查，发行人最近 3 年无重大违法行为，财务会计报告无虚假记载，符合《证券法》第五十条第（四）项及《上市规则》第 5.1.1 条第（四）项的规定。

综上所述，本所认为，发行人符合《公司法》《证券法》《上市规则》等法律、法规及规范性文件规定的股票上市的实质条件。

四、本次上市的保荐机构和保荐代表人

（1）发行人本次上市由中信证券股份有限公司（以下简称"中信证券"）保荐。中信证券已获中国证监会注册登记并列入保荐机构名单，同时具有深圳证券交易所会员资格，符合《证券法》第四十九条第一款和《上市规则》第 4.1 条的规定。

（2）中信证券指定梁勇、牛振松作为保荐代表人具体负责对发行人的保荐工作。上述两名保荐代表人均已获中国证监会注册登记并列入保荐代表人名单，符合《上市规则》第 4.3 条的规定。

五、结论性意见

综上所述，本所认为，截至本法律意见书出具之日，发行人具备本次上市的主体资格，本次上市已获得发行人股东大会的批准和中国证监会的核准，本次上市符合《证券法》《公司法》《上市规则》等有关法律、法规及规范性文件规定的实质条件，本次上市尚需取得深圳证券交易所的审核同意。

4.9 本章小结

（1）根据政府机构对证券市场监管目标、原则的不同体现，国家采取的监管模式分别有：以投资者保护为核心的监管模式，以价格形成、信息完全为核心的监管模式，以市场的公平、效率为核心的监管模式。随着经济全球化的不断推进，国际上证券市场的一体化也在加强，证券监管制度的趋同也成为一种趋势。国际上证券市场的监管趋势表现出以下特征：监管的国际合作不断加强；监管机构的作用被更加重视，监管机构的职责与权力得到强化；监管内容趋于标准化和规范化；有关的法律法规更加完善，事前监管的预防措施与事后监管的处罚措施更为周密；在某些方面强化监管约束的同时，在另外一些方面放松管制，提高市场效率，推进市场化建设。

（2）根据有关政府部门对股票发行监管的干预程度，可以将监管机制划分为审批制、核准制以及注册制。审批制一般出现在转轨经济国家证券市场的发展初期，政府行政干预程度最高，侧重于保证证券市场运行的公平性。核准制与审批制相比政府干预程度要低得多，只是强调对股票发行的合规性审核和强制性信息披露，同时引入市场机制，同样侧重于保证证券市场的公平性。注册制几乎不存在政府干预，侧重于提高证券市场运行的效率。

（3）参与股票发行的各中介机构都必须本着遵循职业道德、勤勉尽责的原则，对发行人的情况进行尽职调查。投资银行需要对发行人的历史沿革、公司治理状况、经营和管理状况、财务状况、技术水平、人力资源、市场定位、发展前景以及发展战略等情况进行具体的调查，根据调查结果作出对发行人的客观评价及决定是否为其提供融资服务，并保留相关文件形成工作底稿和尽职调查报告。律师事务所需要对发行人的设立情况、存续状态、规范运作状况、资产和负债状况、税收和补贴、环境保护、员工的劳动和社会保障、募集资金运用以及诉讼、仲裁或行政处罚等内容进行审慎调查，以此对发行人可能存在的法律问题作出职业判断并出具相应意见。会计师事务所主要对发行人过去几年的财务报告进行调查，判断其是否具备上市的条件，分析其潜在财务风险。

（4）我国主板、中小企业板 IPO 申请文件主要包括招股说明书与发行公告、公开发行的申请报告、董事会和股东大会有关公开发行的决议、公开发行的保荐书、财务报表及审计报告、盈利预测报告及审核报告（若提供）、内部控制鉴证报告、经注册会计师核验的非经常性损益明细表、法律意见书和律师工作报告、发行人的设立文件、关于公开发行募集资金运用的文件以及与财务会计资料相关的其他文件等内容。

（5）我国主板、中小企业板的 IPO 招股说明书主要包括封面、书脊、扉页、目录、释义，提供公开发行的概述，介绍拟公开发行的概况，介绍、分析发行人面临的各种现实和潜在的风险因素，介绍发行人的基本情况，介绍发行人的业务和技术情况，介绍有关同业竞争、关联交易情况以及相关的规避、减少相关情况的措施，介绍董事、监事、高级管理人员与核心技术人员的情况，介绍公司治理的情况，介绍发行人的财务会计信息，介绍募集资金的运用情况，以及介绍股利分配政策等。为方便投资者阅读，IPO 申请文件中还要提供招股说明书摘要。招股说明书摘要主要包括重大事项提示、公开发行概况、发行人基本情况、募集资金运用、风险因素和其他重要事项、发行各方当事人和发行时间安排等内容。

（6）储架注册发行是指对股票发行监管推行注册机制的市场中，发行人向监管机构提出一次公开发行的申请，公开披露一次招股说明书，但可以将股票在不确定的未来（可以是几年之内）分次公开发行的机制。储架注册发行可以简化注册程序，降低融资成本，给予了发行人更大的按市场化规则运作的自主权和灵活性。目前，储架注册发行机制主要在美国、英国、加拿大等发达国家施行。我国目前仍然实行股票发行的核准制。

（7）根据我国证券监管机构的有关规定，新股的发售需要经过以下流程：发行人及主承销商刊登招股说明书并发行公告，继而向特定机构投资者询价，并通过互联网向公众投资者进行推介，从而确定股票发行价格，然后采用网下配售和网上发行的方式发行股票。

（8）网上发行通过交易所交易系统进行。网上发行的申购手续与在二级市场买入交易所上市股票的方式基本相同，只是在交易时间安排等方面有些特别之处。首次公开发行股票数量在 4 亿股以上的，发行人和主承销商可以在发行方案中规定采用超额配售选择权。根据申购情况，发行人和主承销商决定是否选择进行超额配售。

4.10 问题思考

1. 国际证券市场的监管机制有何变化趋势？
2. 我国的审批制、核准制和注册制有何异同？
3. 中介机构主要做哪些尽职调查工作？
4. 核准制与注册制下我国 IPO 的申请文件、招股说明书格式有何异同？
5. 储架注册发行有何优点及适用条件是什么？
6. 网上投资者获配股票数量的确定方法是什么？
7. 符合我国 IPO 配售对象的有哪些机构？
8. IPO 注册制改革如何在制度细节上进一步完善？

第5章　IPO 的主要中介机构：投资银行

投资银行（investment bank）是主要从事证券相关业务的金融机构，是资本市场上的重要金融中介。证券承销（underwriting）是投资银行通过某种形式代理证券发行人发行证券的行为，是投资银行最传统、最基础的一项业务。在证券承销过程中，投资银行把发行人和投资者很好地结合起来。

5.1　投 资 银 行

投资银行起源于欧洲，是由商人银行发展而来的。15 世纪，欧洲一些信誉卓著的大商人开始成立商人银行（merchant bank），从事政府债券销售（融资）和企业票据贴现业务。19 世纪，投资银行传入美国，19 世纪后半叶开始，投资银行业在美国兴起并迅速发展。

投资银行是证券市场、股份公司制度等发展到一定阶段的产物。投资银行以灵活多变的形式参与资本市场资源配置，被誉为金融体系轻骑兵、市场经济中的金融工程师。目前，投资银行在世界金融经济运转中起着举足轻重的作用，许多有实力的投资银行已发展成为财力雄厚、影响巨大、有能力提供全方位金融服务的大型金融机构。

投资银行在不同国家有着不同的称谓。由于美国著名的投资银行大多汇集于世界金融中心——华尔街，所以人们习惯称之为"华尔街金融公司"（Wall Street firms）；英国习惯称之为"商人银行"（merchant bank）；德国称之为"全能银行"（universal bank）；法国称之为"实业银行"（industrial bank）；日本、韩国以及我国称之为"证券公司"（securities company）。

5.1.1　投资银行的定义

投资银行是金融体系中的重要组成部分，是具有特定业务范围和功能的非银行金融机构。一般地，世界著名的投资银行家们和学者们都是通过投资银行的业务范围和功能来界定投资银行的定义。由于监管政策的改变、全球化、信息技术的进步及计算机在金融领域的广泛应用，投资银行面临着日益激烈的竞争环境，大力拓展其业务范围成为大部分投资银行提升竞争力的主要手段。随着投资银行业务范围的不断拓展，投资银行的定义也在不断发展变化。

由于投资银行在不同发展阶段、不同国家或地区的业务发展及范围各不相同，对投资银行的定义也存在多个版本。

《韦伯斯特词典》对投资银行的界定：投资银行是一种向市场销售新发行的股票、债券等证券的公司，它常常与同类公司合作将发行的证券买下，然后加价出售给投资者。

《大不列颠百科全书》对投资银行的界定：投资银行指发起、认购与分销公司、企业和政府机构新发行证券的商号。投资银行以某价格买进一发行主体全部新发行的证券，再以包括其推销费和利润的价格将小额新证券转售给投资大众。在认购和分销发行证券中，大多组织一个投资银行辛迪加。

现在投资银行的业务范围已经非常广泛，除了传统的证券承销和融资、并购业务外，还涵盖了证券经纪、证券交易、投资管理、收购兼并、财务顾问、金融创新、衍生工具、项目融资、杠杆租赁等广泛领域。

5.1.2　投资银行与商业银行

投资银行与商业银行都是现代金融市场中重要的金融中介机构，是资金需求者和资金供给者的媒介。但是，投资银行与商业银行是属于不同性质的金融中介机构，在许多方面存在着本质的不同。

在发挥金融中介作用时，投资银行与商业银行的运作方式有很大的不同。投资银行是直接融资的中介机构，而商业银行则是间接融资的中介机构。

直接融资是资金需求者通过发行融资凭证而向资金供给者筹集资金的融资方式，作为直接融资中介机构的投资银行只是牵线搭桥并收取佣金，资金需求者和资金供给者直接发生相应的权利义务关系。

在间接融资过程中，商业银行同时具有资金需求者与资金供给者的双重身份，商业银行通过吸收存款或发行各式资金凭证将资金供给者的闲置资金吸收过来，然后再以贷款或投资的形式购入货币资金需求者的债务凭证，以此融通资金供给者与货币资金需求者的投资与融资需求。在间接融资下，作为中介机构的商业银行与资金供给者、资金需求者分别发生权利义务关系，而资金供给者与资金需求者之间并不存在直接关系。

除此之外，投资银行与商业银行还存在许多的不同点，如表5-1所示。

表5-1 投资银行与商业银行的区别

项目	投资银行	商业银行
本源业务	证券承销与发行	存、贷款业务
功能	直接融资中介，侧重长期融资	间接融资中介，侧重短期融资
主要利润来源	佣金	存、贷款利差
市场定位	资本市场的核心	货币市场的核心
经营方针	在风险控制前提下，注重开拓与创新	坚持安全性、流动性和收益性相结合的稳健经营原则
保险制度安排	投资银行保险制度	存款保险制度
监管部门	证券监管当局	中央银行与银行监管当局

需要注意的是，随着金融管制的放松与金融创新工具的出现、金融机构之间的竞争日益加剧，投资银行与商业银行的界限日趋模糊，它们在许多业务领域存在竞争和业务的交叉与融合。

5.1.3 投资银行的分类

5.1.3.1 投资银行主要分为以下四种类型

（1）独立的专业投资银行。这种类型的投资银行是独立的市场主体，专业化程度高，专营或主营投资银行业务。这类投资银行在规模、实力、信誉及客户实力等方面都处于卓然超群的水平。美国的高盛公司、摩根士丹利公司、美林公司、雷曼兄弟公司及贝尔斯登在1929经济危机后至2008年金融危机前都是著名的独立的专业投资银行，日本的野村证券，英国的瑞银华宝公司、宝源公司等均属此种类型。

（2）商业银行拥有的投资银行。这种类型的投资银行主要在欧洲，是商业银行对现存的投资银行通过兼并、收购、参股或建立自己的附属公司形式从事投资银行业务。例如英国的商人银行、瑞士信贷集团所属的瑞士信贷第一波士顿银行等。

（3）直接经营投资银行业务的全能性银行。全能性银行同时经营商业银行业务、投资银行业务、保险业务等。这种类型的投资银行主要在欧洲大陆，著名的有德意志银行、荷兰银行等，美国的摩根大通也属于此类型。

（4）大型跨国公司兴办的财务公司或金融公司。例如爱立信金融公司、西门子金融服务公司等。

5.1.3.2　我国证券公司的分类

1999 年实施的《证券法》中将我国的证券公司分为两大类，即综合类和经纪类。综合类的证券公司可以从事证券承销业务、证券经纪业务和证券自营业务；而经纪类证券公司只能从事证券经纪业务。

2004 年在中国证监会对证券公司进行综合治理期间，中国证券业协会先后进行了创新类试点和规范类证券公司评审工作。2006 年修订的《证券法》不再将证券公司分为综合类和经纪类，而是实行按业务分类监管。

2019 修订的《证券法》第六条规定："证券业和银行业、信托业、保险业实行分业经营、分业管理，证券公司与银行、信托、保险业务机构分别设立。国家另有规定的除外。"第一百二十条规定："经国务院证券监督管理机构核准，取得经营证券业务许可证，证券公司可以经营下列部分或者全部证券业务：（一）证券经纪；（二）证券投资咨询；（三）与证券交易、证券投资活动有关的财务顾问；（四）证券承销与保荐；（五）证券融资融券；（六）证券做市交易；（七）证券自营；（八）其他证券业务。"

在控制风险、关注影响力的分类监管思路的指导下，根据 2007 年 7 月发布的《证券公司分类监管工作指引（试行）》，监管部门对证券公司实行分类监管。中国证监会在对原证券公司分类监管工作指引进行全面修订的基础上，于 2009 年 5 月 26 日正式发布了《证券公司分类监管规定》。2010 年 5 月、2017 年 7 月、2020 年 7 月又对评价方法等内容进行了 3 次修订。

根据《证券公司分类监管规定》（2020 年修订）第十七条的规定，"中国证监会根据证券公司评价计分的高低，将证券公司分为 A（AAA、AA、

A）、B（BBB、BB、B）、C（CCC、CC、C）、D、E 等 5 大类 11 个级别。"
其中，A 类公司风险管理能力在行业内最高，能较好地控制新业务、新产品
方面的风险；B 类公司风险管理能力在行业内较高，在市场变化中能较好地
控制业务扩张的风险；C 类公司风险管理能力与其现有业务相匹配。风险管
理能力低、评价计分低于 60 分的为 D 类公司；潜在风险已经变为现实风险、
评价计分为 0 分的为 E 类公司。

5.1.4 投资银行的发展历程

5.1.4.1 投资银行的起源

原始形态的投资银行出现在大约 3000 年前的美索不达米亚平原，一些金
匠开始利用职务之便从事货币经营业务。金匠一方面为商人保管货币，将库
存货币出借给其他商人以获利；另一方面还为商人们提供票据的兑现、抵押
贷款、财务顾问和咨询服务。那时的金匠发挥着近现代商业银行、投资银行
的一些基本职能，可以说，金匠是商业银行和投资银行的原始形态，投资银
行和商业银行同出一源。

5.1.4.2 早期的投资银行

近现代投资银行的萌芽始于欧洲，其雏形可以追溯到 15 世纪。15 世纪
欧洲出现了被称为"商人银行"的金融机构。随着欧洲对外贸易和海外殖民
扩张的开始，一些信誉卓著、资金雄厚的欧洲大商人开始设立承兑商号（即
早期的商人银行）专门经营金融业务。欧洲的商人银行具有浓厚的家族背
景，例如，巴林家族（Baring）、罗斯柴尔德家族（Rothschild）、汉布罗家族
（Hambros）等。他们在当时的欧洲资本市场中发挥着举足轻重的作用。

欧洲的商人银行逐渐从为国际贸易提供承兑便利的业务中发展起来，其
主要业务是汇票的承兑和贸易贷款。商人银行的发展与各国经济和金融发展
密切相关，从 15 世纪到 18 世纪，意大利的佛罗伦萨、荷兰的阿姆斯特丹、
英国的伦敦先后成为国际贸易和世界金融中心。

5.1.4.3 1929 年前的投资银行

进入 19 世纪，快速发展的英美贸易推动了美国商业贸易和银行业的发

展。公认的美国最早的投资银行是 1826 年由撒尼尔·普莱姆创立的普莱姆·伍德·金投资银行。美国的南北战争和交通运输等基础设施建设热潮、股份公司和证券市场的兴起与发展为美国投资银行的崛起提供了契机。1890 年的经济危机和第一次世界大战减缓了欧洲经济的发展速度，再加上欧洲商业银行的融资功能日益增强，欧洲投资银行的发展空间受到挤压。美国逐渐取代英国成为世界经济和金融中心，从此，投资银行业的发展便带有深深的美国烙印。

在政府信用扩张和工业大量筹资的情况下，美国投资银行迅速拓展了业务领域，不仅从事承兑、持有汇票为贸易融资，而且紧跟美国经济发展占领了大批证券承销业务领域，美国的投资银行业有了迅猛的发展，到 1929 年危机前，实力雄厚的投资银行通过直接参与其他公司的经营管理，其控制范围已经扩大到整个经济领域，成为名副其实的金融垄断寡头。例如，当时的摩根财团控制了美国钢铁公司、美国电报电话公司、纽约中央铁路公司、几家全国最大的保险公司等，到 1912 年，摩根财团在 120 家大公司中占据 341 个董事席位，控制着 240 亿美元的资产。

1864 年的《国民银行法》禁止商业银行从事证券承销等业务，但美国商业银行通过控股的证券公司进行债券的承销与销售，当时商业银行在股票市场中的业务仅限于通过附属机构开展经纪人业务和向客户提供保证金贷款。1927 年的《麦克法顿法》则取消了禁止商业银行承销股票的规定，商业银行开始直接进入股票市场。同时，美国进入了产业结构调整期，新行业的出现与新兴企业的崛起成为保持经济繁荣的支撑力量。由于通过资本市场筹集资金成本低、期限长，企业的融资途径也发生了很大变化，它们更多地从过去依赖商业银行短期贷款筹资转变为通过资本市场筹集长期资金，以便支持其大规模的工业建设。在这种背景下，投资银行不但通过企业股票和债券的包销业务进一步发展壮大起来，而且在证券二级市场日益活跃的情况下，投资银行在资本市场的投资、投机、包销、经纪活动都得到空前的发展。但金融机构凭借其雄厚的资金实力频频涉足于证券市场，甚至参与证券投机，使股价与公司经营和财务状况严重脱离，美国政府却对证券业务缺乏有效的法律和管理机构来规范其发展，这些都是 1929 ~ 1933 年经济大危机的一些诱因。

5.1.4.4　1929 年至 20 世纪 70 年代中期金融管制下的投资银行

1929 年 10 月，华尔街股市发生大崩盘，引发金融危机，导致了 20 世纪 30 年代的经济大萧条。此次经济危机，使美国银行数由 23 695 家减至 14 352

家，世界经济退回到 20 世纪初的水平。这次严重的经济危机引起美国经济学家和政治家的反思，一致认为商业银行业务和投资银行业务交叉融合导致银行经营风险过高，金融垄断寡头对市场的操纵是此次经济危机的主要原因。

在此背景下，多项重要法律相继出台。1933 年美国制定了《证券法》，1934 年制定了《证券交易法》，1940 年制定了《投资公司法和投资顾问法》。这些法律将证券业务置于联邦政府的严格监管之下，使原来法律法规一片空白的证券领域突然之间成为立法最为严厉的领域。

在美国的一系列立法中，对投资银行业务影响最大的是《格拉斯—斯蒂格尔法》。《格拉斯—斯蒂格尔法》第一次对投资银行和商业银行的业务界限作出了明确区分，由此产生了投资银行这一新的金融业群体。

第二次世界大战后，美国经济迅速扩张，企业并购蓬勃兴起，金融业格局发生了重大变化，证券市场得到了突飞猛进的发展，为美国的投资银行成为世界上实力最雄厚、影响力最大的投资银行奠定了基础。扩张时期的 20 世纪 50 年代以及其后的 60 年代，投资银行迅速崛起，除传统的证券承销和经纪业务，投资银行大量介入基金管理业务和并购业务。为满足发行者和投资者对金融资产多样化的需求，投资银行设计了很多新的投资工具，新的金融工具和新科技的结合使投资银行的业务进入了一个新的繁荣时期。20 世纪 70 年代，原本应用于农业领域的期货、期权开始作为新工具用于金融领域。科技的发展、信息的迅速传播以及金融工程的发展，使得新的金融产品不断出现，金融创新成为 20 世纪 70 年代华尔街的主旋律。

5.1.4.5　20 世纪 70 年代中期以来放松管制下的投资银行

1975 年，证券交易委员会（SEC）放弃了对股票交易手续费的限制，实行手续费的完全自由化，此项改革成为美国证券市场自由化的象征。20 世纪 80 年代以来，随着世界一体化的发展，分业型的金融体制无法适应国际市场竞争的需要，投资银行和商业银行分业管理限制了美国投资银行的发展。因此，要求混业经营的呼声越来越高。20 世纪 80 年代美国为了放松对市场和机构的管制，先后颁布了一系列法律和法规，经过十几年的努力，最终于 1999 年 11 月通过了《金融服务现代法案》。《金融服务现代化法案》的出台正式结束了以 1933 年经济大萧条时期制定的《格拉斯—斯蒂格尔法》为基础的美国银行业、证券业和保险业分业经营的历史，标志着美国金融业进入混业经营的新时代，也标志着作为 20 世纪全球金融业主流的分业经营模式，已被 21 世纪发达的混业经营的体制所取代。

20 世纪 80 年代以来，一方面，各国相继放松金融管制，拆除金融壁垒，增强本国金融市场对外国金融机构的吸引力；另一方面，先进的通信技术手段和证券交易系统的建立，使资产证券化和欧洲证券市场进一步发展。在这种大环境下，金融机构竞争日益激烈，世界发达国家的投资银行的发展呈现出经营国际化、机构集团化、业务多元化和网络化的显著特征。

5.1.4.6　次贷危机对美国投资银行业的冲击

次贷危机又称次级房贷危机，是指一场发生在美国，因次级抵押贷款机构破产、投资基金被迫关闭、股市剧烈震荡引起的风暴。美国"次贷危机"是从 2006 年春季开始逐步显现的；2007 年 8 月席卷美国、欧盟和日本等世界主要金融市场；2008 年 9 月 15 日美国第四大投资银行雷曼兄弟公司宣告申请破产保护，次贷危机演变为金融危机。

次贷危机下，美国的五大投资银行或申请破产保护或被收购，或转型。华尔街独立投资银行模式终结。次贷危机不仅直接导致美国投资银行业进入寒冬，而且从根本上改变了美国投资银行业的竞争格局，对投资银行的经营模式和监管模式也产生了极大的影响。

5.1.4.7　我国投资银行的发展

我国的投资银行业务是从满足证券发行与交易的需要不断发展起来的。最初，证券的发行是由商业银行来完成的。20 世纪 80 年代中后期，随着我国证券交易市场的形成，原有商业银行的证券业务逐渐被分离出来，各地区先后成立了一批证券公司，形成了以证券公司为主的证券市场中介机构体系。除了专业的证券公司以外，还有一大批业务范围较为宽泛的信托投资公司、金融投资公司、基金管理公司、产权交易与经纪机构、资产管理公司、财务咨询公司等在从事投资银行的其他业务。

5.1.5　投资银行的组织结构

5.1.5.1　投资银行组织形态的变迁

纵观投资银行的发展历程，投资银行经历了合伙人制、混合公司制、股份公司制、金融控股公司制的组织形态的变迁。

1. 合伙人制投资银行

20 世纪 70 年代以前，合伙人制是最常见的投资银行的组织形态。合伙人制是指两个或两个以上的自然人或法人共同经营的、事业而形成的组织形态。合伙人即为投资银行的股东，共同分享投资银行的利润。所有合伙人制投资银行至少有一个主合伙人，主管企业的日常业务经营并承担责任。

从投资银行发展历程可以看出，原始形态和早期的投资银行大多由金匠或商人演化而来，开始是独资性质，后来演变为多个继承人按股份共有的家族合伙人制；18 世纪后，随着投资银行业务规模的扩大，一些家族外的专业人士和机构也开始成为投资银行的合伙人，家族合伙制转变为有外部人参与的合伙制。

合伙人制投资银行中，人的因素非常重要。合伙人继承的优良传统、拥有的专业技艺及积累的声望是公司制的董事难以比拟的。另外，决策效率较高、凝聚力强也是合伙人制投资银行的重要特点。

随着金融市场的发展和竞争的加剧、投资银行的业务规模和范围的扩大，合伙人制投资银行在资本积累和扩张、企业制度和公司管理效率、资金运作和风险管控方面的缺陷日益暴露出来。进入 20 世纪 70 年代，投资银行业出现了全球化、经营业务多元化的趋势，投资银行及其组织结构都面临新的挑战。

2. 股份公司制投资银行

现在多数大型投资银行采取的是股份公司制。股份公司制是指以股票方式出售公司股权、股东分享公司经营成果的管理权与经营权相分离的现代企业组织制度。20 世纪 70 年代以来，国际上许多合伙人制投资银行纷纷转换为公司制并先后在证券交易所上市。1971 年，美林证券公开发行股票并上市，揭开了美国大型投资银行由合伙人制向股份公司制转变的序幕。所罗门公司、贝尔斯登、摩根·斯坦利和高盛集团分别于 1981 年、1985 年、1986 年和 1999 年成为上市公司。

与合伙人制投资银行相比，股份公司制投资银行的优势是：筹资能力强，能够满足投资银行快速扩充资本金的需求；完善的现代企业制度使其管理更加规范和科学，提高了资金运作能力和公司的管理效率；通过上市可以增强并购实力并拓宽并购渠道和方式。

3. 金融控股公司制投资银行

20 世纪 70 年代布雷顿森林体系解体，各国开始放松金融管制，20 世纪

80 年代世界发达国家经济的不景气使资金供需矛盾发生逆转，许多国家进行了一系列的金融改革，混业经营成为国际金融业的发展主流。1986 年，英国完成金融"大爆炸"改革；日本于 1998 年实施《金融体系改革一揽子法案》。美国在 1999 年废除了分业经营的标志法案《格拉斯—斯蒂格尔法案》，取而代之的是允许金融混业经营的《金融服务法案》。在全球发达国家金融业混业经营的潮流下，金融控股公司成为大型投资银行组织形态的典型模式。

金融控股公司是适应混业经营趋势下以控股公司形式组建的金融集团，它由商业银行、证券公司、保险公司等金融机构的股东群构成，是一种全能化的组织形态。

广义上金融控股公司是指以银行、证券、保险等金融机构为子公司的控股公司。具体地，金融控股集团是指在同一控制权下，完全或主要在银行业、证券业、保险业中至少两个不同的金融行业提供服务的金融集团。①

金融控股公司的经营优势主要是集团内部不同金融机构之间通过信息共享、客户共享可以产生多方面的协同效应；整个金融资源得以集约化利用；资源使用效率高且可以充分发挥控股权。

5.1.5.2　投资银行的内部组织结构

投资银行的内部组织结构是组织结构的重要组成部分，是投资银行中各种业务分工和管辖方式的总和，内部组织结构规定了投资银行各部门及组成人员的职责分工、权利和相互关系，是微观层面的组织结构。投资银行在规模、经营发展战略、风险管控等方面各有特色，其内部组织结构也千差万别。但一般来说，投资银行的内部组织结构包括决策层、职能层、功能层（业务层）等几个层次。

投资银行的决策层主要包括股东大会、董事会和经理层。根据不同国家的不同法律要求，有的还需要设立监事会。

职能层是投资银行的内部控制和核算中心，同时发挥服务和监督职能。主要包括综合办公室、财务部、内部审计部、稽核部、法律事务部等。

功能层即投资银行的业务部门，是投资银行业务经营和利润假造中心。规模和实力不同的投资银行在功能部门的设置上存在着很大的差异。概括起来，投资银行的功能部门主要包括证券承销部门、私募证券部门、经纪业务

---

① 巴塞尔银行监管委员会等发起成立的多样化金融集团公司联合论坛对金融控股公司所下定义。

部门、兼并与收购部门、融资部门（项目融资部门、产品融资部门、公共融资部门）、证券化部门、风险资本部门、风险管理部门、货币市场部门、高收益债券部门、国际业务部门、财务顾问部门、研究开发部门等。

5.2　证券承销业务

在证券发行过程中，发行人的主要目的是通过发行证券筹集所需资金并实现筹资成本最小化。但由于发行人缺乏证券发行经验和渠道，由发行人直接对公众发售证券很难成功，因此，发行人往往会聘请证券发行中介机构作为承销商（underwriter）协助其完成证券的发行，尤其是在首次公开发行（IPO）中，绝大多数公司都会聘请投资银行担任证券承销商。

简单地说，证券承销业务是指证券发行中介机构在规定的证券发行有效期内将证券销售出去的过程。具体地讲，证券承销业务是指具有承销业务资格的投资银行通过与证券发行人签订证券承销协议，在规定的证券发行有效期内协助证券发行人寻找潜在的投资人，并通过广泛的公关活动，将潜在的投资人引导成为真正的投资者，利用自己的良好信誉和销售渠道将证券发售出去的经营活动。证券承销商是证券发行市场上发行者与投资者之间的媒介。

证券承销业务是投资银行业务的本源、核心的业务，是投资银行区别于商业银行的本质特征之一。在国际上，绝大多数 IPO 的操作都有投资银行的参与，仅有极少数发行人不聘请投资银行，自己组织 IPO 的操作并将证券直接销售给投资者。投资银行在证券发行中起着桥梁的作用，是证券发行市场上发行者与投资者之间的媒介，把发行者和投资者的目标很好地结合起来。通过作为承销商的投资银行，发行者实现了筹集资金的目的，投资者也实现了获得投资机会的目的，通过投资银行的承销，证券市场的资源配置功能得以充分发挥。同时，投资银行通过在承销过程中收取佣金或获取利差来实现自己的经营目标，并与发行人建立良好合作关系，为其他投资银行业务的拓展提供了条件。

5.2.1　证券承销的作用

在直接融资的资本市场中，投资银行发挥着极为重要的媒介作用。投资银行的承销业务不仅使筹资高效、正规、快速地进行，满足证券发行人的资金需求，同时也为投资者提供了投资工具和投资渠道。

概括地说，证券承销的作用主要体现在以下四个方面。

（1）提高筹集资金的额度和效率，降低发行成本。作为证券承销商的投资银行具有丰富的承销经验和较强的承销业务技能与分析研究能力，能够根据证券发行人的筹资目的、发行人的经营状况及发展前景、预期的投资者需求、证券市场的运行状况，帮助证券发行人设计筹资和发行方案，以保证证券发行的顺利进行。同时，投资银行的业务网点分布广泛，拥有广泛的客户和投资者基础，通过投资银行的承销业务可以实现缩短筹资时间、提高发行效率、降低发行成本的目的。

（2）有效提升证券发行人的市场知名度和社会信誉度。通过投资银行的承销业务，证券成功公开发行并上市交易会极大增强证券流动性，证券发行人的市场知名度和社会信誉度也会得到很大程度的提升。

（3）合理确定证券发行价格，降低发行人的证券发行风险。证券发行定价是证券发行中的核心，证券发行定价过低或过高，不但会影响发行人的筹资计划，还会影响投资者的投资需求，导致证券发行失败。投资银行在证券发行价格的确定过程中起着极其重要的作用，投资银行会综合考虑各种价格的影响因素，为发行人制定一个合适的发行价格，以保证证券发行顺利进行，降低发行风险。

（4）履行尽职调查义务，保证证券发行相关信息的质量，保护投资者利益。投资银行在进行证券承销业务时，根据相关法律法规、行业业务标准和道德规范，对证券发行人及其将要披露的信息及文件的真实性、准确性、完整性和及时性进行核查、调查和验证。尽职调查既是投资银行在证券承销业务中保证其社会信誉的基石，也是保证证券发行人信息质量和投资者利益的关键。

5.2.2　证券承销步骤

1. 取得证券承销商资格

作为证券发行人和投资者中介的证券承销商，其承销能力关系到发行人和投资者双方的利益，并影响证券市场的运行。因此，各国证券监管部门一般都会对进行证券承销的中介机构规定相应的资格和条件，只有具备资格和条件的证券经营机构才能作为承销商为证券发行人进行证券承销。在我国，证券经营机构从事证券承销业务，应该取得中国证监会颁发的经营股票承销业务资格证书。

2. 选择发行人并成为其主承销商

发行人的质量和素质关系到证券能否顺利发行，同时也会关系到承销商的承销收益和风险。因此，证券承销商进行承销业务的第一步是选择符合、适合公开发行并上市的发行人，然后通过公关活动成为其主承销商。①

证券承销商在选择发行人时主要考虑的因素有：发行人的经营现状、增长潜力，证券发行是否符合相关法律法规规定及证券监管部门的要求，受市场欢迎的程度等。

3. 尽职调查

主承销商根据法律法规的相关规定和法定程序，对发行人进行尽职调查，以保证发行人向证券监管部门提交及对外公布的信息资料的真实性、完整性和及时性。尽职调查是主承销商信誉的基石，关系到主承销商的承销收益、风险和保证责任，是证券承销中必不可少的环节。

4. 制定证券发行方案，指导发行人填制申报材料

在尽职调查的基础上，主承销商协助发行人制定证券发行方案，拟定证券发行的种类、时间和条件。同时对材料的填制进行专业指导。

5. 确定发行价格，组建承销团进行证券的销售

发行价格的确定是证券公开发行过程中最复杂、最具技术性的一项工作，发行价格是否合理，不但会关系到证券发行的成败、发行人和投资者的利益，同时也会影响证券市场资源配置功能的充分发挥。因此，发行定价是对主承销商经验和能力的极大考验。作为主承销商的投资银行必须具有丰富的定价经验，同时对发行人及所处的行业有准确的了解和定位，对证券市场的运行和投资者的需求有准确的把握。

发行价格确定后，主承销商牵头组织几家承销商组成承销团，根据签订的承销团协议进行证券的销售和销售收益的分配。

6. 持续督导

在股票上市交易的一段时间内，主承销商根据相关规定一般还要对上市

---

① 一般地，为分散证券承销风险，承销商会组建承销团进行证券的销售。主承销商是指在证券发行中独家承销或牵头组织承销团经销的证券发行中介机构，是发行人聘请的最重要的中介机构。主承销商往往还是发行人上市的推荐人。当一家企业决定发行证券后，往往会有几家、十几家甚至几十家证券经营机构去争取担任主承销商，竞争十分激烈。

公司进行持续督导，对上市公司的运作、信息披露等进行持续跟踪、监督和
指导。

5.2.3　证券承销方式

根据发行人和承销商的关系及承销商承担的责任和风险的不同，证券承
销方式可分为代销和包销两种。[①]

5.2.3.1　代销

代销（best-effort underwriting）是指承销商并不从发行人处购买证券，而
是同意尽力推销证券，在承销期过后，未能销售出去的证券都将退还给发行
人的一种发行机制。

代销方式下，发行人和承销商是一种委托代理关系，证券定价和筹集金
额方面的不确定因素带来的风险由发行人承担，承销商不承担任何风险，承
销商收取佣金作为承销收益。由于不承担发行风险，承销商的佣金收益较低。

在代销方式下，因为新股的发行不是被承销，所以不会有承销团，通常
也不会有销售团。所以尽管在投资银行代销时也被称为承销商，但严格地讲
应该被称为代销商。

在美国的代销机制中，发行公司与投资银行签订代销协议，约定双方同
意的发行价格，以及将发行的股票的最高和最低数量。投资银行尽其最大努
力向投资者推销股票。如果在一段特定的时间之内（一般是 90 天），投资银
行按约定的发行价格卖出的股票数量低于最低数量，那么，此次股票公开发
行将取消。所有已经募集的资金将从由受委托保存资金的第三方账户上返还
给投资者。代销机制基本上由投资风险较大的小型公司采纳使用。一般募集
资金量在 1 000 万美元以上的发行公司都选择包销机制。

5.2.3.2　包销

包销是指投资银行将发行人的证券按照协议全部购入，然后再出售给投

---

① 《证券法》（2019 年修订）第二十六条中规定，"证券承销业务采取代销或者包销方式。证券
代销是指证券公司代发行人发售证券，在承销期结束时，将未售出的证券全部退还给发行人的承销方
式。证券包销是指证券公司将发行人的证券按照协议全部购入或者在承销期结束时将售后剩余证券全
部自行购入的承销方式。"

资者的机制，即全额包销机制；或者在承销期结束时将售后剩余证券全部自行购入的承销机制，即余额包销机制。

1. 全额包销

全额包销（firm underwriting）是指承销商按照协议价格从证券发行人处买进发行的全部证券，再以一定的发行价格出售给投资者。包销是最传统、在成熟证券市场中最基本的承销方式。

在全额包销的情况下，发行人与承销商是一种买卖关系，发行人可在确定的时间取得一定数量的资金，并将大部分或全部的市场风险转嫁给投资银行。发行人通常将全部发行的股票卖给以一个或数个以主承销商为主的承销商组成的承销团。承销团成员共同包销证券并以各自包销的部分承担相应的风险和收益。在承销过程中，一般先由发行人指定实力雄厚的投资银行作为牵头银行即主承销商发起组织，以承销团方式包销证券，既能分散承销风险，又能扩大销售网络，提高发行效率。

全额包销机制是成熟市场中应用得最为广泛的一种发售机制。在美国，当发行公司与投资银行签订包销时，一份包含着发行价格区间的招股说明书初稿（"红鲱鱼"招股说明书）要被披露。当发行公司与投资银行完成发行的营销工作、获取了投资者对于将发行的股票的购买意愿之后，发行价格将被确定，最终确定的招股说明书终稿（final prospectus）被披露。在 SEC 批准发行后，股票的销售正式开始。投资银行需要将股票以不高于已经确定的发行价格全部向投资者出售。

在某些国家或地区的证券市场中，投资银行（确切地说，是主承销商）在包销股票时可以选择是否进行做市。做市行为是被某些监管层允许的一种合法市场价格操纵行为。①在大额发行的情况下，股票在二级市场进行挂牌交易的第一天，承销商就有稳定价格的责任，使股票的二级市场交易价格不跌破发行价格。做市商制度在美国纳斯达克市场得到了很好的应用。通过做市，承销商的利益更进一步地与发行人的投资价值联系在一起，这有利于 IPO 稳定的后市表现。

如果新发行的股票在挂牌交易时供给与需求的力量大致均衡或者前者大

---

① 当然，承销商不能够无约束地进行价格操纵。在美国，承销商做市时需要向 SEC 提供详细报告。在新发行的股票交易中，主承销商可依据 SEC 规则 M104 的规定进行做市，其他承销团成员只有在主承销商宣布承销团解散后，才可以买卖该新股。因为稳定市场而买入的股票，不得以高于买入价的价格卖出。如果由此产生损失，损失由承销团成员按比例分摊。

于后者，那么交易价格就不会下跌到发行价格之下，承销商就不需要做市。如果交易价格跌破发行价格，承销商可以从二级市场买入股票来稳定股票的价格。如果价格继续下跌，承销商可以自行决定是否继续做市。

与交易价格急剧下跌的情况相反，交易价格也可能大幅上长。此时，某些证券市场的承销商也可以采取超额配售选择权（overallotment option）的市场稳定措施，即有时在承销协议中确定的"绿鞋"选择权（green shoes option）条款。①根据全美证券交易商协会（National Association of Securities Dealers，NASD）规则 2710（C）（6）（B）（Ⅸ）规定，承销商可以出售超出原来规定发行数量的股票，但不得超过包销证券总额的 15%。

除了超额配售选择权之外，还有一种发售数量的调节方式是回拨机制，即在同一次发行中采取两种发行方式时，例如市值配售和上网定价发行、市值配售和法人投资者配售或者上网定价发行和法人投资者配售，为了保证发行成功和公平对待不同投资者，设定不同发行方式下的发行数量，然后根据认购结果，按照预先公布的规则在两者之间适当调整发行数量。

2. 余额包销

余额包销（standby underwriting）是指承销商承诺在协议的承销期内按发行价格推销证券，并承诺在承销期结束时以发行价格认购未能出售的证券，并将筹集的全部资金在规定日期转至发行人账户。

余额包销下，发行人与承销商之间是委托代理和买卖的双重关系。对于发行人而言，不承担发行风险，能够按发行计划如数筹集资金；而承销商承担部分发行风险，其收取的佣金要高于代销方式下的佣金标准。

英国的传统证券承销机制是一种余额包销。被指定的发行商（issuing house）代表发行人刊登发行公告，接受投资者的认购。当发行商收到足够的认购数量后，就宣布停止认购，由发行人将所发行的股票分配给认购人。若认购数量超过发行数量，则采取不同的方式分配给认购人。投资银行一般不赚取差价收益，不以其自有账户认购股票，而只是作为经纪人为其客户账户服务，只收取承销费用。若在一定期间内有没有被投资者认购的股票，承销商则买入所有这些剩余的股票。这·机制在美国被称为 strict、old-fashioned、stand-by 承销。这一机制目前在 IPO 中已经很少被采用，多被用在"股东新

---

① 之所以称超额配售选择权为"绿鞋"选择权，是因为"绿鞋制造公司"（Green Shoe Manufacturing Company）于 1963 年 2 月进行 IPO 时第一次使用了该选择权。

股认股权"或可转换公司债等购股权发行（rights offerings）中。

5.3 知 识 扩 充

5.3.1 知识扩充1 投行业需要什么样的人才？

全球金融市场是个充满生机与变化的领域，业内领先者的普遍共性是精力充沛、热情向上、学识丰富、高度自律与极强的自我约束力。说起投资银行家的生活，浮现在你眼前的或许会是舒适优越的工作环境和极其丰厚的收入等。然而，这并不是他们真实人生的全部，在成功的背后，每个人都付出了巨大努力。

5.3.1.1 投资银行的职业背景要求

以跨国投资银行的证券销售人员为例，必须每天浏览《华尔街日报》《财富》《商业周刊》《福布斯》等大量专业财经报刊，同时还要关注来自彭博资讯、路透社、CNBC 和 CNN 的最新金融报道。在仔细研读、消化和吸收后，他需要分析出这些新闻将如何影响客户的投资，将自己对信息的领悟与见解传递给客户。职业银行家需做好长期奋斗的心理准备，调整自己的生活节奏，保持坚持不懈的专业精神。

跨国投资银行帮助企业发行证券、帮助投资者购买证券、管理金融资产、进行证券交易与提供金融咨询等服务。因此，投行从业人员需要极为熟悉欧美国家（尤其是美国市场）的主要经济指标和统计数据的解读及其在投资银行具体行业研究中的应用，包括国内生产总值（GDP）、采购经理指数（PMI）、就业指数、生产者物价指数（PPI）、消费者物价指数（CPI）、零售指数、新屋开工/营建许可、耐用品订单及领先经济指标的含义与分析用途，并对综合产业、房地产、技术、电信、交通、公用事业、银行、能源、原材料和消费品等主要产业的推动因素反应敏锐。

5.3.1.2 投资银行对人才的要求

投资银行希望聘请具有很强的分析能力和人际沟通技巧的雇员。在欧美发达国家与地区，许多大学毕业生在刚进入投资银行时都是从分析员做起的，要想做好这个工作，你必须具有特别的技能，并且能思路清晰地分析问题，这样才有可能成为高级经理。在事业的中期，你的成功取决于你是否具有和与客户交流并顺利完成交易的能力。同时，你还要跟踪了解市场、政治和宏观经济的运行情况。

　　投资银行的某些工作要求很强的数学功底。如果你的数学很好，不妨考虑在理工类学科中再拿一个更高的学位，然后继续在财务分析和股票评估等学科中选修几门更深的课程，最后在投资银行申请一个研究岗位的工作。有理工科和法律背景的员工对投资银行来说价值也很高。

　　在大多数分析员的工作中，正确地分析财务数字是非常重要的。如果你想成为一个证券分析师，你必须努力获得 CFA 资格。

　　在投资银行中获得成功的关键是团体协作，能够将每一个人团结起来、共同为客户服务。

　　进入投资银行业的一个关键是社交网络。可以通过多参加一些行业会议等方式积累社会关系。如果攻读 MBA 或金融硕士，也是很好的准备。

资料来源：

① Credit Suisse. Careers in Investment Banking［EB/OL］.［2012 – 10 – 18］. https：// www. credit-suisse. com/careers/experienced_professionals/apac/en/investment_banking. jsp.

② 中国教育在线. 国际投资银行业需要什么样的人才［EB/OL］.［2005 – 04 – 04］. http：//www. edu. cn/article/20050404/3133092. shtml.

③ Corporate Finance Institute. Investment Banking：Overview of the investment banking industry［EB/OL］.［2020 – 07 – 27］. https：//corporatefinanceinstitute. com/resources/careers/jobs/investment-banking-overview/.

5.3.2　知识扩充 2　中信证券及其承销业务

　　中信证券股份有限公司（以下简称"中信证券"）于 1995 年 10 月 25 日在北京成立。2002 年 12 月 13 日，中信证券向社会公开发行 4 亿股普通股股票，2003 年 1 月 6 日在上海证券交易所挂牌上市交易，成为我国第一家上市的证券公司。2011 年 10 月 6 日，中信证券股票在香港联合交易所上市交易。

　　中信证券主营业务范围为：证券经纪（限山东省、河南省、浙江省、福建省、江西省以外区域）；证券投资咨询；与证券交易、证券投资活动有关的财务顾问；证券承销与保荐；证券自营；证券资产管理；融资融券；证券投资基金代销；为期货公司提供中间介绍业务。此外，中信证券依托第一大股东中国中信集团公司，与中信银行、中信信托、信诚人寿保险等公司共同组成中信控股的综合经营模式，并与中信国际金融控股共同为客户提供境内外全面金融服务。

中信证券先后为一大批行业龙头企业提供了高质量、高水准、全方位的股权融资服务，包括在 A 股市场完成了大量 IPO、配股、增发、可转换债券等的主承销项目，承销的项目数量、承销金额在全国基本居于前三位，在各种评比中获得过最佳股权承销投行、最佳债权承销投行等多项荣誉称号。

资料来源：

① 中信证券网，http：//cs. ecitic. com/newsite/.

② 中国证券业协会. 证券公司业绩排名 ［EB/OL］. ［2019 – 04 – 04］. http：//www. sac. net. cn/hysj/zqgsyjpm/.

5.3.3　知识扩充3　我国证券公司的分类

中国证监会根据《证券公司分类监管规定》，对证券公司的经营状况进行打分评级。2017～2019 年评级为 A 类的证券公司的情况如表 5 – 2 所示。

表 5 – 2　　　　**2017～2019 年 A 类证券公司（按公司名称拼音顺序排序）**

公司名称	2017 年级别	公司名称	2018 年级别	公司名称	2019 年级别
广发证券	AA	东方证券	AA	国泰君安	AA
国泰君安	AA	广发证券	AA	国信证券	AA
海通证券	AA	国泰君安	AA	海通证券	AA
华融证券	AA	海通证券	AA	华泰证券	AA
华泰证券	AA	华泰证券	AA	平安证券	AA
申万宏源	AA	平安证券	AA	天风证券	AA
银河证券	AA	申万宏源	AA	招商证券	AA
招商证券	AA	银河证券	AA	中金证券	AA
中金公司	AA	招商证券	AA	中信证券	AA
中信建设	AA	中金公司	AA	中信建设	AA
中信证券	AA	中信建设	AA	北京高华	A
安信证券	A	中信证券	AA	渤海证券	A
北京高华	A	安信证券	A	财通证券	A

续表

公司名称	2017 年级别	公司名称	2018 年级别	公司名称	2019 年级别
渤海证券	A	北京高华	A	东北证券	A
财通证券	A	财通证券	A	东方财富	A
长江证券	A	长城证券	A	东方证券	A
东方证券	A	东方财富	A	东吴证券	A
东海证券	A	东莞证券	A	东兴证券	A
东莞证券	A	东吴证券	A	方正证券	A
东吴证券	A	东兴证券	A	光大证券	A
光大证券	A	方正证券	A	国金证券	A
广州证券	A	光大证券	A	国开证券	A
国金证券	A	国金证券	A	国联证券	A
国开证券	A	国开证券	A	国元证券	A
国信证券	A	国联证券	A	华安证券	A
国元证券	A	国信证券	A	华创证券	A
红塔证券	A	红塔证券	A	华林证券	A
华安证券	A	华安证券	A	华西证券	A
华福证券	A	华宝证券	A	南京证券	A
华林证券	A	华创证券	A	申万宏源	A
华西证券	A	华福证券	A	湘财证券	A
民生证券	A	华西证券	A	信达证券	A
南京证券	A	江海证券	A	兴业证券	A
平安证券	A	山西证券	A	银河证券	A
太平洋	A	天风证券	A	浙商证券	A
天风证券	A	湘财证券	A	中泰证券	A
浙商证券	A	兴业证券	A	中天国富	A
中泰证券	A	浙商证券	A	中银国际	A
中银国际	A	中银国际	A		
中原证券	A				

资料来源：

① 中国证监会. 证监会公布 2017 年证券公司分类结果［EB/OL］. http：//www. csrc. gov. cn/pub/newsite/zjhxwfb/xwdd/201708/t20170814_322137. html.

② 中国证监会. 证监会公布 2018 年证券公司分类结果［EB/OL］. http：//www. csrc. gov. cn/pub/newsite/zjhxwfb/xwdd/201807/t20180727_341898. html.

③ 中国证监会. 证监会公布 2019 年证券公司分类结果［EB/OL］. http：//www. csrc. gov. cn/pub/newsite/zjhxwfb/xwdd/201907/t20190726_359853. html.

5.4　理论探讨

关于承销商担责与投资者保护的研究

在中国 IPO 保荐制度下，作为保荐机构的承销商常因"荐而不保"而受到公众的诟病。保荐机构是营利机构，往往更关注是否能成功推荐发行人上市。对于 IPO 公司的质量，保荐机构应该承担起相应的责任，这需要监管机构强化对中介机构的问责机制来实现。

2013 年 5 月 10 日，平安证券宣布主动出资 3 亿元设立赔偿基金，"先行赔付"由于投资万福生科而受损的投资者，成为"先行赔付"的首个案例。张晓东（2017）对此案例进行了事件研究。市场对事件的反应情况表明，许多投资者，尤其是长期投资者对"先行赔付"的做法比较认同，但有些中小投资者却不尽然。

资料来源：张晓东. IPO 保荐机构主动担责与投资者利益保护 [J]. 中国工业经济，2017（2）：79－97.

5.5　案例归纳

5.5.1　案例一　国际金融危机中的雷曼兄弟

2008 年 9 月 15 日，著名的美国第四大投资银行雷曼兄弟公司在申请破产保护，这对全球金融市场带来了长远而深刻的影响。

雷曼兄弟公司具有 158 年的发展历程。1850 年，来自德国巴伐利亚的移民亨利·雷曼、埃马努尔·雷曼和迈尔·雷曼三兄弟在美国亚拉巴马州的蒙哥马利创办了该公司，从事大宗商品交易业务。

经过多年的发展，雷曼兄弟公司成为全球公司、机构、政府和投资者的金融需求提供服务的一家全方位、多元化投资银行。雷曼兄弟公司雄厚的财务实力支持其在所从事的业务领域的领导地位，并且是全球最具实力的股票和债券承销和交易商之一。公司还担任全球多家跨国公司和政府的重要财务顾问，拥有多名业界公认的国际最佳分析师。

2008 年，受美国次级债危机的严重冲击，雷曼兄弟公司负债 6230 亿美元，报历史最大亏损，9 月 15 日雷曼兄弟宣布依据以重建为前提的美国联邦破产法第 11 章申请破产保护。雷曼兄弟破产的自身原因，主要是进入原本不熟悉的债券业务领域，扩张速度过快。所持有的不良资产太多会构成巨大的系统性风险，这给雷曼带来了巨大的收益，但当市场崩溃的时候，巨大的系统风险则带来巨大的负面影响。同样处于困境的美林证券在短期内迅速将它所投资的彭博和黑岩公司的股权脱手而换得急需的现金，但雷曼缺乏这样的应急渠道及时化解危机。

资料来源：

① 雷曼兄弟［EB/OL］．［2012 - 09 - 30］. http：//baike. baidu. com/view/390706. htm.

② 雷曼兄弟破产原因分析［EB/OL］．［2011 - 11 - 01］. http：//stock. hexun. com/2011 - 11 -01/134769546. html.

5.5.2　案例二　美国银行收购美林证券成为混业经营的金融机构

美国银行（Bank of America Corp.）成立于 1968 年，总部在美国旧金山。美国银行是纽交所上市公司，其股票被纳入道琼斯工业平均指数。根据 2018 年的《福布斯全球上市公司 2000 强》榜单，美国银行排名第六。[①]

美林证券（Merrill Lynch & Co., Inc.）于 1914 年成立，是世界最大的证券零售商和投资银行之一，总部位于美国纽约。美林集团在全世界超过 40 个国家进行经营，为个人、机构投资者和政府客户提供多元化的金融服务。其业务除传统的投资银行和经纪业务外，还包括共同基金、保险、信托、年金和清算等服务。

5.5.2.1　并购原因

2007 年在美国爆发的次贷危机影响巨大，很快演变为 2008 年的国际金

---

① 2018 年《福布斯》所发布的全球上市公司 2000 强，详见 https：//wiki. mbalib. com/wiki/2018_Forbes_Global _2000.

融危机。美林证券于 2007 年 10 月 24 日发布的财务报告显示，在次贷危机的冲击下，当年第三季度亏损了 79 亿美元。这是该公司自成立之后历史上最大的季度亏损。在美国次贷危机爆发之后的两年，美林证券的净亏损超过 192 亿美元，成为受次贷危机影响最严重的企业之一。美国债务评级机构穆迪氏投资服务公司调低了美林证券的信用级别。

为摆脱困境，美林证券出售了所持的许多股权资产，但雷曼兄弟可能破产的恐慌情绪导致美林证券的股价大幅下跌、市值大幅缩水，最终被迫考虑通过并购解决问题。美国银行与美林证券进行接触，就美国银行收购美林证券问题进行磋商。磋商一波三折，最终在政府以稳定金融市场为目标的干预下，双方于 2008 年 9 月 15 日宣布美国银行以每股 29 美元价格收购美林证券，总的收购金额大约为 440 亿美元。两家金融机构并购之后更名为美银美林集团（Bank of America Merrill Lynch）。

5.5.2.2 并购后的表现

美国银行和美林证券并购后而成的美银美林集团成为混业经营的金融机构，提供收购与兼并、股权与债、借贷、信托、风险管理、咨询和清偿力与支付管理等多种金融服务。

在并购次年即 2010 年，美银美林集团的规模和收入均有大幅增长，收入居全球投资银行第二位，其中在杠杆投资和资产抵押债券方面的收入居全球投资银行第一位。

但并购后的整合并非完全一帆风顺，除了面临两个企业文化融合等问题之外，美林证券的债务仍然金额巨大，到 2013 年，美林证券的长期债务仍然超过 600 亿美元。2019 年 2 月，美国银行继续进行并购后的重整，从交易和投行部门去掉"美林证券"（Merrill Lynch）的名称，投行和交易业务的名称变更为"美国银行证券"（BofA Securities），"美林"（Merrill）的名称只出现在财富管理业务部门。

资料来源：

① 陆晓明. 美国银行战略转型及对中国银行业的启示 [J]. 国际金融，2014（9）：9 – 16.

② Patel，Pratik. Bank of America's Takeover of Merrill Lynch [EB/OL]. https：//seven-pillarsinstitut e. org/case-studies/bank-of-americas-takeover-of-merrill-lynch/.

③ Rhee，Robert J. Case Study of the Bank of America and Merrill Lynch Merger [R]. University of Maryland Legal Studies Research Paper No. 2010 – 21，Available at SSRN：https：//ssrn. com/abstract = 1579397.

④ Bloomberg. Bank of America drops Merrill Lynch from its investment banking brand［EB/OL］.［2019 – 02 – 25］. https：//www. latimes. com/business/la-fi-merrill-lynch-bank-america-bofa – 20190225 – story. html.

5.6　本章小结

（1）投资银行是证券市场、股份公司制度等发展到一定阶段的产物，是现代金融体系中的重要组成部分。一般地，世界著名的投资银行家们和学者们都是通过投资银行的业务范围和功能来界定投资银行的定义。投资银行在不同的发展阶段、不同国家或地区的业务发展不同，对其的界定也各不相同。

（2）投资银行和商业银行都是为资金需求者提供融资服务和为资金供给者提供投资机会的中介机构，但两者的运作方式有很大的不同。投资银行是直接融资的中介机构，而商业银行则是间接融资的中介机构。世界范围内，投资银行可分为独立的专业投资银行、隶属于商业银行的投资银行、全能性银行和财务或金融公司。

（3）投资银行是金融市场发展到一定阶段的产物，现代意义的投资银行是伴随着证券市场的产生和发展、在与银行业融合—分离—融合的过程中产生和发展起来的。投资银行经历了合伙人制、混合公司制、股份公司制、金融控股公司制的组织形态的变迁。随着投资银行业务的不断增加，资本规模不断扩大，管理体制也逐渐发生变化，投资银行的组织形态也会相应发生变化。

（4）证券承销业务是投资银行业务的本源、核心的业务，投资银行的承销业务不仅使筹资高效、正规、快速地进行，满足证券发行人的资金需求，同时也为投资者提供了投资工具和投资渠道。

（5）根据发行人和承销商的关系及承销商承担的责任和风险的不同，证券承销方式可分为包销、代销。

5.7   问 题 思 考

1. 什么是投资银行？如何理解投资银行的定义。
2. 投资银行与商业银行的发展演变过程是怎样的？
3. 投资银行内部组织结构包括哪几个层次？
4. 证券承销的作用有哪些？
5. 证券承销方式有哪些，各有什么特点？

第6章　证券发行：中国的市场体系

　　证券市场是资本市场的核心和基础，是金融市场中最重要的组成部分。按证券进入市场的先后顺序，证券市场可分为证券发行市场（又称一级市场）和证券交易市场（又称二级市场）。证券发行市场与证券交易市场一起形成统一的证券市场体系。证券发行市场是证券交易市场的基础和前提，证券发行的种类、数量和方式决定了证券交易市场的规模和运行；证券交易市场是证券发行市场得以存在和持续扩大的必要条件，证券能够在交易市场进行流通转让，发行市场才会对投资者产生吸引力。

　　证券交易市场按交易机制的不同，可分为场内交易市场和场外交易市场。场内交易市场是指由证券交易所组织的集中交易市场。在证券交易所进行的各类证券交易活动，都是规范化、程式化、透明化、公开化的。国际上的证券交易所主要有两种基本组织形式：一是公司制证券交易所，即按照股份有限公司组织形式成立的证券交易所；二是会员制证券交易所，即以会员协会组织形式成立的证券交易所。场外交易市场一词来自英文的"Over-The-Counter Market"（OTC），又称柜台交易市场或店头交易市场，是指在证券交易所以外由证券买卖双方直接议价成交的市场。

　　本章着重介绍中国的证券市场体系以及在中国的证券市场公开发行股票与上市的有关政策要求。

6.1　中国的证券市场体系

　　中国证券市场的萌芽出现在清代末期，19世纪70年代，清政府推行的洋务运动中股份公司开始出现。1872年，轮船招商总局成立，这是我国的第一家股份制公司；1894年清政府开始发行各种公债以弥补国库的空虚；为了便于股票和债券的交易，1891 年成立了"香港股票交易所"；1914 年，"上海股票商业公会"成立；1919 年，第一家专营证券业务的"北京证券交易所"成立；1920 年，"上海证券物品交易所"成立，上海证券物品交易所后来发展成为国内规模最大的交易所。

中华人民共和国成立后，政府关闭了所有的证券交易所，在北京和天津成立了新的证券交易所，新证券交易所为吸收游资、稳定物价、国民经济的重建曾发挥过一定的作用。随着高度集中的社会主义计划经济的建立和强化，证券市场的作用越来越小，1952 年，北京、天津证券交易所先后被关闭，1958 年，政府停止了对外借款，1959 年，政府债券的发行停止，至此，证券市场在中国大陆彻底消失。1978 年，随着我国改革开放政策的实施，高度集中的社会主义计划经济被突破，市场经济逐步确立和发展，证券和证券市场重新萌芽并发展起来。

从中华人民共和国成立至 1990 年，中国证券市场经历了从有限利用、逐步取消到重新认识、恢复发展的过程。1990 年以前，中国证券市场处于萌芽期，证券发行和交易规模小且不规范。以 1990 年 12 月 19 日上海证券交易所正式营业为标志，我国证券市场进入了一个快速发展时期。

经过 20 余年的发展，中国证券市场从无到有、从小到大、从分散到集中、从地区性试点发展到全国性发展建设，多层次、全方位的资本市场体系已初步形成。1990 年 12 月 19 日，中华人民共和国第一家证券交易所——上海证券交易所正式营业，1990 年 12 月 1 日试营业的深圳证券于 1991 年 7 月 3 日交易所正式营业，沪、深两家证券交易所的成立和营业标志着中国证券市场的正式诞生。

多层次的资本市场体系是指根据金融工具风险特征和投资者风险偏好程度的不同，在资本市场中细分形成的多个具有递进或互补关系的不同层次的市场。国外成熟资本市场均建立了多层次市场体系，这既是资本市场逐步健全市场功能、完善市场机制，更好地服务于社会经济发展的需要，也是不同层次市场竞争发展的结果。

目前，我国多层次的资本市场体系已基本形成。广义的多层次的资本市场体系包括多层次的债券市场和多层次的股票市场。

6.1.1 债券市场体系

根据交易机制不同，债券市场体系包括场外交易市场和交易所交易市场两大层次。

中国债券市场从 1981 年恢复国债发行至今已形成一定的规模，目前已形成了包括银行间债券市场、交易所债券市场和商业银行债券柜台市场三个子市场在内的统一分层的债券市场体系。

6.1.1.1　债券的场外交易市场

银行间债券市场和商业银行债券柜台市场属于债券的场外交易市场。

1. 银行间债券市场

我国的银行间债券市场成立于 1997 年 6 月 6 日，参与者主要是机构投资者，属于债券的大宗交易市场。交易方式采取询价方式和双边报价，自主谈判，逐笔成交。全国银行间同业拆借中心为债券交易提供报价服务，中央结算公司办理债券的登记、托管和结算。

银行间债券市场目前已成为我国债券市场的主体组成部分，债券存量和交易量约占总存量和交易量的 90%。

2. 商业银行债券柜台市场

商业银行债券柜台市场是银行间债券市场的延伸，面向企事业单位和个人投资者进行现券交易，属于债券的零售市场，采取双边报价机制，逐笔全额结算。商业银行债券柜台市场实行两级托管体制，中央结算公司为一级托管人，负责为承办银行开立债券自营账户和代理总账户，承办银行为债券交易的二级托管人。

6.1.1.2　交易所债券交易市场

交易所交易市场的债券交易是在上海证券交易所和深圳证券交易所进行的，投资者包括非银行、信用社外的机构投资者和个人，属于零售交易市场，采取集中竞价撮合机制。交易所市场也是实行两级托管体制，中央结算公司为一级托管人，负责为交易所开立代理总账户，中国证券登记结算公司为二级托管人。

6.1.2　股票市场体系

股票市场在我国证券市场体系中占据主导地位，对我国经济结构的调整和转型及经济的发展发挥了极为重要的助推器作用。经过 30 余年的发展，我国股票市场取得了巨大成就，形成了以上海、深圳证券交易所为核心的多层次的市场体系。股票市场由股票发行市场和交易市场两部分组成，股票交易市场体系构成如下。

6.1.2.1 股票的交易所市场

1. 主板市场

主板市场（main-board market）也称为一板市场，是指传统意义上的证券市场，是一个国家或地区证券发行、上市交易的主要场所。主板市场一般是全国性市场，是资本市场中最重要的组成部分。相较于其他市场，主板市场对发行人的营业期限、股本大小、经营状况及盈利水平、经营规模等方面的要求标准较高，能够在主板发行证券并上市交易的公司一般都是蓝筹公司，公司发展成熟、规模大、盈利能力强且稳定，在行业中居于领先地位。

我国大陆主板市场有两个即上海证券交易所和深圳证券交易所。从营业至今，两家证券交易所发展迅速，使我国证券市场的融资功能和资源配置功能得以充分发挥。[1]截至 2019 年 12 月 31 日，上海证券交易所主板上市公司有 1 545 家，总市值 34.69 万亿元[2]；在深圳证券交易所主板市场上市的公司 471 家，总市值 7.74 万亿元[3]。

2. 中小企业板

中小企业板（small-and-medium-sized enterprise board，SME），简称中小板，是专门为解决中小型企业和高科技企业融资而设置的市场板块。在中小企业板发行并上市的公司普遍具有主业突出、成长性好、盈利能力强、科技含量高的特点。

2004 年 5 月 17 日，经国务院批准，中国证监会同意深圳证券交易所在主板市场内设立中小企业板块，并核准了中小企业板块实施方案。2004 年 5 月 27 日深圳证券交易所中小企业板块启动仪式在深圳举行。2004 年 6 月 25 日，深圳证券交易所中小企业板的开市钟声敲响，首批 8 只新股于当天集中挂牌交易。截至 2019 年 12 月 31 日，深交所中小企业板的上市公司共有 943

---

① 自 2000 年 9 月起，深圳证券交易所为筹建创业板市场，在主板停止了 IPO 业务；2004 年 5 月，深圳证券交易所在主板市场内设立中小企业板块。

② 上海证券交易所网站市场数据，详见 http：//www.sse.com.cn/market/stockdata/overview/day/.

③ 深圳证券交易所网站市场数据，详见 http：//www.szse.cn/market/stock/indicator/.

家，总市值 9.87 万亿元①。

深圳证券交易所在主板市场内设立中小企业板块，把符合主板市场条件的中小企业集中于该板块发行上市，是我国分步推进创业板市场建设的第一步，为我国多层次资本市场的构建作了有益的初期探索。

我国的中小企业板定位：为主业突出、具有成长性和科技含量的中小企业提供融资渠道和发展平台，促进中小企业快速成长和发展，解决中小企业发展瓶颈问题，满足企业和投资者多层次的融资、投资需求。进入中小企业板块交易的股票主要是已经通过中国证监会发审委审核的、符合主板发行上市标准、股本规模较小的公司股票。相对于主板上市公司，在中小企业板上市的公司其最突出的特征是规模小、成长性强。

中小企业板是深圳证券交易所主板市场的一个组成部分，该板块在主板法律法规不变、发行上市标准不变的前提下，实行"运行独立、监察独立、代码独立、指数独立"的相对独立管理。

3. 创业板

创业板（growth enterprise market，GEM），偶尔又被称为二板市场，即仅次于主板市场的证券市场。各国对创业板的称呼不一，有的叫作成长板，有的叫作新市场等。

与主板市场只接纳成熟的、已形成足够规模的企业上市不同，创业板是为了适应自主创新企业及其他成长型创业企业发展需要而设立的市场，其服务对象是自主创新企业及其他成长型创业企业，是一个孵化科技型、成长型企业的摇篮。创业板具有上市门槛低、风险大、信息披露监管严格等特点，它的成长性和市场风险均要高于主板。

创业板出现于 20 世纪 70 年代的美国，曾孵化出微软等一批世界 500 强企业的美国纳斯达克市场最具代表性。

在我国，创业板特指深交所的创业板。我国的创业板是指专为暂时无法在主板上市的中小企业和新兴公司提供融资途径和成长空间的证券交易市场，是对主板市场的重要补充，深交所的创业板市场在上市门槛、监管制度、信息披露、交易者条件、投资风险等方面和主板市场有较大区别。其目的主要是扶持中小企业，尤其是高成长性企业提供融资渠道，为风险投资和创投企业建立正常的退出机制；为投资者提供多方位的投资渠道；构建多层次的资

---

① 深圳证券交易所网站市场数据，详见 http://www.szse.cn/market/stock/indicator.

本市场体系。

2009 年 3 月 31 日，中国证监会发布《首次公开发行股票并在创业板上市管理暂行办法》，并于 2009 年 5 月 1 日正式实施，这意味着筹备十多年的创业板终于可以正式启动。2009 年 10 月 23 日，中国证监会在深圳举行了创业板开板仪式，宣布创业板正式启动。2009 年 10 月 30 日，首批 28 家创业板公司在深圳证券交易所挂牌上市。

2020 年 4 月 27 日，中央全面深化改革委员会第十三次会议审议通过《创业板改革并试点注册制总体实施方案》。2020 年 6 月 12 日，中国证监会发布《创业板首次公开发行股票注册管理办法（试行）》；同日，深圳证券交易所发布《深圳证券交易所创业板股票发行上市审核规则》，并根据中国证监会《关于创业板改革并试点注册制实施前后相关行政许可事项过渡期安排的通知》的部署要求，开始接收创业板在审企业提交的发行上市申请文件。

2020 年 6 月 30 日，深交所开始按注册制要求受理 IPO 申请文件；2020 年 8 月 24 日，有 18 家 IPO 公司在创业板上市，成为创业板注册制改革后首批上市的企业。

4. 科创板

科创板（science and technology innovation board，SSE STAR Market）是我国为推进 IPO 注册制改革，在上海证券交易所设立的新市场板块。

在 2015 年，十二届全国人大常委会第十八次会议通过了《关于授权国务院在实施股票发行注册制改革中调整适用有关规定的决定》。该决定中提出从 2016 年 3 月 1 日起两年内要完成注册试点制。受即将进行注册制改革预期的影响，证券市场价格波动剧烈，为稳定市场情绪，注册制改革进度放缓。在 2018 年初，十二届全国人大常委会作出了将注册制改革工作期限延长两年的决定。在 2018 年 11 月，国家主席习近平在首届中国国际进口博览会上宣布设立科创板，并以此作为实施注册制的试点。①注册制改革的实践尝试正式开始。

经党中央、国务院同意，中国证监会于 2019 年 1 月 28 日颁布《关于在上海证券交易所设立科创板并试点注册制的实施意见》。该实施意见给出了科创板的定位："面向世界科技前沿、面向经济主战场、面向国家重大需求，

---

① 黄方亮，孙莉，陈静，吴超鹏. 投资者 IPO 信息获取与权益保护：基于成熟投资者问卷调查的研究［J］. 南开管理评论，2019（1）：181 - 193.

主服务于符合国家战略、突破关键核心技术、市场认可度高的科技创新企业。重点支持新一代信息技术、高端装备、新材料、新能源、节能环保以及生物医药等高新技术产业和战略性新兴产业，推动互联网、大数据、云计算、人工智能和制造业深度融合，引领中高端消费，推动质量变革、效率变革、动力变革。"

与主板、中小企业板市场不同，该实施意见规定，科创板设置多元化、包容性的上市条件；科创板的发行上市审核工作由上交所负责，注册工作由中国证监会负责；中国证监会监督上交所的审核工作，强化事前、事中、事后的全过程监管。

中国证监会、上海证券交易所出台了《科创板首次公开发行股票注册管理办法（试行）》《科创板上市公司持续监管办法（试行）》和《上海证券交易所科创板股票发行上市审核规则》等一系列配套的规则。2019 年 7 月 22 日，科创板市场交易正式启动，有 25 家公司的股票开始在科创板上市交易。

6.1.2.2　股票的场外交易市场

场外交易市场是相对于交易所市场而言的，是在交易所之外进行股票买卖的市场。场外市场，又被称为"柜台市场"或"店头市场"。目前，我国股权场外交易市场包括全国中小企业股份转让系统和区域性股权交易市场。

1. 全国中小企业股份转让系统

全国中小企业股份转让系统发展于代办股份转让系统。代办股份转让系统是指经中国证券业协会批准，具有代办系统主办券商业务资格的证券公司采用电子交易方式，为非上市股份有限公司提供规范转让服务的股份转让平台，俗称三板市场①。

我国代办股份转让系统的设立原是为妥善解决原 STAQ、NET 系统挂牌公司流通股的转让问题，②2001 年 6 月 12 日经中国证监会批准，中国证券业协会发布《证券公司代办股份转让服务业务试点办法》，代办股份转让系统正式启动，同年 7 月 16 日第一家股份转让公司挂牌。为解决退市公司股份转

---

① 在我国颁布实施的政策法规中，"三板市场"只是一种非正式的通俗称谓，与国际证券市场上真正意义的"三板市场"还存在较大的差距。

② 中国证券市场研究中心和中国证券交易系统有限公司先后于 1990 年在北京分别成立了 STAQ 系统和 NET 系统。STAQ 和 NET，都以交易法人股为主，被称为"法人股流通市场"，是一种场外交易市场。为整顿金融秩序、防范金融风险，1999 年 STAQ、NET 系统相继关闭。

让问题，2002 年 8 月 29 日起退市公司纳入代办股份转让试点范围。2006 年 1 月，经国务院批准，中关村科技园区的代办系统股份报价转让试点正式启动，其主要目的是探索我国多层次资本市场体系中场外市场的建设模式，探索利用资本市场支持高新技术等创新型企业的具体途径。

2012 年 7 月 8 日经国务院批复同意，在证券公司代办股份转让系统试点基础上，设立全国中小企业股份转让系统，也就是俗称的"新三板"。"新三板"针对的是在创立初期、有一定产品、有一定模式、处于发展初期的股份制公司，市场定位为非上市公众公司提供股权交易平台，从而形成一个高效、便捷的高新技术企业投融资平台。经过两次的扩容，首批扩大试点除中关村科技园区外，新增上海张江高新产业开发区，东湖新技术产业开发区和天津滨海高新区，2013 年 1 月，全国股份转让系统正式运营。

"老三板"设立主要是为持有退市公司股票的投资者提供一个交易平台，其扮演的是"收购站"的角色；而"新三板"的设立则是为达不到主板和创业板发行和上市要求的企业尤其是高科技企业提供一个融资平台，扮演"孵化器"的角色。

为进一步完善"新三板"市场功能，全国中小企业股份转让系统公司于2019 年 12 月 27 日发布了《全国中小企业股份转让系统分层管理办法》，修订了"新三板"挂牌公司分层管理办法，对分层标准作出了相应的规定，全国股转系统设置基础层、创新层和精选层，符合不同条件的挂牌公司分别纳入不同市场层级管理。①

为规范全国中小企业股份转让系统中的向不特定合格投资者公开发行和承销业务，促进挂牌公司质量和保荐机构执业水平的提高，全国中小企业股份转让系统有限责任公司于 2020 年 2 月 28 日发布了《全国中小企业股份转让系统股票向不特定合格投资者公开发行保荐业务管理细则（试行）》。

2. 区域性股权交易市场

我国的场外股权交易市场不是一个一体化的市场，是由不同区域的股权交易市场组成，各市场相互独立，具有不同的交易规则和交易特点。2019 年修订后的《证券法》明确区域性股权市场系非公开发行证券的合法交易场所。根据国务院办公厅于 2017 年 1 月 20 日颁布的《关于规范发展区域性股

---

① 全国中小企业股份转让系统的公告 [EB/OL]. http：//www. neeq. com. cn/important_news/200007003. html.

权市场的通知》中指出，区域性股权市场主要服务于所在省级行政区域内中小微企业的私募股权市场，规范发展区域性股权市场是我国建设多层次资本市场体系的重要举措。

中国证监会于 2017 年 5 月 3 日发布了《区域性股权市场监督管理试行办法》，规定由省级人民政府监督管理区域性股权市场，除区域性股权市场外，地方其他各类交易场所不得组织证券发行和转让活动。

6.2　中国大陆股票公开发行与上市的政策要求

一般地，证券公开发行是指向不特定投资者公开发售证券。各个国家对证券公开发行的界定不尽相同，证券公开发行涉及的投资者众多，为了保护投资者的合法权益，维护社会经济秩序和社会公共利益，世界上各个国家或地区一般会以法律、行政法规及相关制度的方式对证券发行的具体条件和标准进行规范和监管。证券发行与上市都需要经过一定的审核程序，由于证券市场产生背景和发展状况不同、投资者素质及管理体制不同，各个国家和地区的证券发行审核制度也各不相同，国际证券市场上主要有两种证券发行审核制度：注册制和核准制。

注册制的代表国家是美国和日本，制度基础是高度成熟发达的证券市场、强制性的信息公开披露原则、投资者具备足够强的分析判断能力。

欧洲大陆多数国家采用核准制。核准制的制度基础是实质管理，通过证券监管机构加强对证券发行人质量的把关，保证公开发行并上市的公司质量，降低证券市场的风险，保护投资者的利益。

根据我国《证券法》（2019 年修订）第九条的规定"公开发行证券，必须符合法律、行政法规规定的条件，并依法报经国务院证券监督管理机构或者国务院授权的部门核准；未经依法核准，任何单位和个人不得公开发行证券。证券发行注册制的具体范围、实施步骤，由国务院规定。"目前，我国在主板、中小板实行审核制，在上海证券交易所科创板和深圳证券交易所创业板实行注册制试点。

我国对公开发行股票并上市的政策要求是指对申请公开发行股票并上市的公司提出各方面的要求和标准，只有符合这些要求和标准的公司才有条件向中国证监会和上海、深圳证券交易所提出发行股票和上市的要求。

我国对公司股票上市进行规范的法律法规主要有：《证券法》（2019 年修订），《公司法》（2018 年修订），《首次公开发行股票并上市管理办法》（2020 年修订），《上海证券交易所股票上市规则》（2019 年 4 月修订），《上海证券交易所科创板股票上市规则》（2019 年 4 月修订），《深圳证券交易所股票上市规则》（2018 年 11 月修订），以及《深圳证券交易所创业板股票上市规则（2020 年修订）》等。

6.2.1 法律所规定的股票公开发行并上市的基本条件

我国《证券法》（2019 年修订）第十一条规定，设立股份有限公司公开发行股票，应符合《公司法》规定的条件和经证券监督管理机构规定的其他条件，向证券监督管理机构报送募股申请和公司章程、发起人认购的股份数、招股说明书、承销机构名称及有关协议等文件。

《证券法》（2019 年修订）第十二条规定，公司提交 IPO 申请应当符合以下主要条件：（1）具备健全且运行良好的组织机构；（2）具有持续盈利能力；（3）最近三年财务会计报告被出具无保留意见审计报告；（4）发行人及其控股股东、实际控制人最近三年不存在贪污、贿赂、侵占财产、挪用财产或者破坏社会主义市场经济秩序的刑事犯罪；（5）证券监督管理机构规定的其他条件。

6.2.2 在我国主板、中小企业板公开发行股票并上市的政策要求

《首次公开发行股票并上市管理办法》（2020 年修订）对在中国大陆主板、中小企业板公开发行股票的政策要求主要包括以下两个方面。

1. 主体资格

发行人应是合法存续的股份公司。

发行人自股份公司成立后，持续经营时间应当在 3 年以上（经国务院批准的除外）。有限责任公司按原账面净资产值折股整体变更为股份公司的，持续经营时间可以从有限责任公司成立之日起计算。注册资本已足额缴纳。

2. 财务与会计

资产质量良好，内部控制有效，会计基础工作规范。应当符合以下主要

条件。

（1）最近 3 个会计年度净利润均为正数且累计超过 3 000 万元，净利润为扣除非经常性损益前后较低者。

（2）最近 3 个会计年度经营活动产生的现金流量净额累计超过 5 000 万元；或最近 3 个会计年度营业收入累计超过 3 亿元。

（3）发行前股本总额不少于 3 000 万元。

（4）最近一期末无形资产（扣除土地使用权、水面养殖权和采矿权等后）占净资产的比例不高于 20%。

（5）最近一期末不存在未弥补亏损。

根据《上海证券交易所股票上市规则》（2019 年 4 月修订）规定①，IPO 公司申请其股票在上海证券交易所上市，应符合下列条件：

（1）股票经中国证监会核准已公开发行。

（2）公司股本总额不少于人民币 5 000 万元。

（3）公开发行的股份达到公司股份总数的 25% 以上；公司股本总额超过人民币 4 亿元的，公开发行股份的比例为 10% 以上。

（4）公司最近 3 年无重大违法行为，财务会计报告无虚假记载。

（5）本所要求的其他条件。

《上海证券交易所股票上市规则》（2019 年 4 月修订）规定，IPO 公司应向上海证券交易所提交如下主要文件：上市申请书；中国证监会核准其股票首次公开发行的文件；有关本次发行上市事宜的董事会和股东大会决议；营业执照复印件；公司章程；经具有执行证券、期货相关业务资格的会计师事务所审计的发行人最近 3 年的财务会计报告；首次公开发行结束后发行人全部股票已经中国证券登记结算有限责任公司上海分公司托管的证明文件；首次公开发行结束后，具有执行证券、期货相关业务资格的会计师事务所出具的验资报告；关于董事、监事和高级管理人员持有本公司股份的情况说明和《董事（监事、高级管理人员）声明及承诺书》；发行人拟聘任或者已聘任的董事会秘书的有关资料；首次公开发行后至上市前，按规定新增的财务资料和有关重大事项的说明（如适用）；首次公开发行前已发行股份持有人，自发行人股票上市之日起一年内持股锁定证明；控股股东和实际控制人对其直接和间接持有的发行人首次公开发股票前已发行的股票自上市日起 36 个月不

---

① 深圳证券交易所主板、中小企业板上市条件与上海证券交易所的上市条件基本一致。

转让或委托他人管理的承诺函；最近一次的招股说明书和经中国证监会审核的全套发行申报材料；按照有关规定编制的上市公告书；保荐协议和保荐人出具的上市保荐书；律师事务所出具的法律意见书等。

6.2.3 在科创板上市的条件要求

《上海证券交易所科创板股票上市规则》（2019 年 4 月修订）对科创板上市的条件要求主要包括以下内容。

（1）符合中国证监会规定的发行条件。

（2）发行后股本总额不低于 3 000 万元。

（3）公开发行的股份达到公司股份总数的 25% 以上；公司股本总额超过 4 亿元的公开发行股份比例为 10% 以上。

（4）市值及财务指标符合本规则规定的标准。

（5）本所规定的其他上市条件。

在市值及财务指标要求方面，IPO 公司应至少符合下列标准之一。

（1）预计市值不低于人民币 10 亿元，最近两年净利润为正且累计净利润不低于人民币 5 000 万元，或者预计市值不低于人民币 10 亿元，最近一年净利润为正且营业收入不低于人民币 1 亿元。

（2）预计市值不低于人民币 15 亿元，最近一年营业收入不低于人民币 2 亿元，且最近三年累计研发投入占最近三年累计营业收入的比例不低于 15%。

（3）预计市值不低于人民币 20 亿元，最近一年营业收入不低于人民币 3 亿元，且最近三年经营活动产生的现金流量净额累计不低于人民币 1 亿元。

（4）预计市值不低于人民币 30 亿元，且最近一年营业收入不低于人民币 3 亿元。

（5）预计市值不低于人民币 40 亿元，主要业务或产品需经国家有关部门批准，市场空间大，目前已取得阶段性成果。

此外，如果 IPO 公司有表决权差异安排，应至少符合下列标准之一。

（1）预计市值不低于人民币 100 亿元。

（2）预计市值不低于人民币 50 亿元，且最近一年营业收入不低于人民币 5 亿元。

符合《国务院办公厅转发证监会关于开展创新企业境内发行股票或存托

凭证试点若干意见的通知》（2018 年）相关规定的红筹企业，可申请发行股票或存托凭证并在科创板上市。

营业收入快速增长，拥有自主研发、国际领先技术，同行业竞争中处于相对优势地位的尚未在境外上市红筹企业，申请在科创板上市的，市值及财务指标应当至少符合下列标准之一。

（1）预计市值不低于人民币 100 亿元。

（2）预计市值不低于人民币 50 亿元，且最近一年营业收入不低于人民币 5 亿元。

在深交所创业板公开发行股票的政策要求。

创业板与主板相比，具有高增长、高风险的特性，对于在创业板发行股票并上市的政策要求与主板相比其发行与上市门槛低。

根据《深圳证券交易所创业板股票上市规则》（2020 年修订）等有关规定，公司申请在深交所创业板上市，应符合下列主要条件。[①]

（1）符合中国证监会规定的创业板发行条件。

（2）发行后股本总额不低于 3 000 万元。

（3）公开发行的股份达到公司总数 25% 以上；公司股本总额超过 4 亿元的，公开发行股份比例为 10% 以上。

（4）市值及财务指标符合本规则定的。

（5）交易所要求的其他上市条件。

对于红筹企业公开发行股票并上市的，上述条件有所调整。

IPO 公司为境内企业且不存在表决权差异安排的，市值及财务指标应当至少符合下列标准中的一项。

（1）最近两年净利润均为正，且累计净利润不低于 5 000 万元。

（2）预计市值不低于 10 亿元，最近一年净利润为正且营业收入不低于 1 亿元。

（3）预计市值不低于 50 亿元，且最近一年营业收入不低于 3 亿元。

IPO 公司具有表决权差异安排的，市值及财务指标应当至少符合下列准中的一项。

（1）预计市值不低于 100 亿元，且最近一年净利润为正。

---

① 发行人申请首次公开发行股票并上市，同时应当符合《证券法》《公司法》等其他法律法规所规定的相关条件。

（2）预计市值不低于 50 亿元，最近一年净利润为正且营业收入不低于 5 亿元。

符合《国务院办公厅转发证监会关于开展创新企业境内行股票或存托凭证试点若干意见的通知》等相关规定且最近一年净利润为正的红筹企业，可申请其股票或存托凭证在创业板上市。

6.3　中国香港地区股票公开发行和上市的政策要求

中国香港地区是亚太地区最重要的金融中心之一，由股票市场、衍生工具市场、基金市场和债券市场构成。其中，股票市场是香港证券市场最主要的组成部分。

6.3.1　香港证券交易市场体系

香港证券交易市场主要包括两部分：香港主板市场和创业板市场。

香港第一家证券交易所香港股票经纪协会于 1891 年成立，1914 年更名为香港证券交易所。1921 年，香港第二家证券交易所香港证券经纪人协会成立。1947 年，这两家交易所合并为香港证券交易所有限公司。此后，香港股票市场发展迅速，为适应股票市场发展需要，1969 年以后相继成立了远东、金银、九龙三家证券交易所，香港证券市场进入四家交易所并存的所谓"四会时代"。为加强对香港证券市场的统一管理，香港当局从 1974 年起提出四大交易所合并的设想。1986 年 3 月 27 日，四家交易所正式合并组成香港联合交易所，并于同年的 4 月 2 日正式开业，开始享有在香港建立、经营和维护证券市场的专营权。香港联合交易所有限公司（简称"香港联交所"）与香港期货交易所有限公司（香港期交所）实行股份化并与香港中央结算有限公司合并，由单一控股公司香港交易所拥有。

香港证券交易所的全称是香港交易及结算所有限公司（简称"港交所"，英文名称为 Hong Kong Exchanges and Clearing Limited，HKEx 或 HKE&CL）。港交所是一家控股公司，全资拥有香港联合交易所有限公司、香港期货交易所有限公司和香港中央结算有限公司三家附属公司。主要业务是拥有及经营香港唯一的股票交易所与期货交易所，以及其有关的结算所。港交所于 2000

年 6 月 27 日在香港联交所上市。

香港创业板成立于 1999 年，是独立于主板市场以外的证券市场，主要为具有高增长性企业提供融资渠道。香港创业板与主板市场相比，在上市条件、交易方式和监管方面都有很大的差别。香港创业板是国际重要的创业板市场之一，其定位明确，为新兴的有发展潜力的高科技企业提供了融资渠道，为投资者提供一个高风险、高收益的投资渠道。

6.3.2　香港主板市场股票公开发行和上市的政策要求

根据《香港联合交易所有限公司证券上市规则》，对公众公司在香港联合交易所公开发行股票并上市的要求主要有以下两个方面。[①]

1. 概况

（1）市场目的。为具有盈利记录且规模较大、基础较佳的公司融资。

（2）可接受公司的司法地区。中国香港地区、百慕大、开曼群岛及中华人民共和国的公司可作第一或第二上市，如属第二上市，按个别情况决定是否接受其他司法地区；公司的注册地为中国内地、香港地区。

（3）投资者：所有投资者。

2. 上市要求

（1）营业记录。须具备不少于三个财政年度的营业记录。在特殊情况下，交易所可接纳为期较短的营业记录的公司：对天然资源开发公司或新成立的工程项目公司放宽三年营业记录的要求，或在特殊情况下，发行人最少有两年营业记录。

（2）主线业务。并无有关具体规定。但主线业务的盈利必须符合最低盈利要求。

（3）盈利要求。过去三年合计 5 000 万港元盈利（最近一年须达 2 000 万港元，前两年合计须达 3 000 万港元），盈利计算时应扣除日常业务以外的业务所产生的收入或亏损。

（4）股东方面的要求。对股东持股方面的规定主要包括以下三个方面。

①最低公众持股量：股票上市必须至少有一个指定的百分比由公众持有。

---

① 以下只是根据《香港联合交易所有限公司证券上市规则》的有关上市规定进行的综合整理，并没有涵盖必须知悉的全部资料，想了解详尽内容，请阅览《香港联合交易所有限公司证券上市规则》。

公众持有股票指定的最低百分比由申请人上市时报预期市值决定。市值 40 亿港元以下，公众持有股票的指定百分比为 25% 或公众持有的股票的市值不少于 5 000 万港元（两者取高者）；市值超过 40 亿港元，则占已发行股本的百分比可降至 10%。上述的最低公众持股量规定在任何时候均须符合期权、权证或类似权利（"权证"）须占已发行权证数的 25%。

②股东人数。公司上市时至少须有 100 名股东，每 100 万港元发行额至少由 3 名股东持有。

③对管理层股东及高持股量股东的最低持股量并无相关规定。

（5）最低市值。新申请人上市时市值须达 1 亿港元。

（6）竞争业务。公司的控股股东（持有公司股份 35% 或以上者）不能拥有可能与上市公司的业务构成竞争的业务。控股股东如经营与申请人有竞争的业务，或会导致申请人不适合上市。

（7）公司治理结构。公司须委任至少两名独立于控股股东的董事，以代表公众股东的利益；1 名公司秘书；设立审核委员会。

（8）信息披露。在各有关财政期间结束后 5 个月内及 3 个月内分别刊发年报及半年报告；董事酬金以累计总数形式披露，并按收入所属范围作出分析。

（9）驻港人员的要求。公司应有足够的管理层人员常驻香港，一般来说，至少有两名执行董事通常在香港居住（对于来港上市的中国企业，有一定程度的豁免）；公司的秘书必须通常居住于香港，有足以执行公司秘书职务的知识和经验，并具有规定的专业资格。

另外，联交所对来香港上市的中国内地企业，除了满足上述基本要求外，还有以下一些特殊要求。

（1）中国发行公司必须是在中国正式注册或以其他方式成立的股份有限公司，公司必须受中国法律、法规的制约。

（2）中国发行公司在上市后，最少在三年之内必须聘用保荐人（或联交所接受的其他财务顾问），保荐人除了要确定该公司是否适合上市之外，还要向该公司提供有关持续遵守联交所上市规则和其他上市协议的专业意见。

（3）中国发行公司必须委托两名授权代表，作为上市公司与联交所之间的主要沟通渠道。

（4）中国发行公司可依循中国会计准则及规定，但在联交所上市期间，必须在会计师报告及年度报表中采用香港或国际会计标准，上市公司的申报会计师必须是联交所承认的会计师。

（5）中国发行公司必须委任一人于其股票在联交所上市期间代表公司在香港接受传票及通告。

（6）中国发行公司必须为香港股东设置股东名册，只有在香港股东名册上登记的股票才可在联交所交易。

（7）中国发行公司在联交所上市前要与联交所签署上市协议，另外，每个董事和监事需向联交所作规定的承诺，招股书披露的资料必须是香港法律规定披露资料。

6.3.3 香港创业板市场股票公开发行和上市的政策要求

由于自身特点与客观环境多种因素的影响，香港创业板的发展并不理想。近年来，香港交易所和监管部门采取了相应措施改善香港创业板的经营模式和市场定位，使之更好地服务于资本市场。

《香港联合交易所有限公司创业板市场证券上市规则》的制定参考了《香港联合交易所有限公司证券上市规则》，但要求低于主板市场。

创业板市场对上市公司没有行业类别及公司规模的限制，且不设盈利要求，也无须像主板市场的上市公司一样必须具备三年业务记录，只需显示公司有两年的活跃记录，因而不少具有发展潜力但发展历史较短的公司会通过创业板申请上市交易。对公众公司在香港联合交易所创业板公开发行股票并上市的要求主要体现在以下两个方面。[①]

1. 概况

（1）市场目的。为具有增长潜力的公司集资，公司涵盖各行各业，不论规模大小。

（2）可接受的司法地区。就创业板第一上市，上市公司必须在以下四个司法地区的其中一处注册成立：中国香港地区、百慕大、开曼群岛、中华人民共和国。

（3）投资者。以专业及充分了解市场的投资者为对象。

2. 上市要求

（1）营业记录。上市申请的日期之前有至少 24 个月活跃业务记录。若

---

① 以下只是根据《香港联合交易所有限公司证券创业板市场上市规则》的有关上市规定进行的综合整理，并没有涵盖必须知悉的全部资料，想了解详尽内容，请阅览《香港联合交易所有限公司证券创业板市场上市规则》。

符合以下条件，此项要求可减至 12 个月。

首次上市文件中会计师报告显示其过去 12 个月内的营业额不小于 5 亿港元；该会计师报告内的资产负债表显示其上一个财政期间的总资产不少于 5 亿港元；上市时规定之市值不少于 5 亿港元。

在上市时，由公众持有该公司的股本证券的市值必须不少于 1.5 亿港元，并由至少 300 名股东持有，其中持股量最高的 5 名及最高的 25 名股东合计的持股量分别不得超过公众持有的股本证券的 35% 及 50%。

（2）主营业务。须主力经营一项业务而非两项或多项不相干的业务。不过，涉及主线业务的周边业务是容许的。

（3）盈利要求。不设盈利要求。

（4）股东方面的要求。对股东持股方面的规定主要包括以下三个方面。

①最低公众持股量：若公司在上市时的市值不超过 40 亿港元，则最低公众持股量须为 25%，涉及金额至少须达 3 000 万港元；若公司在上市时的市值超过 40 亿港元，则最低公众持股量须为 20% 或使公司在上市时由公众人士持有的股份的市值至少达 10 亿港元的较高百分比。上述的最低公众持股量规定在任何时候均须符合期权、权证或类似权利（权证）已发行权证数量的 25%；管理层股东及高持股量股东的最低持股量：在上市时管理层股东及高持股量股东必须共持有不少于公司已发行股本的 35% 及 50%。

②股东人数。就至少有 24 个月活跃业务记录的发行人而言，于上市时须最少有 100 名公众股东；就仅符合 12 个月活跃业务记录要求的公司而言，于上市时须最少有 300 名公众股东。

③对管理层股东及高持股量股东的最低持股量。管理层股东及高持股量股东于上市时必须至少合计持有已发行股本的 35%。

（5）最低市值。股份无特定要求，但新申请人上市时市值实际上不能少于 4 600 万港元。如果是符合只有 12 个月活跃记录要求的公司，则市值要不低于 5 亿港元。

（6）竞争业务。容许董事、控股股东、主要股东及管理层股东经营竞争业务，但必须于上市及其后（除主要股东外）持续做全面披露。

（7）公司治理结构的要求。除主板规定外，聘 1 名会计师；1 名执行董事任监察主任；设审计委员会。

（8）业务披露。必须披露其上市前两年的活动业务记录；及其上市后两个完整财政年度的业务目标，清楚说明公司在每项主营业务活动中的业务方向及目标。

6.4 知识扩充

上海证券交易所对上市公司退市、暂停上市和重新上市等的有关规定

《上海证券交易所股票上市规则》（2019 年 4 月修订）中的第十三章和第十四章对风险警示、暂停、恢复、终止和重新上市进行了详细规定。现将退市风险警示、暂停上市、终止上市和重新上市的有关规定摘录如下。

一、退市风险警示

上市公司股票被实施退市风险警示的，在公司股票简称前冠以"*ST"字样。上市公司股票被实施其他风险警示的，在公司股票简称前也冠以"ST"字样。

根据《上海证券交易所股票上市规则》（2019 年 4 月修订）之 13.2.1 条，上市公司出现以下情形之一的，对其股票实施退市风险警示。

（1）最近两个会计年度经审计的净利润连续为负值或者被追溯重述后连续为负值；

（2）最近一个会计年度经审计的期末净资产为负值或者被追溯重述后为负值；

（3）最近一个会计年度经审计的营业收入低于 1 000 万元或者被追溯重述后低于 1 000 万元；

（4）最近一个会计年度的财务会计报告被会计师事务所出具无法表示意见或者否定意见的审计报告；

（5）因财务会计报告存在重大会计差错或者虚假记载，被中国证监会责令改正但未在规定期限内改正，且公司股票已停牌两个月；

（6）未在法定期限内披露年度报告或者中期报告，且公司股票已停牌两个月；

（7）因第 12.13 条股权分布不具备上市条件，公司在规定的一个月内向本所提交解决股权分布问题的方案，并获得本所同意；

（8）因欺诈发行、重大信息披露违法或者其他涉及国家安全、公共安全、生态安全、生产安全和公众健康安全等领域的重大违法行为，本所对其股票作出实施重大违法强制退市决定的；

（9）公司可能被依法强制解散；

（10）法院依法受理公司重整、和解或者破产清算申请；

（11）上交所认定的其他情形。

二、暂停上市

根据《上海证券交易所股票上市规则》（2019 年 4 月修订）之 14.1.1 条，上市公司出现下列情形之一的，暂停其股票上市。

（1）因最近两个会计年度的净利润触及第 13.2.1 条第（一）项规定的标准，其股票被实施退市风险警示后，公司披露的最近一个会计年度经审计的净利润继续为负值；

（2）因最近一个会计年度的净资产触及第 13.2.1 条第（二）项规定的标准，其股票被实施退市风险警示后，公司披露的最近一个会计年度经审计的期末净资产继续为负值；

（3）因最近一个会计年度的营业收入触及第 13.2.1 条第（三）项规定的标准，其股票被实施退市风险警示后，公司披露的最近一个会计年度经审计的营业收入继续低于 1 000 万元；

（4）因最近一个会计年度的审计意见类型触及第 13.2.1 条第（四）项规定的标准，其股票被实施退市风险警示后，公司披露的最近一个会计年度的财务会计报告被会计师事务所出具无法表示意见或者否定意见的审计报告；

（5）因未在规定期限内改正财务会计报告中的重大差错或者虚假记载触及第 13.2.1 条第（五）项规定的标准，其股票被实施退市风险警示后，公司在两个月内仍未按要求改正财务会计报告；

（6）因未在法定期限内披露年度报告或者中期报告触及第 13.2.1 条第（六）项规定的标准，其股票被实施退市风险警示后，公司在两个月内仍未披露应披露的年度报告或者中期报告；

（7）公司股本总额发生变化不具备上市条件；

（8）因第 12.14 条股权分布发生变化不具备上市条件，其股票被实施停牌后，未在停牌后一个月内向本所提交解决股权分布问题的方案，或者提交了方案但未获本所同意，或者因股权分布发生变化不具备上市条件触及第

13.2.1 条第（七）项规定的标准，其股票被实施退市风险警示后，公司在六个月内其股权分布仍不具备上市条件；

（9）因出现第 13.2.1 条第（八）项规定的重大违法强制退市情形，其股票被实施退市风险警示后交易满三十个交易日；

（10）上交所认定的其他情形。

上市公司出现两项以上暂停上市情形的，上交所对其股票分别作出相应暂停上市决定。

上市公司股票因前述任一情形被暂停上市后，在暂停上市期间，上交所作出对上市公司股票实施重大违法强制退市决定的，不再对其股票实施相应退市风险警示，并根据第 14.1.7 条的规定对公司股票作出暂停上市决定，公司股票不再进行交易。

三、恢复上市

根据《上海证券交易所股票上市规则》（2019 年 4 月修订）之 14.2.1 条，上市公司因净利润、净资产、营业收入或者审计意见类型触及第 14.1.1 条第（一）至（四）项规定的标准，其股票被暂停上市后，提出恢复上市申请的，应当同时符合下列条件。

（1）在法定期限内披露了最近一年年度报告；

（2）最近一个会计年度经审计的扣除非经常性损益前后的净利润均为正值；

（3）最近一个会计年度经审计的营业收入不低于 1 000 万元；

（4）最近一个会计年度经审计的期末净资产为正值；

（5）最近一个会计年度的财务会计报告未被会计师事务所出具保留意见、无法表示意见或者否定意见的审计报告；

（6）保荐机构经核查后发表明确意见，认为公司具备持续经营能力；

（7）保荐机构经核查后发表明确意见，认为公司具备健全的公司治理结构、运作规范、无重大内控缺陷；

（8）不存在本规则规定的其他暂停上市或者终止上市情形；

（9）本所认为需具备的其他条件。

四、强制终止上市

根据《上海证券交易所股票上市规则》（2019 年 4 月修订）之 14.3.1

条，上市公司出现下列情形之一的，终止其股票上市。

（1）因净利润、净资产、营业收入或者审计意见类型触及第 14.1.1 条第（一）项至第（四）项规定的标准，其股票被暂停上市后，公司披露的最近一个会计年度经审计的财务会计报告存在扣除非经常性损益前后的净利润孰低者为负值、期末净资产为负值、营业收入低于 1 000 万元或者被会计师事务所出具保留意见、无法表示意见、否定意见的审计报告等四种情形之一；

（2）因净利润、净资产、营业收入或者审计意见类型触及第 14.1.1 条第（一）项至第（四）项规定的标准，其股票被暂停上市后，公司未能在法定期限内披露最近一年的年度报告；

（3）因未在规定期限内按要求改正财务会计报告中的重大差错或者虚假记载触及第 14.1.1 条第（五）项规定的标准，其股票被暂停上市后，公司在两个月内仍未按要求改正财务会计报告；

（4）因未在规定期限内披露年度报告或者中期报告触及第 14.1.1 条第（六）项规定的标准，其股票被暂停上市后，公司在两个月内仍未按要求披露相关定期报告；

（5）在本所仅发行 A 股股票的上市公司，通过本所交易系统连续 120 个交易日（不包含公司股票停牌日）实现的累计股票成交量低于 500 万股，或者连续 20 个交易日（不包含公司股票停牌日）的每日股票收盘价均低于股票面值；

（6）在本所仅发行 B 股股票的上市公司，通过本所交易系统连续 120 个交易日（不包含公司股票停牌日）实现的累计股票成交量低于 100 万股，或者连续 20 个交易日（不包含公司股票停牌日）的每日股票收盘价均低于股票面值；

（7）在本所既发行 A 股股票又发行 B 股股票的上市公司，其 A、B 股股票的成交量或者收盘价同时触及本条第（五）项和第（六）项规定的标准；

（8）上市公司股东数量连续 20 个交易日（不含公司首次公开发行股票上市之日起的 20 个交易日和公司股票停牌日）每日均低于 2 000 人；

（9）公司股本总额发生变化不再具备上市条件，在本所规定的期限内仍不能达到上市条件；

（10）因股权分布发生变化不具备上市条件触及第 14.1.1 条第（八）项规定的标准，其股票被暂停上市后，公司在暂停上市 6 个月内股权分布仍不具备上市条件；

（11）公司被依法强制解散；

（12）公司被法院宣告破产；

（13）因出现第 14.1.1 第（九）项规定的重大违法强制退市情形，其股票被暂停上市届满 6 个月；

（14）因净利润、净资产、营业收入、审计意见类型触及第 14.1.1 条第（一）项至第（四）项规定的标准，其股票被暂停上市后，公司在法定期限内披露了最近一年年度报告，但未在其后的 5 个交易日内提出恢复上市申请；

（15）因未在规定期限内按要求改正财务会计报告中的重大差错或者虚假记载触及第 14.1.1 条第（五）项规定的标准，其股票被暂停上市后，公司在 2 个月内披露了按要求改正的财务会计报告，但未在其后的 5 个交易日内提出恢复上市申请；

（16）因未在规定期限内披露年度报告或者中期报告触及第 14.1.1 条第（六）项规定的标准，其股票被暂停上市后，公司在两个月内披露了相关定期报告，但未在其后的 5 个交易日内提出恢复上市申请；

（17）因股本总额发生变化不再具备上市条件或者股权分布发生变化不具备上市条件触及第 14.1.1 条第（七）项、第（八）项规定的标准，其股票被暂停上市后，公司股本总额在规定的期限内或者股权分布在 6 个月内重新具备上市条件，但未在其后的 5 个交易日内提出恢复上市申请；

（18）符合第 14.2.6 条规定的可以申请恢复上市情形，但未在其后的 20 个交易日内提出恢复上市申请；

（19）恢复上市申请未被受理；

（20）恢复上市申请未获同意；

（21）本所认定的其他情形。

上市公司因多项情形触及暂停上市的，本所按照最先触及终止上市的时间决定终止其股票上市。

五、重新上市

根据《上海证券交易所股票上市规则》（2019 年 4 月修订）之 14.5.1 条，上市公司的股票被终止上市后，其终止上市情形已消除，且同时符合下列条件的，可以向上交所申请重新上市。

（1）公司股本总额不少于人民币 5 000 万元；

（2）社会公众股持有的股份占公司股份总数的比例为 25% 以上；公司股

本总额超过人民币 4 亿元的，社会公众股持有的股份占公司股份总数的比例为 10% 以上；

（3）公司及董事、监事、高级管理人员最近 3 年无重大违法行为，财务会计报告无虚假记载；

（4）最近 3 个会计年度净利润均为正数且累计超过人民币 3 000 万元，净利润以扣除非经常性损益前后较低者为计算依据；

（5）最近 3 个会计年度经营活动产生的现金流量净额累计超过人民币 5 000 万元；或者最近 3 个会计年度营业收入累计超过人民币 3 亿元；

（6）最近一个会计年度经审计的期末净资产为正值；

（7）最近 3 个会计年度的财务会计报告均被会计师事务所出具标准无保留意见的审计报告；

（8）最近 3 年主营业务没有发生重大变化，董事、高级管理人员没有发生重大变化，实际控制人没有发生变更；

（9）保荐机构经核查后发表明确意见，认为公司具备持续经营能力；

（10）保荐机构经核查后发表明确意见，认为公司具备健全的公司治理结构、运作规范、无重大内控缺陷；

（11）本所规定的其他条件。

公司股票被强制终止上市后，公司不配合退市相关工作的，本所自其股票进入全国中小企业股份转让系统挂牌转让之日起 36 个月内不受理其重新上市的申请。

6.5　理论探讨

投资者 IPO 信息获取与权益保护的问卷调查研究

随着 IPO 市场改革不断地推进，在微观的层面，投资者如何选择事前信息的获取和事后权益维护的行为？通过对成熟度比较高的投资者进行问卷调查以及辅助访谈调研结果分析，发现异质投资者在信息获取和利用行为方面存在差异，投资者对于像招股说明书等"一手"信息关注不足，个人对于媒体的"二手"信息太过于依赖，而机构更多的是利用实地调研来获取信息。仅有 1/3 的投资者在遇到信息欺骗时愿意求助司法经济，个人明显更少，大多是由于成本高、举证难。投资者在事前阅读招股书的程度与事后寻求司法救济的程度呈正相关；招股书的阅读与实地调研的交互项对寻求司法救济的影响并不显著。跟那些不了解行政诉求渠道的投资者相比，不了解的人选择"不寻求司法救济"的概率却更高。通过对问卷调查结果的分析，得出有利于为投资者知情权、求偿权的制度完善及注册制改革提供依据。

研究发现投资者是否专业、投资经验是否丰富等特征可以影响其信息获取与利用行为；投资者因为维权所需成本太高，而导致司法救济和行政诉求的不足；投资者事前信息获取与其事后权益维护存在一定的关联。

资料来源：孙莉，陈静，黄方亮，杨敏. 投资者群体对投资者保护实施方式的需求差异性调查分析——基于投资者问卷调查［J］. 制度经济学研究，2018（4）：161 – 175.

6.6   案 例 归 纳

6.6.1   案例一   核准制下立立电子 IPO 申请被中国证监会否决的案例

2009 年 4 月 3 日，中国证监会发行审核委员会作出《关于撤销宁波立立电子股份有限公司首次公开发行股票行政许可的决定》，证监会发审委否决了宁波立立电子的首发申请，撤销此前作出的公开发行股票核准决定。同时，其首次公开发行所募集的资金将按照发行价返还投资人，并支付相应的利息。立立电子成为中国证券史上第二例"募集资金到位、但 IPO 最终被否"的公司①。

2008 年 2 月 29 日立立电子向证监会递交了招股说明书申报稿；2008 年 3 月 5 日 IPO 申请获证监会审核通过；7 月 1 日公司宣布网上申购的中签号码，预计 2008 年 7 月 8 日挂牌上市；但 7 月 7 日立立电子发布公告称，接到其保

---

① 通海高科于 2000 年 6 月末 7 月初以每股 16.88 元的价格，向社会公开发行 1 亿股上市流通股份。发行募集结束后，群众举报通海高科的公开募集文件含有重大虚假内容，中国证监会随即做出通海高科股票暂缓上市流通的决定，并展开立案调查。

荐人——中信建投证券有限责任公司的通知，将对媒体就公司进行的相关报道进行核查，立立电子上市计划就此搁置。

2012 年 4 月 7 日，立立电子发布《关于返还投资者本金及利息等相关事宜的公告》，将把募集资金本金及截至 2009 年 4 月 6 日实际产生的利息全部返还给网上中签投资者及网下配售投资者。公告显示，立立电子及其主承销商应返还的募集资金及利息共计 574 396 897.36 元，其中包括募集资金总额 5.670 6 亿元，以及从申购首日截至 2009 年 4 月 6 日募集资金所产生的利息 7 336 897.36 元，以本次发行股数 2 600 万股为基数，应向投资者返还每股 22.09 元。

6.6.1.1　立立电子首发申请被否决的原因

证监会有关部门负责人 3 日表示，立立电子再次审核未获通过，是因为与浙江海纳之间部分股权交易程序上确实存在瑕疵。根据发审委充分讨论，其中存在权属纠纷不确定问题，可能损害投资者利益。从保护投资者利益角度进行审议，发审委最终意见是不予通过。

据证监会负责人介绍，立立电子与浙江海纳在交易上主要存在两方面问题：一方面，立立电子与浙江海纳在 2002 年进行的股权交易没有按有关要求履行内部决策程序，导致立立电子相关资产的形成存在瑕疵，而这可能导致重大权属的不确定性；另一方面，在发行审核过程中，证监会重点关注立立电子与浙江海纳的交易情况，并要求立立电子详尽披露。但从披露情况看，招股说明书上的部分内容未做到按要求公开披露，包括双方之间的全部借款情况、部分设备交易情况。同时，立立电子在收购相关股权时，做了一些股权待持的安排。

6.6.1.2　立立电子首发申请被否决的法律依据

《证券法》（2005 年修订）第二十条规定："发行人向国务院证券监督管理机构或者国务院授权部门报送的证券发行申请文件，必须真实、准确、完整。"2006 年出台的《首次公开发行证券并上市管理办法》第四条也同样规定："发行人依法披露的信息，必须真实、准确、完整，不得有虚假记载、误导性陈述或者重大遗漏。"显然，立立电子 IPO 确实存在着比较严重的信息披露问题，这也是发审委撤销其发行的主要原因——《证券法》（2005 年修订）第二十六条规定："国务院证券监督管理机构或者国务院授权的部门对已作出的核准证券发行的决定，发现不符合法定条件或者法定程序，尚未发行证券的，应当予以撤销，停止发行。已经发行尚未上市的，撤销发行核准决定，发行人应当按照发行价并加算银行同期存款利息返还证券持有人；保荐人应当与发行人承担连带责任，但是能够证明自己没有过错的除外；发行人的控股股东、实际控制人有过错的，应当与发行人承担连带责任。"

6.6.1.3　影响

1. 对中签投资者的影响

虽然立立电子公告，公司所募集资金将按发行价加同期存款利息返还投资人。在此次立立电子 IPO 过程中不仅中小投资者有损失，同时更让机构投资者损失惨重，这不仅包括未能上市所损失的投资收益，也包括可能投资其他股票获得收益的机会成本。

（1）22 只基金隐性巨亏。立立电子首发被否，令当初网下申购的 22 只基金的"隐性损失"接近千万。因为在耗费巨资申购，苦等了 9 个月后的收益仅是同期银行存款利息，倘若申购同日发行的利尔化学（002258），最大获利可能接近千万。

但对于投资者而言，中签资金冻结近一年付出的机会成本也不可忽视。一直以来，中签新股意味着可观的"投资收益"。首发重审被否的可能性，使申购新股也应考虑公司质地和治理结构的风险。

据立立电子 2008 年 6 月 27 日首发网下配售结果公告显示，获得立立电子网下配售共有包括上投摩根、宝盈、申万巴黎、中海、银河、友邦华泰等基金旗下的 22 只基金，总计获配 88.28 万股，约有 1 925.5 万资金被套，按照有效申购获得配售的比例 0.845 666% 计算，总共冻结资金 22.77 亿元。

若以这 22.77 亿元去申购同时发行的利尔化学（002258），按照其有效申购获得配售的比例 0.756 396%，发行价 16.06 元计算，这 22 只基金将获配到 107.24 万股，按照发行规则，网下获配的个股将自上市交易日起锁定 3 个月，而利尔化学在上市 3 个月后的最高价为 24.02 元，这 107 万股股票的最大获利将达到 800 多万元。

（2）散户中签成坏事。股民孙先生称，自己拿了近百万资金申购立立电子，凭着运气好不容易才中了一个号，"中国的所有股民大概都知道，每只新股的募集，都引来大量的资金关注，对于最后中签的人来说，既意味着运气，也意味着收益。但现在立立电子却上不了市，最大的受损失和伤害者，莫过于中签的股民。这太不公平了！"孙先生称，即使现在冻结资金及利息都将退还给他，但他认为自己失去的机会成本没法弥补。"建议换其他新股中签还我们中签股一个公平！"

2. 增强投资者新股申购风险意识

从发行监管的角度来看，证监会通过会后事项审议，也可监控首发后上市公司的变化。发行人股票发行表决申请通过后至证监会最终核准挂牌前，发行人可能发生与所报送的股票发行申请文件不一致的重大事项，公司业绩、治理结构也可能发生重大变动。因此，证监会有关职能部门通过提请发审委召开"会后事项发审委会议"，对该发行人的股票发行申请文件重新进行审核，不仅仅是监管的延续，也是给市场一记警钟，新股申购也应考虑"过会后"存在的风险。

6.6.1.4 反思

立立电子事件暴露了新股发行制度缺陷。

1. 保荐人制度

中国股市自 2003 年末引入保荐制度以来，新股发行均由保荐机构与保荐人推荐。立立电子也不例外。引入保荐人制度的目的是确保上市公司的质量，督导其规范运作。从这个意义上讲，作为保荐人的机构就要恪守"权利与义务相适应，利益与风险相一致"的精神，对广大的投资者负责，在保荐过程中勤勉尽责，为资本市场把好第一道关。

作为立立电子保荐机构的中信建投证券有限责任公司曾在立立电子招股说明书中声明：本公司已对招股说明书及其摘要进行了核查，确认不存在虚假记载、误导性陈述或重大遗漏，并对其真实性、准确性和完整性承担相应的法律责任。

立立电子事件的发生给了我们一个警示：保荐人的责任和义务是不容忽视的。但令人不解的是，像立立电子这样一个明显存在问题的公司，保荐机构与保荐人怎么就没有发现？保荐机构与保荐人的责任到底在哪里？虽然说，随着立立电子 IPO 在重审中被否决，其上千万的保荐费用将要退还，但仅限于此显然是不够的。为了保证上市公司的质量，保护投资者的利益，对于相关保荐机构与保荐人这种把关不严的行为，有必要作出进一步的处理，并加大处罚力度。

2. 新股发行与新股上市之间的时间安排过于紧凑

新股上市与新股发行之间相隔太近，并不利于充分发挥舆论的监督作用，甚至有可能让某些问题公司带着舆论监督出来的问题而上市。立立电子 IPO 被否决表明，在改革新股发行上市制度时，进一步拉开新股上市与发行之间的时间间隔，对于充分发挥舆论的监督作用，暴露发行公司问题，保证上市公司质量具有积极意义。

资料来源：

① 周晓峰．证监会撤销立立电子 IPO 资格，并要求返还募集资金及利息［EB/OL］．［2009 – 04 – 07］．http：//cn. reuters. com/article/newIssueNews/idCNnCN059137520090407? feedType = RSS&feed Name = newIssueNews.

② 唐玮婕．立立电子事件余波未平［EB/OL］．［2009 – 04 – 08］. http：//bank. hexun. com/2009 – 04 –08/116461991. html.

③ 邓聿文．立立电子 IPO 被否事件说明了什么？［EB/OL］．［2009 – 04 –09］. http：//info. china. alibaba. com/news/detail/v0 – d1004812591. html.

④ 金融界报道．立立电子发行申请被否［EB/OL］．［2012 – 10 – 07］. http：//stock. jrj. com. cn/focus/lzz/.

6.6.2 案例二 注册制下康泰医学于创业板发行并上市的案例

深圳证券交易所于 2020 年 6 月 22 日开始正式受理注册制下的 IPO 申请文件。根据中国证监会与深交所有关创业板 IPO 交接工作的安排，在核准制下由证监会审核的 IPO 企业，"平移"至深交所继续审核，审核方式改为注册制。①

2020 年 7 月 13 日，深交所创业板股票上市委员会召开首次审议会议，审议 3 家企业的 IPO 申请和 1 家企业的再融资申请，全部审议通过，康泰医学系统（秦皇岛）股份有限公司（简称康泰医学）位列其中。康泰医学的 IPO 申请在深交所的受理时间是 2020 年 7 月 2 日。2020 年 7 月 24 日，中国证监会对康泰医学 IPO 予以注册。

康泰医学总部位于河北省秦皇岛市，从事医疗诊断、监护设备的研发、

① 详见经济日报网于 2020 年 7 月 8 日的报道——175 家在审企业完成平移 9 家暂时"掉队"［EB/OL］. https：//www. sohu. com/a/406343808_118392? _f = index_pagefocus_6&_trans_ = 000014_bdss_dkjyh.

生产和销售，产品有血氧类、心电类、超声类、监护类、血压类等。康泰医学股票于 2016 年 1 月在全国中小企业股份转让系统挂牌，于 2017 年 9 月终止挂牌。

6.6.2.1 发行方式

采用网下向符合条件的投资者询价配售和网上向持有一定市值深圳市场非限售 A 股股份和非限售存托凭证的社会公众投资者定价发行相结合的方式进行。最终确定的发行价格 10.16 元/股，未超过《创业板首次公开发行证券发行与承销特别规定》第八条第二款规定的中位数、加权平均数的孰低值，保荐机构相关子公司不进行跟投。此次发行不向战略投资者定向配售。

6.6.2.2 选择的发行并上市标准

康泰医学为境内企业且不存在表决权差异安排，康泰医学选择的上市标准为：最近两年净利润均为正，且累计净利润不低于 5 000 万元。

按照归属于母公司股东的扣除非经常性损益前后净利润孰低原则，康泰医学 2018 年、2019 年两年净利润分别为 5 865.4 万元和 6 833.08 万元，合计为 12 698.48 万元，最近两年净利润均为正且累计净利润不低于人民币 5 000 万元，符合所选发行并上市标准。

6.6.2.3 初步询价及定价

根据总体申报情况，剔除无效报价，发行人和保荐机构根据剔除无效报价的初步询价结果，将符合条件的配售对象的报价按照拟申购价格由高到低排序，剔除报价最高部分配售对象的报价，并且剔除的申购量不低于所有符合规定的网下投资者拟申购总量的 10%。当拟剔除的最高申报价格部分中的最低价格与确定的发行价格相同时，对该价格的申报不再剔除。剔除部分的配售对象不得参与网下申购。

发行人和保荐机构（主承销商）根据剔除无效报价的初步询价结果，在剔除最高报价部分后，综合考虑剩余报价及拟申购数量、发行人所处行业、市场情况、同行业上市公司估值水平、募集资金需求及承销风险等因素，协商确定发行价格为 10.16 元/股。

6.6.2.4 限售期安排

网上发行的股票无流通限制及限售安排，自本次发行股票在深交所上市交易之日起即可流通；网下发行部分，所有参与本次发行初步询价并最终获得网下配售的网下投资者，其所管理的配售对象获配股份数量按照比例进行限售处理，限售比例为10%，若不足1股向上取整计算。限售期限为自发行人本次公开发行并上市之日起6个月。

6.6.2.5 承销方式

承销商申万宏源证券承销保荐有限责任公司采取余额包销的方式，按照规定发行额和发行条件，在约定期限内向投资者发售股票。

资料来源：

① 深圳证券交易所创业板发行上市审核信息公开网站披露的有关康泰医学IPO审核的内容 ［EB/OL］. http：//listing. szse. cn/projectdynamic/ipo/detail/index. html？id = 1000150.

② 康泰医学首次公开发行股票并在创业板上市招股意向书 ［EB/OL］. http：// www. szse. cn/disclosure/listed/bulletinDetail/index. html？00b6ee41 – eaf9 – 4777 – 9666 – 1 da2238bb048.

③ 康泰医学首次公开发行股票并在创业板上市发行公告 ［EB/OL］. http：//www. szse. cn/disclosure/listed/bulletinDetail/index. html？85e0fb0a – 83b5 – 459d – ac85 – dc36941855b7.

6.7　本 章 小 结

（1）证券市场是股票、债券、投资基金券等各种有价证券发行和交易的场所。经过20余年的发展，中国证券市场从无到有、从小到大、从分散到集中、从地区性试点发展到全国性证券市场。多层次、全方位的资本市场体系已初步形成。

（2）根据交易机制不同，中国债券市场分为场外交易市场和交易所交易市场两大层次。债券的场外交易市场包括两个部分：银行间债券市场和商业银行债券柜台市场。交易所交易市场是指依托于上海、深圳证券交易所形成的债券交易市场。

（3）我国的股票市场在证券市场占据主导地位，以沪深两市集中交易为核心的多层次的市场体系主要包括：股票市场由股票发行市场和交易市场构成。目前，我国股票交易市场包括交易所市场和场外交易市场两个部分。交易所市场又分为主板市场、中小企业板和创业板、科创板市场；场外交易市场分为新三板和区域性股权市场。

（4）我国股票发行审核制度是核准制，《证券法》《首次公开发行股票并上市管理办法》《首次公开发行股票并在创业板上市管理暂行办法》《上海证券交易所股票上市规则》《深圳证券交易所股票上市规则》等法律法规对公司公开发行并上市都作出了明确的规定。其中在主板市场、中小企业板市场对公开发行股票并上市的公司的政策要求基本相同。在创业板市场公开发行并上市的政策要求相对低于主板、中小企业板的要求。

（5）香港证券交易市场主要包括两部分：香港主板市场和创业板市场。《香港联合交易所有限公司证券上市规则》《香港联合交易所有限公司创业板市场证券上市规则》对公开发行股票并上市公司的营业记录、主线业务、盈利要求、股东及上市目的，市场目的，可接受的司法地区，投资者等都有明确的规定。

6.8   问题思考

1. 我国证券市场由哪几部分组成？

2. 根据《证券法》规定，我国公司公开发行股票应具备哪些条件？

3. 我国大陆股票公开发行并上市的法律依据主要有哪些？

4. 股票在我国大陆主板、中小企业板、创业板和科创板发行与上市的条件要求主要有哪些？

5. 中国香港地区股票公开发行与上市的政策要求主要体现在哪几个方面？

6. 境内与境外上市各有何优缺点？

第7章 证券发行：美国的市场体系

美国证券市场起步较早，发展得比较成熟，其市值规模、交易量等许多指标在全球领先。世界上许多其他国家或地区的企业在美国寻求公开上市，进行融资并扩大国际影响力。本章着重介绍美国的证券市场体系以及在美国的证券市场公开发行股票与上市的有关政策要求。

7.1 美国的证券市场体系

美国证券市场产生于独立战争时期，第一次和第二次产业革命使其得以迅速发展，1929 年经济危机后，逐步确立了全球金融市场的霸主地位。美国证券市场是国际金融中心，是全球最大的证券市场，其上市公司总市值、成交量及上市公司数量全球第一。

美国证券市场层次较多，具有完整多层次资本市场的特征。许多公司可在投资银行的指导下，找到合适的上市场所，实现公开发行股票筹集资金并上市交易的目的。

7.1.1 场内交易市场

场内交易市场由全国性证券交易所和区域性证券交易所组成。全国性市场主要包括纽约证券交易所（New York Stock Exchange，NYSE）和纳斯达克证券交易所（National Association of Securities Dealers Automated Quotation，NASDAQ）。

美国曾经有多家区域性证券市场。随着电子技术的发展，电子化交易突破了地理空间的交易局限，地理上的区域市场存在的必要性降低。证券交易逐步向全国性市场集中。有的区域性市场合并，或被全国性市场并购，例如，

2000 年，群岛交易所（Archipelago Exchange，ArcaEx）与太平洋交易所（Pacific Exchange）合并成为群岛证券交易所（Archipelago Securities Exchange）；群岛证券交易所于 2006 年被纽约证券交易所兼并，成为纽交所群岛交易所（NYSE Arca Exchange）。

1. 纽约证券交易所

纽约证券交易所是美国历史最悠久、流动性最强、影响力最大和最著名的证券市场。纽约证券交易所起源于 1792 年 5 月 17 日，24 名经纪人在纽约华尔街和威廉街的西北角一咖啡馆门前的梧桐树下签订了著名的"梧桐树协定"。1817 年，市场参与者成立了纽约证券和交易管理处，1863 年，纽约证券和交易管理处易名为纽约证券交易所。1865 年纽约证券交易所拥有了自己的大楼，交易大楼内设有主厅、蓝厅、"车房"等三个股票交易厅和一个债券交易厅，是证券经纪人聚集和互相交易的场所。

1934 年 10 月 1 日，纽约证券交易所向美国证券交易委员会注册，成为一家全国性证券交易所。自 20 世纪 20 年代起，纽约证券交易所一直是国际金融中心。1996 年纳斯达克市场的交易量首次超过纽约证券交易所的交易量。

2006 年 3 月 7 日，纽约证券交易所完成对电子证券交易平台群岛交易所公司的收购。收购后纽约证券交易所集团公司的股票于 2006 年 3 月 8 日在自家交易所挂牌上市。纽约证券交易所集团公司由三部分组成，分别是纽约证券交易所有限公司、纽约证券交易所市场公司及纽约证券交易所监管公司。其中，纽约证券交易所有限公司继承原来的纽交所而成为美国注册的全国性交易所，而纽约证券交易所市场公司和监管公司则作为纽约证券交易所有限公司的全资子公司，分别承担交易所业务和监管职责。纽约证券交易所成为纽约证券交易所集团公司后，新增股票期权、固定收入产品及更多柜台交易等运营项目，大大提升了其在全球范围内的竞争力。

2006 年 6 月 1 日，纽约证券交易所宣布与泛欧股票交易所（Euronext）合并组成纽约泛欧交易所集团（NYSE Euronext），这是全球首个跨洲证券交易所，也是全球规模最大、最具流动性的证券交易集团。纽约泛欧交易所集团于 2007 年 4 月 4 日正式开始运行。

2008 年 10 月 1 日，获得美国证券交易委员会的批准完成对美国证券交易所（American Stock Exchange，AMEX）的收购，成为美国第三大期权交易市场，提升了纽约泛欧交易所在美国的期权、交易型开放式指数基金（ETFs）、封闭式基金、结构性金融产品以及现金股票等领域的业务规模。此次收购完成后 AMEX 并入 Alternext European 小盘股交易，更名为 NYSE Alternext U. S. 。2009 年 3 月，NYSE Alternext U. S. 又更名为 NYSE Amex Equities。2012 年 5 月，NYSE Amex Equities 再次更名为 NYSE MKT LLC。

纽约证券交易所通过收购兼并的方式，在原有的主板市场外，还新增了针对不同类型企业上市与交易的子市场，为大中小市值企业提供全方位的上市服务。

2. 纳斯达克

纳斯达克（NASDAQ）是全美证券商协会自动报价系统（national association of securities dealers automated quotations）的英文缩写，由全美证券交易商协会（NASD）于 1971 年创立并负责管理。NASDAQ 起初是以全国证券交易商协会自动报价系统形式运行，目前已成为纳斯达克股票市场的代名词，是全球第一个也是最大的股票电子交易市场。

纳斯达克（NASDAQ）是一个完全采用电子交易、为新兴产业尤其是高科技企业提供融资和上市渠道、自我监管、面向全球的股票市场。纳斯达克属于电子交易市场，没有固定的交易场所，透过电子买卖方式，由证券交易商利用计算机、电话网或电报网完成每一笔交易。采用高效的"电子交易系统"（ECNs），在全世界共装置了 50 万台计算机终端，向全球 50 多个国家的证券经纪人传送 5 000 多种证券的全面报价和最新交易信息。由于采用电脑化交易系统，纳斯达克的管理与运作成本低、效率高，增加了市场的公开性、流动性与有效性。相比之下，在纳斯达克上市的要求是最严格而且复杂的，同时由于它的流动性很大，在该市场上市所需进行的准备工作也最为繁重。

纳斯达克采用多元做市商制度，通过做市商提供的竞买价和竞卖价维持交易的连续性。

1975 年，全美证券交易商协会提出了纳斯达克的上市标准，规定只有在纳斯达克上市的股票才能在该系统报价，由此纳斯达克彻底割断了与其他OTC 股票的联系，成为一个完全独立的上市场所。1976 年，全美证券交易商协会收回了该系统的经营权，开始由全美证券交易商协会亲自运作。1982年，纳斯达克进一步明确了上市标准，把原先的单一市场分成了纳斯达克全美市场（NASDAQ national market）和纳斯达克小型资本市场（NASDAQ small cap market）。这两个市场仍在一个报价系统中进行报价交易，只是上市标准不同。小型资本市场的上市标准明显低于纳斯达克全国市场。

2006 年 1 月 13 日，美国证监会（SEC）宣布批准纳斯达克注册成为全国

性的证券交易所，意味着纳斯达克由属于场外交易性质的电子平台转为属于
场内交易性质的证券交易所。

随着全球经济的发展，在纳斯达克市场上市的顶级公司越来越多，需要
拥有更高标准的板块和更具针对性的定制服务以体现这些顶级公司的价值。
2006 年 7 月 3 日，纳斯达克开始"自我升级"计划，将纳斯达克市场调整为三
个层次：纳斯达克全球市场（NASDAQ global market）（即原来的 Nasdaq nation-
al market）、纳斯达克资本市场（NASDAQ capital market）（即原来的 NASDAQ
small cap market）和纳斯达克全球精选市场（NASDAQ global select market）。

纳斯达克全国市场更名为纳斯达克全球市场，上市对象是世界范围的大
型企业和经过小型资本市场发展起来的企业；纳斯达克小型资本市场将更名
为纳斯达克资本市场，上市对象是高成长的中小企业，其中高科技企业占有
很大比重，上市标准低于全球市场。新创建的纳斯达克全球精选市场是为大
型蓝筹公司所创立的市场，是最高上市标准的市场层次。对公司的财务标准
和股票流通性要求都提升到世界最高水平。通过对不同特征公司上市板块的
划分，纳斯达克在内部实现了一定程度的多层次资本市场的建设。

2007 年，纳斯达克与斯堪的纳维亚交易所集团 OMX（Scandinavian ex-
change group OMX）合并，成为纳斯达克 OMX 集团（Nasdaq OMX group），在
美国和欧洲运行了 25 个市场，极大地提高了整体的市场份额。纳斯达克占所有
美国股票交易量的对应市场份额为 29.1%，领先于所有其他美国的证券交易所。
2008 年初，纳斯达克股票市场宣布它在 2007 年成为美国最大的证券交易所，创下
所有美国证券对应股票交易量和市场份额纪录以及多项纽交所股票交易纪录。

纳斯达克市场是美国多层次资本市场的重要组成部分，带动和促进了美
国其他证券市场的发展。这主要表现在：首先，纳斯达克市场促进了创业企
业和中小企业的发展；其次，为纽约证券交易所输送了大量的高质量上市公
司；最后，接收了大量的从场外市场升板的公司，为这些公司提供了更大的
发展机遇。

7.1.2 场外交易市场

场外交易市场或柜台市场（over the counter，OTC）是一种历史悠久的交
易市场，一般没有像交易所那样的集中交易的场所，交易双方不经过经纪人
直接成交。现在的柜台市场已经实现电子化撮合交易。在柜台市场挂牌一般

不需要像交易所那样的比较严格的上市条件，挂牌程序也很简捷，便于普通的中小企业进行股权交易。

美国证券市场上最初的股票交易、转让都是通过场外交易即柜台交易实现的。美国 OTC 市场已有 200 多年的历史。目前其市场主体是 OTC 市场集团（OTC markets group），由 OTCQX 优选市场（OTCQX best market）、OTCQB 创业市场（OTCQB venture market）和粉单市场（pink market）组成。

OTC 市场集团的前身可追溯到 1913 年在美国正式设立的全国报价局（National Quotation Bureau，NQB）。NQB 在 2000 年更名为美国的粉单有限责任公司（Pink Sheets LLC），在 2008 年又更名为粉单 OTC 市场（Pink OTC markets），在 2010 年变更为目前的 OTC 市场集团。到 2011 年，在 OTC 市场集团报价交易的证券超过 1 万只。

在 OTC 市场集团的 OTCQX 优选市场、OTCQB 创业市场和粉单市场的报价，须通过可在 OTC 链接另类交易系统（OTC Link ATS）上报价的经纪商进行。经纪商需在美国的 SEC 注册，是美国金融行业监管局（Financial Industry Regulatory Authority，FINRA）的成员。

7.2 美国主要证券交易市场的上市标准

公司在美国证券交易市场上市要满足两个要求，首先要满足证券交易委员会的要求，向证券交易委员会申请登记；其次要满足拟进入的交易所或柜台的要求。

美国证券市场采用注册制的证券发行管理制度，证券交易委员会主要审核拟发行股票并上市公司拟披露的信息资料的准确性、真实性、完整性和及时性，遵循的原则主要是公开性、公正性和公平性，相关法律法规也是依据这个原则订立的。美国有关证券发行、上市及交易的法律法规主要有：1933 年的《证券法》、1934 年的《证券交易法》、1940 年的《投资公司法》、1970 年的《证券投资者保护法》和 2002 年的《萨班斯—奥克斯利法》等。

美国证券市场体系是多层次的，每一层次的市场都对进入其市场交易的公司的经营绩效、规模、资产规模、股票的流动性、股权分布等方面有一定的上市要求和标准。证券交易市场不同，其上市要求也不相同，只要公司符合其中一个市场的上市要求，就可以向美国证券交易委员会申请登记，在该市场挂牌上市。同时，不管在哪个层次的市场上挂牌交易的公司，只要满足较高层次市场的初次上市标准，就可以申请到该较高层次市场挂牌交易。反之，一个在高层次证券市场挂牌交易的公司，如果量化指标不能满足其在此市场持续交易的要求，通常会到较低层次的市场继续交易。

美国证券市场体系的多层次、多重上市标准、完善转板制度的特点，适应了不同企业的多种需求，这也是美国证券市场充满活力的重要原因。

7.2.1　纽约证券交易所的上市标准

纽约证券交易所是美国资本市场上历史最悠久、最成熟的场内交易市场，作为纽约泛欧证券交易所的主板市场，其上市标准较为严格，主要为全球大型公司提供融资和上市服务。

纽约证券交易所的上市标准包括两个部分：初次上市标准和持续上市标准。初次上市标准又分为适用于美国公司的国内标准和适用于外国公司的国际标准，美国公司标准较外国公司标准而言，较为宽松和灵活。对于已决定在纽约证券交易所首次公开发行股票的非美国公司，一般根据国际标准上市，但也可以根据自己公司的具体情况选择美国公司适用的上市标准。

7.2.1.1　首次发行并上市标准

纽约证券交易所的首次发行并上市的主要标准如表 7-1 所示。

表 7-1　　　　　　　　　　纽约证券交易所的上市标准*

主要考核指标		美国国内标准	国际标准
股权分布与市值标准	股东人数	A：2 000 个持 100 股以上的美国股东；B：共有 2 200 个股东，最近 6 个月的月平均交易量为 10 万股；C：共有 500 个股东，最近 12 个月的月平均交易量达 100 万股（三个标准选一）	全球范围内有 5 000 个持 100 股以上的股东
	公众持股数量	在北美有 110 万股	全球有 250 万股

* 相关标准详见纽约证券交易所资料，https：//www.nyse.com/publicdocs/nyse/listing/NYSE_Initial_Listing_Standards_Summary.pdf。

续表

主要考核指标		美国国内标准	国际标准
股权分布与市值标准	公开交易的股票的最低市值	6 000 万美元	1 亿美元
A：最低盈利标准	税前净利润	在最近 3 年的总和为 1 000 万美元，其中最近两年的年税前收入为 200 万美元	在最近 3 年的总和为 1 亿美元，其中最近两年中的每一年达到 2 500 万美元
B：市值、收入和现金流标准	全球总市值	不低于 5 亿美元	不低于 5 亿美元
	最近一年年度收入	不少于 1 亿美元	不少于 1 亿美元
	最近 3 年的最低现金流	总和为 2 500 万美元，最近 3 年现金流总和为正数	累计 1 亿美元，其中最近两年中的每一年达到 2 500 万美元，过去 3 年的现金流总和为正数
C①：纯评估值标准（市值和收入标准）	上市时全球总市值	7.5 亿美元	7.5 亿美元
	最近一年年度收入	不少于 7 500 万美元	不少于 7 500 万美元
关联公司标准（适用于控股公司或附属公司已在 NYSE 上市的公司）	全球市场资本总额	不少于 5 亿美元	不少于 5 亿美元
	经营时间	不少于 12 个月	不少于 12 个月
	公众持股部分市值	不少于 6 000 万美元	不少于 6 000 万美元
	已上市关联企业的经营状况	良好	良好
信息披露		遵守交易所的年报、季报和中期报告制度	
公司治理		采用并披露涉及董事资格标准、董事薪酬、董事继续教育和董事会年度业绩评估等内容的公司治理准则	
其他因素		交易所考察的其他因素主要有：公司所属行业的稳定性、公司在该行业中的地位、公司产品的市场情况、公司前景及公众对公司股票的兴趣等	

---

① 满足 A、B、C 三个标准之一即可。

7.2.1.2　持续上市标准

为保证已上市公司的质量，纽约证券交易所对公司是否能够持续上市进行了定量和定性的规定，如满足不了持续上市的最低标准，交易所会对其是否应持续上市进行评估，根据评估结果，启动暂停上市或终止上市程序。

1. 价格标准

在过去 30 个连续交易日里，平均成交价不低于 1 美元。

2. 资本标准和股东权益总额标准

对采用不同标准上市的公司，资本标准和股东权益总额标准有不同的规定。

（1）对采用最低盈利标准上市的公司的要求如下。

在过去 30 个连续交易日里，平均全部资本总额不低于 7 500 万美元；股东权益总额不低于 7 500 万美元或者在过去 30 个连续交易日平均全部资本总额不低于 2 500 万美元。

（2）对采用市值、收入和现金流标准上市的公司的要求如下。

在过去 30 个连续交易日里，平均全部资本总额不低于 2.5 亿美元；在过去的 12 个月里总收益不低于 2 000 万美元或者在过去 30 个连续交易日平均全部资本总额不低于 7 500 万美元。

（3）对采用纯评估标准上市的公司的要求如下。

在过去 30 个交易日里，平均全部资本总额不低于 3.75 亿美元；在过去的 12 个月里总收益不低于 1 500 万美元或者在过去 30 个连续交易日平均全部资本总额不低于 1 亿美元。

7.2.2　纳斯达克市场的上市标准

纳斯达克市场分为三个层次，每个层次有各自的上市标准①。

7.2.2.1　纳斯达克全球市场的上市标准

1. 初次上市标准

纳斯达克全球市场的上市标准有四个，如表 7-2 所示，选择在纳斯达克

---

① 有关纳斯达克上市要求，详见 https：//www.nasdaq.com/solutions/list-your-company。

全球市场上市的公司必须符合以下四个标准中一个标准的所有要求。

表 7 - 2　　　　　　　纳斯达克全球市场的初次上市标准

主要考核指标	利润	权益	市值	总资产/总收入
股东人数及公众持有股份数	持有 100 股以上的股东不少于 400 人；公众持有股份不少于 110 万股	持有 100 股以上的股东不少于 400 人；公众持有股份不少于 110 万股	持有 100 股以上的股东不少于 400 人；公众持有股份不少于 110 万股	持有 100 股以上的股东不少于 400 人；公众持有股份不少于 110 万股
股东权益	不低于 1 500 万美元	不低于 3 000 万美元		
公众持有股份市值	不低于 800 万美元	不低于 1 800 万美元	不低于 2 000 万美元	不低于 2 000 万美元
经营年限	不要求	不少于 2 年	不要求	不要求
上市证券市值	不要求	不要求	不低于 7 500 万美元	不要求
税前利润（最近一个会计年度或最近三个会计年度中的两个）	不低于 100 万美元	不要求	不要求	不低于 75 万美元
做市商的数量	不少于 3 个	不少于 3 个	不少于 4 个	不少于 4 个
股票交易价格	不低于 4 美元	不低于 4 美元	不低于 4 美元	不低于 4 美元
信息披露	发表年度和中期报告	发表年度和中期报告	发表年度和中期报告	发表年度和中期报告
公司治理	满足上市规则 5600 系列中关于公司治理的一系列要求	满足上市规则 5600 系列中关于公司治理的一系列要求	满足上市规则 5600 系列中关于公司治理的一系列要求	满足上市规则 5600 系列中关于公司治理的一系列要求

2. 持续上市标准

公司首次发行股票并上市后，必须至少符合表 7 - 3 中的三个标准之一，才能维持其持续上市资格。

表 7-3　　　　　　　　　　　　纳斯达克全球市场持续上市标准

主要考核指标	权益	市值	总资产/总收入
股东人数及公众持有股份数	持有 100 股以上的股东不少于 400 人；公众持有股份不少于 75 万股	持有 100 股以上的股东不少于 400 人；公众持有股份不少于 110 万股	持有 100 股以上的股东不少于 400 人；公众持有股份不少于 110 万股
股东权益	不低于 1 000 万美元		
公众持有股份市值	不低于 500 万美元	不低于 1 500 万美元	不低于 1 500 万美元
上市证券市值	不要求	不低于 7 500 万美元	不要求
税前利润（最近 1 个会计年度或最近 3 个会计年度中的 2 个会计年度）	不要求	不要求	不低于 5 000 万美元
股票交易价格	不低于 1 美元	不低于 1 美元	不低于 1 美元
做市商的数量	不少于 2 个	不少于 4 个	不少于 4 个
信息披露	发表年度和中期报告	发表年度和中期报告	发表年度和中期报告
公司治理	满足上市规则 5600 系列中关于公司治理的一系列要求	满足上市规则 5600 系列中关于公司治理的一系列要求	满足上市规则 5600 系列中关于公司治理的一系列要求

7.2.2.2　纳斯达克资本市场的上市标准

1. 初次上市标准

在纳斯达克资本市场首次发行股票并上市的标准有三个，如表 7-4 所示，公司必须至少符合三个标准中的一个。

表 7-4　　　　　　　　纳斯达克资本市场的首次发行并上市标准

主要考核指标	权益	上市证券总市值	净收入
股东人数及公众持有股份数	持有 100 股以上的股东不少于 300 人；公众持有股份数不少于 100 万股	持有 100 股以上的股东不少于 300 人；公众持有股份数不少于 100 万股	持有 100 股以上的股东不少于 300 人；公众持有股份不少于 100 万股
股东权益	500 万美元	400 万美元	400 万美元

续表

主要考核指标	权益	上市证券总市值	净收入
公众持有股份的市值	不低于 1 500 万美元	不低于 1 500 万美元	不低于 500 万美元
经营年限	不少于 2 年	不要求	不要求
上市证券市值	不要求	不低于 5 000 万美元	不要求
净收入（最近一个会计年度或最近三个会计年度中的两个会计年度）	不要求	不要求	不低于 75 万美元
股票交易价格	不低于 4 美元	不低于 4 美元	不低于 4 美元
信息披露	发表年度和中期报告	发表年度和中期报告	发表年度和中期报告
公司治理	满足上市规则 5600 系列中关于公司治理的一系列要求	满足上市规则 5600 系列中关于公司治理的一系列要求	满足上市规则 5600 系列中关于公司治理的一系列要求
做市商的数量	不少于 3 个	不少于 3 个	不少于 3 个

2. 持续上市标准

公司首次发行并上市后，必须至少符合表 7-5 中的三个标准之一，才能维持其持续上市资格。

表 7-5　　　　纳斯达克资本市场持续上市最低标准

主要考核指标	标准 1	标准 2	标准 3
股东数量	300	300	300
公众持股数	50 万股	50 万股	50 万股
公众持股股份市值	100 万美元	100 万美元	100 万美元
股东权益	250 万美元	不要求	不要求
已发行股票的市值	不要求	3 500	不要求
股票交易价格	1 美元	1 美元	1 美元
做市商的数量	2	2	2

7.2.2.3 纳斯达克全球精选市场的上市标准

1. 初次上市标准

纳斯达克全球精选市场的初次上市标准包括两个部分：财务及质量标准（见表 7-6）、流动性标准（见表 7-7）。

（1）财务及质量标准。首次发行并在纳斯达克全球精选市场上市的公司必须至少满足表 7-6 列示的四个财务及质量标准中一个标准的所有要求。

表 7-6 　　　　　　纳斯达克全球精选市场初次上市的财务及质量标准

主要考核指标	标准 1	标准 2	标准 3	标准 4
股东权益	不要求	不要求	不要求	不低于 5 500 万美元
上市证券市值（最近 12 个月平均市值）	不要求	大于 5.5 亿美元	大于 8.5 亿美元	大于 1.6 亿美元
总资产（最近的一个会计年度）	不要求	不要求	不要求	不低于 8 000 万美元
税前利润	最近三个会计年度超过 1 100 万美元；最近两个会计年度中每年的税前利润超过 220 万美元；最近三个会计年度每年无亏损	不要求	不要求	不要求
现金流（最近三个会计年度）	不要求	超过 2 750 万美元，且每年都为现金净流入	不要求	不要求
收入（最近一个会计年度）	不要求	超过 1.1 亿美元	9 000 万美元	不要求
总资产（最近一个会计年度）	不要求	不要求	不要求	不少于 8 000 万美元
做市商的数量	不少于 3 个或 4 个	不少于 3 个或 4 个	不少于 3 个或 4 个	不少于 3 个或 4 个
股票交易价格	不低于 4 美元	不低于 4 美元	不低于 4 美元	不低于 4 美元

续表

主要考核指标	标准1	标准2	标准3	标准4
信息披露	发表年度和中期报告	发表年度和中期报告	发表年度和中期报告	发表年度和中期报告
公司治理	满足上市规则5600系列中关于公司治理的一系列要求	满足上市规则5600系列中关于公司治理的一系列要求	满足上市规则5600系列中关于公司治理的一系列要求	满足上市规则5600系列中关于公司治理的一系列要求

（2）流动性标准。同时，初次在纳斯达克全球精选市场上市的公司还必须要符合表7-7中相应的各项流动性要求。

表7-7 　　　　　　　　　　**流动性标准**

考核指标	首次公开发行并分拆上市的公司	已挂牌公司：目前交易的普通股等	关联公司
整数股股东数或总股东数或总股东数D及前12个月平均月交易量	不少于450人 或不少于2 200人	不少于450人 或不少于2 200人 或不少于550人 不低于110万美元	不少于450人 或不少于2 200人 或不少于550人 不低于110万美元
公众持有股份数	不少于125万股	不少于125万股	不少于125万股
公众持股总市值或公众持股总市值及股东权益	不低于4 500万美元	不低于1.1亿美元 不低于1亿美元 不低于1.1亿美元	不低于4 500万美元

2. 持续上市标准

公司首次发行股票并上市后，必须至少符合表7-8中的三个标准之一，才能维持其持续上市资格。

表7-8 　　　　　　　　　**纳斯达克全球市场持续上市标准**

主要考核指标	权益	市值	总资产/总收入
股东人数及公众持有股份数	持有100股以上的股东不少于400人；公众持有股份不少于75万股	持有100股以上的股东不少于400人；公众持有股份不少于110万股	持有100股以上的股东不少于400人；公众持有股份不少于110万股
股东权益	不低于1 000万美元	不要求	不要求

续表

主要考核指标	权益	市值	总资产/总收入
公众持有股份市值	不低于 500 万美元	不低于 1 500 万美元	不低于 1 500 万美元
上市证券市值	不要求	不低于 7 500 万美元	不要求
税前利润（最近一个会计年度或最近三个会计年度中的两个会计年度）	不要求	不要求	不低于 50 万美元
股票交易价格	不低于 1 美元	不低于 1 美元	不低于 1 美元
做市商的数量	不少于 2 个	不少于 4 个	不少于 4 个
信息披露	发表年度和中期报告	发表年度和中期报告	发表年度和中期报告
公司治理	满足上市规则 5600 系列中关于公司治理的一系列要求	满足上市规则 5600 系列中关于公司治理的一系列要求	满足上市规则 5600 系列中关于公司治理的一系列要求

7.2.3 美国场外交易市场即 OTC 市场的上市要求

7.2.3.1 OTCQX 优选市场①

1. 资格标准

（1）不是壳公司或空白支票公司；

（2）不受任何破产或重组程序的限制；

（3）不是彭尼股票；

（4）已在场外交易中对做市商的报价进行了定价；

（5）提交一份介绍信给 OTCQX 赞助商；

（6）有一个参与传输代理验证共享程序。

---

① 美国场外交易市场网站相关资料，详见 https：//www.otcmarkets.com/corporate-services/get-started/otcqx-us。

2. 披露标准

由公共公司会计监督委员会（PCAOB）审计师审计的年度财务报告和根据美国公认会计原则编制的未经审计的中期财务报告及时披露重大新闻。

满足下列之一报告标准：

（1）证券交易委员会报告标准；

（2）条例 A 报告标准；

（3）替代报告标准。

3. 公司治理标准

（1）有至少 2 名独立董事的董事会；

（2）设立一个审计委员会，其成员多数为独立董事；

（3）召开年度股东大会，并在股东会议召开前至少 15 个日历日向股东提供年度财务报告。

7.2.3.2　OTCQB 创业市场①

1. 资格要求

（1）美国公司必须由 PCAOB 审计师对年度财务状况进行审计。（第 2 级规例 A 公司获豁免使用 PCAOB 核数师进行首次审计）；

（2）满足 0.01 美元的最低投标价格测试；

（3）没有破产；

（4）至少有 50 个受益股东，每个股东至少拥有 100 股份；

（5）有一个自由交易的公开浮动至少 10% 的总发行和未发行的该证券；

（6）上市自由交易至少 5%（上市市值 200 万美元）的公司，或在全国交易所交易的另一类证券，可申请豁免；

（7）有一个参与传输代理验证共享程序（只限于美国公司）；

（8）国际公司必须在合格外汇（或证交会报告）并提交经批准的介绍信 OTCQB 赞助商。

2. 报告要求

满足下列之一报告标准：

---

① 美国场外交易市场网站相关资料，详见 https：//www.otcmarkets.com/corporate-services/get-started/otcqb。

（1）证券交易委员会报告标准；

（2）条例 A 报告标准（第 2 级）；

（3）美国银行报告标准；

（4）国际报告标准；

（5）替代报告标准。

3. 公司治理要求（仅供选择报告）

（1）有至少两名独立董事的董事会；

（2）有一个审计委员会，其中大多数成员是独立董事。

4. 核查要求

（1）维护经验证的公司简介；

（2）初步和年度核查和管理认证。

7.3　知　识　扩　充

7.3.1　知识扩充一　国际上著名的主要证券交易所简介

欧美等发达国家资本市场起步较早，形成了一些在世界上享有一定知名度的证券交易所，例如纽约证券交易所、伦敦证券交易所、多伦多股票交易所。随着经济全球化的发展，亚洲、南美洲等新兴证券市场也逐渐在世界上崭露头角，例如香港证券交易所、上海证券交易所以及巴西圣保罗证券期货交易所等。以下我们简要介绍六个世界著名证券交易所。

1. 纽约证券交易所

纽约证券交易所创立于 1792 年，是世界规模最大的买卖有价证券的交易市场，地点在纽约的华尔街 11 号。在世界主要的证券市场排名中纽约证券交易所多年稳坐世界第一位。在 200 多年的发展历程中，纽交所对美国经济发展发挥了举足轻重的作用，对世界经济产生了重大影响。

2. 纳斯达克证券交易所

美国的纳斯达克证券交易所建于 1971 年，采用电子交易系统，在世界主要的证券市场排名中多年居于世界第二位。纳斯达克市场培养了一批优秀的高成长性的中小型企业。

3. 东京证券交易所

东京证券交易所是日本最大的证券交易所，其股票交易量占日本全国交易量的80%以上。总部位于东京都中央区日本桥兜町，成立于1943年。东京证券交易所已成为世界上最大的证券交易中心之一。东京证券交易所与大阪证券交易所、名古屋证券交易所并列为日本三大证券交易所，同时也是日本最重要的经济中枢。

4. 伦敦证券交易所

英国的伦敦证券交易所创立于1773年，是国际化的金融中心。伦交所上市证券种类众多，除股票外，还有政府债券、国有化工业债券、英联邦及其他外国政府债券、地方政府、公共机构、工商企业发行的债券，其中外国证券占50%左右。伦交所拥有数量庞大的投资于国际证券的基金。

5. 多伦多股票交易所

加拿大的多伦多股票交易所于1878年成立，是加拿大最主要的股票交易所，规模位居加拿大第一，在北美地区是仅次于纽约证券交易所和纳斯达克的第三大证券交易所，也是世界上成交量最大的10家证券交易所之一。

6. 香港联合证券交易所

香港联合证券交易所在世界证券市场上具有举足轻重的地位。港交所在1980年由远东交易所、金银证券交易所、九龙证券交易所和香港证券交易所合并而成。港交所是一家控股公司，全资拥有香港联合交易所有限公司、香港期货交易所有限公司和香港中央结算有限公司三家附属公司。

7.3.2 知识扩充二 中国公司赴纳斯达克上市基本流程

中国公司企业在纳斯达克上市主要有三种方式，分别是直接上市、买壳上市、控股合并。

1. 直接上市的基本流程

（1）申请立项。向中华人民共和国证券监督管理委员等相关部门申请到境外上市的立项。

（2）提出申请。由券商律师、公司律师和公司本身加上公司的会计师作出 S-1、SB-1 或 SB-2 等表格，向美国证券交易委员会（SEC）及上市所在州的证券管理部门抄送报表及相关信息，提出上市申请。

（3）等待答复。上述部门会在 4~6 个星期内给予答复，超过规定时间即认为默许答复。

（4）法律认可。根据中美已达成的上市备忘录，要求上市公司具备在中国有执业资格的律师事务所出具的法律意见书，这意味着上市公司必须取得国内主管部门的法律认可。

（5）招股书的红鲱鱼（Red herring）阶段。在这一时期公司不得向公众公开招股计划及接受媒体采访，否则董事会、券商及律师等将受到严厉惩罚，当公司再将招股书报送 SEC 后的两三周后，就可得到上市回复，但 SEC 的回复并不保证上市公司本身的合法性。

（6）路演与定价。在得到 SEC 上市回复后，公司就可以准备路演，进行招股宣传和定价，最终定价一般是在招股的最后一天确定，主要由券商和公司两家商定，其根据主要是可比公司的市盈率。

（7）招股与上市。定价结束后就可向机构公开招股，几天之后股票就可以在纳斯达克市场挂牌交易。

2. 买壳上市的基本流程

（1）决定上市。公司决定在 NASDAQ 市场上市。决议可由股东会或董事会作出。

（2）制定方案。委任金融或财务顾问，制订上市计划及可操作性方案。

（3）审计评估。委任美方投资银行或金融服务公司，制定详细的日程表，在国内进行公司审计、评估。

（4）收购方案。设立离岸公司，收购空壳公司（已在 NASDAQ 市场上市的公司），通过空壳公司对本公司进行收购。

（5）合并报表。

（6）上市交易。由包销商进行私人配售或公开发行新股。

3. 采取控股合并方式进行纳斯达克上市运作的流程基本包括以下内容

（1）决定上市。公司决定在 NASDAQ 市场上市，决议可由股东会或董事会作出。

（2）制定方案。委任金融或财务顾问，制订上市计划及可操作性方案。

（3）实现控股。设立离岸公司，通过交叉持股的方式拥有公司部分国内企业的控股权。

（4）审计评估。委任美方投资银行或金融服务公司，制定详细作业时间表，进行国内的公司审计、评估。

（5）合并报表。通过离案公司收购目标公司（已在 NASDAQ 市场上市的公司）以增发新股的方式将离岸公司拥有的国内企业部分与目标公司合并报表。

（6）上市交易。由包销商进行私人配售或公开发行新股。

资料来源：纳斯达克网站有关上市的资料，详见 https：//www. nasdaq. com/solutions/list-your-company；PwC. Roadmap for An IPO：A guide to Going Public ［R］. PwC Report，2020.

7.4　理论探讨

CEO 的"先天特征"对 IPO 价格的影响*

人类族群互相区分的首要特征就是视觉"第一印象"所感知的长相特征，人的长相能够对外传递很多视觉上的信息，不同类型的长相会带给人不同的价值和益处。公司 CEO 的长相、声音等这类先天拥有的特征与其所在公司的市场行为和财务表现是否有关系，对 IPO 市场表现是否产生影响？

有研究发现，CEO 个人先天特征和领导能力与公司收益存在明显的正相关关系。从 CEO 长相特征得到的"第一印象"不仅提供了关于 CEO 主观偏好的信息，也提供了衡量公司财务业绩表现的客观信息（沈艺峰等，2017）。

哈尔福德和徐（Halford and Hsu，2014）的研究发现，长相引人注目的CEO 具有较高的谈判能力和较高的显示度，从而能够给公司股东创造更多的价值。有些投资者对长相良好的高管存在着"美貌偏好"，在 IPO 市场中表现为投资者高涨的投资热度、较低的首日换手率、较低的 IPO 折价率，出现"美貌溢价"现象。

同长相类似，对语音的研究也是基于人类群体对语音的印象表现出来的特殊偏好。投资者会从高管语音的正效应中获得有用的信息；高管的语音所传递的情感包含了关于公司未来两期业绩表现的有用信息。这类信息可用于

---

* 沈艺峰，王夫乐，黄娟娟，纪荣嵘. 高管之"人"的先天特征在 IPO 市场中起作用吗？［J］.管理世界，2017（9）：141－154.

预测公司将来的盈利。有些投资者存在"低音偏好"，IPO 市场中存在"低音溢价"现象。

7.5 案例归纳

中华网在纳斯达克的上市和退市 *

2011 年 10 月 28 日，美国纳斯达克宣布，中华网投资集团（NASDAQ：CHINA）（CDC）从当日起暂停交易。由此，中国第一家赴美上市的互联网公司，在 12 年后又成为第一家申请破产的赴美上市的中国互联网公司。

1999 年 7 月 13 日，中华网登陆纳斯达克，发行价 20 美元，融资 9 600 万美元，成为中国首家赴美上市的互联网企业。上市当日中华网以 67 美元收盘，升幅超过 235%，市值达到 2 亿美元。中华网摇身一变成为"中国网络股第一股"。2000 年 1 月，中华网再次发放新股，募资 3 亿美元；2000 年 2 月，中华网股价一度达到 220 美元，市值超过 50 亿美元。2000 年 3 月，中华网分拆旗下的门户网站在香港创业板上市。自此，证券市场上有了两家中华网，一个是纳股中华网（NASDAQ：CHINA）；另一个是港股中华网（08006. HK），前者是后者的控股股东。2005 年，纳股中华网更名为中华网投资集团（CDC）。

中华网上市打开了中国互联网企业通向美国资本市场之门，掀起了互联网海外上市的高潮，互联网的三大门户新浪、搜狐、网易相继到美国上市，开启了中国互联网概念股的时代。但是，曾在互联网公司赴美上市起标杆作用的中华网却在 2011 年 10 月 5 日向美国法院申请破产保护。当日中华网投资集团股价跌幅 51.72%，每股只剩 0.42 美元，市值只剩 0.15 亿美元。

曾经辉煌的中华网为何十几年就风烛残年？中华网的兴衰对我国公司尤其是互联网公司又有什么启示？

---

* 岑青峰 ."中国互联网第一股"陨落 [EB/OL]. http：//fy. chinaceot. com/sound_article. php？id2 = 6&aid = 29152；和讯资讯 . 纳斯达克宣布中华网软件退市 [EB/OL]. http：//stock. hexun. com/2011 − 12 − 13/136272821. html.

7.5.1　没有明确的核心业务、合理的盈利模式、缺乏核心竞争力是中华网投资集团没落的主因

中华网投资集团遇到的最大问题是没有独特的、适合自己的、清晰的盈利模式、缺少核心竞争力。

在互联网泡沫破灭后，新浪、搜狐、网易等都是通过游戏、广告或增值服务获得盈利，中华网的创始人叶克勇却希望通过并购等资本运作实现发展目标。中华网投资集团曾收购短信服务商掌中万维网、知名游戏运营商17GAME 等公司，通过一系列拆分重组后，中华网投资集团（DCD）下属CDC 软件、CDC 全球服务、CDC 游戏和 china.com 四家子公司。整个集团内部就有三家上市公司：除了中华网投资集团，还有 2000 年在香港上市的中华网和 2009 年在纳斯达克上市的 CDC 软件集团。在发展过程中尝试通过收购来改善自己的处境，但由于缺乏对收购对象的准确判断，没有为公司带来创新的收入增长点。中华网投资集团的业务范围一再扩大，从最开始的门户网站，到软件制作，再到网上娱乐及互联网服务等，让人应接不暇，但这一再扩大的业务范围并没有使公司获得上升的市值，反倒陷入业务的不断流失。

有评论认为，中华网的遭遇可以标志着中国旧有互联网企业的盈利模式正式被资本市场所抛弃。中华网主要的盈利模式还是依靠门户网站的广告收入，而 CDC 集团的主要收入来源是向企业收费的 IT 服务以及游戏运营的收费服务。业务缺乏创新，没有形成自己独特的盈利模式，导致核心竞争力的缺失，是中华网投资集团没落的主因。

7.5.2　启示

7.5.2.1　以产业为本，明确核心业务、清晰盈利模式

上市公司必须明确上市不是终点，而仅是企业运行过程中的一个结点，企业上市应该是企业总体发展战略的一个部分，而不是公司发展的终极战略。

公司是否已经具备了完善的组织构架，是否已经具有核心竞争力的主营业务，盈利模式是否清晰合理，是否已经掌控了足够支撑企业发展的市场，这些都是管理层在上市前和上市后都必须要进行思考并提前战略规划的。

公司应根据自身资源条件适时在某个细分产业上取得绝对领先优势并建立壁垒，用持续的创新去稳固自己在市场中的地位。企业要是不想有朝一日步中华网的后尘，就应该对"产业为本"有清晰的认识并提前进行战略规划。

7.5.2.2 增强公司自救意识

中国上市公司维权委员会联席主席、美国律师郭智慧表示，简单地说，中国企业自救包括三大方面。

一是做好融资定位。仍停留在粉单、OTCBB 低级市场的企业，例如符合升级条件，尽量进入主板市场；不符合升级的公司可以选择私有化、退市，或者继续扩大公司规模，达到升级标准。

二是改善公司内部管理和加强信息披露制度。已经进入美国主板市场的中国企业需要更好地了解和遵守美国法律制度和管理制度，规范和改善公司内部管理模式，特别是加强公司信息披露制度。

三是建立与投资者良好的沟通机制。目前因语言障碍和中国企业沟通意识薄弱，中国企业与美国投资者的沟通欠佳，双方容易产生误解，不能建立起足够的信任关系，这样不利于中国公司抵御舆论影响，反击不良做空操作。中国企业可以通过在美建立新闻发言人制度、危机处理制度、聘用当地投资关系公司，以及接受美国大众媒体采访等方式，加强与投资人、监管部门的沟通和交流，缩小双方的信用鸿沟。

7.6 本 章 小 结

（1）美国证券市场是在独立战争时期兴起的，逐步确立了全球金融市场的霸主地位。美国证券市场结构复杂，层次多样，是真正意义上多层次市场体系。

（2）根据交易场所的不同，美国证券市场可分为场内交易市场、场外交易市场。

（3）美国证券市场体系是多层次的，每一层次的市场都有自己具体的上市要求和标准。只要满足市场的上市标准，公司就可以申请到该市场挂牌交易。同时，不管在哪个层次的市场上挂牌交易的公司，只要满足较高层次市场的初次上市标准, 就可以申请到该较高层次市场挂牌交易。反之, 一个在高层次证券市场挂牌交易的公司, 如果量化指标不能满足其在此市场持续交易的要求, 通常会到 OTC 市场继续交易。

7.7 问题思考

1. 美国证券市场体系是如何构成的?
2. 纽约证券交易所和纳斯达克的市场层次的设置有何异同?
3. 纽约证券交易所、纳斯达克市场的上市标准有何异同?
4. OTC 市场集团是如何组成的?
5. 美国的证券发行市场如何能够有效推动其实体经济的发展?

第 8 章　IPO 理论研究

公司上市是企业生命周期中的重要一环，因此，企业在进行公司上市决策时十分慎重。有些理论研究是针对公司上市决策与上市时机选择的。更多的研究是针对发行价格方面。其中，IPO 异常收益率现象成为 IPO 研究领域的热点问题之一。IPO 异常收益率现象包括 IPO 初始收益率过高和 IPO 长期走势不佳，即 IPO 抑价和 IPO 长期表现弱势。这两种现象目前在世界各国的股票市场都存在，对此的研究已经形成了多个理论流派。

8.1　公司上市决策与时机选择理论

8.1.1　公司上市决策理论

企业为什么会选择公开上市？现实中企业申请公开上市的动因多种多样，包括企业募集所需资金，获取比较可靠的融资渠道，提高市场知名度，为老股东（包括持股的创业投资基金和私募股权基金）提供股票退出的机会等。不同的企业追求的目标不同，其中多数目标是显而易见的，似乎不需要进行比较深入的理论探讨，但有些学者对上市决策过程进行了非常有意义的理论剖析。由于不同企业的上市动因很可能不同，因此，没有理论能够涵盖所有企业上市决策的情况，只能够剖析一个或几个方面的决策影响因素。这里我们仅介绍以下三种有关公司上市决策的理论流派。

8.1.1.1　信息生产与流动性驱动上市的理论分析

对于未上市的公司，外部投资者的信息生产（information production）能够改善其投资决策，但信息生产的成本比较高。一些学者（Subrahmanyam and Titman，1999；Chemmanur and Fulghieri，1999）提出的模型表明，如果公司拥有流动性更好的证券，则该证券的价格能够反映出该公司更多的信息，这样，有些外部投资者就不再进行高成本的、重复性的信息生产。如果证券市场上的信息搜寻成本较高、但投资者能够从证券市场比较低成本地获取有价值的信息，那么，企业向社会公众进行融资的优势就越明显。换言之，信息生产的高成本、股票流动性的改善能够促进企业公开上市。[①]

8.1.1.2　产品市场竞争驱动上市的双头寡占市场模型

对于申请股票公开发行并上市的企业来说，募集所需的资金是许多企业的上市主要动机。但有些企业并非因缺乏资金而上市。谢姆努尔和何（Chemmanur and He，2011）将产品市场和资本市场结合考察，建立了一个双头寡占市场模型。模型假设某一行业市场上仅存在生产效率不同、相互竞争的两个没公开上市的企业。其中某一个企业如果公开上市，则需要支付一定的上市成本，但能够从另外一家企业夺取更多的产品市场份额。对四个时期的完美贝叶斯均衡分析表明，迫于竞争对手存在公开上市的可能性，即使资金不短缺的企业也会申请上市，并由竞相申请上市而导致 IPO 浪潮的出现。[②]

8.1.1.3　并购驱动上市理论

有些研究发现并购是有些公司进行上市决策时考虑的一个很重要的动机。一些学者（Celikyurt，Sevilir and Shivdasani，2010）指出，企业以未来进行并购为目的而决定上市的情况大致包括三个方面：（1）通过 IPO 公司可以获得大量的资金，IPO 可为以现金进行收购的活动提供资金支持，剖析这方面动因的理论被称为现金注入理论（cash infusion theory）。（2）公司上市后，其股票流动性大大增强，这会为股权转让方式的并购提供便利。（3）公司上市之后，企业价值增大并且企业价值的不确定性降低，公司的管理层经常会有在公司上市后进行并购的冲动。公开上市的公司在并购中经常是以收购方而非被购方的角色出现，并购与公司的研发（R&D）、资本支出等一样，对公

① Subrahmanyam, Avadnidhar, Sheridan Titman. The Going Public Decision and the Development of Financial Markets. The Journal Finance 1999 (54)：1045 – 1082；Chemmanur, Thomas J., and Paolo Fulghieri. A Theory of the Going-Public Decision ［J］. Review of Financial Studies 1999 (12)：249 – 279.

② Chemmanur, Thomas J and Jie He. IPO Waves, Product Market Competition, and the Going Public Decision：Theory and Evidence ［J］. Journal of Financial Economics, 2011 (101)：382 – 412.

司的发展起着重要作用。①

有些研究聚焦于通过拥有大量现金的特殊目的收购公司（SPAC）进行并购以达到上市目的的方式。尤其是在证券市场低迷、公司上市比较困难的时期，通过 SPAC 上市是较好的选择。科伊布（Kolb）和戴科娃（Tykvová，2016）的研究证明，通过 SPAC 收购而上市的公司比 IPO 公司具有更低的增长率、更高的杠杆率和更小的规模。收购 SPAC 一般比 IPO 过程会耗费更长的时间。SPAC 的收购也可能会受现有股东套现动机的推动。PE 和 VC 等机构会倾向于避免将收购 SPAC 作为退出途径。②

8.1.2 公司上市时机选择理论

有关公司上市的时机选择理论主要包括热销与机会窗口理论、成本与收益的权衡理论以及战略等待理论等。

8.1.2.1 热销与机会窗口理论

证券的发行往往是在证券市场上出现正的异常收益时发生。当证券市场行情上涨，IPO 出现热销市场（hot market）现象时，对于许多拟上市公司来说，是一个很好的申请公开上市的机会窗口（window of opportunity）。在这一时期，企业的价值往往被高估，企业上市更容易成功地募集更多的资金。许多企业选择在这个时期公开上市，并由此形成 IPO 浪潮（Ritter，1984；Lowry and Schwert，2002）。③相反，如果市场行情低迷，当企业的价值有可能被市场低估时，该企业则会延缓申请上市（Lucas and McDonald，1990）。④

当 IPO 市场不活跃时即在冷销市场（cold market）中，公司更可能在 IPO

---

① Lyandres, Evgeny, Zhdanov, Alexei and Hsieh, Jim. A Theory of Merger-Driven IPOs（October 1, 2009）［Z］. The American Finance Association, 2011; Ugur Celikyurt, Merih Sevilir, Anil Shivdasani. Going public to acquire? The acquisition motive in IPOs［J］. Journal of Financial Economics, 2010: 345 – 363.

② Kolb, Johannes, Tereza Tykvová. Going Public via Special Purpose Acquisition Companies: Frogs Do Not Turn into Princes［J］. Journal of Corporate Finance, 2016（40）: 80 – 96.

③ Ritter, Jay R. The Hot Issue Market of 1980［J］. Journal of Business, 1984（32）: 215 – 240; Lowry, Michelle, G. William Schwert. IPO Market Cycles: Bubbles or Sequential Learning?［J］. The Journal of Finance, 2002（57）: 1171 – 1200.

④ Deborah J, Lucas, Robert L. McDonald. Equity Issues and Stock Price Dynamics［J］. The Journal of Finance, 1990, 45（4）: 1019 – 1043.

之前进行盈余管理，盈利水平相对较高但未来可能盈利下滑的企业此时更加倾向于进行 IPO（Premti and Madura，2013）。①有的公司缺乏很好的募集资金投资项目，但为了尽可能利用中小投资者过度乐观的投资情绪，会在预期中小投资者购买需求较高时，将新股出售给熟知的中介机构，在 IPO 之后，中介机构将新股出售给投资者（Santos，2016）。②

8.1.2.2　成本与收益的权衡理论

公司选择公开上市的时机时，会考虑其成本与收益问题。一些学者（Zingales，1995；Benninga，Helmantel and Sarig，2005）将分析的焦点集中于公司的发起人如何通过 IPO 最大化其收益。在进行公开上市决策时，发起人会权衡保留多少比例的股份。公开发行后，通过将部分现金流入权让渡给社会上人数众多而且分散的新股东，发起人获取其自身的收益。如果发起人通过 IPO 获取的收益超过发起人将部分股权通过与潜在的投资方直接私下协商的方式出售而获取的收益时，发行人会选择申请公开上市。③

什么样的公司在上市时付出的成本比较低？有学者检验了公司在上市之前的透明度与发行成本的关系（Ang and Brau，2010），发现公司在上市前严格按有关要求进行信息披露尽可能多的可核实信息，即透明度较高，则包括 IPO 抑价、承销商佣金、有关手续费、超额配售权等公司的发行成本则较低。④

还有学者将公司上市看作为一种企业家可以进行选择的期权，通过建立时间序列方程等模型，证明当证券市场状况等条件允许时，企业家会选择最有利的时机去申请公开上市，并从上市中获取自己的收益（Draho，2001；Pastor and Veronesi，2005；Pastor，Taylor and Veronesi，2009）。⑤

① Premti, Arjan, Jeff Madura. Motives and Consequences of IPOs in Cold Periods [J]. The Quarterly Review of Economics and Finance, 2013 (53): 486 – 496.

② Santos, Francisco. IPO Market Timing with Uncertain Aftermarket Retail Demand [J]. Journal of Corporate Finance, 2016 (42): 247 – 266.

③ Zingales, Luigi. Insider Ownership and the Decision to Go Public [J]. The Review of Economic Studies, 1995, 62 (3): 425 – 448; Benning, Simon, Mark Helmantel, Oded Sarig. The Timing of Initial Public Offerings [J]. Journal of Financial Economics, 2005 (75): 115 – 132.

④ Ang, James S, James C. Brau. Firm Transparency and the Costs of Going Public [J]. Journal of Financial Research, 2010, 25 (1): 1 – 17.

⑤ Draho Jason. The Timing of Initial Public Offerings: A Real Option Approach [J]. Ssrn Electronic Journal, 2001; Pastor, L, Veronesi, P. Rational IPO waves [J]. Journal of Finance, 2005 (60): 1713 – 1757; Pastor, L, Taylor, L, Veronesi, P. Entrepreneurial learning, the IPO decision, and the post-IPO drop in firm profitability [J]. Review of Financial Studies, 2009 (22): 3005 – 3046.

8.1.2.3　战略等待理论

当面临宏观经济形势不乐观等情况时，公司上市的风险和成本会更高一些。在经济低迷、衰退的时期，有些优质公司会战略性地推迟上市的时间，一直到经济形势等外部条件出现好转时再申请上市。一些学者（Gönül and Günay，2011）对此进行了博弈模型分析。社会中没有人或机构能够预测处于衰退期的经济状况何时出现整体好转，但每个经济体会从其身边的某些小的事件捕捉到经济形势细微变化的信号。例如，汽车经销商会比较直接地观察到汽车需求量的变化。也就是说，相关信息是分散在社会公众之中的。在经济衰退期，某些公司上市的成功与否，成为其他公司决定是否申请上市的信号。某些质地较好的公司会观察其他公司的上市情况，比较耐心地进行战略等待。当有些公司成功上市，成为经济状况趋暖的信号，处于战略等待状态的公司才开始申请上市。①

8.2　IPO 抑价理论*

现实中，许多 IPO 股票的首日上市交易价比发行价高很多。这种现象普遍存在于世界各个国家和地区的股票市场中。这种股票发行价格低于挂牌上市当日交易价格的现象，被称为 IPO 抑价（IPO underpricing）。另有论文专门探讨 IPO 溢价（IPO overpricing）或结合探讨 IPO 抑价与溢价（IPO overpricing）（Ritter and Welch，2002；Purnanandam and Swaminathan，2004；Song et al.，2014，Huang et al. 2016；Rathnayake et al.，2019）。②

---

① Çolak，Gönül，Hikmet Günay. Strategic waiting in the IPO markets [J]. Journal of Corporate Finance，2011（7）：555 – 583.

* 本节的部分内容引自本书作者参与撰写并发表的论文，详见：尹伯成，黄方亮. 新股发行效率、价格异象及相关理论阐释 [J]. 河南社会科学，2008（4）：56 – 61.

② Ritter，J R，Welch Ivo. A Review of IPO Activity，Pricing，and Allocations [J]. NBER Working Papers，2002，57（4）：1795 – 1828；Purnanandam，A K，Swaminathan，B. Are IPOs Really Underpriced? [J]. Review of Financial Studies，2004，17（3）：811 – 848；Huang H，Li Y，Zhang Y. Investors' attention and overpricing of IPO：An empirical study on China's growth enterprise market [J]. Information Systems and e-Business Management，2016，16（4）：761 – 774；Rathnayake D N，Louembe P A，Kassi D F，et al. Are IPOs underpriced or overpriced? Evidence from an emerging market [J]. Research in International Business and Finance，2019（50）：171 – 190.

对于申购新股的投资者来说，经常是将申购到的新股在股票挂牌上市当日卖出可以获得可观的超额收益（excess return），这一收益被称为初始收益（initial return），或者被称为首日收益（first-day return）。在解释为什么出现抑价或超额初始收益这种现象的研究方面，有许多学者从不同的侧面作出了贡献。

有关以信息为出发点分析发行价格问题的文献极多，主要从信息不对称的角度解释抑价的存在。随着对发行价格问题研究的深入，对非信息因素的探讨也越来越多，从理性与非理性角度的研究渐成一派。我们根据信息与理性这两种研究方法，将研究股票发行价格的有关理论分为两类：基于信息因素的理论分析与基于理性因素的理论分析。

8.2.1　基于信息因素的理论分析

从信息角度研究 IPO 价格异象的文献主要包括发行人、投资银行与投资者各方之间信息不对称的理论，即委托定价理论、投资银行的声誉理论；投资银行与投资者双方之间的信息不对称理论，即动态信息获取模型；发行人与投资者双方之间的信息不对称理论，即信号发送理论、风险补偿理论；投资者内部的信息不对称理论，即赢者的诅咒理论、信息生产模型。

8.2.1.1　发行人、投资银行与投资者三方之间的信息不对称：委托定价理论、投资银行的声誉理论

一些学者（Baron and Holstrom，1980；Baron，1982）认为，一般来说，多数发行人对股票市场的了解有限。投资银行拥有专业的相关人员，比首次进行股票发行的企业掌握着更多的关于股票市场的需求信息，因此，发行人需要利用投资银行的信息优势，将新股发行的定价决策权委托给投资银行。投资银行利用其掌握的较为充分的市场信息，可以制定出比在有限信息情况下信息含量更高的价格决策。因此，IPO 的价格决策授权成为一种定价的委托代理制度安排。抑价相当于发行人为了利用投资银行的信息而付出的委托代理成本。[1][2]

---

① Baron，D P，Holstrom，B. The Investment Banking Contract for New Issues under Asymmetric Information：Delegation and Incentive Problems［J］. The Journal of Finance，1980（37）：1115 – 1138.

② Baron，D P. A Model of the Demand for Investment Banking and Advising and Distribution Services for New Issues［J］. Journal of Risk and Insurance，1982（63）：49 – 76.

反过来，投资者一般对投资银行的了解要比对发行人的了解要更多。当一家企业第一次准备进入资本市场进行融资时，一般它不太被投资者了解，不太可能具有能够可靠地保证实现其未来现金流的声誉（reputation）。而已经从事过多次发行业务的投资银行更有可能具备这样的声誉，这样的投资银行更为投资者所熟知。发行人也倾向于聘用业务经验丰富的投资银行为其服务。

投资银行的声誉对于投资者来说起到传递有关发行信息可靠程度的作用。有些学者研究了投资银行的声誉对发行价格的影响，发现 IPO 的抑价程度与投资银行的声誉呈负相关关系（Beatty and Ritter，1986；Carter and Manaster，1990；Dewenter and Field，2001）。对预期股票上市后价格波动小的公司来说，其聘用的投资银行的声誉越好，就越能够向投资者揭示较小的未来投资风险，因而在发行时抑价程度越低。[①]

8.2.1.2 投资银行与投资者双方之间的信息不对称：动态信息获取模型

苯文尼斯特和斯班特（Benveniste and Spindt，1989）提出了关于投资银行的动态信息获取模型（dynamic information acquisition model）。该模型指出，为诱使投资者透露真实的市场需求信息，投资银行必须降低发行价格。在模型中，投资者被分为两类："常客"（regular investors）或"散客"（occasional investors），或者说是知情者（informed investors）或不知情者（uninformed investors）。常客可被认为是机构投资者，散客可被认为是个人投资者。每位常客拥有自己的不被发行人和投资银行觉察的信息。为了激励常客透露出他们对发行人的真实估值，投资银行以低价出售新股作为补偿。[②]

8.2.1.3 发行人与投资者双方之间的信息的不对称：信号发送理论、风险补偿理论

为了吸引投资者、激励投资，公司在股权融资时只能以相对较低的价格发

---

① Beatty, R, Ritter, J R. Investment Banking, Reputation, and the Underpricing of Initial Public Offerings' [J]. Journal of Financial Economics, 1986 (15): 213 – 232; Carter, R, Manaster, S. Initial Public Offerings and Underwriter Reputation [J]. The Journal of Finance, 1990 (45): 1045 – 1067; Dewenter, K, Field, L C. Investment Bank Reputation and Relaxed Listing Requirements: Evidence from Infrastructure Firm IPOs in Hong Kong [J]. Pacific-Basin Finance Journal, 2001 (9): 101 – 117.

② Benveniste, L M, Spindt, P. How Investment Bankers Determine the Offering Price and Allocation of New Issues [J]. Journal of Financial Economics, 1989 (24): 343 – 361.

行股票。我们将对这一现象的研究称为信号发送理论，或者是激励投资理论。

一些学者（Allen and Faulhaber，1989；Grinblatt and Hwang，1989；Welch，1989）分别用不同的模型描述了 IPO 中的信号发送情况。发行人拥有内部有关企业价值或高或低的信息，而投资者没有。发行人通过抑价发行，可以给购买新股的投资者一个比较好的获利空间。老股东、内部人（insiders）能够在未来以较高的价格卖出股票。高额的初始收益还有利于公司股票上市后进行再融资（Seasoned new issues），所以高额的初始收益也是企业具有再融资能力的一种信号。[①]刘豪和胡艳（2016）以 2010～2014 年我国创业板市场上市的公司为样本进行了研究，研究结果表明审计质量发挥了信号传递的作用，审计质量越高，越能吸引投资者的注意力，从而导致 IPO 抑价率越高[②]。

对股权、债权融资与抑价之间关系的进一步研究是从考察企业成长性的角度进行的（Smith and Watts，1992）。具有高成长潜力的公司会倾向于进行股票融资，即公司会降低对债务融资的依赖度而采取股票融资方式，其原因是公司的高风险性对其进入债务融资市场构成了阻碍，公司会更少地依赖债务融资。当这些高成长性公司进入股票市场进行融资时，投资者会认为这是他们具有高风险性的一种信号，所以，需要通过发行抑价来索取高额的风险补偿。因此，我们可以将这一理论称为"风险补偿理论"。[③]

8.2.1.4　投资者内部的信息不对称：赢者的诅咒理论、信息生产模型

赢者的诅咒理论的出现引起了广泛关注，成为解释 IPO 价格异常现象的一个较为常用的理论。在罗克（Rock，1986）的模型中，投资者被分为两种类型：知情投资者（informed 或 well-informed investors）和不知情投资者（uninformed 或 less-informed investors）。前者对新发行股票的价值拥有较充足、较准确的信息，后者缺乏充分、准确的评估新股价值的信息。在新股发行时，知情投资者选择认购他们认为能够取得良好收益的股票，而不选择认购他们

---

① Allen，F，Faulhaber，G. Signaling by Underpricing in the Market［J］. Journal of Financial Economics，1989（23）：303－323；Grinblatt，M，Hwang，C Y. Signaling and the Pricing of New Issues［J］. The Journal of Finance，1989（44）：393－420；Welch，Ivo. 'Seasoned Offerings，Imitation Costs，and the Underpricing of Initial Public Offerings［J］. The Journal of Finance，1989（44）：421－449.

② 刘豪，胡艳. 审计质量、投资者注意力与 IPO 抑价［J］. 财会通讯，2016（33）：3－5，33.

③ Smith，Clifford，W Jr，Ross L. Watts. The Investment Opportunity Set and Corporate Financing，Dividend，and Compensation Policies［J］. Journal of Financial Economics，1992（32）：263－292.

认为收益不佳的股票。不知情投资者由于不了解企业的真实价值而任意购买所有股票。在这种情形中，不知情投资者将面临"次品"问题（"lemon" problem），结果将会认购较多的溢价（overpriced）股票。为避免买到溢价股票，不知情投资者的购买意愿将减退。为了将不知情投资者吸引到 IPO 市场中，新股发行时一般要抑价发行。赢者的诅咒理论的一个直接推论是新股发行的规模优势问题。当所发行的新股的数量较多时，对发行过程的操作就越规范，对股票真实价值的信息披露就越充分。充分的信息披露会降低信息不对称程度。①张矢的和卢月辉（2014）以于 2000～2010 年在我国 A 股市场上市的 859 家公司为样本，通过建立多元线性回归模型对赢者诅咒假说进行检验，表明"赢者诅咒"假说在上述期间能够解释我国 A 股市场整体首发新股的高抑价现象。②但在我国 IPO 抑价率极高的情况下，包括机构和个人等的各种类型的投资者均有很强的动力积极申购包括可能是"次品"的新股，"打新"现象明显，"赢者诅咒"假说在这种特殊的情况下就不再成立（黄方亮、孙莉、陈静和吴超鹏，2019）。③

信息生产模型（Chemmanur，1993）按照市场主体拥有信息的不同将投资者分为内部人（insiders）和外部人（outsiders）两部分。设定发行人的内部人拥有关于发行人发展前景的私人信息，并且既可以在一级市场出售股票，也可以在二级市场出售股票；外部人为降低与内部人之间的信息不对称程度，需要为获取关于发行人的信息而进行成本较高的信息生产。企业价值较高的发行人在市场中与企业价值较低的发行人混同在一起，所以，内部人主张通过抑价发行来吸引外部人进行信息生产，以抑价对外部人的信息生产进行补偿。外部人通过信息生产可以得到企业价值较高的信息，这种信息会反映在内部人在一级、二级市场出售股票时价格中，会提高股票交易时的预期价格水平。④

---

① Rock, K. Why New Issues Are Underpriced [J]. Journal of Financial Economics, 1986 (15): 187 – 212.

② 张矢的，卢月辉．"赢者诅咒"及风险假说对中国 A 股市场 IPO 抑价有效性的实证研究 [J]．管理评论，2014 (8)：42 – 52.

③ 黄方亮，孙莉，陈静，吴超鹏．投资者 IPO 信息获取与权益保护：基于成熟投资者问卷调查的研究 [J]．南开管理评论，2019 (1)：181 – 193.

④ Chemmanur, T. The Pricing of Initial Public Offerings: a Dynamic Model with Information Production [J]. The Journal of Finance, 1993 (48): 285 – 304.

8.2.2　基于理性因素的理论分析

从市场主体是否理性的角度研究股票发行价格的理论与上述有关信息理论相比出现得较晚。关于理性因素的研究相对较少，主要的研究成果包括：非理性的老股东理论，即期望理论；理性的投资银行理论，即避免诉讼风险理论；非理性的投资者理论，即信息瀑布理论与泡沫驱使理论。

8.2.2.1　非理性的老股东：期望理论

行为金融学对 IPO 价格异象的一个解释是应用期望理论（prospect theory）。期望理论研究不确定性条件下的选择问题，分析财富的变化情况。期望理论假设投资者是损失规避型的；认为投资者在同时面临两种相互关联的事件时可"取舍"（framing），即可以选择将两事件分别对待，也可以将两事件合并对待。如果分别对待，投资者有可能一方面有盈利并高兴；另一方面有损失而悲伤。投资者也很可能合并对待，此时投资者会重视其净收益。如果净收益为正，则高兴；如果净收益为负，则悲伤。对于持有财富的变化与持有财富的多少，投资者更加重视后者。

一些学者（Loughran and Ritter，2002；Ritter and Welch，2002）指出，非理性因素和委托代理问题也会影响 IPO 抑价。他们分析了拟公开发行股票的股东的心理状态。在新股发行时，公开发行前的股东或者说老股东会因抑价而使他们的财富相对变少，老股东会因而心情不佳。但是，老股东的心理预期价格是比在监管机构申请的发行价格（the file price）更高的发行价格，如果老股东突然接收到比他们的申请发行价格更高的发行价格，他们会认为自己的财富突然增加了，所以他们不会努力去要求更高的发行价格。此时的老股东的情绪着重受其净收益的影响。承销商利用老股东的这种心理账户情况（mental accounting），在讨价还价过程中先极力压低发行价格，而后提高一点，而抑价程度其实可能仍然很高。①

在中国的 IPO 市场上，中国证监会对 IPO 定价、新股发行节奏进行着管控。天（Tian，2011）针对这样的制度特点进行了相关实证检验，发现这种

① Loughran, Tim, Jay Ritter. Why Don't Issuers Get Upset about Leaving Money on the Table in IPOs? [J]. Review of Financial Studies, 2002（15）：413 – 443；Ritter, Jay R, Welch, Ivo. A Review of IPO Activity, Pricing, and Allocations [J]. The Journal of Finance, 2002, 57（4）：1795 – 1828.

金融监管以及一些中国特有的投资风险是导致超高 IPO 超额收益的主要原因。新股发行节奏、发行定价上限的控制均会带来需求缺口；在较长时间的禁售期内，IPO 投资者会担心掏空风险。这都要求发行价格打折扣。①

8.2.2.2　理性的投资银行：避免诉讼风险理论和故意压低价格理论

如果投资者在新股认购中遭受损失，他们可能会提起诉讼。如果定价偏高，进行溢价发行，投资银行面临法律诉讼的可能性就很大。抑价发行则可以使投资银行免于由于投资者受损而导致的可能的诉讼（Ibbotson，1975；Tinic，1988；Hensler，1995）。②

对于投资银行行为的另外一个研究是考察投资银行在确定发行价格时如何对企业进行价值评估。投资银行通常会使用多种价值评估方法，例如现金流折现法、红利折现法、经济附加值法、市盈率法、市净率法、每股现金流入法、每股销售收入入法、企业价值与销售收入比例法、企业价值与净利润比例法以及可比上市公司法等。詹森博姆（Roosenboom，2012）的研究发现，除去投资者需求等其他影响确定发行价格的因素，存在投资银行的故意压价行为，即投资银行在使用多种估值方法对发行人进行价值评估之后，会故意在计算出的企业公平价值（fair value）的基础上打个折扣确定发行价格。投资银行这么做的原因在于以下三个方面：（1）在与处于买方市场的机构投资者进行关于发行价格的协商时，能够讨好机构投资者，节省部分营销上需要付出的努力。（2）发行价格的降低，可以从整体上增大投资者的需求。（3）发行人不容易监督投资银行的这一定价行为，会相信投资银行的定价做法，或者把 IPO 抑价看作 IPO 成本的组成部分。③

8.2.2.3　非理性的投资者：信息瀑布理论

如果投资者在一次新股发行中不只是关注自己的信息，也关注其他投资

---

① Tian, Lihui. Regulatory Underpricing: Determinants of Chinese Extreme IPO Returns [J]. Journal of Empirical Finance, 2011 (18): 78 - 90.

② Ibbotson, R, Jaffe, J. "Hot Issue" Markets [J]. The Journal of Finance, 1975 (30): 1027 - 1042; Tinic, Seha M. Anatomy of Initial Public Offerings of Common Stock [J]. The Journal of Finance, 1988 (43): 789 - 822; Hensler, Douglas A. Litigation Costs and the Underpricing of Initial Public Offerings [J]. Managerial and Decision Economics, 1995 (16): 111 - 128.

③ Roosenboom, Peter. Valuing and pricing IPOs [J]. Journal of Banking & Finance, 2012 (36): 1653 - 1664.

者的购买意愿信息，那么，就会出现"乐队花车效应"（bandwagon effects），或者说，是"信息瀑布现象"（informational cascades）（Welch，1992）。如果某位投资者观察到他周围的投资者不想购买新股，那么，尽管他在掌握着可以购买的信息的情况下，也可能不去购买。抑价发行则克服了这种现象。通过将价格确定得低一些，首先来吸引最可能购买的少数投资者；其次可以吸引更多的投资者，逐渐形成一个"瀑布"；最后，有的投资者甚至在拥有不利购买信息的情况下也可能去购买。非理性投资者也会受到他人投资决策行为的影响，产生"羊群效应"，跟随申购新股。①

8.3　IPO 长期收益表现理论

有学者发现，尽管新股上市具有较高的初始收益率，但其长期走势却经常出现和初始收益相背离的情况，即出现长期收益不佳的现象。②但根据有效市场假说，在长期中，投资者应该能够根据证券市场的信息等条件进行套利交易，从而纠正市场偏差，所以正的或负的超额长期投资收益均应该不存在。因此，有的学者指出，通过不同的计算技术，考察同样的样本，IPO 长期收益不佳的现象会消失。③

有关 IPO 长期收益问题，目前学术界仍然存在较为激烈的争论。这种争论折射出行为金融理论提出的市场中存在价格异象和超额收益、市场并非有效的观点对传统金融理论所主张的市场有效的观点的挑战，也反映出传统金融理论对行为金融理论的反击。

认为不存在 IPO 长期收益异常的传统金融理论自然不存在解释 IPO 长期收益异常的问题。所以学术界对 IPO 长期表现弱势的解释多来自行为金融理

① Welch, Ivo. Sequential Sales, Learning, and Cascades [J]. The Journal of Finance, 1992 (47)：695 – 732.

② Ritter, J R. The long-run performance of initial public offerings [J]. The Journal of Finance, 1991 (46)：3 – 27；Loughran, T, Ritter, J R. Uniformly least powerful tests of market efficiency [J]. Journal of Financial Economics, 2000 (55)：361 – 389.

③ Fama, E F. Market efficiency, long-term returns, and behavioural finance [J]. Journal of Financial Economics, 1998：283 – 306；Mitchell, M L, Stafford, E. Managerial decisions and long-term stock price performance [J]. Journal of Business, 2000 (73)：287 – 329；Gompers, P A, Lerner, J. The really long run performance of initial public offerings：The pre-Nasdaq evidence [J]. The Journal of Finance, 2003 (58)：1355 – 1392.

论界的学者。

8.3.1 过度反应理论

新股首次发行时发行价格可能被低估，而上市后价格可能被高估，形成了较高的初始回报，甚至形成二级市场的泡沫。在上市较长时间后，决定其内在价值的各种因素逐渐被投资者掌握，股票价格水平开始出现理性回归。一些学者（Aggarwal and Rivoli，1990；Ritter，1991；Ritter and Welch，2002；Santos，2016）等考察了新股价格与新股发行若干年后价格的对比情况，分别发现几年后的价格降低了许多。他们指出，IPO 抑价现象是由于具有过于乐观情绪的投资者的过度反应所致。这些投资者期望购买到新股之后取得较高的回报，因而在新股上市后的短期内可能导致对股票过大的需求量，但长期持有后一旦发现期望落空，就开始卖出股票，甚至出现过度抛售现象，结果导致股票的长期表现不佳。这种解释被称为过度反应理论。[①]

这一理论与丹尼尔等（Daniel，Hirshleifer and Subrahmanyam，1998）通过分析投资者心理而提出的反应不足和反应过度的行为金融学理论的结论是一致的。[②] IPO 价格在发行时可能会被高估。IPO 投资者可能会被乐观的增长预测所欺骗，在估值时缺乏对实际盈利能力的分析。投资者的过度自信会导致 IPO 后市初期的价格高估，对随后公开消息的反应不足会导致持续的价格高估，但在长期价格走势则最终会出现反转。而最初购买 IPO 的投资者往往是那些对 IPO 前景最乐观的人。一些有影响力的投资者早期对 IPO 具有吸引力的评估可能会引发连锁反应，诱使其他投资者购买新股。由此产生的过度需求将反映在高发行价上（Purnanandam and Swaminathan，2004；黄方亮，2008）[③]。

---

① Aggarwal, Reena, Pietra Rivoli. Fads in the Initial Public Offering Market？[J]. Financial Management, 1990 (19): 58 - 67; Ritter, Jay R. The long-run Performance of Initial Public Offerings [J]. The Journal of Finance, 1991 (46): 3 - 27; Ritter, J, Welch, Ivo. A review of IPO activity, pricing, and activities [J]. The Journal of Finance, 2002 (57), 1795 - 1828; Santos, Francisco. IPO Market Timing with Uncertain Aftermarket Retail Demand [J]. Journal of Corporate Finance, 2016 (42): 247 - 266.

② Daniel, Kent, David Hirshleifer, Avanidhar Subrahmanyam. Investor Psychology and Security Market Under-and Overreactions [J]. The Journal of Finance, 1998 (6): 1839 - 1885.

③ Purnanandam, Amiyatosh K, Bhaskaran Swaminathan. Are IPOs Really Underpriced? [J]. The Review of Financial Studies, 2004, 17 (3): 811 - 848.

8.3.2　乐观与悲观的异质预期投资者理论

证券市场中的投资者有乐观者，也有悲观者。乐观和悲观投资者对于新股发行价格水平的预期是有差异的。一些学者（Miller，1977；Morris，1996；Houge et al.，2001）指出，新股发行时，由于对于新发行的股票投资者只有买入的选择，不存在做空卖出的机制，所以进行新股申购的投资者应该是对后市看涨的乐观投资者。这样新股发行价格很容易被乐观投资者推高。悲观投资者会等到新股上市交易之后再视情况而决定是否购买。新股上市交易后，做空机制约束被放松，投资者可以获得有关企业价值更多的信息，股票价格会更接近于企业价值。乐观与悲观的异质预期投资者的广泛存在，会导致 IPO 的高抑价和负的长期超额收益。①

企业在产品市场的广告是否能够影响其 IPO 后市表现？谢姆努尔（Chemmanur and Yan，2017）发现做了较多广告宣传的企业，在 IPO 之后一段时间中会产生较高的股票超额收益，但其长期收益率较低。这是由于广告导致投资者对公司价值产生异质性判断的结果。广告可能会使一些散户对公司发展变得更加乐观，导致初期的股票价格高估，并相对降低长期收益。②

8.3.3　IPO 热销市场理论

新股发行存在某一段时间中出现 IPO 热销的现象，即在某段时间有许多企业集中公开上市。一些学者（Lerner，1994；Loughran and Ritter，1995）指出，在 IPO 热销市场中，二级市场的股票价格往往被高估，许多企业会积极申请上市，这样会推高 IPO 抑价。这些新上市的股票的长期表现往往不佳。③

---

① Miller, E M. Risk, Uncertainty, and Divergence of Opinion [J]. The Journal of Finance, 1997 (32): 1151 – 1168; Morris, S. Speculative Investor Behavior and Learning [J]. Quaterly Journal of Economics, 1996 (111): 1111 – 1133; Houge, Todd, Tim Loughran, Gerry Suchanek and Xuemin Yan. Divergence of Opinion, Uncertainty, and the Quality of Initial Public Offerings [J]. Financial Management, 2001 (30) (4): 5 – 23.

② Chemmanur, Thomas, An Yan. Product Market Advertising, Heterogeneous Beliefs, and the Long-run Performance of Initial Public Offerings [J]. Journal of Corporate Finance, 2017 (46): 1 – 24.

③ Lerner, J. The Syndication of Venture Capital Investments [J]. Financial Management, 1994 (23): 16 – 27; Loughran, Tim, Jay R. Ritter. The New Issues Puzzle [J]. The Journal of Finance, 1995 (50): 23 – 51.

8.3.4 伪市场时机假设

与 IPO 热销市场理论类似，舒尔茨（Schultz，2003）提出的伪市场时机假设认为证券市场行情高涨时会有许多企业申请公开上市。不同的是，后者认为，在二级股票水平价格越高，则会有越多的公司上市，在这样的前提条件下，较高的股票价格意味着更多的投资机会或更少的盈利稀释，即使市场是有效的、企业的管理层不具备事前判断市场时机的能力，从事后看，股票公开发行也会集中在二级市场价格高峰期。在这种情况下，在有效市场中，也会出现负的 IPO 长期收益。[①]

8.4 投资者情绪与 IPO 后市表现

影响股票价格的因素很多，而投资股票的主体是投资者，而投资者的投资行为很可能会受其各种内部主观感受即情绪（Sentiment）影响，因此，除了前述许多因素能够影响 IPO 的后市表现之外，投资者情绪的高低应该也是一种不可忽视的重要影响因素。

8.4.1 投资者情绪的定义和度量

一些学者（Barberis，Shleifer and Vishny，1998；De Long，Shleifer and Summers，1990；De Long，Shleifer，Summers and Waldmann，1990；Baker and Wurgler，2006）等将投资者情绪定义为基于预期理论的认知过程，或者是投资者在交易过程中的投机倾向，认为情绪是能够影响价格的系统性风险，他认为投资者在情绪乐观时会买入更多的股票，导致股票价格上涨，最终会出现股市泡沫。[②]

① Pseudo, Paul S. Market Timing and the Long-Run Underperformance of IPOs [J]. The Journal of Finance, 2003, 58 (2): 483 – 517.

② Barberis N, A. Shleifer, R. W. Vishny. A Model of Investor Sentiment [J]. Journal of Financial Economics, 1998, 49 (3): 307 – 343; De Long, J B, A. Shleifer, L. H. Summers. Noise Trader Risk in Financial Markets [J]. Journal of Political Economy, 1990, 98 (4): 703 – 738; De Long, B, A. Shleifer, L. H. Summers, R. J. Waldmann. Positive Feedback Investment Strategies and Destabilizing Rational Speculation [J]. The Journal of Finance, 1990, 45 (2): 379 – 395; Baker, M, J. Wurgler. Investor Sentiment and the Cross-Section of Stock Returns [J]. The Journal of Finance, 2006, 61 (4): 1645 – 1680.

巴曙松和朱虹（2016）认为基于个人风险偏好和个人经历，投资者情绪能够导致主观认知方面的差异。[①]

关于投资者情绪的度量，可以归为三类：直接指标、间接指标和综合指标（易志高、茅宁和汪丽，2010；贺刚、朱淑珍和顾海峰，2018；刘学文，2019）。[②]

直接指标是对投资者直接进行访问调查以获取投资者对股票未来走势的态度，构建指标来获得投资者的主观情绪态度，例如投资者智能指数、摩根富林明投资者信心指数、巨潮投资者信心指数等。

间接指标是使用金融市场中已有的相应客观指标和数据，例如使用封闭式基金折价、成交量、动量、开放式股票型基金的季度资金净流入等替代变量（Poniiff et al.，1995；Baker，Wurgler and Yu，2012；罗琦和张标，2013；张宗新和王海亮，2013；王春，2014）[③]。

综合指标多个直接指标和间接指标合成的投资者情绪综合指标，例如，贝克和伍格勒（Baker and Wurgler，2006）通过对剔除宏观经济变量影响后的主客观基础指标进行主成分分析得到复合情绪指数，简称 BW 复合指数。[④]易志高和茅宁（2009）选择了 NIA 和 CCI 两个主观指标及 DCEF、TURN、IPON、IPOR 四个客观指标，用主成分分析法构造出了一种中国股票市场投资者综合指数，即 CICSI 复合投资者情绪指数。[⑤]

---

① 巴曙松，朱虹. 融资融券、投资者情绪与市场波动 ［J］. 国际金融研究，2016（8）：82 - 96.

② 易志高，茅宁，汪丽. 投资者情绪测量研究综述 ［J］. 金融评论，2010（3）：113 - 121；贺刚，朱淑珍，顾海峰. 投资者情绪综合测度指数的构建 ［J］. 统计与决策，2018，34（17）：149 - 153；刘学文. 中国股市投资者情绪测度指标的优选研究 ［J］. 中国管理科学，2019（1）：22 - 33.

③ Pontiff J. Excess Volatility and Closed-End Funds ［J］. American Economic Review，1997（87）：155 - 169；Baker，M，J. Wurgler，Yuan Yu. Global，Local，and Contagious Investor Sentiment ［J］. Journal of Financial Economics，2012（104）：272 - 287；罗琦，张标. 股权特性、投资者情绪与企业非效率投资 ［J］. 财贸研究，2013（4）：148 - 156；张宗新，王海亮. 投资者情绪、主观信念调整与市场波动 ［J］. 金融研究，2013（4）：142 - 155；王春. 投资者情绪对股票市场收益和波动的影响——基于开放式股票型基金资金净流入的实证研究 ［J］. 中国管理科学，2014（9）：49 - 56.

④ Baker，M，J. Wurgler. Investor Sentiment and the Cross-Section of Stock Returns ［J］. The Journal of Finance，2006，61（4）：1645 - 1680.

⑤ 易志高，茅宁. 中国股市投资者情绪测量研究：CICSI 的构建 ［J］. 金融研究，2009（11）：174 - 184.

8.4.2 投资者情绪对 IPO 后市表现影响的研究

投资者过度乐观或过度悲观情绪会影响 IPO 抑价（Allen and Faulhaber，1989）。[1]贾吉加和托马斯（Jaggia and Thosar，2004）对美国高科技企业的 IPO 后市表现进行研究，发现非理性投资者的投资情绪是导致高科技企业 IPO 抑价的重要原因。[2]德里安（Derrien，2005）对法国股票市场的 IPO 情况进行研究，发现投资者的狂热情绪是 IPO 抑价率高估的重要原因。[3] 巴乔和莱蒙多（Bajo and Raimondo，2017）按照信息获取的专业程度分为专业投资者和散户投资者。专业投资者拥有优先访问权和处理大量技术信息所需的技能；而散户则在很大程度上依赖报纸报道的二手信息。媒体呈现信息的方式会影响散户投资者的信念，进而影响投资者对 IPO 股票的偏好，能够引导积极情绪的信息与 IPO 抑价呈正相关关系；当新闻在接近 IPO 日期时或者由更知名的报纸进行把报道时，这种影响会更明显[4]。

黄方亮、宋晓蕾和种莉萍（2012）、黄方亮（2015）、黄方亮、齐鲁和赵国庆（2015）应用内容分析法对我国 IPO 招股说明书中的风险因素章节进行了规范性分析和意向分析，发现招股说明书的有关信息披露的显性内容即形式上已经比较规范，但体现言外之意的隐性内容是存在的，本应该披露发行人负面信息的风险因素部分呈现出比较明显的乐观性、高估性"误导"投资者情绪的倾向，这会影响 IPO 后市表现。[5]

郭敏和侯居跃（2015）选取我国中小板和创业板市场的 IPO 样本，采用普通线性回归法和分位数回归法研究投资者情绪对 IPO 抑价的影响，发现投

---

① Allen, Franklin, Gerald R. Faulhaber. Signalling by Underpricing in the IPO Market ［J］. Journal of Financial Economics，1989，23（2）：303 – 323.

② Jaggia S，S. Thosar. The Medium-term Aftermarket in High-tech IPOs：Patterns And Implications ［J］. Journal of Banking & Finance，2004，28（5）：931 – 950.

③ Derrien F. IPO Pricing in "Hot" Market Conditions：Who Leaves Money on the Table? ［J］. The Journal of Finance，2005，60（1）：487 – 521.

④ Bajo，Emanuele，Carlo Raimondo. Media Sentiment and IPO Underpricing ［J］. Journal of Corporate Finance，2017（46）：139 – 153.

⑤ 黄方亮，宋晓蕾，种莉萍. IPO 风险信息披露的规范性——基于内容分析法的研究 ［J］. 制度经济学研究，2012（3）：89 – 101；黄方亮. 新股发行风险信息披露的多维分析 ［M］. 北京：经济科学出版社，2015；黄方亮，齐鲁，赵国庆. 新股发行风险信息披露的意向分析 ［J］. 山东大学学报（哲学社会科学版），2015（2）：38 – 48.

资者情绪是影响我国 IPO 抑价的因素；上市首日换手率、中签率在所有分位点上以及发行市盈率在较高的分位点上均与 IPO 抑价存在显著相关关系。[①]汪昌云和武佳薇（2015）以媒体语气作为投资者情绪的代理变量，检验发现媒体语气和 IPO 抑价率正相关。[②]周孝华和陈鹏程（2017）的研究发现，在投资者过度乐观情绪影响下新股发行市场高发行价和 IPO 抑价现象并存，投资者情绪的乐观程度与 IPO 抑价呈正相关。[③]

8.5　理 论 探 讨

8.5.1　理论探讨一　我国 IPO 抑价的有关实证研究

与世界其他国家和地区的成熟证券市场相比，我国证券市场经历的建设与发展时期较短，但已成为全球最大的、有影响力的证券市场之一。尽管我们取得的成绩显著，但仍然存在许多问题。其中，我国证券市场的 IPO 抑价率极高，这引起了国内外学者的关注。

高（Gao，2010）研究了我国采取新股发行询价制之后的 2006～2008 年的 217 家公司 IPO 抑价情况。样本公司的 IPO 抑价率最高值为 538%，最低值为 0，平均值为 157%。

通过可比公司价值法，高（Gao，2010）把 IPO 公司分为上市前故意折价和上市后溢价两大类，并对解释 IPO 抑价的经典信息、理性理论和行为金融学理论进行了验证。实证研究的结果发现，经典信息理论对我国 IPO 抑价状况的解释力较弱，行为金融学理论对我国 IPO 抑价状况的解释力较强。[④]

发行人的媒体信息管理行为对一级市场定价和抑价率可能会产生影响。

---

① 郭敏，侯居跃. 询价制下我国 IPO 抑价影响因素分析——基于分位数回归的实证研究 [J]. 商业研究，2015（12）：33－40.

② 汪昌云，武佳薇，孙艳梅，甘顺利. 公司的媒体信息管理行为与 IPO 定价效率 [J]. 管理世界，2015（1）：118－128.

③ 周孝华，陈鹏程. 锁定制度、投资者情绪与 IPO 定价：基于承销商视角的理论与数值分析 [J]. 管理工程学报，2017（2）：84－90.

④ Gao，Yan. What Comprises IPO Initial Returns：Evidence from the Chinese Market [J]. Pacific-Basin Finance Journal，2010（18）：77－89.

汪昌云和武佳薇等（2015）选取 2009～2011 年的 IPO 公司样本，研究发现公司的媒体信息管理行为能够提高发行价、降低抑价率；公司在上市造势期内的媒体新闻报道每增加 1 篇，其 IPO 抑价率平均会降低约 0.3%。[①]

IPO 公司风险信息的披露会对投资者的投资决策产生一定的影响（黄方亮，2015）。姚颐和赵梅（2016）研究了我国发行新股招股说明书中风险因素的披露状况以及市场的反应，发现公司所披露的总风险越多、财务风险和经营风险越多，IPO 抑价就越低。[②]

8.5.2　理论探讨二　我国 IPO 长期收益的有关实证研究

杨丹和林茂（2006）选取了我国 1995 年 1 月至 2000 年 12 月沪深两市 774 个 A 股 IPO 样本，计算 IPO 的等权平均、流通市值加权平均和总市值加权平均收益率，并使用不同的市场指数及配比股票组合的收益率加以调整来评价 IPO 的长期市场表现。经过事件时间和日历时间的实证研究，他们发现：（1）我国 IPO 在上市后 3 年内总体上表现出长期强势。（2）IPO 长期超常收益率对使用何种参照指标的收益率来调整以及使用何种加权平均方法很敏感。CAR 和日历时间研究的结果更明显地表明我国 IPO 存在长期强势特征，而且使用市值加权平均方法计算的正超常收益率更为显著。（3）Fama-French 三因素模型和 CAPM 模型回归的截距项都表明我国 IPO 存在正的长期超常收益率。[③]

沪深交易所于 2013 年底颁布了新股上市首日申报价格不可超过新股发行价的 144% 的规定；自 2014 年起，新股发行市盈率被监管机构控制在 23 倍以下。魏志华和曾爱民等（2019）以 2009～2015 年 1194 家 IPO 公司为样本，考察了这些监管限价政策对投资者"炒新"的影响。他们的研究发现：（1）限价政策助推了抑价水平的提高；（2）限价政策也助推了市场对新股上市之后的二级市场炒作，导致次新股股价长期处于较高水平；（3）两种价格管制政策

① 汪昌云，武佳薇，孙艳梅，甘顺利. 公司的媒体信息管理行为与 IPO 定价效率 [J]. 管理世界，2015（1）：126-136.
② 姚颐，赵梅. 中国式风险披露、披露水平与市场反应 [J]. 经济研究，2016（7）：160-174.
③ 杨丹，林茂. 我国 IPO 长期市场表现的实证研究——基于超常收益率不同测度方法的比较分析 [J]. 会计研究，2006（11）：61-68.

实施效果事与愿违，并且能够产生叠加效应。[①]

8.6 本章小结

（1）由于不同企业追求的目标不同，因而企业选择公开上市的动因就会多种多样，其中包括以下各方面的决策影响因素：信息生产与流动性驱动上市的理论，产品市场竞争驱动上市的双头寡占市场模型，并购驱动上市理论。而对于企业选择上市的时机，热销与机会窗口理论成本与收益的权衡理论，战略等待理论作出了解释。

（2）现实中，绝大多数新股 IPO 的首日上市交易价要比发行价高得多，而且普遍存在于世界发达国家和新兴国家的股票市场中。这种股票发行价格低于上市交易价格的现象，被称为 IPO 抑价现象。

（3）对 IPO 抑价原因的解释，根据信息与理性两种研究方法，分为了两种流派：基于信息因素的理论分析与基于理性因素的理论分析。基于信息的理论分析，IPO 抑价主要是由于信息的不对称，这其中包括发行人、投资银行与投资者三方之间的信息不对称、投资银行与投资者双方之间的信息不对称、发行人与投资者双方之间的信息的不对称、投资者内部的信息不对称。基于理性因素的理论分析从期望理论、理性的投资银行、信息瀑布理论等方面解释了 IPO 抑价现象的原因。

（4）有关 IPO 长期收益问题，学术界存在较为激烈的争议，行为金融理论界的 IPO 长期表现弱势作出了解释，理论有过度反应理论、乐观与悲观的异质预期投资者理论、IPO 热销市场理论、伪市场时机假设。

（5）与世界其他国家和地区的成熟证券市场相比，我国证券市场经历的建设与发展时期较短，我国 IPO 抑价率极高。

8.7 问题思考

1. IPO 决策影响因素及时机选择理论的内容是什么？

---

① 魏志华，曾爱民，吴育辉，李常青 . IPO 首日限价政策能否抑制投资者"炒新"？[J]. 管理世界，2019（1）：199 – 217.

2. IPO 抑价现象发生的原因包括哪些？

3. 行为金融学理论主张 IPO 长期表现弱势的依据有哪些？

4. 改善 IPO 长期表现弱势的措施有哪些？

5. 传统金融理论与行为金融理论的不同主张有哪些？

6. 你认为中国 IPO 抑价率高的原因有哪些？

7. 你认为我国 IPO 存在负的长期收益率的原因是什么？

第2编

并　购

第9章　并购导论

并购是企业的一项重要经济活动。企业扩张现有的生产经营规模、或进入新的行业领域，不仅可以通过新建、扩建等直接方式，而且还可以通过对现有企业的兼并、收购的方式来实现。

9.1　兼并和收购的概念

兼并和收购（mergers & acquisitions，M&A）简称购并或并购，是公司控制权转移以及产权交易的重要形式。随着市场经济的发展，尤其是资本市场规模的扩大，并购活动已经成为公司发展壮大自身、实现产业升级、提高竞争力的重要手段，也是实现产业结构调整和社会资源优化配置的有效途径。

9.1.1　公司兼并

1. 国外的相关定义

《科林斯经济学辞典》认为兼并（或合并）（merger 或 amalgamations）的定义是"两个或多个厂商组合在一起"，其与接管（takeover）的区别在于："接管往往是一个厂商对其他厂商发动"敌意"接管出价，而不用经过被接管厂商管理层的同意。合并通常处于双方的一致同意。合并主要可以分为三大类：（1）水平合并，即同一市场中直接竞争厂商之间的合并；（2）垂直合并，即存在供应商—顾客关系的厂商之间的合并；（3）跨行业企业合并，即在无行业关系的市场中经营的厂商，为了寻求多样化而进行的合并。①

---

① 科林斯经济学辞典(第三版)［M］. 上海：上海财经大学出版社，2008.

2. 我国国内的相关法律定义

《公司法》（2018 年修订）第一百七十二条规定：公司合并可以采取吸收合并或者新设合并。一个公司吸收其他公司为吸收合并，被吸收的公司解散。两个以上公司合并设立一个新的公司为新设合并，合并各方解散。

9.1.2　公司收购

《西方经济学大辞典》对收购的定义是："收购一般指一家企业接收另一家企业，收购一家公司通常通过购买其普通股中能够起到支配作用的部分来实现。"①

《新帕尔雷夫货币金融大辞典》认为，"公司兼并（acquisition）指一家公司（出价者或者兼并公司）购买另一家公司（目标公司或被兼并公司）的资产或证券的大部分，其目的通常是重组被兼并公司的经营。兼并公司兼并的可能是目标公司的一个部门（部门收购，母公司出售或回收子公司股权与之脱离关系或让产易权），或者是目标公司全部或大部分有投票权的普通股（合并或部分收购）。"②

公司收购一般涉及两个主体，即收购方（acquirer）与被收购方（acquiree）。收购方又称为出价方（bidder），即通过现金、债券、股票等形式收购另一家公司的股票，以获取对该公司控制权。短期内收购方的股票价格一般都可能会出现下跌，因为为了完成收购需要进行短期融资，从而摊薄利润。例如，2012 年 6 月 15 日香港交易所发布收购伦敦金属交易所的晚间公告后，香港交易所的股价在随后一个交易日大跌 4.5%。被收购方又被称为"目标公司"（target firm），即指在收购行为中的被收购方。

9.1.3　公司兼并与收购的联系与区别

兼并与收购两者的共同点在于：两者实质上都是通过公司的产权流通、转让来实现公司之间的重新组合，通过公司控制权的变化（转移或集中）来

---

① 西方经济学大辞典 ［M］. 北京：经济科学出版社，2000.
② 新帕尔格雷夫货币金融大辞典（第一卷）［M］. 北京：经济科学出版社，2007.

实现公司发展扩张战略的需要。

兼并与收购两者的区别在于：兼并行为完成后，只有一个公司作为独立的法人存在，即兼并方，被兼并方失去独立的法人地位，在法律意义上不再存在；收购行为完成后，被收购方仍可以作为独立的法人存在，其仍具有法人资格，只是其控制权转移到收购方手中。

9.2　兼并和收购的动机

企业为什么要开展并购活动？对于企业并购的动机，学者们采用不同的理论，并从不同的角度出发进行了研究。

9.2.1　基于效率角度的兼并和收购动机

从经济学的角度来说，公司具有提升效率的激励，而通过并购活动，可以获得某种协同效应（synergy effect）。所谓协同效应，是指在并购或收购完成之后，公司的整体绩效表现大于并购前两个独立的公司绩效之和。即：如果收购方的绩效为 V_A，目标企业的绩效为 V_B，并购后企业的绩效为 V_{AB}，则当 V_{AB} 大于 $V_A + V_B$ 时，我们称之为实现了协同效应。这一效应可能是来自并购完成后公司研究开发能力的提升、销售市场的扩张、管理能力的提高、生产效率的改善、风险的分散化等方面。

9.2.1.1　经营协同效应（operating synergy effect）

该理论认为：通过并购活动，可以获得更高的经营收入、促进公司增长。这一过程的实现途径主要有以下两种。

（1）经济学理论认为，在一个行业内部，存在潜在的规模经济要求，即随着生产、经营规模的扩大，平均成本趋于下降。因此，通过水平（横向）并购活动，可以扩大经营规模，从而降低成本，提高公司业绩，实现规模经济效应。

（2）公司之间存在优势互补，例如，某企业具有很强的研究开发能力，但是市场营销能力薄弱，而另一公司的优劣则恰恰相反。通过将两公司合并，可以实现彼此之间的优势互补。

此外，与公司兼并、收购方向相反的公司重新组合资产、产权或控制权的方式是拆分。其动机也可以是出于降低运营费用的考虑。例如，2012 年通用电气有限公司宣布把旗下规模庞大的能源业务分拆为三家子公司，削减间接成本估计最多可达 3 亿美元。[①]

9.2.1.2 管理协同效应（management synergy effect）

该理论认为，不同公司之间，在管理效率方面存在着差异，如果一公司的管理效率高，而另一公司的管理效率低，通过前者并购后者，可以使前者的管理能力在被并购公司得以发挥，将后者的管理效率提升到与前者一致的水平，这不仅改善了某一个公司的管理效率，而且对整个社会福利都是一种增进。

9.2.1.3 财务协同效应（financial synergy effect）

该理论认为，并购活动可以使公司获得财务方面的收益——降低筹资成本、更好地利用投资机会等。例如，如果一家公司投资机会短缺而现金过剩，而另一公司存在高回报率的投资机会而现金短缺，通过并购活动，可以使现金流量在收购企业与目标企业之间进行重新分配，从而使合并后的公司实现更高的价值；或者通过并购消除公司间可能存在的重复纳税环节。

以上是研究者基于理论提出的对并购效应的一些假说，而在实践中，是否有证据支持"并购活动提升效率"受到了一些质疑。因此，"兼并的威胁与其说是在刺激人们提高效率，倒不如说是在鼓励人们进行更多的兼并。因为，与其他公司兼并能够避免自己被兼并，即便这种兼并不能提高效率。"[②]

9.2.2 基于委托—代理角度的兼并和收购动机

1. 自由现金流量假说

自由现金流量指的是，满足所有具有正的净现值的投资项目所需资金后多余的那部分现金流量，这部分现金流量留在公司中将不再能够为股东创造满足其期望报酬率的收益，因此，要使公司有效率，并使股东财富最大化就

① 网易财经. 通用电气分拆能源业务或为挑选新掌门人做准备［EB/OL］. http：//money. 163. com/12/0723/11/873J6DAA002524SO. html.

② 新帕尔格雷夫经济学大辞典（第三卷）［M］. 北京：经济科学出版社，1992.

必须将自由现金流支付给股东（Jensen，1986）①。而如果把自由现金流量还给股东，就减少了管理者所能控制的公司资源，管理者需要通过对公司资源控制来实现公司的增长，因为管理者的业绩和报酬都是与公司的增长紧密相关的。因此，在自由现金流的使用方面，股东和管理者之间存在利益上的冲突。通过实施公司并购活动，使公司的自由现金流量减少，从而可以缓解股东与管理者之间的冲突。

2. 过度自信假说

判断一项并购活动成功与否，依据之一是看并购活动是否创造股东价值。有研究表明，大约2/3的公开并购交易减少了收购方的股东价值②。其中的一个重要原因就是收购方对目标公司支付过多。之所以会如此，可能是收购方对协同效应的高估、尽职调查不力、过度自信等。其中，罗尔（Roll，1986）认为，由于过度自信，并购企业的决策者在评估兼并机会时过于乐观，过高地估计管理者运用目标企业资源的能力，企业并购是为了满足管理层的野心和自负动机。这一假说可以解释：在过去的经验表明收购存在不利估值误差的情况下，为什么决策者仍会做出并购决策。③

9.2.3 基于交易费用角度的兼并与收购动机

这一角度主要对垂直（纵向）并购活动的动机进行了解释——并购是减少交易费用的手段。存在供应商—顾客关系的上下游公司之间由于存在着搜寻（事前）、谈判（事中）、监督合约执行（事后）等大量的交易费用，因此，通过垂直（纵向）合并，实现公司的纵向一体化，延伸产业链，可以内化许多原本属于市场交易的环节，从而节省交易费用，提升公司业绩与股东财富。

在实践中，企业进行并购活动往往不是出于单一的动机，而是多种动机的综合。

---

① Jensen, Michael C. The Agency Costs of Free Cash Flow, Corporate Finance and Takeovers [J]. American Economic Review, 1986 (2): 323 – 329.

② Mauboussin, Michael. Surge in the Urge to Merge: M&A Trends and Analysis [J]. Journal of Applied Corporate Finance, 2010, 22 (2): 83 – 94.

③ Roll, R. The Hubris Hypothesis of Corporate Takeovers [J]. Journal of Business, 1986 (59): 197 – 216.

9.3 兼并和收购浪潮

追溯企业的并购史，可谓源远流长，已经有上百年的历史。但是根据为数不少研究者的研究，企业并购活动的规模、数量等在时间上又不是均匀分布的，呈现出一定的规律性，与经济周期和股市表现具有一定程度的一致性。普遍的观点认为，迄今为止，世界上共出现过六次企业并购浪潮，每次都具有不同的特点。

9.3.1 第一次并购浪潮：19 世纪末到 20 世纪初

第一次企业并购浪潮发生在 19 世纪末期到 20 世纪初期。这一次并购浪潮在美国涉及行业众多，但是，并购数量较多地集中在金属、食品、石化产品、化工、交通设备、金属制造产品、机械、煤炭等行业。

这一次并购浪潮的特点是：同类企业之间的横向（水平）并购占据了该时期企业并购数量的大部分，主要并购动机是追求垄断利润和规模经济效应，当时美国铁路运输业的迅速发展为企业市场的拓展提供了外在条件。根据穆迪投资者服务公司的创办人约翰·穆迪计算，1898～2007 年大约 5 300 家工业企业合并成为 318 家托拉斯。兼并导致了资本集中、生产集中，行业内部的企业数量大幅度减少，而企业的规模急剧扩大，各工业部门中的大公司市场份额大幅度增长，致使美国工业结构出现质的变化，出现了一大批对经济结构有深远影响的工业巨头，例如标准石油公司、杜邦公司、通用电气、美国烟草公司等。同一时期，在英国、法国、德国也出现了兼并行为，并通过兼并导致了垄断组织的产生。这一时期的并购主要是资本在同一行业内部集中，且多发生在一国内部。并购导致了国民经济结构发生重大变化，产业集中度大幅度提高。

9.3.2 第二次并购浪潮：20 世纪 30 年代

发生于 20 世纪 30 年代的第二次企业并购浪潮，这一次并购浪潮的特点是：以行业上下游之间具有投入产出关系的企业之间的纵向（垂直）并购为主，通过并购活动，整合上下游产业链，将产品生产线的各个环节，不同零部件的供应厂商都整合到一个公司名下，使各个工序相互结合，形成连续生产的统一运行的联合体，从而有助于减少中间产品的流转环节，节省交易费用，实现产业链整合后所发挥出来的巨大的成本节约优势和价格竞争优势，更有效地利用资源，提高效率。在并购的行业分布上，并购领域不仅局限于工业企业，而且扩展到公用事业、金融业等领域。美国在 1919～1930 年，19 611 家公司被并购，其中工业企业 5 282 家，公用事业企业 2 750 家，银行 1 060 家，零售企业 10 519 家。此外在这一时期开始出现产业资本与金融资本的互相融合、渗透，例如洛克菲勒控制花旗银行，摩根银行创办美国钢铁公司等。

9.3.3 第三次并购浪潮：20 世纪 50 年代至 60 年代

第二次世界大战后，整个西方经济进入了稳定发展时期，科学技术的进步促进了经济结构的变化与新产业的兴起，企业并购这种存量资本调整的重要方式，又出现了一次迅猛的发展。

这一次并购浪潮的特点是：不同行业之间的多元化混合并购成为具有主导性的并购模式，具有相对优势地位的企业并购与自己的生产经营无关的企业，从而形成多元化经营的综合性企业，分散风险。20 世纪 60 年代在美国，政府的反托拉斯法宣布那些倾向于更大程度集中的兼并为非法，从而使许多公司致力于跨行业、非相关业务的发展。

9.3.4 第四次并购浪潮：20 世纪 80 年代

20 世纪七八十年代的美国，钢铁、汽车等传统行业的地位日渐衰落，而通信、计算机等新兴产业不断崛起，新老产业的更迭促进了新一轮企业并购浪潮的出现。

这一次并购浪潮与以往的并购活动的显著不同在于：首先，企业并购的目标不再局限于实现规模经济、整合上下游行业链、或多元化经营分散风险，而是出现了以收购完成后再出售为目标的并购行为；其次，金融在并购活动中扮演重要角色，金融创新是并购活动的重要推动力，高收益"垃圾债券（junk bond）"使杠杆收购成为本次并购浪潮中的重要手段。此外，这一轮并购浪潮中，恶意收购数量大为增加，并以名目繁多的反收购措施而著称：
"毒丸"计划、"驱鲨剂"条款、"金色降落伞"计划等。

9.3.5 第五次并购浪潮：20 世纪 90 年代至 2008 年国际金融危机爆发

20 世纪 90 年代以来，随着经济全球化程度的日益加深、各国政府管制的逐渐放松以及现代信息技术的迅猛发展，世界范围内掀起了第五次并购浪潮。这一次并购浪潮无论是并购的总规模还是单项并购额都远远超过了前四次，其中 1996~2000 年的增长最为迅猛，此间共发生了 40 000 余起并购案例，平均每年发生 8 000 余起。在 2000 年全球并购总额达到了 3.46 万亿美元。在 2001 年全球并购总额大幅降低，为 1.74 万亿美元，缩减约 50%。[①]全球并购在 2007 年达到高潮，并购总额高达 4.6 万亿美元，但受到金融危机的冲击，全球并购急速回落，在 2008 年，并购规模骤减至 2.8 万亿美元。[②]

这一次并购浪潮的显著特点主要包括以下三个方面。

（1）与以往实业领域的公司并购占据并购浪潮的主流不同的是，金融领域的并购活动在本轮并购浪潮中非常引人注目，造就了一批"金融巨头"（见表 9 - 1）。而作为交易平台的证券交易所的并购，在本轮并购浪潮中更是异常活跃，近十年风起云涌（见表 9 - 2）。

表 9 - 1　　　　　　　　　1995~2000 年全球重大银行并购案

参与并购的银行	并购后的资产总额（亿美元）	并购后的资产总额排名	并购时间
日本东京银行，三菱银行	6 700	全球第一	1995 年 3 月
美国化学银行，大通银行	2 990	美国第一	1995 年 8 月
瑞士联合银行，瑞士银行	6 000	全球第二	1997 年 12 月
美国花旗银行，旅行者集团公司	6 990	全球第一	1998 年 4 月

---

① 杨丹辉. 第五次并购浪潮的回顾：特征、成因与影响 [J]. 世界经济研究，2004（4）：18 - 23.

② 网易财经. 国际金融危机后，全球企业并购形势一直不温不火 [EB/OL]. [2014 - 05 - 24]. http://news. 163. com/14/0524//9T0CUK1O00014AEE_mobile. html.

续表

参与并购的银行	并购后的资产总额 （亿美元）	并购后的 资产总额排名	并购时间
美国国民银行，美洲银行	5 700	美国第二	1998 年 4 月
德意志银行，美国信孚银行	8 200	全球第一	1998 年 11 月
日本兴业银行，第一劝业银行，富士银行	13 180	全球第一	1999 年 8 月
日本住友银行，樱花银行	9 250	全球第二	1999 年 10 月
德意志银行，德累斯顿银行	12 280	全球第一	2000 年 3 月
大通曼哈顿银行，J. P. 摩根银行	6 600	美国第三	2000 年 7 月

资料来源：何振亚. 金融开放下的中国银行业并购［M］. 北京：中国经济出版社，2005.

表 9 - 2 　　　　20 世纪末至 2008 年全球主要证券交易所并购活动

时间	事件
1998 年	全球最大的电子化交易市场——Nasdaq 与美国第三大股票交易所——美国证券交易所通过了合并计划，合并为 Nasdaq-Amex 集团公司
1999 年	瑞典的斯德哥尔摩交易所与丹麦的哥本哈根交易所联合，创立了北欧交易所（Norex）；新加坡股票交易所和新加坡国际金融交易所正式合并成为新加坡交易所
2000 年	法国巴黎、荷兰阿姆斯特丹、比利时布鲁塞尔三家证券交易所通过合并方式设立了泛欧证券交易所 Euronext； 欧洲两大交易所——伦敦证券交易所和德国法兰克福证券交易所在伦敦宣布合并，成立"国际交易所"（International Exchange，IX）； 以纽约证券交易所为首，占全球股票交易 60% 的十家交易所正式宣布结成联盟，共同商谈建立"环球股本证券市场"（global equity market，GEM），其成员包括东京、澳大利亚、泛欧、多伦多、墨西哥、圣保罗以及中国香港交易所等； 东京证券交易所兼并广岛和新潟两家地方证券交易所； 中国香港联合交易所、期货交易所、中央结算所有限公司、联合交易所期权结算所以及期货交易结算公司合并，成立新的控股公司香港交易及结算所有限公司
2001 年	纳斯达克在日本成立了"纳斯达克日本"（该市场因运作成本过高，3 年后关闭），并控股了一家名为 Easdaq 的泛欧高科技股票市场
2002 年	德国交易所收购证券清算存托公司 Clear-Stream 的全部股份
2003 年	瑞典证交所和赫尔辛基股票交易所合并成 OMX

续表

时间	事件
2005 年	纽约交易所宣布收购电子交易运营商 Archipelago 控股公司，合并后的新公司名为纽约证券交易所集团公司； 纳斯达克宣布收购全美第二大电子交易系统运营商 Instinet
2006 年	东京证券交易所和韩国证券交易所达成合作关系，并宣布可能在未来合并或交叉持股； 芝加哥商业交易所收购芝加哥期货交易所控股公司
2007 年	纽约证券交易所和泛欧证券交易所成功合并，在纽交所和欧交所同时挂牌上市，成为全球第一个跨大西洋股票交易市场； 纽约证券交易所和东京证券交易所达成合作协议，将在公司股票上市、产品和电脑系统等方面进行整合，并最终可能进行交叉持股、逐步实现合并； 纽约泛欧证券交易所以 1.15 亿美元收购印度国家证券交易所 5% 的股份； 纳斯达克收购费城交易所、波士顿交易所； 纳斯达克收购瑞典 OMX 集团，组成纳斯达克 OMX 集团； 伦敦交易所收购意大利交易所；美国国际证交所与欧洲期货交易所合并； 东京证交所购入新加坡交易所 4.99% 股权；德国证交所与韩国交易所签订谅解备忘录，在市场信息、员工交换和新股上市方面进行合作； 德国欧洲期货交易所收购美国国际证券交易所控股公司
2008 年	芝加哥商业交易所集团收购纽约商业交易所控股公司； 巴西期货交易所收购圣保罗证券交易所

资料来源：根据 2012 年 7 月 1 日《财经》杂志（总第 326 期）文章："港交所大收购"与其他媒体资料整理而成。

（2）跨国并购成为一大特色。经济活动全球化趋势的加速，使企业面临的市场空间更为广阔，跨国并购成为企业迅速进入目标市场、实施全球战略的重要手段，并购金额不断升高，由此诞生了一些超大型的跨国公司，例如，1998 年德国戴姆勒—奔驰汽车公司并购美国的克莱斯勒公司后成立戴姆勒—克莱斯勒汽车公司，1999 年英国沃达丰移动电话公司与美国空中火炬公司合并成立沃达丰空中火炬公司等。①

（3）来自新兴经济体的并购活动逐渐增长。随着新兴经济体的崛起，来自拉美、亚洲等新兴市场的并购活动开始在并购市场上崭露头角。其中，中

---

① 肖细根，王胜华. 经济全球化背景下的第五次跨国并购的特点、成因与启示 [J]. 金融经济，2007（10）：27 – 28.

国的跨国公司对外直接投资开始步入较快发展期，跨国并购金额逐渐增加。例如，2005 年，中国石油天然气集团公司通过其全资子公司中油国际收购哈萨克斯坦石油公司。

9.3.6 2008 年国际金融危机爆发之后的国际并购浪潮

2008 年金融危机的爆发，先是导致全球企业并购交易规模骤降，这是因为美欧主要发达国家并购交易受危机影响迅速缩减所致；其后全球并购市场开始逐渐升温，之后并购金额强劲上升。2015 年全球并购交易总额达到 4.9 万亿美元，较 2014 年急增 37%，且超过了 2007 年的 4.6 万亿美元。[①]

此次并购浪潮有以下三个突出特征。

（1）全球证券交易所参与到并购浪潮中来（见表 9 - 3）。证券交易所的业务具有明细的规模经济效应，因而有些证券交易所努力通过跨国并购活动应对来自其他交易所的激烈竞争。

表 9 - 3　　　　　　　2009～2013 年全球主要证券交易所并购活动

时间	活动
2009 年	伦敦交易所收购当地另类交易平台
2010 年	韩国购入新开业的老挝交易所 49% 股份； 新加坡交易所全面并购澳大利亚交易所（因政治问题未能成交）
2011 年	伦敦交易所宣布与加拿大多伦多交易所合并（但因民族主义情绪未能成功）； 德意志交易所集团（Deutsche Boerse AG）2 月 9 日宣布，其和纽约泛欧交易所集团（NYSE Euronext）有关合并的商讨已进入高级阶段； 7 月 7 日，纽约泛欧证券交易所股东大会投票通过；7 月 13 日，德意志证券交易所股东批准了该项交易（因欧盟反垄断未能成功）
2012 年	8 月 23 日，东京证券交易所宣布：已成功完成对大阪证券交易所的要约收购
2012～2013 年	2012 年洲际交易所宣布收购纽约泛欧交易所，次年完成交易。交易最初估值 84 亿美元，完成交易时估值已升至 110 亿美元

（2）发展中国家成为推动全球并购活动的重要力量。2008 年经济危机以来，以中国为主要代表的新兴经济体积极参与海外并购市场，成为并购活动

---

① 人民网 – 人民日报. 大企业引领全球并购潮 2015 年并购交易总额达 4.9 万亿美元，创历史新高 [EB/OL]. [2016 - 01 - 18]. http：//finance. people. com. cn/n1/2016/0118/c1004 - 28061607. html.

的一大亮点。例如，2010 年，吉利花费 18 亿美元收购沃尔沃 100% 股权；2011 年，中国最大的黄金生产企业紫金矿业通过其全资子公司皓金公司收购澳大利亚金矿企业诺顿金田（Norton Gold Fields Limited）；2012 年 7 月，中信证券股份有限公司宣布，以 12.5 亿美元的总对价从法国东方汇理银行手中收购里昂证券全部股权；2012 年 7 月 23 日，中国海洋石油有限公司宣布，该公司斥资 151 亿美元收购加拿大上市公司 Nexen Corp；当天，塔里斯曼能源（Talisman Energy Inc.）宣布，已同意作价 15 亿美元将其英国业务 49% 的股份出售给中国石油化工股份有限公司。

（3）跨国并购是主流并购趋势，股权收购是主流并购形式。跨国公司强强联合，通过这种联合来扩大市场份额，以应对激烈的全球竞争，从而促进了资源在全球范围内的优化配置。例如：2008 年 7 月，卡塔尔控股公司斥资 35 亿美元收购巴克莱银行 7.7% 的股权。2009 年 12 月，全球最大的石油公司美国埃克森美孚公司耗资 410 亿美元、以全股票方式收购该国著名天然气开采企业 XTO 能源公司。这项交易将有助于埃克森美孚扩大在天然气领域的市场份额。此外，全球经济的增长使得资源争夺日益加剧，推动了以控制战略资源为目标的跨国并购活动。同时，私人股权投资基金的发展，也成为开展跨国并购的重要推动力量。2009 年，在全球范围内股权收购占比达到 40%，成为主要的并购形式。①

9.3.7　我国公司并购活动及其特点

受益于中国经济的迅速增长，中国并购重组市场也呈现出高速发展的态势。在公司并购中，并购的资金来源问题是制约大规模战略性并购的主要瓶颈，并购贷款是并购活动中重要的融资方式之一。原中国银监会发布的《商业银行并购贷款风险管理指引》（2015 年修订），允许符合条件的商业银行开办并购贷款业务，规范商业银行并购贷款经营行为，引导银行业金融机构在并购贷款方面创新，满足企业和市场日益增长的合理的并购融资需求。

中国企业的海外并购活动也大幅增加。2008 年金融危机之后，中国企业在海外市场展开大规模的并购活动，而外资企业在我国的并购金额大幅下降。

---

① 孙建森，张群. 金融危机背景下全球并购特征及成因分析 [J]. 特区经济，2010（2）：106 - 107.

根据普华永道发布的《2011 年中国企业并购与回顾前瞻》报告，中国地区相关的并购交易活动持续活跃，2011 年中国大陆企业的海外并购交易、境内企业间的并购交易以及大金额的私募股权投资交易活动均保持强劲的增长势头。中国企业海外并购交易数量达到创纪录的 207 宗，同比增长 10%，交易总金额达到 429 亿美元，同比增长 12%。在行业分布上，资源和能源行业的海外并购占据主导地位，而且消费品和工业品行业的海外并购也得到了迅速发展。2018 年中国企业并购总金额整体回落，约为 6 780 亿美元，规模低于前两年的历史水平；并购活动以国内并购为主。2018 年国内并购共发生了 2 357 起，海外并购共发生了 227 起，交易金额不足 2016 年的一半，但私募股权基金并购交易活跃，金融创下新高。①

9.4　理论探讨

上市公司并购重组业绩承诺是否可靠?

近年来，我国资本市场上并购交易的数量和规模不断增加，在并购交易中引入业绩承诺这一创新的并购契约形式正不断地被并购双方采用，但与此同时，目标企业业绩承诺违约的问题频发。

窦炜、孙（Sun Hua）和郝颖（2019）以我国 A 股市场上市公司并购和重大资产重组事件为样本，检验了并购重组交易中目标公司所作出的业绩承诺的可靠性。上市公司并购重组的支付方式一般分为两种：股票支付方式和现金支付方式，通过对业绩承诺可靠性与并购溢价之间的检验，他们发现：（1）与现金支付方式相比，以股权方式支付交易对价的上市公司不但能够取得更多的市场支持、更高的会计利润与经营业绩，而且业绩承诺的可靠性也相对较高；（2）若机构投资者持股比例增加，则会在一定程度上加强业绩承诺的可靠性，但是实证检验发现上市公司控股股东持股比例的变化不会带来相同的效果；（3）以股份赔偿作为业绩承诺补偿的上市公司，更愿意通过股票的方式支付交易对价并且业绩承诺的可靠性也更高。

---

①　清科年报. 2018 年中国并购市场理性调整，政策红利有望释放潜在并购整合需求［EB/OL］.［2019-01-11］. https：//research. pedaily. cn/report/pay/201901111917. shtml.

资料来源：窦炜，Sun Hua，郝颖. "高溢价"还是"高质量"？——我国上市公司并购重组业绩承诺可靠性研究 [J]. 经济管理，2019 (2)：156 - 169.

9.5 案例归纳

9.5.1 案例一 百威英博的横向收购之路 *

根据路透社 2012 年 6 月 29 日消息：全球最大啤酒商——百威英博啤酒集团（Anheuser-Busch InBev）宣布，其已与墨西哥最大啤酒商 Modelo 的控股方的家族达成协议，将出资 201 亿美元收购 Modelo 的 50% 股权。由于此前百威英博已持有 Modelo 50% 的股权，收购完成后，百威英博将全资控股 Modelo，这笔交易是 20 多年来海外公司对墨西哥企业规模最大的收购案。

这起并购在百威英博的并购之路上无疑是浓墨重彩的一笔。仅仅就其进入中国市场以来，这一比利时啤酒巨头就不停歇地进行了一系列的横向收购。

1997 年通过收购南京金陵啤酒厂正式进入中国市场；

2002 年投入 1.6 亿美元持有珠江啤酒股份公司 24% 股份；

2003 年收购以浙江为基地的 KK 酿酒集团 70% 股份；

2004 年以 2.6 亿美元的价格，分两次收购马来西亚金狮集团在华啤酒业务，拥有其在华 12 家啤酒生产厂的外方股权；此后，又对其中的部分企业进行增持；

2005 年与金可达集团、金狮啤酒集团再次达成合资协议，共同追加投资 3 000 万元人民币，将浙江雁荡山金狮啤酒有限公司变更为中外合资经营企业，英博控股 55%；

2005 年收购湖北宜昌当阳雪豹啤酒厂资产，并成立独资企业——英博啤酒（宜昌）有限公司；

2006 年以 58 亿元人民币的价格收购福建最大啤酒企业雪津啤酒有限公司 100% 的股份，是当时外资在中国最大的啤酒并购；

2008 年以 520 亿美元的价格，收购美国啤酒巨头安海斯—布希公司，成

---

* 溢海投资顾问 . 2011 年十个经典并购案例点评 [EB/OL]. [2012 - 10 - 10]. http：//www.yieldhi. com.

立百威英博公司，并从而拥有了安海斯—布希公司在中国区域所持有的青岛啤酒、哈尔滨啤酒的股份；

2011 年 2 月，百威英博与大连大雪集团有限公司和麒麟（中国）投资有限公司达成协议，收购辽宁大连大雪啤酒股份有限公司 100% 的股权。

通过不断地横向收购，百威英博逐渐完善了其产品线——拥有高端品牌百威，中高端品牌哈尔滨啤酒，中低端品牌大雪。

9.5.2 案例二 优酷并购土豆的经营协同效应*

2012 年 3 月 12 日，中国视频行业的两大巨头——优酷和土豆宣布以 100% 换股方式合并。根据双方签订的协议条款，自合并生效日起，土豆所有已发行和流通中的 A 类普通股和 B 类普通股将退市，每股兑换成 7.177 股优酷 A 类普通股；土豆的美国存托凭证（TudouADS）将退市并兑换成 1.595 股优酷美国存托凭证（Youku ADS）。每股 Tudou ADS 相当于 4 股土豆 B 类普通股，每股 Youku ADS 相当于 18 股优酷 A 类普通股。

合并后，优酷股东及美国存托凭证持有者将拥有新公司约 71.5% 的股份，土豆股东及美国存托凭证持有者将拥有新公司约 28.5% 的股份。合并后的新公司将命名为优酷土豆股份有限公司。优酷的美国存托凭证将继续在纽约证券交易所交易。

2012 年 8 月 20 日，合并方案在香港地区召开的双方股东大会获得批准，优酷土豆集团公司正式成立。

优酷和土豆合并后，由于其在影视版权采购、带宽服务器采买、后台数据整合方面，以及搜库、媒资库、广告投放系统等方面进行的合并，将会通过以下途径形成经营协同效应。

首先，随着对视频网站的监管日益严格，大型视频网站开始注重版权保护，因而产生了较高的版权费用。双方合并后，可以通过共享版权库，提高版权的议价能力，有效降低版权费用。

其次，合并后可以避免广告招商中的恶性竞争，而且双方广告系统打通后，可减少广告主双平台投放时的浪费。

---

* 本案例根据以下文章改写而成：章睿鹏. 优酷并购土豆的动机分析［J］. 中国商贸，2012（22）：134－135.

最后，在内容、带宽、服务器、人力资源方面的资源共享，有利于创造更多的流量、点击和收入。由于宽带成本高昂，两家公司一直处于亏损状态，二者合并被认为可以提高竞争力和降低成本。

9.5.3　案例三　中海油的海外并购之路[*]

中国海洋石油有限公司是中国三大石油和天然气生产企业之一。从 1994 年开始，中海油进行了数笔海外并购——1994 年 5 月，中海油以 1600 万美元收购阿科国际油气公司在马六甲区块的 32.58% 股份权益；2002 年，中海油以 5.85 亿美元收购西班牙瑞普索（Repsol-YPE）公司在印度尼西亚资产的五大油田的部分权益；2003 年 5 月，中海油与澳大利亚西北大陆架天然气项目股东就收购该项目上游油田的产量及储量权益签订了购买协议，涉及金额 3.48 亿美元。2005 年 5 月，中海油宣布已与加拿大 MEG 能源公司就收购其 16.69% 股权一事签订合同。当年，在经过对上百家并购对象的反复筛选和论证后，选择优尼科（Unocal Corporation）作为并购对象。优尼科作为一家百年历史的老牌石油企业，在美国石油天然气巨头中排位第九，由于优尼科拥有的已探明石油天然气资源约 70% 在亚洲和里海地区，收购优尼科有利于实现两者的优势互补：优尼科的资源与中海油的市场相结合，将会产生巨大的经济效益。

2005 年 6 月 23 日，中海油宣布以要约价 185 亿美元收购优尼科石油公司。这是当时涉及金额最大的一笔中国企业海外并购。并于 7 月 2 日，中海油向美国外国投资委员会（CFIUS）提交通知书，以便于其展开对中海油并购优尼科公司提议的审查。

2005 年 7 月 20 日，优尼科董事会决定接受雪佛龙公司加价之后的报价，并推荐给股东大会。8 月 2 日，中海油发表声明宣布，该公司已撤回对优尼科公司的收购要约。

在收购优尼科失败后，中海油又进行了一系列的海外收购活动。

2010 年 5 月 5 日，中海油与阿根廷布里达斯能源控股有限公司（BEH）联合宣布，双方已完成成立一家各占 50% 股份的合资公司的交易。通过该交

---

　　[*]　中海油通往国际一流公司的必经之路——海外并购［EB/OL］. https://www.sohu.com/a/126397238_188371；海外收购后遗症终浮现 中海油资产减值 104 亿元［EB/OL］. http://finance.sina.com.cn/chanjing/gsnews/2016-08-25/doc-ifxvixsh6609436.shtml.

易中海油将业务拓展至拉丁美洲。

2010 年 11 月 16 日，中海油与美国切萨皮克能源公司宣布，双方已完成中海油收购切萨皮克能源公司鹰滩页岩油气项目 33.3% 权益的交易。

2011 年 11 月 28 日，中海油发布公告：称中海油的间接全资附属公司——CNOOCLuxembourg S. à r.l 已完成收购加拿大公司 OPTI 的交易。

2012 年 2 月 21 日中海油宣布，完成收购英国图洛石油公司在乌干达 1、2 和 3A 勘探区各 1/3 的权益。

2012 年 7 月 23 日，中海油发布公告，以现金 151 亿美元收购总部位于加拿大卡尔加里的石油集团尼克森（Nexen）能源公司。尼克森是加拿大第六大能源公司，于多伦多和纽约交易所上市，其分布在加拿大西部、英国北海、墨西哥湾和尼日利亚海上等全球主要产区的资产中包含了常规油气、油砂以及页岩气资源。

2013 年 2 月 26 日，中海油完成了收购尼克森的全部交割工作。

尽管海外并购是获取海外资源、市场等的快速渠道，但海外并购存在一定的风险。时至 2016 年，中海油的业绩发布会显示该企业出现亏损，主要的一个原因是海外资产减值达 104 亿元，减值的资产主要是隶属于中海油高价收购的尼克森公司的油砂项目。

9.6 本章小结

（1）兼并和收购是公司控制权转移以及产权交易的重要形式，两者都是通过公司控制权的变化（转移或集中）来实现公司发展扩张战略的需要，但从法律上讲，两者又有区别。

（2）企业从事并购活动的主要动机，可以从效率提升角度、委托—代理角度、交易费用角度等进行分析。

（3）企业并购活动具有悠久的历史，迄今世界上发生过规模较大的企业并购浪潮主要包括六次：20 世纪末到 20 世纪初、20 世纪 30 年代、20 世纪 50～60 年代、20 世纪 80 年代、20 世纪 90 年代至 2008 年国际金融危机爆发、2008 年国际金融危机爆发之后的国际并购浪。每次并购浪潮都有其独特的特点。

（4）近年来，随着中国经济的蓬勃发展，我国企业并购活动也呈现出高速发展的态势。

9.7 问题思考

1. 什么是兼并、收购？两者有什么共同点，区别是什么？

2. 兼并与收购的主要动因有哪些？

3. 什么是兼并收购的经营协同效应？

4. 什么是兼并收购的管理协同效应？

5. 什么是兼并收购的财务协同效应？

6. 迄今为止，世界范围内一共发生过几次企业并购浪潮？各有什么突出特点？

7. 我国企业并购活动呈现出什么样的变化趋势，具有哪些特点？

第10章 并购实务：政策规定和操作流程

兼并与收购活动是实现企业发展战略的一项重要经济活动，各国政府也通过制定并执行相关法令法规的形式介入其中。本章介绍兼并与收购的有关政策规定以及并购的一般操作流程。

10.1 并购的有关政策规定

世界各国关于兼并与收购的规则体系有所不同，以下主要介绍美国、欧盟及中国的涉及并购活动的规则体系。

10.1.1 美国并购的有关规定

由于美国的企业并购活动历史悠久且规模可观，美国关于并购活动的规则体系也相对较为健全。

10.1.1.1 反托拉斯法律法规体系

美国内战后涌现了一大批托拉斯组织。1890 年，美国国会通过了《谢尔曼法》（*Sherman Act*），这是美国国会制定的第一部反托拉斯法，也是世界上第一部反垄断法律。该法规定：凡以托拉斯形式或其他形式的联合、共谋以限制贸易或商业的行为，均属非法。任何人垄断或试图垄断州际商业和贸易的行为，是严重犯罪。违反该法的个人或组织，将受到民事的或刑事的制裁。这一法律出台的时代背景是：19 世纪后半叶，美国经济出现了集中与垄断的趋势，资本雄厚的企业之间进行初级联合。在各个行业中，一大批托拉斯组织开始纷纷涌现：洛克菲勒通过对数十家炼油厂的收购和兼并，组建了美国也是世界上第一家托拉斯企业——标准石油公司，垄断了全美国90%的炼油业、85%以上的管道运输、85%的油品市场和出口，以及30%左右的原油开采。随后，制糖、烟草、煤炭、铝业、钢铁、屠宰、酿酒等行业先后成立了一批托拉斯组织。垄断成为经济生活中的突出现象。各种托拉斯组织不断挤垮或兼并中小企业以攫取超额利润，这与美国信奉自由竞争的传统理念相悖。

正是在这一时代背景下，在不断高涨的反垄断的呼声中，《谢尔曼法》得以出台。然而，这一法律的效果却并不明显。原因之一是该法的条文过于抽象且措辞含糊，使之缺乏具体的可操作性。具有讽刺意义的是，紧随该法律的通过美国出现了历史上第一次企业并购浪潮。

《谢尔曼法》着重于对已存在的垄断行为加以惩罚，1914年生效的《克莱顿法》（Clayton Act）是对《谢尔曼法》的补充。《克莱顿法》主要起到预防垄断的作用：凡是那些可以合理地预见可能会对竞争产生损害的行为，虽然其实际未产生损害，但都是违法的。例如，该法第七条规定：任何商业公司都不得直接地或间接地收购另一商业公司的全部、部分股票或其他股份资本，任何受联邦贸易委员会管辖的公司都不得收购另一商业公司的全部或部分资产，以致任何部门，任何商业行业因此类收购而严重削弱竞争或形成垄断。任何公司都不得直接地或间接地收购其他商业公司的全部、部分股票，或其他股份资本；任何受联邦贸易委员会管辖的公司都不得收购其他商业公司的全部或部分资产，以致在任何部门、任何商业行业，因此类收购，因此类股份或资产，因行使表决权、授予代理权或其他方式而严重削弱竞争或形成垄断。1914年国会还通过了《联邦贸易委员会法》（The Federal Trade Commission Act），根据该法成立了联邦贸易委员会（FTC），作为负责实施反托拉斯法律的行政机构。

由于《克莱顿法》第七条只涉及获得竞争对手股票的并购，对资产并购未作任何规定，这使资产收购处于反托拉斯法的管制之外。为了弥补这一不足，美国国会相继通过了若干修正案。1950年12月29日，《塞勒—凯弗维尔法》（Celler-Kefauver Antimerger Act）生效，该法对《克莱顿法》的第七条进行了修正，增加了关于取得财产的规定。该规定禁止任何公司购买其他公司的股票或资产，如果这种购买有可能导致竞争的大大削弱或产生垄断。它是美国第一个处理公司合并问题的专门性反托拉斯立法，是美国反托拉斯法的重要组成部分。

1976 年，美国国会通过了《哈特—斯科特—罗迪诺反托拉斯改进法》（*Hart-Scott-Rodino Antitrust Improvement Act*），该法规定：大型企业的合并必须在合并之前向联邦贸易委员会（Federal Trade Commission，FTC）或司法部反垄断局（Antitrust Division of the Department of Justice，DOJ）进行申报，并等待 15 ~ 30 天。

1980 年《反托拉斯程序修订法》（*Antitrust Procedural Improvements Act of 1980*）把反垄断的对象从对公司并购行为的适用扩展到一些未经注册的社团。

关于外资并购的法律方面，主要是 2007 年 10 月生效的《2007 年外国投资与国家安全法》。2008 年 4 月 23 日，美国财政部公布了《外国法人合并、收购和接管管理条例》（*Regulations Pertaining to Mergers，Acquisitions，and Takeovers by Foreign Persons*），后者是前者的实施细则。

10.1.1.2　并购指南

为了使上述反托拉斯法律体系具有可操作性，美国司法部先后于 1968 年、1982 年和 1984 年发布了指导控制并购活动的"并购指南"。1968 年的并购指南采用四企业集中度（即一行业或市场中四家最大企业所占市场份额之和）这一指标作为并购活动是否会受到干预的标准。分为两种情况。

当该行业或市场的四企业集中度指标达到或超过 75% 时，占有下述市场份额的两个企业之间的兼并将得不到批准：兼并企业市场份额大于等于 4%、同时被兼并企业市场份额大于等于 4% 的；兼并企业市场份额大于等于 10%、同时被兼并企业市场份额大于等于 2% 的；兼并企业市场份额大于等于 15%、同时被兼并企业市场份额大于等于 1% 的。

而当该行业或市场的四企业集中度指标低于 75% 时，占有下述市场份额的两个企业之间的兼并将得不到批准：兼并企业市场份额大于等于 5%、同时被兼并企业市场份额大于等于 5% 的；兼并企业市场份额大于等于 10%、同时被兼并企业市场份额大于等于 4% 的；兼并企业市场份额大于等于 15%、同时被兼并企业市场份额大于等于 3% 的；兼并企业市场份额大于等于 20%、同时被兼并企业市场份额大于等于 2% 的；兼并企业市场份额大于等于 25%、同时被兼并企业市场份额大于等于 1% 的。1982 年的《并购指南》以赫氏指数（Herfindahl-Hirschman Index，HHI）即赫芬达尔—赫希曼指数（某一行业或某一市场中每个企业的市场份额的平方和）替代四企业集中度。1984 年的修订则是在考虑并购方案是否获得批准的标准时，增加了一些非数据性的定性因素。

1992 年，由美国联邦贸易委员会会同美国司法部联合发布《横向合并指南》（*Horizontal Merger Guidelines*）。该指南明确了将横向并购作为监管对象，对于纵向并购或混合并购则基本不干预。

该并购指南于 2010 年进行了修订。经过了 10 年，即在 2020 年，美国司法部再次更新并购指南，目标是通过资产抛售等方式解决反垄断的问题。对于有可能导致垄断问题产生的企业资产，美国司法部执法人员可以要求企业对相关资产进行剥离。

10.1.1.3 关于外资并购的法律体系

如果说美国涉及并购的法律法规体系及具体实施细则以"反垄断"为核心内容，那么，美国关于外资并购美国公司的法律法规则以"国家安全"为核心内容。[①]

美国国会在 1975 年根据《美国第 11858 号行政命令》成立了美国外国投资委员会（Committee on Foreign Investment in the United States，CFIUS），其成立的最初主要目的是评估和监督外国投资在美国的经济活动范围以及对美国的影响。1988 年，美国国会通过《1988 年综合贸易与竞争法》第 5021 节，修改了《1950 年国防产品法》第 721 节，授权总统中止或禁止任何可能威胁或削弱美国国家安全的外资对美国企业的兼并、并购或接管。美国总统根据《第 12661 号行政命令》，赋予 CFIUS 执行美国《1950 年国防产品法》第 721 条款（也被称作"埃克森—佛罗里奥条款 Exon-Flolio Clause"）的责任，CFI-US 因而成为对外国公司并购美国企业进行审核的重要机构。

2007 年美国政府制定了《2007 年外国投资与国家安全法》（*The Foreign Investment and National Security Act of* 2007）并于次年制定了实施条例《外国法人合并、收购和接管管理条例》（*Regulations Pertaining to Mergers，Acquisition，and Takeovers by Foreign Persons*），确立了外国投资委员会（CFIUS）作为外资并购进行国家安全审查的法律地位。这一法律的颁布体现了美国在谋求维护国家安全利益与保持开放的投资环境之间力图实现平衡。CFIUS 作为

---

① 关于垄断的利弊，以及是否应该反垄断，经济学者有不同看法。张五常认为，没有政府或利益团体维护的垄断，或是在自由竞争下获得的垄断权利，对社会有利无害。

由美国财政部部长牵头，包括财政部部长、国土安全部部长、商务部部长、国际部部长、国务卿、司法部部长、能源部部长、劳工部部长、国家情报局局长等在内的多部门组成的机构间委员会，各构成部门从自身角度判断外资并购是否影响美国的国家安全，任何构成机构认为需要对并购行为进行调查，CFIUS 就会进行国家安全审查（见表 10 - 1）。

表 10 - 1　　　　　　　　　　CFIUS 国家安全分析审核考虑的因素

外国收购方	美国目标企业
收购方在遵守法律法规方面的记录，重点考察遵守出口管制规定的表现，以及/或者以前履行对 CFIUS 所作承诺的表现； 收购方所属国对美国重要的国家安全目标给予配合的纪录，包括在核不扩散及反恐怖主义事务上的配合情况； 收购方管理层的记录，包括收购方的管理人员及董事过去或现在是否与所属国军方或情报机构有关系； 收购方所属国在从事商业谍报活动或国家谍报活动方面的记录； 收购方是否在美国实施禁运的国家从事业务活动； 交易是否可能增进与美国利益相悖的国家的军事或情报能力； 收购方是否可能将重要科技或关键产品转移海外； 外国政府是否对收购方施加控制或影响； 收购方如何为交易融资，该融资方法是否会让其他方（包括外国政府）控制收购方或该交易	美国目标企业的资产，包括：资产本身是否为美国关键基础设施的一部分，是否供应美国的关键基础设施，或者可能形成其他威胁（例如资产或材料可被用于恐怖主义目的）； 该美国企业的政府客户，首先包括国防部门客户，其次包括非国防及情报部门客户； 该美国企业使用政府系统的权利； 获得美国政府保密信息的权利（以及美国政府核准的设施出入安全许可）； 该企业的美国资产对美国执法工作的重要程度； 该企业的美国资产或科技对国防供应链的重要程度； 该美国企业有哪些现行安全规则； 交易完成后，美国管理层是否留任，安全方面的重要职务是否由美国公民担任； 是否涉及敏感型科学技术，包括受处出口管制的科学技术； 该美国企业在法规遵守方面的记录，尤其包括遵守出口管制法规的记录； 该美国企业的非政府客户群体（即：该美国企业所供应的客户群体是否对国土安全具有关键意义）； 相关市场的竞争程度，尤其是该美国企业是否在重要战略产品，服务或科技的市场拥有支配优势

资料来源：David N. Fagan. 美国对外国直接投资的监管体系［M］. Columbia University and Deloitte Development LLC，2009.

美国政府制定的基于国家安全考虑而限制他国企业、个人在美国投资、并购的法律还包括 2008 年发布的《外国法人合并、收购、接管管理条例》，以及 2018 年发布的《外国投资风险审查现代化法案》。

10.1.2 欧盟并购的有关规定

1989 年 12 月，《欧盟经济共同体理事会关于企业之间并购控制的第 4064/89 号条例》通过，并于 1990 年 9 月 21 日开始实施，于 1997 年进行修改。2004 年，欧盟又修订发布了《欧共体理事会关于企业之间并购控制的第 139/2004 号条例》［*Council Regulation（EC）No.139/2004 on the Control of Concentration between Undertakings*］，该条例认为，"只要符合有效竞争要求，能够提高欧洲产业竞争力、改善经济增长条件、提高欧共体民众的生活水平，这些公司重组活动是备受欢迎的。"但是，"应确保这些重组活动不应对竞争造成持久性的损害。因此，共同体法应对那些可能严重损害共同市场或其重大区域的有效竞争的并购加以规制"。

2004 年，欧盟委员会还发布了《关于实施 139/2004 号并购条例的第 802/2004 号条例》［*Commission Regulation（EC）No 802/2004 of 7 April 2004 Implementing Council Regulation（EC）No.139/2004 on the Control of Concentration between Undertakings*］、《欧盟并购控制程序最佳行动指南》等，形成了一套评估并购反竞争性的实体标准明确、并购审查程序完善的并购监管法律体系。

10.1.3 我国并购的有关政策规定

我国对于公司收购行为没有专门的法律法规进行规范，一直分散于各个法律、规定中，并且随着并购市场的发展而得到逐步完善。具体来看，我国关于并购重组的制度建设由法律及行政部门规章等两个层次构成。

10.1.3.1 我国涉及兼并和收购的相关法律

我国涉及并购活动的法律主要有：《中华人民共和国反垄断法》（以下简称《反垄断法》）《公司法》《证券法》。其中，《反垄断法》对企业的并购行为进行了规范。《反垄断法》第 28 条规定："经营者集中具有或者可能具有排除、限制竞争效果的，国务院反垄断执法机构应当作出禁止经营者集中的决定。但是，经营者能够证明该集中对竞争产生的有利影响明显大于不利影响，或者符合社会公共利益的，国务院反垄断执法机构可以作出对经营者集中不予禁止的决定。"

《证券法》（2019 年修订）对涉及上市公司并购重组的有关事项进行了规范。此版《证券法》规定：投资者可以采取要约收购、协议收购及其他合法方式收购上市公司；通过证券交易所的证券交易，投资者持有或者通过协议、其他安排与他人共同持有一个上市公司已发行的股份达到百分之五时，应当在该事实发生之日起三日内，向国务院证券监督管理机构、证券交易所作出书面报告，通知该上市公司，并予公告；在上述期限内，不得再行买卖该上市公司的股票。投资者持有或者通过协议、其他安排与他人共同持有一个上市公司已发行的股份达到百分之五后，其所持该上市公司已发行的股份比例每增加或者减少百分之五，应当依照前款规定进行报告和公告。在报告期限内和作出报告、公告后二日内，不得再行买卖该上市公司的股票。通过证券交易所的证券交易，投资者持有或者通过协议、其他安排与他人共同持有一个上市公司已发行的股份达到百分之三十时，继续进行收购的，应当依法向该上市公司所有股东发出收购上市公司全部或者部分股份的要约。

收购上市公司部分股份的收购要约应当约定，被收购公司股东承诺出售的股份数额超过预定收购的股份数额的，收购人按比例进行收购。照前条规定发出收购要约，收购人必须事先向国务院证券监督管理机构报送上市公司收购报告书，收购人还应当将上市公司收购报告书同时提交证券交易所。

采取协议收购方式的，收购人可以依照法律、行政法规的规定同被收购公司的股东以协议方式进行股份转让。以协议方式收购上市公司时，达成协议后，收购人必须在三日内将该收购协议向国务院证券监督管理机构及证券交易所作出书面报告，并予公告，在公告前不得履行收购协议。对于协议收购，规定：协议双方可以临时委托证券登记结算机构保管协议转让的股票，并将资金存放于指定的银行。收购人收购或者通过协议、其他安排与他人共同收购一个上市公司已发行的股份达到百分之三十时，继续进行收购的，应当向该上市公司所有股东发出收购上市公司全部或者部分股份的要约。但是，经国务院证券监督管理机构免除发出要约的除外。

收购期限届满，被收购公司股权分布不符合上市条件的，该上市公司的股票应当由证券交易所依法终止上市交易；其余仍持有被收购公司股票的股东，有权向收购人以收购要约的同等条件出售其股票，收购人应当收购。收购行为完成后，被收购公司不再具备股份有限公司条件的，应当依法变更企业形式。在上市公司收购中，收购人持有的被收购的上市公司的股票，在收购行为完成后的十二个月内不得转让。收购行为完成后，收购人与被收购公司合并，并将该公司解散的，被解散公司的原有股票由收购人依法更换。收购行为完成后，收购人应当在十五日内将收购情况报告国务院证券监督管理机构和证券交易所，并予公告。收购上市公司中由国家授权投资的机构持有的股份，应当按照国务院的规定，经有关主管部门批准。

《公司法》（2018 年修正）的第九章"公司合并、分立、增资、减资"中，对并购重组中的吸收合并、分拆上市、定向增发、缩股等做出规定。公司合并可以采取吸收合并或者新设合并。吸收合并为一个公司吸收其他公司，被吸收的公司解散。新设合并为两个以上公司合并设立一个新的公司，参与合并的企业解散。公司合并应当自作出合并决议之日起十日内通知债权人，并于三十日内在报纸上公告。债权人自接到通知书之日起三十日内，未接到通知书的自公告之日起四十五日内，可以要求公司清偿债务或者提供相应的担保。公司合并时，合并各方的债权、债务，应当由合并后存续的公司或者新设的公司承继。公司分立应当自作出分立决议之日起十日内通知债权人，并于三十日内在报纸上公告。公司分立前的债务由分立后的公司承担连带责任。但是，公司在分立前与债权人就债务清偿达成的书面协议另有约定的除外。公司合并或分立，都应当编制资产负债表及财产清单，公司登记事项发生变更的，应当依法向公司登记机关办理变更登记；公司解散的，应当依法办理公司注销登记；设立新公司的，应当依法办理公司设立登记。

10.1.3.2 涉及兼并和收购的行政部门规章制度

（1）1993 年 4 月 22 日，国务院发布《股票发行与交易管理暂行条例》，其中第四章（第 46 条至 52 条）——上市公司的收购，对涉及上市公司的收购行为进行了规定。

2010 年 8 月 28 日，国务院发布《国务院关于促进企业兼并重组的意见》要求各地加快经济发展方式转变，促进企业兼并重组。

2014 年 3 月 7 日，国务院发布《国务院关于进一步优化企业兼并重组市场环境的意见》对企业、事业单位改制重组涉及的契税政策再次进行明确。

（2）中国证监会颁布实施的主要规章制度。

2001 年，中国证监会发布了《关于上市公司重大购买、出售、置换资产若干问题的通知》。

2006 年，中国证监会审议通过了《上市公司收购管理办法》，增强了对上市公司并购的信息披露要求（2008 年、2012 年、2014 年分别进行了修订）。

2008 年中国证监会颁布了《上市公司重大资产重组管理办法》（2011 年、2016 年分别进行了修订）。

2011 年中国证监会办颁布了《关于修改上市公司重大资产重组与配套融资相关规定的决定》（2011 年 9 月 1 日实施）。

2013 年中国证监会颁布了《上市公司监管指引第 4 号——上市公司实际控制人、股东、关联方、收购人以及上市公司承诺及履行》（2013 年 12 月 27 日实施）。

2014 年中国证监会颁布了《非上市公众公司收购管理办法》（2014 年 7 月 23 日实施）。

2014 年中国证监会颁布了《上市公司收购管理办法》（2014 年 10 月 23 日修订）。

2016 年中国证监会颁布了《上市公司重大资产重组管理办法》（2016 年 9 月 8 日修订）。

2018 年中国证监会公布了《关于修改〈中国证券监督管理委员会上市公司并购重组审核委员会工作规程〉的决定》。

2019 年中国证监会颁布了《关于修改〈上市公司重大资产重组管理办法〉的决定》（2019 年 10 月 11 号修订）。

10.1.3.3　涉外并购的规章制度

涉外并购方面的规章制度，可以分为两个方面：关于外资并购国内企业的规章制度以及关于国内企业海外并购的规章制度。

关于外资并购国内企业的规章制度主要有：2002 年证券监督管理委员会发布的《关于向外商转让上市公司国有股和法人股有关问题的通知》；2003 年对外贸易经济合作部、国家税务总局、国家工商行政管理总局、国家外汇管理局联合发布的《外国投资者并购境内企业暂行规定》；2006 年，商务部发布的《关于外国投资者并购境内企业的规定》（2009 年修订），该规定界定的外资并购国内企业的原则是"促进和规范外国投资者来华投资，引进国外的先进技术和管理经验，提高利用外资的水平，实现资源的合理配置，保证就业、维护公平竞争和国家经济安全"。2011 年 2 月，国务院办公厅下发了《关于建立外国投资者并购境内企业安全审查制度的通知》，决定建立外国投资者并购境内企业安全审查部际联席会议制度，具体承担并购安全审查工作，并且规定了审查的范围、内容、工作机制和程序。该通知中，将并购审查的范围界定为：外国投资者并购境内军工及军工配套企业，重点、敏感军事设施周边企业，以及关系国防安全的其他单位；外国投资者并购境内关系国家安全的重要农产品、重要能源和资源、重要基础设施、重要运输服务、关键技术、重大装备制造等企业，且实际控制权可能被外国投资者取得。

2016 年 9 月 3 日，全国人大常委会通过了《关于修改〈中华人民共和国外资企业法〉等四部法律的决定》（以下简称"51 号令"）。2016 年 10 月 8 日商务部为了落实"51 号令"，发布了《外商投资企业设立及变更备案管理暂行办法》（以下简称"备案办法"）。同日，国家发改委和商务部发布 22 号公告："经国务院批准，外商投资准入特别管理措施范围按《外商投资产业指导目录（2015 年修订）》中限制类和禁止类，以及鼓励类中有股权要求、高管要求的有关规定执行。涉及外资并购设立企业及变更的，按现行有关规定执行。"

2017 年 7 月 30 日，商务部正式发布《关于修改〈外商投资企业设立及变更备案管理暂行办法〉的决定》（以下简称"修改决定"），对"备案办法"的部分规定作出进一步的修订。该决定在"备案办法"的基础上进一步完善有关外商投资企业设立及变更的备案管理，明确外国投资者以"并购形式"投资符合条件的境内非外商投资企业同样适用备案管理，进一步扩大了外商投资备案管理的适用范围。商务部同日发布《关于外商投资企业设立及变更备案管理有关事项的公告》（以下简称"备案管理公告"），对《修改决定》的具体实施和执行作了进一步的说明。

关于中国企业海外投资的基本行政法规框架，主要有：2004 年国家发改委出台的《境外投资项目核准暂行管理办法》，2009 年商务部与国家外汇管理局先后颁发的《境外投资管理办法》和《境内机构境外直接投资外汇管理规定》，2012 年国家发改委等 13 部门联合发布了《关于鼓励和引导民营企业积极开展境外投资的实施意见》。

2014 年 4 月，国家发改委发布《境外投资项目核准和备案管理办法》，将境外投资管理方式由逐项核准改为备案为主、核准为辅，对促进和规范境外投资发展发挥了重要作用。2017 年 12 月 26 日国家发展改革委发布《企业境外投资管理办法》，该办法将于 2018 年 3 月 1 日起施行，而《境外投资项目核准和备案管理办法》同步废止，新办法作为境外投资管理的基础性制度，在"放管服"三个方面统筹推出了八项改革举措，旨在加强境外投资宏观指导，优化境外投资综合服务，完善境外投资全程监管，促进境外投资持续健康发展。

以上构成了我国关于企业并购重组的政策法规框架。

10.2　并购的一般操作流程

企业并购是一项持续时间长、环节众多、涉及因素复杂的活动。一般来说要经过三个阶段：选择阶段、方案实施阶段、整合阶段。

10.2.1　选择阶段

1. 制定公司发展战略

公司的发展战略是制定并购方案的基础，即公司开展的并购活动是服务于公司的整体发展战略的。在形成明确的公司发展战略的情况下，公司需要考虑是否通过并购活动来实现发展战略。在经过公司股东大会或董事会通过后，形成并购的初步意见。

2. 选择收购时机与收购目标

选择适当的并购时机，对于提高并购成功的可能性至关重要。国外有研究表明：在一次并购浪潮的早期开展并购活动，成功率较高，表现为股票价格上升。[①]

公司的并购动机不同，其选择的并购对象也有区别。因此，应出于实现公司发展战略的考虑，勾勒出并购对象的大体轮廓（考虑并购对象的资产规模、行业领域、地理位置等），并据此寻找合适的并购目标。在经过初步考

---

① Mauboussin, Michael. Surge in the Urge to Merge: M&A Trends and Analysis [J]. Journal of Applied Corporate Finance, 2010, 22 (2): 83 – 94.

察后，基本确定目标公司。

3. 聘请中介机构

并购活动涉及环节众多，其复杂性使中介机构的参与十分必要。一般而言，为公司并购提供专业服务的中介机构有财务顾问、会计师事务所、律师事务所、资产评估师等。

在公司并购活动中充当财务顾问角色的，一般是投资银行部门。它们可以利用自己的市场优势，提供专业化的服务，帮助公司寻找合适的并购目标，评估目标公司价值，设计合适的并购条款，参与并购谈判，协助并购资金筹措，直至并购后的整合方案设计等。

会计师事务所在并购活动中，主要的职能是对目标公司的财务进行审核，从而有利于并购公司对目标公司的真实财务状况进行判断，以制定合理的并购方案，维护并购方的利益。

律师事务所参与并购活动，是因为并购涉及大量复杂的法律问题，通过律师事务所对目标公司的法律事务进行专业化调查，有助于并购公司避免并购活动带来的法律风险。主要内容包括：调查目标公司的法律主体资格、股权持有人的合法性、股权转让是否受限、目标公司所签订的各项合同条款是否因控制权的变化而变化等，并为收购方提供并购业务的法律咨询。

资产评估师主要负责对目标公司的价值进行客观、独立地评估，作为并购双方协商作价的基础，从而保证并购方所支付价格的公允性，这样就避免了高估目标公司带给收购方的损失，又容易获得目标公司的认可，从而提高并购成功的可能性。

4. 目标公司调查

收购方在根据发展战略和中介机构的意见初步确定目标公司后，组织由公司管理人员、财务顾问、律师、注册会计师等相关人员，对目标公司的可持续经营能力、财务状况、公司治理等进行细致的审查和评价，了解目标公司真实的经营业绩和财务状况，以及目标公司面临的机会和潜在的风险，以对目标公司作出客观评价，这一过程称为"尽职调查"（due diligence）。

尽职调查的目的主要有：了解、核实目标公司的全面信息，发现潜在的问题，降低并购活动的风险，为公司并购方案设计、交易谈判提供不可或缺的依据。

5. 制定收购方案

中介机构在尽职调查的基础上，协助并购公司制定收购方案。

10.2.2　方案实施阶段

10.2.2.1　与目标公司谈判

并购方在中介机构，尤其是投资银行的协助下，制定好谈判技巧与谈判策略，并与被收购公司接触，获取被收购公司股东对收购行为的支持。

10.2.2.2　确定收购价格、支付方式

并购需要根据双方的具体情况选择适宜的支付方式。一般而言，并购所采用的主要支付方式一般有现金支付、股权支付或混合支付。

1. 现金支付

现金支付方式是并购中最基本的支付方式，即并购方支付给目标公司股东现金以取得目标公司的所有权，而目标公司的股东失去对原公司的权益。其优点是：（1）简便易行，便于缩短收购时间，尤其是在存在并购的竞争对手的情况下，使对方一时难以筹措大量现金与之抗衡；（2）由于所支付的现金金额是确定的，目标公司的股东不必承担并购完成后的不确定性，因而容易为目标公司的股东所接受，特别是当目标公司的所有者出让公司的目的就是变现；（3）收购方的股权结构没有发生变动，控股权没有被转移、稀释。缺点是：（1）收购方在短期内需要筹集大量资金，如果现金是来自收购方内部的自有资金，会加大经营活动的资金压力，影响公司的正常运营。而如果通过债务方式筹资，则提高了公司的资产负债率，增加了公司的财务风险。因此，现金支付比较适用于并购规模较小的情况下采用；（2）对目标公司的股东来说，出售股权形成的投资收益，则需要纳税。

2. 股权支付

股权支付方式是指收购方通过增加发行本公司的股票，以换取目标公司股东的股票，从而获得对目标公司的控制权。其优点是：（1）缓解了现金支付的压力；（2）并购活动完成后，目标公司的股东就成为并购公司的新股东，并没有因并购丧失所有者权益，因而更容易使并购双方成为利益共同体，风险利益共担。缺点是：（1）对收购方来说，新股的发行改变了企业的原有股权结构，稀释了原有股东的控制权；（2）增发新股程序复杂、烦琐，容易延误收购时机，给并购的竞争对手以可乘之机。

在上述两种支付方式的选择方面，交易数据统计表明，当股票市场高涨时，股票支付会更多地得到使用①。另外，实证研究表明，与股权支付相比，现金支付更加受市场欢迎②。这可能是因为支付方式揭示了收购方管理层对待收购成功率的看法：对于现金支付，收购方承担了全部的风险并获取了全部潜在收益。因此，当管理层采用现金支付时，他们向市场发出了信号：他们确定收购会成功。而当管理层对收购的效应心存疑虑时，他们会采用股权支付方式以进行对冲，因而股东的收益与风险都受到了制约③。

3. 混合支付

混合支付是指并购方的出资不仅是现金、股票，还包括其他例如认股权证、可转换债券、公司债券等多种混合方式，从而互相弥补其他支付方式的不足。

10.2.2.3　签订并购协议

并购双方就并购事项协商达成一致后，正式签订并购协议。

10.2.2.4　报批和信息披露

并购协议签署后，并购双方应履行相应的信息披露义务，并等待公司股东及监管部门的批准。尤其是涉外并购活动，需要得到较多监管部门的批准。例如，2012 年，中国海洋石油有限公司宣布以 151 亿美元收购加拿大尼克森公司（Nexen Inc.）。由于尼克森公司不但在加拿大西部拥有大量油砂和页岩气储量，而且在英国北海、墨西哥湾及西非近海地区拥有广泛的石油和天然气资产的勘探及生产权益，因此，根据并购程序，并购交易需要获得中国、加拿大、美国、英国监管部门的批准。

为推进我国境外投资领域简政放权、优化服务改革，促进境外投资持续健康发展，维护国家利益、国家安全，国家发展和改革委员会于 2017 年底发布了《企业境外投资管理办法》④其中第十八条规定："实行核准管理的项

---

① ［美］罗伯特·F. 布鲁纳. 应用兼并与收购（下册）［M］. 北京：中国人民大学出版社，2011：578.

② Loughran Tim and Anand M. Vijh. Do long-term shareholders benefit from corporate acquisitions? ［J］. The Journal of Finance，1997：1765 – 1790.

③ Mauboussin，Michael. Surge in the Urge to Merge：M&A Trends and Analysis ［J］. Journal of Applied Corporate Finance，2010，22（2）：88 – 94.

④ 2014 年，国家发展改革委发布了《境外投资项目核准和备案管理办法》，改革了境外投资管理方式，由逐项核准改为备案为主、核准为辅，对我国境外投资发展发挥了很好的推动作用。

目，投资主体应当通过网络系统向核准机关提交项目申请报告并附具有关
文件。"

国家发展和改革委员会于 2018 年发布了《境外投资常见问题解答》，对
《企业境外投资管理办法》在适用中的常见问题作出解答，对境内企业利用
海外控股企业进行海外并购加强了监管，明确了此类并购活动需层层追溯穿
透认定、在境外投资新设企业需经发改委核准或备案等规定。

10.2.3 并购后整合阶段

所谓并购后的整合（reconstruction and integration），是指并购行为完成
后，在并购战略意图的指导下，并购企业为了提高并购后的公司整体绩效，
通过采取一系列战略措施、手段和方法，对并购后的企业诸要素（包括财务
资产、组织与管理、人力资源、文化等）所进行的系统化融合过程。并购后
的整合是并购成功与否的关键环节，在整个并购过程中具有举足轻重的地位。
根据科尔内顾问公司对 1998～1999 年全球发生的 115 项并购活动的调查，
53% 的被调查者将并购失败的主要原因归于整合失败。

1. 财务整合

财务整合是指并购完成后的企业在财务制度、财务组织机构、资本结构
等方面进行的一系列整合，以实现财务协同效应。

2. 组织与管理整合

组织与管理整合就是并购活动完成后，重新设计企业的组织结构与管理
模式，以适应并购后企业的规模、市场、产品线的需要。

3. 人力资源整合

人力资源整合是指并购完成后对企业人员的整体性、系统性配置，以服
务于企业的并购目标。

4. 文化整合

文化整合是指将并购前企业各自特有的文化融合统一，形成一致的企业
理念，以增强企业的凝聚力。由于企业文化是长期累积沉淀形成，因而具有
延续性和变迁韧性，在企业并购完成后，容易产生由于双方企业文化存在的
差异而导致的摩擦冲突，尤其是在跨国并购活动中。文化整合在并购完成后
对并购成败的影响至关重要。

10.3　知 识 扩 充

注册制下创业板上市公司的重大资产重组[*]

　　随着注册制改革试点的实施，创业板上市公司重大资产重组也开始实施注册制。

　　2020 年 6 月 12 日，中国证监会发布《创业板上市公司持续监管办法（试行)》，深圳证券交易所发布《深圳证券交易所创业板上市公司重大资产重组审核规则》，规定创业板上市公司并购重组推行注册制，由深圳证券交易所对申报材料进行审核，审核通过后报中国证监会注册，证监会收到交易所报送的审核意见等相关文件后，在 5 个工作日内对注册申请给予注册或不注册的决定。

　　2020 年 9 月 30 日，中国证监会同意楚天科技股份有限公司发行股份、可转换公司债券购买资产并募集配套资金的注册申请，是首次给予创业板上市公司并购重组注册，标志着创业板上市公司重大资产重组的注册制改革的实施正式开始。

10.4　案 例 归 纳

10.4.1　案例一　香港交易所收购伦敦金属交易所^{**}

　　香港交易所是亚洲重要的交易所及结算所之一，其业务范围涵盖股票现货及衍生产品市场。为了发展成为作为贯通中国与国际市场的国际交易所，

---

　　*　中国证监会网站．证监会同意首单创业板上市公司重大资产重组注册 ［EB/OL］．http：//www. csrc. gov. cn/pub/newsite/zjhxwfb/xwdd/202010/t20201009_384055. html.

　　**　网易财经．港交所大收购 ［EB/OL］．［2012 - 07 - 01］．http：//money. 163. com/12/0701/18/85BMQU3Q00253B0H_2. html；王晓璐，徐可．港交所大收购 ［EB/OL］．［2012 - 11 - 16］．http：//magazine. caijing. com. cn/2012 - 07 - 01/111921726. html；新华网．港交所将以 166. 73 亿港元收购伦敦金属交易所 ［EB/OL］．［2012 - 06 - 15］．http：//news. cntv. cn/20120615/118508. shtml.

其发展战略重点是将业务拓展至商品、货币及利率产品。

伦敦金属交易所（London Metal Exchange）成立于 1877 年，其时正值英国工业化阶段，对铜、锡等金属存在大规模需求。而后通过一百多年的业务发展，伦敦金属交易所至今拥有八种金属合约、两种塑料合约和六种基础金属组成的指数合约。

伦敦金属交易所采用的组织形式是早期交易所的会员制，其发展潜力一直受到这一组织形式的制约——由于会员利益主要通过交易实现，而交易费用又是伦敦金属交易所的利润来源，因而伦敦金属交易所所实行的较低交易收费虽然有助于保证会员的利益，但也限制了伦敦金属交易所的利润积累和发展空间。2011 年 4 月，由于伦敦金属交易所使用的清算系统不能适应其业务的发展需要，伦敦金属交易所力图建立独立的清算所。在获知这一信息后，美国洲际交易所表示，希望能收购伦敦金属交易所，以美国洲际交易所现有的强大清算系统作支持，从而伦敦金属交易所无须自建清算所，可以和美国洲际交易所设在伦敦的清算所直接对接。被美国洲际交易所收购为改善伦敦金属交易所的不利局面提供了一种可能，但为了获得一个好的出售价格，伦敦金属交易所希望通过公开竞争方式确定收购方。因此 2011 年 9 月，伦敦金属交易所向全球宣布其出售意图。

2012 年 2 月初，香港交易所与包括纽约交易所、美国洲际交易所、芝加哥商品交易所等在内的其他 14 家交易所同时递交收购意向书，向伦敦金属交易所进行报价，参加竞购。此后，伦敦金属交易所在分别参考了竞购者的报价、实力以及将来能为伦敦金属交易所的发展带来的帮助等因素后，决定由四家竞购者参与尽职调查，分别是纽约交易所、芝加哥商品交易所、美国洲际交易所和香港交易所。尽职调查是一个双向的工作——四家交易所详细了解伦敦金属交易所财务情况、治理结构；与此同时，伦敦金属交易所的顾问团、律师、会计师等向四家交易所问询未来的整合计划和战略安排。

2012 年 5 月 7 日，尽职调查结束后，有收购意图的四家交易所进行了第二轮报价。此后，纽约交易所出局。5 月底，仅余香港交易所和美国洲际交易所进行竞争。5 月 30 日，香港交易所和美国洲际交易所各自向伦敦金属交易所董事会陈述收购计划以及未来的发展战略。香港交易所提出，如果其能够收购伦敦金属交易所，将运用香港交易所在区内的资源、基础设施及网络，协助伦敦金属交易所拓展在亚洲及中国市场的业务及运营，为其提供重大而长远的增长平台。香港交易所描绘的人民币交易业务的蓝图，对伦敦金属交易所构成了巨大吸引力。2012 年 7 月 25 日，伦敦金属交易所宣布：该交易所的股东已经同意香港交易所收购该交易所。该收购需获得英国监管机构和金融服务管理局的批准。

按双方达成的收购事项的条款，香港交易所收购价位为：每股伦敦金属交易所普通股约 107.60 英镑（折合约 1 292.55 港元），按照 1 290 万股伦敦金属交易所的普通股（其已发行普通股本的100%）计算，收购总价为 13.88 亿英镑（折合约 166.73 亿港元）。

为筹措收购所需资金，香港交易所选择四家银行为其提供过桥贷款①——从国家开发银行（CDB）、德意志银行、香港上海汇丰银行和瑞士银行取得短期和长期贷款融资合计至少 11 亿英镑（折合约 132.14 亿港元），未来香港交易所将通过发行股票及债券再融资的方式，偿还部分或所有贷款资金。

2012 年 9 月 25 日，香港交易所宣布发行总额 5 亿美元的可换股债券，用于收购伦敦金属交易所。可换股债券于 2017 年到期，年息率为 0.50%，投资者未来可以每股 160 港元（初定，可予调整）的换股价将可换股债券转换为香港交易所股票；2012 年 12 月 6 日，香港交易所宣布完成有关并购程序。

10.4.2　案例二　中国工商银行收购南非标准银行*

2007 年 10 月 25 日，中国工商银行宣布，将以 366.7 亿南非兰特（约 54.6 亿美元）收购南非标准银行（Standard Bank）20% 股权，并成为后者的第一大股东。

当时，工商银行虽然股市市值全球第一，初步具备了国际化经营网络，在国外有 100 家左右的分支机构，但无论是资产结构还是收入结构，工商银行仍是一家本土化银行，境外利润和资产占比只有 3% 左右，不能满足客户跨国经

---

① 过桥贷款（bridge loan）是一种过渡性的贷款，可以弥补借款人所需融资的时间缺口，是企业并购的外源性融资方式之一。

* 中非合作论坛. 中国工商银行的非洲战略 [EB/OL]. [2012 - 02 - 07]. https：//www. fmprc. gov. cn/zflt/chn/zfgx/zfgxjmhz/t902980. htm；亚洲商学院全球并购研究中心. 新世纪中国十大并购 [M]. 北京：首都经济贸易大学出版社，2011；于宁，郭琼，陈慧颖，曹祯. 工商银行大收购 [EB/OL]. [2007 - 10 - 29]. http：//www. caijing. com；新华网. 中国工商银行收购南非标准银行 [EB/OL]. [2015 - 02 - 02]. http：//www. xinhuanet. com/world/2015 - 02/02/c_1114225228. htm.

营需求。通过收购有助于进一步扩大业务网络，向国际化金融机构迈进。

新兴市场的高成长性及发展的潜力，以及新兴市场的银行业快速开放，使之相比欧美发达国家的成熟市场对工商银行而言更具吸引力。工商银行与其财务顾问和战略投资者高盛公司提出入股非洲银行的方案，并将目标锁定了标准银行。南非标准银行在南非有 145 年的历史，曾经是英国标准银行在南非的分支机构，1987 年与英国标准系脱钩之后，标准银行通过自身增长和收购，发展成为非洲最大的银行；2007 年中期，总资产 1 600 亿美元，总市值 210 亿美元，按总资产计全球排名第 106 位，业务和分支机构遍及非洲和欧美、亚洲的金融中心。借助标准银行可以深入非洲市场。

工商银行入股分为两步。第一，标准银行向工商银行定向发行相当于扩大后股本总数 10% 的新股（原总股本为 13.71 亿股，工行认购 1.52 亿新股），发行价格为 104.58 南非兰特（10 月 23 日前 30 个交易日的加权平均价）。这将使标准银行增加 159 亿南非兰特的资本金。第二，工商银行按比例向标准银行现有股东协议收购相当于扩大后股本总数 10% 的股份，收购价格为 136 南非兰特，收购溢价 30%。增发新股和收购老股的综合溢价为 15%（即 120.29 南非兰特）。

2015 年 2 月 2 日，中国工商银行公开披露已完成收购标准银行公众有限公司 60% 股权的交割程序，首次通过海外并购实现银行交易业务的全球化。①

10.4.3　案例三　阿里巴巴公司收购饿了么*

阿里巴巴多次通过投资和并购扩大新零售领域的业务，曾入股包括新华都、联华超市、高鑫零售、盒马鲜生等大型百货超市。

2016 年，阿里巴巴向饿了么投资 9 亿美元，蚂蚁金服向饿了么投资 3.5 亿美元；2017 年，阿里巴巴和蚂蚁金服又进一步向饿了么投资 4 亿美元，持

---

① 新华网. 工行完成收购南非标准银行公众公司 60% 股权 [EB/OL]. http：//www. xinhuanet. com//world/2015 – 02/02/c_1114225228. htm.

＊ 搜狐网. 中国互联网史上最大规模现金收购案 阿里巴巴 95 亿美元全资吞下饿了么 [EB/OL]. [2018 – 04 – 03]. http：//www. sohu. com/a/227117679_175648；东方财富. 全资收购饿了么：阿里式完全控股路径 [EB/OL]. [2018 – 03 – 05]. http：//finance. eastmoney. com/news/1354, 20180305839623626. html；凤凰网. 阿里收购饿了么 [EB/OL]. [2018 – 04 – 03]. http：//wemedia. ifeng. com/56963473/wemedia. shtml? _cpb_xinxiliu_xgtj.

股饿了么约达33%，成为第一大股东；2018 年，阿里巴巴宣布以 95 亿美金现金收购饿了么，取得了绝对控股权。对于阿里巴巴来说，饿了么的价值在于构建了比较完整的外卖业务链。

并购完成后，饿了么创始人张旭豪辞去饿了么 CEO 职务，由阿里健康原 CEO 王磊接任。

10.5　本章小结

（1）世界上很多国家和地区都制定了涉及企业并购的规则，例如，美国是世界上制定企业并购法律法规较早且较健全的国家，欧盟、中国也制定有关于并购活动的法律法规、部门规章制度。

（2）公司并购活动所一般要经过选择评估、方案实施、并购后整合三个阶段，各阶段又包括了各项主要工作及具体措施。

（3）并购后整合包括财务整合、组织与管理整合、人力资源整合、文化整合等方面。

（4）并购整合过程也应引起企业的重视，整合的成功才意味着并购真正地成功。

10.6　问题思考

1. 美国的并购规则体系主要构成内容有哪些？

2. 公司并购带来的垄断是否妨碍了经济效率？你如何看待政府的反垄断行为？

3. 并购活动一般要经过哪几个阶段？每个阶段又包括哪些环节？

4. 并购的支付方式有哪些？各有什么利弊？

5. 什么是并购后整合？整合主要包括哪些方面？其对于并购活动而言，具有什么重要意义？

6. 并购后的整合中要注意哪几方面的问题？

7. 我国的并购政策如何进一步完善？

第11章 并购模式

兼并与收购是企业扩张与增长的一种方式，而且也是通过内部或有机的资本投入实现增长的一种可供选择的方法。在实践中，按照不同的划分标准，兼并与收购可以有多种分类。同一次兼并或收购活动，从不同角度来看可以属于多种兼并、收购类型。

11.1 并购模式的不同划分标准

企业收购是指一个公司依照法定程序收购其他公司的部分或全部资产或股权以达到控制该公司的经济行为。因而收购主要有两种形式：一是资产收购，即一个公司收购另一个公司的部分或全部资产以达到控制该公司的目的；二是股权收购，即一个公司收购其他公司的部分或全部股权以达到控制该公司的目的。

在实际运作中，兼并和收购通常难以区分开来。因为收购往往是一个公司购买其他公司的部分或全部资产或股权，而当一个公司收购另一个公司全部股权时，实际上就是一种吸收合并。因此，以下关于兼并与收购的类型分析中我们采用"并购"这一概念。

按照不同的划分标准，并购可以分为多种模式。

11.1.1 按照并购后双方法人地位的变化情况划分

根据并购后双方法人地位的变化情况，可以分为控股收购、吸收合并、新设合并三种。控股收购是指并购后并购双方都不解散，收购方收购目标企业至控股地位。吸收合并是指并购后并购方存续，并购对象解散。新设合并是指并购后并购双方都解散，重新成立一个具有法人地位的公司。

11.1.2 按照行业关系划分

从并购双方的行业关系来看，并购可以划分为横向并购、纵向并购和混合并购。这是最常见的一种划分方法。

横向兼并是指生产和经营相同或相似的产品，或提供相同或相似劳务的企业之间的兼并。

纵向兼并是指处于生产同一（或相似）产品不同生产阶段的企业之间的兼并，即优势企业将与本企业生产紧密相关的非本企业所有的前后道生产工序、工艺工程的企业兼并过来，从而形成纵向生产一体化。

混合兼并是指非竞争对手又非现实中或潜在客户或供应商的企业之间的兼并。

11.1.3 按照交易标的不同划分

根据交易标的不同，并购可以划分为股权并购和资产并购。股权并购的交易标的和内涵是股东持有的目标公司的股权，交易的对方是目标公司的股东；而资产并购交易的标的和内涵是目标公司的资产，交易的对方是目标公司。

11.1.4 按照并购企业的意向划分

根据并购企业的行为意向，并购可以划分为善意并购和敌意或恶意并购。善意并购是收购方事先与被收购方商议，达成协议，从而完成收购。而敌意或恶意收购，是指收购方在未与目标公司达成协议时，强行通过收购目标公司的股份而进行的收购。

11.1.5 按照支付方式来划分

根据并购企业不同的支付方式，主要有现金收购、股票收购、资产收购和综合证券收购方式。其中主要是现金收购与股票收购。

11.1.6　根据并购融资渠道来划分

根据并购融资渠道来划分，可以分为杠杆收购（leverage buyout，LBO）、管理层收购（management buyout，MBO）以及员工持股计划（employee stock ownership plans，ESOP）等。

11.1.7　按是否通过证券交易所公开交易划分

根据并购企业是否通过证券交易所进行公开交易，并购可分为要约收购、协议收购。

要约收购是指收购人通过证券交易所进行的证券交易，投资者持有或通过协议、其他安排与他人持有同一上市公司的股份达到该公司已发行股份的30％时，要继续增持其股份的，应当采取向被收购公司的股东发出收购要约的方式。[①]

要约收购又分为全部要约收购和部分要约收购。投资者选择向被收购公司的所有股东发出收购其所持有的全部股份要约的，称为全面要约收购；投资者选择向被收购公司所有股东发出收购其所持有的部分股份要约的，称为部分要约收购。

协议收购是收购公司在证券交易所之外以协商的方式与某一上市被收购公司的股东签订收购其股份的协议，来达到控制该上市公司的目的的收购方式。

11.2　不同模式的兼并与收购

根据上一节的划分标准，我们知道并购有多种模式。同一次并购活动，

[①] 《证券法》（2019 年修订）第六十五条规定：通过证券交易所的证券交易，投资者持有或者通过协议、其他安排与他人共同持有一个上市公司已发行的有表决权股份达到30%时，继续进行收购的，应当依法向该上市公司所有股东发出收购上市公司全部或者部分股份的要约。收购上市公司部分股份的要约应当约定，被收购公司股东承诺出售的股份数额超过预定收购的股份数额的，收购人按比例进行收购。

从不同的角度来看可以属于多种并购类型。因此，本节我们将对每一种并购类型进行详细介绍。

11.2.1 控股收购、吸收合并、新设合并

控股收购、吸收合并、新设合并这三种类型是根据并购后双方法人地位的变化情况进行划分的。许多企业收购属于控股收购，即收购后收购双方都不解散，收购方收购目标企业至控股地位，目标企业仍然保留。而吸收合并和新设合并都属于并购后目标企业解散的情况。

按照《公司法》（2018 年修订）第 9 章 "公司合并、分立、增资、减资" 第 172 条规定："公司合并可以采取吸收合并或者新设合并。一个公司吸收其他公司为吸收合并，被吸收的公司解散。两个以上公司合并设立一个新的公司为新设合并，合并各方解散。" 也就是说，公司合并分为吸收合并和新设合并。

11.2.1.1 吸收合并

吸收合并也成为续存合并。在吸收合并中，吸收方保留法人地位，称为存续公司，被吸收方取消法人资格，其资产、负债全部由存续公司承担，可以表示为 A + B = A。续存公司 A 公司在吸收合并中获得各被吸收公司 B 的全部业务和资产，同时承担各被吸收公司 B 的全部债务和责任。被吸收公司的股份需转换成续存公司或其他公司的股份、债务或其他有价证券，或全部或部分地转换成现金或其他财产。吸收合并中实施合并公司的董事会需制订有效的合并计划，根据原先规定经股东的批准并由存续公司将合并章程呈递有关政府工商管理部门。如果规定公司合并必须经股东大会批准，但少数股东不同意合并，则公司有责任以现金支付上述不同意合并股东的股份。在吸收合并中，存续公司要申请变更登记，被吸收公司应申请解散登记。

11.2.1.2 新设合并

新设合并又称为设立合并、创新合并，是指两个或两个以上的公司合并成一个新公司的经济行为。在新设合并中，原先的公司均被取消法人地位，其资产、负债均并入新设公司，可以表示为 A + B = C。新设立的公司 C 获得 A 公司和 B 公司的全部财产并承担它们的全部债务和其他责任。A 和 B 公司

的原有股票或股份也转化成新设公司股票或股份、债务或其他证券，或全部或部分地转化成现金或其他财产。新设合并中，合并章程将成为新设公司的设立章程，如果有公司股东表示反对，则新设公司有义务向反对者支付现金。

11.2.2 横向并购、纵向并购和混合并购

横向并购、纵向并购和混合并购是按照并购双方所处的行业关系进行划分的。这是最常见的一种划分方法。

11.2.2.1 横向并购

横向并购是指生产和经营相同或相似的产品，或提供相同或相似劳务的企业之间的并购。横向并购实质上是竞争对手之间的并购。通过横向并购，一方面由外部迅速扩大生产规模、占领市场；另一方面由内部实现规模经济，节约管理费用和销售费用。同时，横向并购减少了竞争对少，往往会引起反垄断调查。

当企业的生产规模小，未达到规模经济，产品在市场上的占有率较低，而市场上此类企业数量较多，使市场竞争更加激烈的情况下，企业要想占有更多的市场份额，谋求规模经济效益，在竞争中处于有利地位，就可以采用横向并购方式，并购同一行业生产同种产品的企业，一方面谋求生产规模经济，即由于产品数量的提高，使企业在一定的生产技术装备水平下，实现生产成本的降低；另一方面可以谋求企业规模经济。由于并购后是生产同一产品，因而可以节约管理费用、营销费用、研究开发费用，可以使管理人员，工程技术人员集中智慧，取长补短。同时，由于企业规模的扩大，实力的增强，使企业的资信度提高，从而拓宽了融资渠道，可以用较低的费用获得更多的资金，且声誉、商标等无形资产也会升值，企业抵抗风险的能力得到增强。

当企业的生产规模较大，达到了规模经济，企业在行业中占主导地位并拥有知名品牌时，就可以利用剩余资源进行横向并购，并购横向相关行业的生产具有技术相关产品的企业，相关产品的多元化，意味着企业可以利用剩余的管理。研究开发资源等，意味着这些具有技术相关关系的产品在先进性、质量、管理、服务等方面的优质保证。因此，企业可以只做一个品牌广告，而由多种相关产品共享，从而使单位产品的市场交易成本下降，迅速占领新

的市场。例如，海尔就是利用这种策略生产、经营冰箱、空调、洗衣机、计算机等多种具有技术相关度的产品，利用品牌优势取得了好的效益。在确定目标企业时，由于并购方拥有剩余的管理资源，因此，企业可以选择生产技术、设备较好，而企业管理、文化建设方面较差而导致效益不佳的企业作为目标企业，因为这样做可以降低并购成本，且目标企业具有发展潜力，通过并购后的整合，实现企业文化的植入，管理观念、管理模式的调整，谋求管理协同效应，从而发挥出技术潜力。

11.2.2.2 纵向并购

纵向并购是指处于生产同一（或相似）产品不同生产阶段的企业之间的并购，即优势企业将与本企业生产紧密相关的非本企业所有的前后道生产工序、工艺工程的企业并购过来，从而形成纵向生产一体化。根据并购企业的上下游关系可以分为向前并购和向后并购。前者是对上游企业的并购，例如钢铁企业并购矿山；后者是对下游企业的并购，例如橡胶企业并购轮胎公司。纵向并购有利于企业的内部化，实现生产的协作，从而降低成本和交易费用。

随着工业化大生产的发展，社会分工越来越细，专业化程度越来越高，企业通过集中人、财、物于某一领域，提高了竞争力。但同时又由于生产经营的专业化，使它对纵向相关企业的依赖性增强，从而增加了企业效益的不稳定性，这是每个企业都会面临的风险。但并不是每个企业都需要通过并购来降低风险。而且企业即使并购了某个与之有纵向相关关系的企业，例如企业并购了其对应的原材料供应企业，使这一环节的外部风险内部化了，但企业面临的风险总额并未减小而是转化了，由这一环节转移到了上一环节（或下一环节），因而盲目地纵向并购并不可取，它可能使企业的风险不仅不能减少，反而由于生产战线拖得过长，管理、资金等负担过重而使风险增加。当与企业纵向相关的上一环节产品的市场垄断性强、竞争性差时，或企业生产的是一中间产品，其产品的垄断性差、市场竞争激烈时，企业面临的供销两类风险较大。当这两类风险分别大于上一、下一环节企业面临的风险时，就可以考虑通过纵向并购来降低风险，如生产企业和技术含量高的相关科研部门之间的并购。反之则没有必要纵向并购，否则既加大了企业的负担，又增加了风险。

此外，对于纵向并购，应优先考虑使用收购方式而非兼并方式。因为通过收购方式购买部分股权，可以以更少的投入和风险取得对目标企业的控制权，达到同样的降低交易费用及纵向风险的效果。

11. 2. 2. 3 混合并购

混合并购是指非竞争对手又非现实中或潜在的客户或供应商的企业间的并购。混合并购的目的往往是利用原有行业的利润基础，进入更具有增长潜力和利润更高的领域，实现投资的多元化。另外混合并购也具有另外两种并购所不具有的优势，例如迅速扩张、快速实现企业的战略转移等。多元化经营是当今世界各国许多企业集团经营发展的主流，在美国日本等发达国家许多具有一定规模的企业集团都开展多元化经营，即涉足多种业务领域和产品市场，以减少经营单一产品的局限性，分散经营风险，扩大收益，提高产品知名度。而和企业进行直接投资方式进行多元化经营相比，通过混合并购方式实现多元化经营无疑是最简单、最直接、最快捷、低资本的最佳方式。

"不要把所有的鸡蛋放到一个篮子里"，这是支持多元化投资，分散风险的经典理论。但是，与投资者进行多元化投资多种证券组合降低风险不同，通过混合并购进行多元化经营的企业，虽然从投资风险角度来讲是把风险分散了，有降低风险的作用，但由于企业集团是把在一个行业的有限的技术、经营、管理等资源分散到几个行业中，因此各企业的公司特有风险大小不是独立的而是随着多元化程度的提高，集团实力的分散程度越大，在各行业中的竞争力越差，各企业的公司特有风险越高。经营多个行业和经营一个行业相比，企业分别在各行业中的风险大大增加。因此，综合来看，总风险不是减小而是增大了。

正所谓有利有弊，高收益总伴随着高风险，混合并购就像一把双刃剑，使用得当会使企业加速发展；使用失误，则可能使企业走向失败。企业并购是一件复杂的事，混合并购由于并购双方在行业、产品方面的不相关性，并购后在科研、生产、管理、人才等方面的配合性较差，整合难度大，不易产生协同效应，使多元化并购并不能简单地达到"东方不亮西方亮"的效果，而往往会出现多元恶化，也就是"东方西方都不亮"。因此，混合并购的风险高于横向及纵向两种方式，在西方国家的第三次并购高潮中虽然广泛使用混合并购，但多以失败告终，所以伴随着第四次并购高潮，分立也形成了高潮。在我国短短十几年的并购史上，也是以混合并购为主。然而由于企业使用混合并购的盲目性较大，失败率高。

现代企业中所有权与经营权的分离使经营者的目标与企业追求的目

标——企业价值最大化不相一致。在实际中作为直接经营管理企业的经营者很可能利用股东和其掌握信息的不对称性，从自身利益出发，盲目进行并购来扩大企业，从而损害股东的利益，损害企业的长远发展。由于三种并购中，混合并购最容易使企业在短期内达到全方位迅速扩张的目的，因而最可能导致经营者进行盲目的混合并购。为防止此类情况的发生，关键应加强对经营者的监督和激励，在企业内部建立完善的激励监督机制。例如采用股票期权等措施使企业经营者的报酬和企业的长远业绩挂钩，同时在企业外部建立起职业经理市场，形成外部市场的激励监督机制，使经营者以追求企业价值最大化作为目标，避免有损企业长远利益的盲目并购。

当企业在其主业中实力很强，居产业龙头地位，实现了规模经济效益，同时具有较好的盈利、管理能力，企业又有剩余的资金、经营、管理资源时，如果继续投资主业，扩大经营规模，因剩余市场份额已很有限而使其在主业上的市场占有率发展潜力不大，同时因生产规模过大，原有的合理技术比例被打乱，因此不应继续扩大主业，但同时又无适当的横向相关行业用于并购时可考虑通过混合并购涉足其他行业消化剩余资源。此外若企业在其主业中面临的竞争日益激烈，或由于市场的客观因素变化，使该产品的市场需求逐渐萎缩，企业在其主业上的发展前景暗淡、效益滑坡时，企业应考虑逐步以此行业为辅，积极寻找新的行业增长点，通过混合并购逐步过渡到以其他行业为主的战略。企业通过混合并购进入新行业。

实现多元化经营在制定并购策略时都要和企业自身的剩余能力相适应，不可盲目地大规模并购，大范围涉足多种行业。否则企业会因负债过多陷入财务困境，同时由于投资过于分散，在每个行业内投资过低，远达不到规模经济的要求使成本上升。在管理方面对多个陌生行业的管理，使管理的幅度、跨度、难度大大增加。将在管理的人员配置、管理者作出正确决策等方面出现问题最终导致管理混乱，使其在新行业中效益低下。此外由于有限的剩余资源被分配到多个领域不能满足需求，必然把过重的负担转嫁给主业，从而对主业产生不良影响，削弱主业的实力，最终使企业原有的主业优势也难以保持而导致失败。典型的例如猴王集团就是由于在短短几年内并购企业达几十家，企业迅速扩大，在当时风光一时，被称为神通广大的"猴王"，但最终因负债过重、管理混乱、亏损严重而证实了其并购策略的失败。

混合并购时应选择处于成长期企业的新产品。此外还应考虑和相关企业相比，该企业在技术上是否有优势。为减少并购成本，可选择专业技术、设备、管理处于劣势，效益较差的目标企业。因为并购企业的优势在于企业文化、经营管理等方面，而对于完全陌生的行业自然在技术、设备、专业人才等方面处于劣势，因而应选择可以取长补短的目标企业，把剩余的高效管理资源和目标企业的技术设备专业人才相结合，通过优势互补，避免了行业壁垒及人才、技术、销售等方面的阻碍，以较低的资本迅速进入新行业，并实现并购的意义——带来协同效应：即对于并购方来说并购后产生的总利润大于企业在主业产生的利润和预计自行投资行业产生的利润总和。对于并购双方来说，并购后产生的总利润大于并购双方原来的利润总和。企业并购后，由于并购双方在所有制形式、组织结构、经营规模、所处区域等方面的区别使两者在企业文化，例如经营理念、价值观、管理模式、员工对企业工作的态度等方面存在差异。而混合并购与横向及纵向并购相比，由于并购双方会存在更大的差异，更难以统一的差异性而导致并购的失败。对于混合并购来说，并购企业应更谨慎地与目标企业在企业文化方面整合的可能性。因此，在选择目标企业时，为防止两企业激烈的文化冲突，降低文化整合的风险性，更应选择企业文化处于弱势，没有形成鲜明个性的目标企业，并充分重视并购后的文化整合工作，在整合中，进行充分的沟通与交流以减少冲突，并在此基础上，介绍并植入并购企业成熟的企业文化，并融合新行业的特点，达到统一。

11.2.3　股权并购与资产并购

股权并购和资产并购是根据交易标的不同进行划分的。

11.2.3.1　股权并购

股权并购是指并购公司通过购买目标公司股东的股权或认购目标公司的增资，从而获得目标公司股权的并购。股权并购往往以实现对目标公司的控制为目的。

1. 股权并购的方式

从实务中看，股权并购又可以通过购买已发行股票或发行新股两种方式进行。前者是通过收购目标公司现有股权的方式获得对目标公司的控制。关于上市公司收购，《证券法》（2019 年修订）第六十二条规定，投资者可以采取要约收购、协议收购及其他合法方式收购上市公司。后者是通过扩大目标公司的总资本，并使并购公司获得目标公司的控制地位，从而获得对目标公司的控制，称为增资并购。这两种交易方式的标的和内涵相同，都是股东拥有的对目标公司的股东权益，但适用的具体情况、操作流程各不相同。

（1）协议收购。

定向收购上市公司一般采取协议收购的方式。协议收购是收购公司在证券交易所之外以协商的方式与被收购公司的股东签订收购其股份的协议，从而达到控制该上市公司的目的。协议收购采取协议方式收购上市公司的，收购人可以依照法律、行政法规的规定同被收购公司的股东协议转让股份。根据我国《证券法》（2019 年修订）第七十一条规定，采取协议收购方式的，收购人可以依照法律、行政法规的规定同被收购公司的股东以协议方式进行股份转让。以协议方式收购上市公司时，达成协议后，收购人必须在 3 日内将该收购协议向国务院证券监督管理机构及证券交易所作出书面报告，并予公告。在公告前不得履行收购协议。

协议收购作为一种股权并购的操作方式，可以与增资方式并用，例如在受让目标公司股权的同时，向目标公司增资。通过协议方式或要约方式取得被收购上市公司股票并将该公司撤销的，属于公司合并。被撤销公司的原有股票，由收购人依法变更。

（2）要约收购。

要约收购仅适用于对上市公司公众股的收购。我国《证券法》（2019 年修订）第六十五条规定，通过证券交易所的证券交易，投资者持有或者通过协议、其他安排与他人共同持有一个上市公司已发行的有表决权股份达到 30%时，继续进行收购的，应当依法向该上市公司所有股东发出收购上市公司全部或者部分股份的要约。收购上市公司部分股份的要约应当约定，被收购公司股东承诺出售的股份数额超过预定收购的股份数额的，收购人按比例进行收购。与协议收购相比，要约收购要经过较多的环节，操作程序比较繁杂，收购方的收购成本较高。要约收购和协议收购的区别主要体现在以下四个方面。

一是交易场地不同。要约收购只能通过证券交易所的证券交易进行，而协议收购则可以在证券交易所场外通过协议转让股份的方式进行。

二是股份限制不同。要约收购在收购人持有上市公司发行在外的股份达到 30%时，若继续收购，需向被收购公司的全体股东发出收购要约，持有上市公司股份达到 90%以上时，收购人负有强制性要约收购的义务。而协议收购的实施对持有股份的比例无限制。

　　三是收购态度不同。协议收购是收购者与目标公司的控股股东或大股东本着友好协商的态度订立合同收购股份以实现公司控制权的转移，所以协议收购通常表现为善意的；要约收购的对象则是目标公司全体股东持有的股份，不需要征得目标公司的同意，因而要约收购又称敌意收购。

　　四是收购对象的股权结构不同。协议收购方大多选择股权集中、存在控股股东的目标公司，以较少的协议次数、较低的成本获得控制权；而要约收购中收购倾向于选择股权较为分散的公司，以降低收购难度。

　　（3）增资并购（增资扩股）。

　　增资并购是指并购公司通过向目标公司投资，增加目标公司注册资本，从而使并购公司成为目标公司新股东的一种股权并购操作方式。增资并购从表面上看并购公司不与目标公司的原股东发生股权交易关系，但实际上并购公司要与目标公司的全体股东之间发生权益对价关系，交易的实质仍是股东对目标公司的权益。增资并购（增资扩股）适用于目标公司需要扩大投资，且目标公司的股东同意吸纳并购公司为目标公司新股东的情况。增资并购比购买股权并购复杂，操作难度大，需要履行目标公司原股东权益与并购公司增资额的比价程序和目标公司增资的法律程序。这种比价就是等额货币（并购公司持有）与等额资本（目标公司原股东持有）的价值比例问题，需要交易双方在协商基础上确定。增资并购有利于扩大目标公司的经营规模，可以为目标公司注入新的活力。增资并购也可以与受让股份的方式并用，例如在向目标公司增资的同时受让目标公司部分股东的股权。增资并购的目标是通过向目标公司增资实现并购公司对目标公司控制或共同控制。

　　2. 股权并购的优点

　　股权并购的实质是实现对目标公司的控制。因此，与新设投资相比有众多的优势。例如无须履行新公司的设立程序，仅需履行对目标公司的股权变更程序即可以完成并购行为。一般来说，股权并购要求投资者继续使用目标公司这个经营平台，目标公司将存续下去。并购公司利用目标公司进行的产品销售和业务开展的起步点高；利用目标公司现成的技术、管理员工队伍和普通员工队伍，省去了大量的培训时间和培训经费；对生产型企业来说，可以节约基本建设时间；可以节约大量的新企业、新产品、新市场、新渠道的宣传费用和开发费用，因此一般不会出现新设公司在经营之初的亏损期；投资的现金流相对较小；可以"化敌为友"，即化竞争对手为并购公司的朋友，减少竞争对手。

与资产并购相比，股权并购的方法操作简单，不涉及资产的评估，不需要办理资产过户手续，节省费用和时间。同时更能有效解决一些法律限制，能逾越特定行业（如汽车行业）进入的限制，能规避资产并购中资产转移（如专利等无形资产）的限制。另外，股权并购可以节约流转税税款。在资产并购的情况下，交易的标的是目标企业的所有权，其中的不动产、土地使用权和无形资产因发生所有权转移，需要并购公司依法缴纳契税，需要目标公司依法缴纳营业税。而在股权并购的情况下，作为目标公司的不动产、土地使用权和无形资产不存在转移所有权的问题，即使因目标公司变更企业名称需要变更产权证照上所有人名称的，也不为所有权转移，均无须缴纳营业税和契税。

3. 股权并购的缺点

从实务中看，股权并购也存在着以下缺点。

（1）由于并购前后目标公司作为民事主体是持续存在的，因而有关民事权利义务是延续的，因此，基于出让方披露不真实、不全面，导致目标公司遭受或然负债，使投资公司对目标公司的权益减损的风险是普遍存在的。这是股权并购的主要风险，也是最难防范的风险。

（2）由于目标公司的厂房、机器、设备往往是旧的，因此，虽然并购的现金流量相对新设投资较少，但并购后可能需要投入资金进行技术改造，否则可能难以提高目标公司产品的竞争力。

（3）由于目标公司与员工之间的劳动继续有效，并购后往往面临目标公司冗员的处理，这不仅容易激化劳资矛盾，而且会增加目标公司的经济负担。

（4）并购程序复杂，受让股权需要征得目标公司存续股东的同意，修改目标公司的章程需要与存续股东进行谈判，为防避或然负债需要进行大量的尽职调查工作，因此，股权并购的工作成本较高。

（5）并购后的整合难度大，投资公司对目标公司行使管理权的阻力大。在并购公司并购目标公司全部股权，特别是仅为相对控股的情况下，并购后的整合及并购公司对目标公司行使管理权都会遇到困难，往往被形象地比喻为"嫁姑娘"，即并购公司是"嫁"到目标公司过日子，而资产并购往往被喻为"娶媳妇"，即并购公司是"娶"回目标公司的资产。

（6）股权并购受国家反垄断法的规范和限制。

4. 股权并购的适用条件

从实务来看，不是任何情况下都可以使用股权并购的，对其使用的条件有着严格的要求。背离前提条件的股权并购很可能会使并购公司遭受损失。

（1）目标企业必须是公司类型的企业，而不能是合伙企业或民营企业。因为只有公司类型的企业才有完全独立的人格，股东才对公司债务承担有限责任，股东对公司的权益才表现为股权，才可适用股权并购。而非公司类型的企业（包括一人有限责任公司），企业并没有完全独立的人格，投资人对企业的权益不表现为股权，故无股权并购可言。

（2）对管理不规范的公司也不适宜用股权并购。虽然说，凡是公司类型的企业都可以适用股权并购投资方式，但是如果目标公司管理不规范，特别是没有规范、严谨的财务制度、财务记录、财务核算，或者资产、财务、纳税、合同管理混乱，最好不要采用股权并购，以免对并购公司带来太大的风险。

（3）出让方无法或不愿意对目标公司进行披露，而并购公司又不能从其他渠道获得足够的信息资料，且目标公司的股份没有公允市价的情况下，也不适宜采取股权并购。这是因为股权交易实质上是股东之间对其享有的对目标公司权益的交易，如果并购公司不能充分占有目标公司的信息资料，在目标公司的股份没有公允的市价的情况下，就没法对出让股份者对目标公司的享有的权益作出正确的判断，也无法进行股权并购。

（4）目标公司的股东特别是出让股权股东不存在虚假出资和出资违约的情况，不存在依法应当对公司债务承担连带责任的情况。因为，如果存在这类情况，并购公司并购后将置于风险中。

（5）目标公司的产品、市场份额、销售渠道、品牌、机器设备、场地等应当对投资者有利用价值，如果没有利用价值，并购公司就没有并购的必要。当然，如果并购公司需要目标公司的壳，则另当别论。

（6）在某些情况下，目标公司的资产横跨几个行业，其中有并购公司不需要的，或者投资公司不能持有的，或者有些已经是垃圾资产的。在这种情况下，如果并购公司拟对目标公司进行股权并购，就应当要求目标公司对没有利用价值的资产或并购公司不能持有的资产、业务进行剥离，或者采用资产并购的方式将垃圾资产甩掉。

11.2.3.2　资产并购

资产并购是指并购公司以现金、资产或承担目标公司部分或全部债务作为现金或资产的替代支付方式收购目标公司的部分或全部资产，从而控制目标公司的并购方式。因而资产并购的交易标的和内涵是目标公司的资产，交易对方是目标公司，资产并购有间接受让并购（新设并购）和直接受让两种具体操作模式。

1. 资产并购的方式

（1）间接受让并购（新设并购）。间接受让并购是资产并购的一种操作模式。间接资产受让是指并购公司在资产并购谈判基本确定的情况下，在目标企业的所在地设立一家子公司，由该子公司受让并经营并购资产的经营模式。从实务来看，多数资产并购采取新设公司受让目标公司资产的操作方式。这是因为多数目标企业和并购公司不在一个工商、税务管辖区，并购公司不能将并购资产移回其公司所在地从事生产经营，只能在并购资产的原地从事生产经营活动。因此，必须在并购资产所在地设立企业平台。而如果待并购公司将并购资产买妥后再去设立新公司，不如在并购基本确定时就设立接受资产的新公司，由这个新公司直接受让资产，在取得资产后当即以该公司名义从事生产经营活动。间接资产受让虽然需要履行新公司设立、资产受让两个法律程序，但是能够做到购买目标公司资产和并购公司新设经营平台同时并举，达到水到渠成，并购经营两不误。所以对资产并购而言，新设公司并购资产是一种比较好的操作模式。

（2）直接受让资产并购。这种并购方式一般只适用于并购停产企业或破产企业。

2. 资产并购的优点

资产并购与股权并购一样可以减少目标市场的竞争对手，改变目标市场的竞争态势。除此之外，资产并购与股权并购相比的优点主要表现为以下四点。

（1）资产并购的适用对象即目标企业不受企业类型的限制。股权并购要求企业必须是公司类型的企业，而资产并购可以适用各种类型的企业。合伙企业、民营企业、未改制的国有企业和未改制的集体企业均可采用资产并购方式，只要这些企业可以有效地出售资产即可。这是因为，股权并购是并购公司以股东的身份加入目标企业，从而实现对目标企业的持股和控制，而资产并购是并购公司将并购资产从目标企业买出来，故可以不问目标企业的组织形式，而只问能否有效地购买资产。

（2）资产并购可以不要求目标企业对其经营状况作全面的披露。由于资产并购的经营活动不借助于目标企业这个经营平台，而是另起炉灶设立新的经营平台，因此，可以不像股权并购那样必须对目标公司的经营状况做全面的了解，可以在资产出让方对企业经营、财务、管理机构等作有限披露的情况下，对目标企业进行资产并购。在实践中，并购公司只要对并购资产的构成、性能、效率、状况、市场、品牌竞争态势等有准确了解，能够确定目标公司出让资产的行为合法有效，就可以进行资产并购。

（3）资产并购一般不会遭受目标企业或然负债的损失，这是资产并购方式的最大特点和最大优点。

（4）资产并购的操作和并购后的整合难度都小于股权并购。在采用资产并购方式时，即使目标公司的资产和业务有并购公司不需要的或者不能持有的，也无须像股权并购那样必须进行剥离。资产并购后公司的架构、决策层和管理团队往往是全新的，是完全摆脱目标公司影响的，因而并购后整合的难度也小于股权并购。

3. 资产并购的缺点

资产并购与股权并购一样也要受到《反垄断法》的限制。除此之外，资产并购中资产过户交割手续较为复杂，税务负担比股权并购重。股权并购一般仅发生印花税，也可能发生所得税，但资产并购不仅会发生印花税和所得税，还可能要发生契税以及房地产增值税等。资产并购后并购公司一般需要对新设公司追加投资，或者进行技术改造，添置新的机器设备；或者追加流动资金，扩大经营规模。

4. 资产并购的适用条件

（1）使用对象可以是公司制企业，也可以非公司制企业，可以是管理规范的企业，也可以是不规范的企业。

（2）关于出让方披露的要求，出让方对目标公司做全面的可以适用，出让方未对目标公司作全面的披露，仅对资产作全面披露也可以。

（3）限制竞争。从实务来看，在资产并购的情况下，并购公司之所以要购买目标公司的资产，并不一定是完全看中目标公司的资产，还在于承继目标公司产品的市场份额和已有业务，而要达到此目的，目标公司必须保证在出让资产后不在目标市场投资从事同类生产经营和业务活动。否则，目标公司将陈旧的资产高价卖给投资公司，再用所得价款建设新的工厂，生产销售相同的产品，并购公司并购目的将无法实现。

11.2.3.3　股权并购与资产并购的区别与联系

（1）并购意图。并购企业的并购意图是为了取得对目标企业的控制权，体现在股权并购中的股权层面的控制和资产并购中的实际运营中的控制。虽然层面不一样，但都是为了取得对目标企业的实际控制权，进而扩大并购方在生产服务等领域的实际影响力。

（2）并购标的。股权并购的标的是目标企业的股权，是目标企业股东层面的变动，并不影响目标企业资产的运营。资产并购的标的是目标企业的资产，例如实物资产或专利、商标、商誉等无形资产，并不影响目标企业股权结构的变化。

（3）交易主体。股权并购的交易主体是并购企业和目标公司的股东，权利和义务只在并购企业和目标企业的股东之间发生。资产并购的交易主体是并购企业和目标公司，权利和义务通常不会影响目标企业的股东。

（4）交易性质。股权并购的交易性质实质为股权转让或增资，并购企业通过并购行为成为目标公司的股东，并获得了在目标企业的股东权，例如分红权、表决权等，但目标企业的资产并没有变化。资产并购的性质为一般的资产买卖，仅涉及买卖双方的合同权利和义务。

11.2.4　善意并购与恶意并购

根据并购企业的行为态度，并购可以划分为善意并购和恶意并购。

（1）善意收购是指收购方事先与目标企业协商、征得其同意并通过谈判达成收购条件，双方管理层通过协商来决定并购的具体安排，在此基础上完成收购活动的一种并购。具体来说，并购协议应该包括以下内容：收购公司、目标公司各自的名称及简况；双方同意的收购条件，例如目标公司的股票或股份、资产、债权、债务的处理；公司管理人员和职工的安置；收购后的企业发展方向和经营设想等；收购价格和收购支付方式的确定；收购后目标公司的公司章程的修改及其他条款。收购协议制定后，要通过股东大会 2/3 以上票数通过，最后到政府工商登记机构备案。

（2）恶意收购也称为敌意收购，是指收购方在收购目标企业时遭到目标企业抗拒但仍然强行收购，或者并购方事先没有与目标企业进行协商，直接向目标企业的股东开出价格或者收购要约的一种并购行为。进行敌意收购往往要遇到目标公司董事会的反对或反击，因而收购公司通常是直接向目标公司的股东发出要约收购，其通常要以高于目标公司股票市场价格来收购目标公司的股票。

　　在敌意收购中，收购公司对目标公司股票的收购通常又有三种方法：一是对目标公司施加压力，又称"狗熊的拥抱"。收购公司投书于目标公司的董事会，允诺用高价收购该公司的股票，并以股东利益为重警告目标公司以接受报价。目标公司的董事会有责任把这一信息通告全体股东，而分散的小股东往往受优惠价格的诱惑而迫使董事会接受报价。二是在二级市场购买，即"标购"。收购公司事先在证券市场秘密收购目标公司的部分股票，通常略少于5%（证券法律一般都规定，一个公司持有某一上市公司5%以上的股票时，必须通告该公司和证券监督管理部门），然后再向目标公司的股东报价。标购价格通常会高于当时的市场价格。但因为收购公司已经以较低的价格购买了近5%的目标公司的股票，所以如果能够顺利进行标购，则也相当于降低了收购成本。一旦不能标购成功，也会因为目标公司受"股票收购战"影响而价格上涨，得以高价出售之前低价买入的股票，获得巨额利润而全身而退。三是两步报价。在企业收购目标公司股票的过程中，目标公司股票价格的大幅上涨会增加收购成本，为继续收购带来困难。收购公司往往采用两步报价对策，先以现金收购目标公司50%左右的股票，实现控股，再以较低比价用本公司的证券换取目标公司的证券。

11.2.5　现金收购与股票收购

　　现金收购、股票收购、资产收购和综合证券收购等方式是根据收购方不同的付款方式进行划分的。

11.2.5.1　现金收购

　　现金收购包括收购方用现金购买目标公司资产和用现金购买目标公司股票两种情况。现金收购是最简单的并购付款方式。收购方直接用现金支付对价，其优势在于出价的透明度，这是目标公司股东最愿意接受的一种出价方式。尤其在目标公司有着大量的中小股东时，现金收购更能打动中小股东，赢得他们手中的股票。此外，现金收购还具有操作简单、速度快的优点，往往使目标企业没有充分的时间来准备反收购。现金收购是恶意收购时的主要支付方式。

　　现金收购对于收购方来说，除了具有直接、迅速、胜算更大的优点外，对现有股东权益不会因为支付现金而被"稀释"，现有股东依然保持对公司的控制。但是，如果收购方现金不足的话，也会因而背上沉重的即时现金负担，或者增加大量负债，产生较大的融资成本，进而影响公司的信用状况。因此，现金收购需要"量力而行"。

11.2.5.2 股票收购

收购方采用本公司的股票进行收购，称为换股收购或者股票收购。股票收购包括收购公司向目标公司发行收购公司自己的股票以交换目标公司的资产或股票两种情况。由于股票收购不需要收购方支付现金，因此，股票收购方式成为成熟市场中收购的主要方式，尤其是对一些交易金额比较大的并购案。

股票收购根据股票的来源，可以分为两种，一种是增发股票收购；另一种是库存股票收购。增发股票收购是指收购公司采用向目标公司定向发行新股的方式来交换目标公司原来的普通股票，从而达到收购的目的。库存股票收购则是指收购公司以其库存股票与目标公司的普通股交换，从而达到收购的目的。由于我国《公司法》规定，公司不得持有自己公司的股票，因而我国没有库存股的实践，也就没有库存股收购。

增发换股收购的优点在于，收购方不需要支付大量现金，因而不会影响公司的现金资源；收购完成后，总股本增大，公司规模变大，目标公司的股东不会因此失去他们的所有者权益，只是这种所有权从目标公司转移到收购公司，使原股东成为扩大了的公司的新股东，这种换股形式统一了双方股东权益，有利于未来的融合。

当然，增发换股收购也存在缺点。比如收购方的股本结构会发生变动，会稀释原有股东的股权比例。此外股票新增发行需要受到监管部门及证券交易所的限制，手续较为复杂且存在不确定性。这种时间的延缓会使目标公司或者竞争对手有时间组织反收购或者竞购。

因此，收购方在考虑是否采用换股收购方式时，需要充分权衡换股收购的优缺点，选择合适的并购支付方式。尤其重要的是考虑公司目前的股权结构，也就是主要股东在多大程度上可以接受控制权的稀释。

11.2.5.3 资产置换收购

除了以自己公司的股权去跟目标公司置换，并购方还有许多其他的资产（当然是非货币性资产）可以参与并购。支付非货币性资产进行并购主要有两种：一种是并购方用非货币性资产参与定向增发，通过直接投资目标公司而获取股权，必要的时候可以获取大股东的控制权地位；另一种是并购方以非货币性资产与目标公司大股东持有的控制权进行置换，接替原有大股东的地位，成为目标公司新的大股东，也就是用自己的资产换取对方的股份。

11.2.5.4 其他证券收购方式

1. 债券

并购方可以发行公司债券来进行收购，尤其在西方国家，垃圾债券是杠杆收购中常用的工具。发债收购的优点在于不会稀释股权，手续较为简便，而且利息在税前支付。其优点与现金相似，不过是增加了负债率而已。

杠杆收购是一种特殊的收购方式，其特殊性不在于杠杆收购采用负债方式，而是债务偿还的模式。杠杆收购专指收购方主要通过借债来获得另一公司，而用后者现金流量偿还负债的收购方式。

2. 可转债

可转债也是一种常用的支付方式，其独特的优点表现在：对收购公司而言，能以比普通债券更低的利率和比较宽松的契约条件发行债券；并能提供一种比现行股价更高的价格出售股票的方式。对目标公司的股东而言，债券的安全性和股票的收益性相结合，在股价上涨的情况下，可以以较低的成本获得股票。

3. 优先股

并购方发行优先股进行收购，对于收购方而言，既不会增加现金支付压力，又不会稀释控制权；对目标公司而言，虽然没有获得现金支付，但可以获得优先股相对稳定的收益。由于其不能在股价上升时带给股东资本利得，因而往往优先股方案会遭到反对。通常的解决方案是采用可转换优先股，使目标公司的股东既可以在市场风险较大的时候安享优先股的收益，又可以在市场走好，股价上升时及时转换为普通股而获取股价上扬的收益。

4. 认股权证

收购方还可以发行认股权证来作为并购的支付。由于认股权证的价值不确定，被收购方的股东往往怀疑行权的可能性，因此，认股权证一般不作为单独的支付工具，往往是作为现有支付方式的补充。

在现实中，由于单一的支付方式难以保证符合各方的要求，总有其不足的地方，因而收购方往往会采用多种支付工具，制订一揽子的支付计划。在收购过程中，支付计划的设计和安排越来越具有技术性，因此也越来越成为投资银行的一项重要业务。

11.3 理 论 探 讨

11.3.1 理论探讨一 "一带一路"沿线国家的跨境并购

在不同国家和环境中成长起来的企业在跨境并购的不同方面可能存在差异。为考察不同国家跨境并购的影响因素，王喆、王碧珺和张明（2019）归纳了 2000～2016 年以"一带一路"沿线地区为目的地的跨境并购的主要特征，并对比美、英、日、中四国的并购偏好特点，分析得出以下结论：并购来源国以域外、高收入国家为主，但随着全球金融危机的发生和"一带一路"经济贸易区域概念的提出，发展中国家的并购增长也较显著。美国的跨境并购具有技术密集性特征，且集中在西亚和南亚；英国的跨境并购活动集中在南亚，以能源、电信服务等行业为主要目标；日本的跨境并购活动集中在东盟地区，以金融、能源、工业为主要目标。

张辉、黄昊、朱智彬（2017）对全球并购数据库（Zephyr）中的 2 867 个跨国交易数据进行了分析，发现，全球并购网络是一个典型的小世界网络，美国、英国等传统西方国家在全球兼并收购网络中处于骨干地位；在"一带一路"沿线国家中，中国在高端装备制造业中并购活动较为活跃；中国和东盟地区在高端设备业中正在积极进行产业升级；东盟、西亚地区正在承接传统高竞争产业的转移。

资料来源：王喆，王碧珺，张明 . "一带一路"沿线跨境并购的特征、影响因素及展望——基于美、英、日、中的国际比较 [J]. 亚太经济，2019（1）：98－108；张辉，黄昊，朱智彬 . "一带一路"沿线国家重点行业跨境并购的网络研究 [J]. 亚太经济，2017（5）：115－124.

11.3.2 理论探讨二 我国海外并购的绩效研究

随着全球化进程的加剧，为了提升全球竞争力，越来越多的企业通过海外并购方式实施"走出去"战略。我国企业通过海外并购谋求对产业技术创新绩效提升，海外并购是否起到了的促进作用？吴先明和张雨（2019）通过选取 2001~2011 年中国企业海外并购事件和 38 个工业行业数据进行了实证检验，主要研究结果如下：中国海外并购对产业技术创新绩效具有促进作用；国家间的制度距离对海外并购产业技术创新绩效有正向调节作用；成熟市场的海外并购对产业技术创新绩效有正向影响，制度距离对两者关系有显著的负向调节作用；在新兴工业化市场，海外并购能够提升产业技术创新绩效，但制度距离对两者关系有显著的正向调节作用。

裴瑱和彭飞（2019）以 96 家沪深上市公司的 1 150 起海外并购活动为样本，分析了跨国并购企业所在区域文化对跨国并购绩效的影响，结果表明，对海外并购绩效起主导性作用的是地区文化差异和国际并购经验，而文化距离和投资规模对投资绩效发挥的作用相对较小；东道国的文化距离等会降低中国上市公司的跨国并购绩效。

资料来源：吴先明，张雨 . 海外并购提升了产业技术创新绩效吗——制度距离的双重调节作用［J］. 南开管理评论，2019，22（1）：4 – 16；裴瑱，彭飞 . 文化距离与中国海外并购绩效：基于跨国并购经验的实证研究［J］. 经济经纬，2019（5）：65 – 71.

11.4　案 例 归 纳

11.4.1　案例一　雀巢收购徐福记[*]

11.4.1.1　并购概述

根据网易财经报道，[①]2011 年 7 月 4 日，徐福记宣布在新加坡交易所的股票暂停交易，原因是雀巢与徐福记正在洽谈收购事宜。2011 年 7 月 11 日，雀巢和徐福记同时宣布，雀巢和徐福记的创始家族签署了合作协议，以 17 亿

---

[*]　新浪财经 . 雀巢 17 亿美元收购徐福记获批［EB/OL］.［2011 – 12 – 09］. http：//finance. si-na. com. cn/chanjing/gsnews/20111209/083210963742. shtml；中国广播网 . 雀巢收购徐福记 60% 股权获批评：强强联合优势互补［EB/OL］.［2011 – 12 – 07］. http：//finance. cnr. cn/jjpl/201112/t20111207_508894031. shtml.

[①]　网易财经 . 雀巢收购徐福记获商务部通过［EB/OL］.［2011 – 07 – 05］. http：//money. 163. com/special/nestleseeksxufuji/.

美元收购徐福记60%的股份。雀巢当天表示，通过计划安排方案收购徐福记独立股东所持有的该公司43.5%的股权，收购价为每股4.35新元，相当于过去180天按成交量加权平均股价溢价24.7%。如果这一方案被独立股东批准，雀巢公司随后将再从徐氏家族目前持有的56.5%的股权中购得16.5%的股份。雀巢已获得两个最大的独立股东——Arisaig Partners Holdings（持股9.0%）和The Baring Asia Private Equity Fund Ⅳ，L. P. 的下属机构（持股16.5%）不可撤销的投票赞成此协议方案的保证。但该交易仍有待我国监管部门批准。

在双方公开洽谈收购事宜后，很多业内人士并不看好此次收购行为。原因是徐福记品牌处于上升通道；雀巢收购徐福记垄断动机明显；收购须经商务部审查，外资在华大规模收购尚无成功先例。这桩交易可能会像可口可乐收购汇源果汁（China Huiyuan Juice Group）的交易一样无疾而终。2009年，中国商务部（The Ministry of Commerce）拒绝了可口可乐收购汇源果汁的申请，理由是可能会催生垄断。

除此以外，雀巢收购徐福记在具体实施环节上也存在不少问题与挑战：如何在股份配比上与徐福记达成一致；未来徐福记的管理层安置、人员构架和雀巢的话语权分配问题；品牌、物流、销售渠道如何统一等诸多难题也将摆在眼前。

然而糖果生产商徐福记国际集团2011年12月7日在新加坡交易所发布公告宣布，中国商务部12月6日已批准雀巢公司以17亿美元收购徐福记60%股权的交易。雀巢计划让徐福记从新加坡交易所摘牌。摘牌时间将另外公布。这意味着雀巢收购徐福记成功。

11. 4. 1. 2　案例分析

1. 交易双方

（1）雀巢公司由亨利·内斯特莱（Henri Nestle）于1867年创建，总部设在瑞士日内瓦湖畔的沃韦（Vevey），是世界最大的食品制造商。拥有138年历史的雀巢公司起源于瑞士，最初是以生产婴儿食品起家。2005年，雀巢公司在全球拥有500多家工厂，25万名员工，年销售额高达910亿瑞士法郎。2010年销售额达到1 097亿瑞士法郎，纯利润达到342亿瑞士法郎。其中的大约95%来自食品的销售，因此雀巢可谓是世界上最大的食品制造商，也是最大的跨国公司之一。公司以生产巧克力棒和速溶咖啡闻名遐迩，目前拥有适合当地市场与文化的丰富的产品系列。雀巢在五大洲的 60 多个国家中共建有 400 多家工厂,所有产品的生产和销售由总部领导下的 200 多个部门完成。雀巢销售额的 98% 来自国外,因此被称为"最国际化的跨国集团"。

1990 年,雀巢在中国大陆的第一家合资厂开始运营,随后又建了多家工厂。雀巢通过利用本地原材料在本地制造同等高品质的食品,替代进口产品。现在雀巢在中国大陆销售的产品中 99% 是在本地制造的。2001 年,雀巢在上海成立了上海雀巢研发中心,致力于应用科技和营养研究,并开发中国消费者喜爱的、适合中国人口味和消费能力的营养食品。在过去的 20 年中,雀巢从瑞士对大中华区的直接投资已累计达 70 亿元人民币。雀巢大中华区的总部设在北京,经营 21 家工厂,其中四家在上海地区、三家在广东省、四家在天津地区、三家在四川省、两家在山东省、一家在黑龙江省、一家在江苏省、一家在内蒙古自治区、一家在北京地区,还有一家在香港特别行政区。尽管进入中国市场历史悠久,在国内糖果行业的份额并不高,按销售额算,2008 年其份额仅为 1.6%,名列第五,远落后于排名首位的美国玛氏 12.9%。由于其在新兴市场的份额落后于对手,新兴市场对于该公司总体营业收入的贡献率计划从当前约为 33% 到 2020 年之前要达到 45%,面对玛氏、卡夫等竞争对手,收购新兴市场优秀品牌对其来说无疑是一条捷径。

(2)徐福记创始于 1978 年,创办者徐氏兄弟,曾分别在中国台湾地区经营徐记食品、徐福记食品、安可食品、巧比食品及蜜饯等知名品牌,被誉为"二十年金字招牌",是中国最大的糖果品牌和糖点企业之一。该集团主要生产糖果、糕点、沙琪玛、巧克力、果冻等休闲糖点。于 1992 年在中国广东省东莞市注册创立东莞徐福记食品有限公司。凭借 16 年(1976~1992 年)成功的市场销售经验,开拓新局,快速获得成长扩展。1997 年徐福记与新加坡汇亚集团(TRANSPAC)及仲华海外投资基金共同合资,为集团带来崭新思维及理念,共同成立 BVI 徐福记国际集团,并注册成立东莞徐记食品有限公司,专事经营徐福记品牌在中国糖点领域的永续发展。2000 年,徐福记正式涉足现代渠道的经营管理。为集团在中国零售市场的大步拓展,扎下厚实的根基。2006 年徐福记在中国拥有 56 家销售分公司,超过 13 000 个直接管控的终端零售点,成为中国较大的糖果品牌和糖点企业之一。2002 年初公司取得了沃尔玛公司全球采购系统合格供应商的资格,于 2003 年全面供应。"徐福记"糖果糕点透过沃尔玛在全球 3 000 多个超级市场大力拓展国外市场,这大大提高了"徐福记"食品的品牌效应,扩大了产品的出口量,提高了产品在全球市场的占有率。公司具有完善的服务体系，产品质量完全符合相应产品标准，消费者投诉处理率 100%。2003 年公司销售收入突破 14 亿元，创造利税 2.6 亿元。2006 年春节，徐福记仅在上海市场的散装销售额就将近 2 亿元。据徐福记最新公布的财报显示，2010 年其全年的营收和净利润分别为 43.1 亿元和 6.022 亿元，同比分别增长 14% 和 31%。根据国际市场调研公司 Euromonitor 数据，按零售额算，2008 年我国糖果市场规模近 580 亿元，雀巢的份额仅为 1.6%，远远落后于排名首位的美国玛氏 12.9%，徐福记的份额则为 3.9%。

其优势与战略一是主要的制造基地位于东莞，年产能为 317 100 吨，有 107 家销售分公司及 20 个区域运营中心，管理超过 8 000 名销售人员；二是其生产巧克力等糖果及中式点心沙琪玛，过去 10 多年获利良好，每年净利都以两位数以上增长；三是拥有 17 年历史的徐福记在中国长期投资于品牌建设，自 1998 年以来连续 11 年被评为中国同类产品销量第一的糖果品牌；四是其一直在寻找协助企业和品牌发展成百年老店的战略伙伴。

2. 收购分析

雀巢收购徐福记，显然是通过双方协商进行，属于善意并购；从并购交易标的来看，雀巢以每股 4.35 新元收购徐福记独立股东所持有的该公司 43.5% 的股权，属于股权收购；从并购支付方式来看，属于现金收购；从并购双方所处的行业关系来看，属于横向并购。收购完成后，徐福记仍将维持现有的经营团队，但公司的财务管理将以雀巢为主导，另外，双方在销售渠道上将实现资源共享。

此次并购对雀巢而言，最大的收获是徐福记的渠道资源。目前雀巢在中国的糖果业务市场占比非常小，远远落后于卡夫、联合利华等竞争对手，而徐福记则是国内整个糖果行业中营业额最大的企业，此项收购将令雀巢获得徐福记在中国近 1.8 万条散装柜资源，以及徐福记庞大的二三线渠道资源，而徐福记则将受益于雀巢的品牌影响力、资金实力、研发能力、管理体系等。

对于其他糖果企业而言，则是真的"狼来了"。当各竞争厂商的品牌影响力、研发能力都不相上下的时候，最终拼的就是渠道，收购完成后，雀巢糖果业务将迅速进入二三线市场，这种竞争优势是不可复制的。因此，业内人士认为，未来 3 年国内糖果行业格局将引来一场革命性的巨变。雀巢对中国糖果市场的控制力将明显增强，不仅进一步提升与玛氏、卡夫、联合利华等对抗的筹码，也进一步压缩了雅客、金丝猴、大白兔等国内中小糖果企业的生存空间，竞争激烈程度加剧，将给行业带来新一轮洗牌，一些二三线品牌将逐渐被淘汰出局。

11.4.2 案例二 优酷与土豆合并以及阿里巴巴并购优酷土豆

11.4.2.1 优酷与土豆合并概况

根据金融界财经报道,[①]2012 年 3 月 12 日,优酷股份有限公司（NYSE：YOKU）和土豆股份有限公司（NASDAQ：TUDO）共同宣布双方于 2012 年 3 月 11 日签订最终协议,优酷网与土豆网以 100% 换股的方式合并,土豆所有已发行股及土豆的美国存托凭证,均退市兑换成优酷股。合并后的公司称,优酷土豆股份有限公司。本次战略合并已获得双方公司董事会的批准,但合并完成仍取决于惯例成交条件,包括优酷和土豆双方股东的批准。双方股东在各自董事会的代表已承诺支持本次合并。

根据协议条款,自合并生效日起,土豆所有已发行和流通中的 A 类普通股和 B 类普通股将退市,每股兑换成 7.177 股优酷 A 类普通股;土豆的美国存托凭证（Tudou ADS）将退市并兑换成 1.595 股优酷美国存托凭证（Youku ADS）。每股 Tudou ADS 相当于 4 股土豆 B 类普通股,每股 Youku ADS 相当于 18 股优酷 A 类普通股。

合并后,优酷股东及美国存托凭证持有者将拥有新公司约 71.5% 的股份,土豆股东及美国存托凭证持有者将拥有新公司约 28.5% 的股份。

2012 年 8 月 20 日上午,优酷土豆股合并方案获在香港地区召开的双方股东大会批准通过,优酷土豆集团公司正式成立,优酷 CEO 古永锵将担任集团董事长兼 CEO,称将坚持渐变不裁员原则进行磨合。土豆 CEO 王微将进入集团董事会担任董事,并参与重大决策。

11.4.2.2 优酷与土豆合并案例分析[②]

1. 合并双方

（1）优酷网是中国领先的视频分享网站,是中国网络视频行业的第一品牌。自 2006 年 12 月 21 日正式运营以来,优酷网在诸多方面保持优势,领跑

---

① 金融界. 优酷土豆"结婚"了！[EB/OL]. [2012 – 03 – 12]. http：//finance. jrj. com. cn/tech/focus/youkutudou/.

② 柏林. 优酷土豆合并经济后果分析 [J]. 新会计, 2016 (4)：34 – 38.

中国视频行业，业绩发展迅猛。2007 年 7 月中国互联网协会发布 2007 年度（上半年）中国互联网调查报告表明，优酷网深受用户喜爱，在品牌认知度方面领先于同行业其他网站；2007 年 8 月 29 日，优酷网入选 "2007 年度 red herring 最具潜力科技创投公司亚洲百强" 称号，成为唯一获此殊荣的视频网站。2007 年 12 月，知名调研机构 AC 尼尔森公司公布优酷网日视频播放量（vv）率先突破 1 亿次，每日独立访问用户数量（uv）超过 1 200 万个。2007 年，优酷网首次提出 "拍客无处不在"，倡导 "谁都可以做拍客"，引发全民狂拍的拍客文化风潮，反响强烈，经过多次拍客视频主题接力、拍客训练营，优酷网现已成为互联网拍客聚集的阵营。优酷网以视频分享为基础，开拓三网合一的成功应用模式，以 "快者为王" 为产品理念，注重用户体验，不断完善服务策略，其卓尔不群的 "快速播放，快速发布，快速搜索" 的产品特性，为用户浏览、搜索、创造和分享视频提供最高品质的服务，充分满足用户日益增长的多元化互动需求，使之成为中国视频网站中的领军势力。美国东部时间 2010 年 12 月 8 日，优酷网成功在纽约证券交易所正式挂牌上市。

（2）土豆网是中国最早和最具影响力的视频分享网站，是中国网络视频行业的领军品牌，也是全球最早上线的视频分享网站之一。土豆网于 2005 年 4 月 15 日正式上线，每天独立用户数超过 2 500 万人，每月 1.5 亿人用户，拥有超过 8 000 万人的注册用户。截至 2007 年 9 月，该站每日提供的视频有 5 500 万个之多。土豆网视频内容广泛，包括三大类：网友自行制作或分享的视频节目，例如播客和用户原创视频；来自土豆众多内容提供商的视频节目，例如电影、电视剧和 MV 等。土豆网与 2 500 多家国内外知名的音乐厂牌、内容制作方、内容代理商和电视台建立了广泛的深度合作。土豆投资制作的节目，例如土豆摄线等日播栏目及系列短剧。土豆网的主要收入来源于广告。2007 年，土豆网推出了在线视频广告系统。该平台能够帮助广告客户便捷的管理预算，并对目标用户群进行基于数据分析的定向广告投放。2010 年，在土豆网成立 5 周年之际，土豆网推出了为期 3 年的 "全土豆计划"，其中包括播客运营计划、热点频道计划、内容正版化计划、摄线计划、整合营销项目计划和土豆自制剧计划六大板块，多线并行发展。2011 年 8 月 17 日晚上 9 点 45 分，土豆网在美国纳斯达克上市，股票代码为 "TUDO"。

2. 合并分析

优酷和土豆一直都是的竞争对手。从激烈的版权之争开始，到自制剧与流量的抢夺，优酷和土豆的 "视界大战" 一直持续。人们常说 "冤家路窄"，可是它们却打成了一家人，"优酷土豆"则是这场"视界大战"的战果。在并购之前，优酷和土豆的资金压力都非常大。优酷网虽然一直保持视频领域第一的宝座，但是上市巨额融资，并未实质性提高它的盈利水平。根据易观国际的统计数据显示，2011 年第四季度，中国视频市场份额分布中，优酷位列第一，占据 21.8%，土豆位列第二，占据 13.7%。两家网站之前在广告业务、版权购买、用户吸纳诸方面有着激烈的竞争。合并之前，优酷的资金相对宽裕，土豆的资金相对紧缩。此次优酷土豆合并是两家公司考虑现状的决定。

优酷土豆合并具有其独特性。首先是排在视频行业前两位的合并，可称得上是强强联合；其次是通过 100% 换股方式完成，不涉及现金，这在中国互联网并购史上属首例。优酷土豆两家加起来的网络视频用户总覆盖近 80%的用户群。合并后的优酷土豆集团，保留优酷、土豆网两个品牌。

11.4.2.3　阿里巴巴并购优酷土豆①

2014 年，阿里巴巴集团对优酷土豆集团进行了初步战略投资，阿里巴巴以 10.88 亿美元受让优酷土豆 16.50% 的股权。2015 年，阿里巴巴集团宣布，向优酷土豆董事会发出非约束性收购要约。之后，双方协商并签署并购协议，阿里巴巴以约 46.7 亿美元现金形式收购优酷土豆。收购完成后，优酷土豆 ADS 在纽交所摘牌，阿里巴巴和其支持方合计拥有优酷土豆约 60.6% 的投票权。由此，阿里巴巴优化从投资、制作、发行、渠道到终端用户的数字娱乐产业链布局。

11.4.3　案例三　阿里巴巴收购雅虎中国*

11.4.3.1　收购概况

根据新浪网资料②，北京时间 2005 年 8 月 11 日 14 时，阿里巴巴公司和

① 全联并购公会. 阿里巴巴收购优酷土豆 [EB/OL]. [2020 - 10 - 01]. http：//www. ma-chi-na. com/show. asp？id = 955；董学力. 互联网企业跨界并购财务风险分析与整合策略——以阿里集团并购优酷土豆为例 [J]. 财会通讯, 2017（11）：96 - 100.

* 中国证券报. 阿里巴巴完成对雅虎中国收购整合 [EB/OL]. [2006 - 04 - 11]. http：//www. cnr. cn/caijing/cppp/t20051110_504125873. html；搜狐网. 福布斯：阿里巴巴收购雅虎对大家都有利 [EB/OL]. [2016 - 07 - 19]. http：//www. sohu. com/a/106488927_119665.

② 新浪网. 阿里巴巴全面收购雅虎中国 [EB/OL]. [2005 - 08 - 12]. http：//news. sina. com. cn/c/2005 - 08 - 12/08596673606s. shtml.

雅虎公司同时在北京宣布，阿里巴巴收购雅虎中国全部资产，同时得到雅虎 10 亿美元投资，打造中国的互联网搜索平台。这成为当时中国互联网史上最大的一起并购。

阿里巴巴收购的雅虎中国资产包括雅虎中国门户网站，雅虎的搜索技术，通信和广告业务，以及 3721 网络实名服务，双方还计划将一拍在线拍卖业务中雅虎的所有部分并入阿里巴巴。阿里巴巴公司还将获得领先全球的互联网品牌"雅虎"在中国的无限期独家使用权。

同时，雅虎公司与阿里巴巴公司达成战略联盟关系，雅虎出资 10 亿美元成为阿里巴巴公司的股东之一。阿里巴巴公司也将因此享有雅虎公司的强大搜索、通信和广告技术平台，丰富的内容资讯以及遍布全球的渠道资源在中国的独家使用权。北京时间 2005 年 8 月 17 日，雅虎向 SEC 提交了收购阿里巴巴股份文件，文件显示，雅虎计划用总计 6.4 亿美元现金、雅虎中国业务以及从软银购得的淘宝股份，交换阿里巴巴 40% 普通股（完全摊薄）。根据双方达成的协议，雅虎斥 3.6 亿美元从软银子公司手中收购其所持有的淘宝网股份，并把这部分股份转让给阿里巴巴，从而淘宝网将成为阿里巴巴的全资子公司。雅虎实行两次购股计划，首次支付 2.5 亿美元，第二次为 3.9 亿美元，再加上斥 3.6 亿美元从软银购得的淘宝网股份，在购股计划完成后，雅虎持有阿里巴巴 40% 股份。以此计算，雅虎共斥资 10 亿美元收购阿里巴巴股份。

11.4.3.2　收购分析

1. 收购双方

（1）阿里巴巴。阿里巴巴（Alibaba.com）是全球企业间（B2B）电子商务的著名品牌，是全球国际贸易领域内最大、最活跃的网上交易市场和商人社区。2003 年 5 月，阿里巴巴投资 1 亿元人民币推出个人网上交易平台淘宝网（taobao.com）。2003 年 10 月，阿里巴巴创建独立的网上交易安全支付产品支付宝（www.alipay.com）。支付宝已经和工商银行、建设银行、农业银行、招商银行、国际的 VISA 国际组织等各大金融机构建立战略合作。阿里巴巴在业务上与雅虎尤大冲突，同时雅虎强大的搜索功能与国际背景还将对阿里巴巴的发展大有益处，因此进行内部处理也就合情合理。

（2）中国雅虎。雅虎公司是一家全球性的互联网通信、商贸及媒体公司。其网络每月为全球超过 1.8 万亿个用户提供多元化的网上服务。雅虎是全球第一家提供互联网导航服务的网站，不论在浏览量、网上广告、家庭或商业用户接触面上，雅虎都居于领导地位，也是最为人熟悉及最有价值的互联网品牌之一。中国雅虎是雅虎于 1999 年 9 月在中国开通的门户搜索网站。2007 年 5 月 15 日，雅虎中国正式更名为中国雅虎。2003 年 11 月，雅虎中国出资 1.2 亿美元全资收购提供中文上网服务领导公司 3721 公司该公司占据中文上网服务市场 90% 以上市场份额。但雅虎中国当时已经进入了一个很严重的瓶颈期，在本地化的道路上步履艰难，因此，作为投资一方的软银公司本着投资回报最大化的考虑，希望能够将其优化整合。从雅虎的角度出发，把自己处理不了的中国业务盘出去，正好有利于集中精力在其他市场竞争。

2. 收购类型分析

企业选择并购形式主要取决于并购动因；同时，应结合本企业的实际财务状况、未来发展方向及目标企业的特点等因素加以综合考虑。就阿里巴巴并购雅虎中国而言，从行业隶属关系来看，双方同属于网络行业，但业务重点不同，阿里巴巴从事电子商务，雅虎中国兼有搜索和门户，双方并不存在产业中的竞争，相反，是产业中的上下游关系。毕竟，B2B 业务、C2C 业务的流量来自门户网站和搜索引擎。所以，两者的收购属于纵向并购。

在支付方式上，阿里巴巴与雅虎中国进行了金额巨大的非货币性交易。阿里巴巴以换股的形式收购了雅虎中国，以 40% 的股权换来了雅虎中国全部的资产，包括雅虎的门户、一搜、IM 产品，3721 以及雅虎在一拍网中的所有资产。同时，获雅虎 10 亿美元投资；并享有雅虎品牌及技术在中国的独家使用权，包括阿里巴巴的终极目标——搜索引擎的核心技术。从交易标的角度来看，此并购属于资产收购；双方系经过谈判协商最终达成一致意愿，故属于善意收购。

3. 并购效果分析

阿里巴巴收购雅虎中国，阿里巴巴 CEO 马云出任雅虎中国公司总经理职位，管理雅虎中国的全部业务。站在集团战略发展角度，其实就是构建了一个综合性的网络大国。收购雅虎中国后，阿里巴巴的业务范围拓展到除了无线、游戏外的所有互联网领域。

从阿里巴巴并购雅虎中国的成功，取决于其正确地选择目标企业，这关系到并购成本的高低、并购企业发展战略以及并购后的整合与预期协同效应。阿里巴巴并购的主要目的是获得搜索引擎的核心技术。

阿里巴巴并购案也存在一些需多思考的问题。一方面，阿里巴巴换出股份的比例过大，在换股过程中，雅虎得到了相对的控股权；另一方面，并购后的整合风险需多加重视。阿里巴巴和雅虎中国是两个独立的品牌，有着各自的品牌形象；同时，雅虎中国体内的 3721 在收购前与雅虎中国仍处于相对独立的地位。如何准确区分品牌的不同定位，是对雅虎中国进行整合时面临的主要问题。

11.4.4　案例四　中信证券与广发证券的收购与反收购[*]

2004 年 9 月 2 日，中信证券公告向广发证券发起要约收购；10 月 14 日公告解除收购。其间，中信证券和广发证券分别进行了收购与反收购的较量。

11.4.4.1　中信证券发起要约收购

2004 年 9 月 7 日中信证券发布的《关于拟收购广发证券股份有限公司部分股权的说明》提出以下原则：并购后不变更广发证券的注册地、法人主体、经营方式和员工队伍，实现优势互补、做大做强的目标，并购过程完全市场化、法制化。

2004 年 9 月 17 日，中信证券发布《关于收购广发证券股份有限公司部分股权的阶段性公告》，向广发证券的股东发出收购要约，股权转让价格在股权评估值基础上溢价 10%～14%，收购款分 3 次以现金支付。

2004 年 10 月 14 日，中信证券公告称因要约收购的股权未达到 51% 的预期目标而解除要约收购。

11.4.4.2　广发证券进行反并购

2004 年 9 月 3 日，广发证券 90% 多的员工（近 2 000 名）联名发布公开信表示反对并购；9 月 4 日，广发证券所有员工集资 2.48 亿元，完成设立深圳吉富创业投资股份有限公司（以下简称"深圳吉富"），并准备收购广发证券的股权；接着广发证券 20 多名员工向广州证监局递交公开信表示反对收购；然后广发证券公告称采取反收购措施。

2004 年 9 月 10 日，深圳吉富公告以每股 1.16 元收购云大科技持有的广发证券 3.8% 的股份；2004 年 9 月 15 日，深圳吉富公告以每股 1.20 元协议

---

　*　新浪财经网. 中信收购广发添变数、广发员工称恶意收购无赢家［EB/OL］.［2004-09-06］. http：//finance. sina. com. cn/roll/20040906/05451001199. shtml；管思捷. 中信收购广发证券："单相思"迷局如何收场？［EB/OL］.［2004-09-29］. http：//stock. stockstar. com/SS2004092900803894. shtml.

收购梅雁股份持有的广发证券 8.4% 的股份，收购完成后深圳吉富成为广发证券第四大股东。

2004 年 9 月 16 日，吉林敖东公告协议收购风华高科和延吉公司持有的广发证券 3.39% 的股份；2004 年 9 月 24 日，吉林敖东公告协议收购珠江投资持有的广发证券 10% 的股份。并购后吉林敖东持有广发证券的股权达到27.1%，成为广发证券的第二大股东。

2004 年 9 月 24 日，辽宁成大公告协议收购美达股份持有广发证券 2% 的股权。收购后，辽宁成大持有广发证券股权升为 27.3%，继续居广发证券第一大股东位置。

辽宁成大、吉林敖东和深圳吉富一致并购行动后，合计持有广发证券66.7% 的股权。绝对控股意味着中信证券的并购无法完成。

11.4.4.3　并购与反并购分析

中信证券对广发证券的收购，从行业隶属关系来看，属于同行业的横向并购；从收购计划和收购过程来看，中信证券未与广发证券管理层讨论合作意向，未咨询广发证券员工意愿，收购公告发布之后双方进行了谈判协商但未达成一致意愿，可以归类于敌意或恶意收购；从收购公告中选择的方式来看，属于要约收购。

广发证券股东、管理层以及员工的反收购态度极其一致，采取的市场化反收购措施十分迅速、有效。

由此案例可知，友好协商和友好沟通以及考虑周密的并购计划是要约收购的成功的重要条件。

11.5　本章小结

（1）本章主要介绍了兼并与收购的类型。在实际运作中，兼并和收购通常难以区分开来，因而我们采用"并购"这一概念。

（2）按照不同的划分标准，并购可以分为多种类型。而实践中的某一并购案例通常并不是单单属于某一种分类，根据不同的划分角度，可以有多种类型。例如根据并购后双方法人地位的变化情况，可以分为控股收购、吸收合并、新设合并三种。

（3）从并购双方的行业关系来看，并购可以划分为横向并购、纵向并购和混合并购。这是最常见的一种划分方法。

（4）根据交易标的不同，并购可以划分为股权并购和资产并购。股权并购的交易标的和内涵是股东持有的目标公司的股权，交易对方是目标公司的股东；而资产并购的交易标的和内涵是目标公司的资产，交易对方是目标公司。

（5）根据并购企业的行为态度，并购可以划分为善意并购和恶意并购。善意并购是收购方事先与被收购方商议，达成协议，从而完成收购。而恶意收购也称为敌意收购，是指收购方在未与目标公司达成协议时，强行通过收购目标公司的股份而进行的收购。

（6）根据并购企业不同的付款方式，主要有现金收购、股票收购、资产收购和综合证券收购这样方式。其中主要是现金收购与股票收购。

（7）根据并购企业是否通过证券交易所进行公开交易，并购可分为要约收购、协议收购。要约收购根据是否向被收购公司的股东收购其持有的全部股份要约，要约收购又分为全部要约和部分要约。

（8）每一种并购方式都各有优缺点，在选择并购形式时，要综合考虑并购动因、目标企业状况、并购整合后企业集团的发展方向等因素，并放在并购前、并购中和并购后的整个过程中来考查。

11.6　问题思考

1. 兼并与收购的类型有哪些？
2. 分析我国证券市场中已发生的并购事件，成功案例与失败案例各举一例。
3. 横向并购、纵向并购与混合并购各有何优缺点？
4. 要约收购与协议收购有何异同？
5. 股权收购与资产收购各有何优缺点，各自的适用情况如何？
6. 比较现金收购与股票收购的优缺点。
7. 如何成功地完成善意并购或敌意并购？

第 12 章 特殊并购：杠杆收购、管理层收购、员工持股计划

在企业并购中，融资问题是决定并购成功与否的关键因素之一。多样化的融资渠道使企业在并购支付方式上可以灵活选择，从而获得最好的资金来源和最低的资金成本。20 世纪 80 年代，随着企业并购规模的扩大，以及高收益债券市场的增长，向借贷人敞开了方便之门，允许他们通过大笔借贷去购买那些本来看上去是很勉强的项目。杠杆收购（leveraged buyout，LBO）这种大多数金融词典将其定义为债务融资交易的收购方式活跃起来。随后出现了管理层收购（management buyout，MBO）、员工持股计划（employee stock ownership plans，ESOP）等并购方式。

12.1 杠杆收购

按照杠杆原理，收购企业可以用少量自有资金、依靠债务资本为主要融资工具来收购目标公司的全部或部分股权。因此，杠杆收购被称为"神奇点金术"。杠杆收购的兴起直接引发了美国 20 世纪 80 年代中后期的第四次并购浪潮。

12.1.1 杠杆收购的概念与原理

杠杆收购（leveraged buyout，LBO）是一种特殊的并购方式，其特殊性并不在于杠杆收购用负债的方式，而是债务偿还的模式。其实质是以债务资本为主要融资工具，通过收购者的大量举债来向目标公司的股东购买公司股权，而这些债务资本大多是以目标公司的资产或未来现金流为担保而获得的。

它主要是运用财务杠杆加大负债比例，以较少的股本投入融得数倍的资金，对企业进行收购、重组，使其产生较高盈利能力后，再伺机出售或进行经营的一种资本运作方式。从资本结构的角度来看，杠杆收购就是加大企业的财务杠杆力度，以少量的自有资金进行规模较大的并购活动。理论界一般认为，当借贷资金占到并购资金的 70% 以上时，则称为杠杆并购。

杠杆收购操作过程中的关键问题有两个，一是收购模式；二是融资方式。

12.1.1.1 收购模式

杠杆收购和传统的负债收购不同，其特殊之处在于需要完成债务的转移，因为在收购时，负债主体并不是被收购方，而是收购方。因为在收购时，收购方不是直接去收购目标公司，而是设立一家专门进行杠杆收购的特殊目的公司（special purpose company，SPC），收购方控股 SPC，然后以 SPC 作为融资主体和并购主体去完成杠杆收购。进行这样结构处理的好处在于方便控制风险，即便收购失败，风险也不会向并购方扩散。而且通过这家 SPC，可以顺利实现融资、合并、偿债这一系列过程。因此，杠杆收购是通过 SPC 实现间接收购而不是收购方直接收购，这是杠杆收购在结构安排上的一个重要特点（见图 12 - 1）。

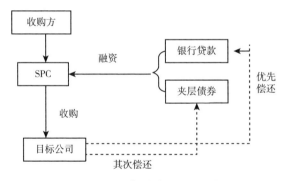

图 12 - 1 杠杆收购的一般结构

资料来源：马小军. 投资银行学理论与案例 [M]. 北京：机械工业出版社，2011（2）：112 - 146.

12.1.1.2 融资方式

杠杆收购的主要特点就是举债融资，并购方在并购活动中对融资方式的选择是由多种因素决定的，融资方式的选择不仅会影响并购活动能否顺利完成，而且会影响优势企业和目标公司未来的发展。在杠杆收购中，SPC 要完

成收购任务，需要寻找外部融资，形成了倒金字塔式的融资结构（见图 12 -
2）。最上层的是银行贷款，约占 60%，银行贷款具有最为优先的求偿权，现
金流首先归还银行贷款，当然其利率相对较低。塔的中间是被统称为垃圾债
券的夹层债券，约占收购资金的 30%。夹层债券也可再按现金流的分配顺序
继续细分，夹层债券的利率比较高，但是，其现金流的分配在银行贷款之后，
因此具有较高的风险。最下一层是股权层，大概占 10%，用于承担最后的风
险，获得剩余求偿权。股权资本这部分的风险最大，但相应的可能收益也最
高。当然上述比例不是固定的，它随着夹层债券市场景气度、经济和信贷的
繁荣、投资者对风险的态度而改变。

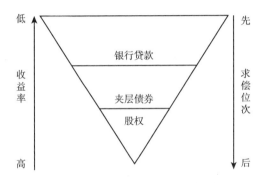

图 12 - 2　杠杆收购的基本融资结构

根据杠杆收购的金字塔融资结构，杠杆收购按照求偿位次划分，融资的
一般结构是桥式贷款、优先债务、从属债券、延迟支付证券和股权。

1. 优先债务层（senior debt）

优先债务一般指银行贷款，是杠杆收购融资结构中的上层融资工具，这
种债务在融资结构中所占比例比较高，20 世纪 80 年代时一般为 65%，后来
由于杠杆收购的风险加大，到 20 世纪 90 年代降为 50%。它的提供者多为商
业银行，其他非银行金融机构（保险公司、商业金融公司等）也经常介入。
优先债务之所以冠以"优先"在于其提供方所面临的风险最低，现金流优先
偿还这部分债务，而且一旦公司破产清算，债权人对收购来的资产享有优先
求偿权。

2. 次级（从属）债务层（junior/subordinated debt）

从属债务是指那些以夹层债券为表现形式的债务融资工具。从属债务一
般不像优先债务那样具有抵押担保，并且如果公司清算，其受偿顺序也位于
有限债务之后。从属债务一般包括过渡贷款，即桥式贷款和从属债券。

杠杆收购的合理性有三个方面：对优势企业而言，由于杠杆收购采用了债务融资方式，因而它十分适合资金不足而又急于扩大生产规模的优势企业；对银行来说，由于其贷款由拟收购企业的资产和将来的收益能力作为抵押，因而其贷款的安全性有较大的保障，银行比较容易接受贷款申请；对投资银行来说，杠杆收购往往需要它为优势企业提供融资顾问和融资担保，因此，投资银行在杠杆收购中扮演了十分重要的角色。

在典型的杠杆收购中，收购方常通过投资银行安排桥式贷款。桥式贷款通常是指中介机构在安排较为复杂的中长期贷款前，为满足其服务公司正常运营的资金需要而提供的短期融资。在杠杆收购中，收购方式贷款的借款人，其与银行之间存在贷款合同法律关系。为借款人提供担保的是投资银行。桥式贷款的担保方式既可以是信用担保，也可以是质押担保。银行之所以愿意接受投资银行的信用担保，是因为该类投行通常资金实力雄厚，经营业绩良好，财务状况健康，盈利能力较强，资信水平较高，运作相对规范。当然从维护银行债权利益的角度来看，质押担保的安全性要高于信用担保。

从一般意义上讲，桥式贷款是一种短期贷款（short-term loan），一种过渡性的贷款。桥式贷款是使购买时机直接资本化的一种有效工具，回收速度快是桥式贷款的最大优点。桥式贷款期限很短，只是在收购过程中起到中介的作用，由收购方日后发行垃圾债券或收购完成后出售部分资产、部门所得资金偿还。尽管如此，投资银行发放桥式贷款仍承担着巨大的风险。

桥式贷款利率的设计多采取爬升式，例如，第一季度利率为基准利率加500个基点，以后每个季度加25个基点。这种爬升式利率设计有效地加快了收购者的还款速度。

从属债券既可以采用私募，也可以公开发售。私募常由少数投资机构（如保险公司、养老基金会）以及其他投资者私下认购。由于所购债券期限长，流动性差，私募债券持有者一般会得到比公募债券持有者更高的利息。公开发行则通过高风险债券市场进行。在公开发行过程中，投资银行提供自始至终的服务。担任杠杆收购的策划者和发起人的投资银行往往又是从属债券承销商。在公开发行下，投资银行在公开市场上担任做市商，可以使债券流通性较私募大大提高。

3. 股权资本层（equity）

股权资本证券是杠杆收购融资体系中位于最底层的融资工具，因为股权资本证券的求偿权在夹层证券之后。股权资本证券包括优先股和普通股。普通股是整个融资体系中风险最高、潜在收益最大的一类证券。杠杆收购股权资本证券一般不向其他投资者直接出售，而只供应给在杠杆收购中发挥重要作用的金融机构或个人。因此，股权资本的供应者多为收购的内部机构或人员，包括杠杆收购股权基金、投资银行以及目标公司高管人员。

12.1.2 杠杆收购的一般程序

杠杆收购是比较灵活的收购方式，往往会由投资银行专门设计结构，并全程参与控制并购的进程。而且，投资银行还常常会在杠杆收购中加入自己的股权。杠杆收购的一般流程如下。

12.1.2.1 收购目标的选择

理论上，只要目标公司股本收益率大于负债的利率支出，则并购方通过负债买入即可获利，并且股本投入越少，并购负债越多，杠杆比率越高，则投资回报率将越高。但实际操作中，目标公司虽然可能存在较好的股本收益率，但如果目标公司的现金流不稳定，将会给收购方的偿债带来巨大压力。因此，除了目标公司的股本收益率，目标公司的现金流质量也是并购方需要重点考虑的因素。

一般来说，理想的收购目标具有以下特征。

1. 责任感、稳定性强的管理层

投资者往往尤其关注目标公司管理层个人及整体素质。只有具备较高"企业家才能"的管理人员才能领导企业经营成功，从而保证其资金的安全性、收益性。而经理人员的稳定性通常根据管理人员任职时间的长短来判断：时间越长，则收购完成后其留任的可能性越大。

2. 财务状况比较健康

杠杆收购往往需要对外筹措收购资金，而外部投资者通常会对收购的目标公司财务状况的质量极为关注。稳定连续的现金流量和较低的资产负债率可增强其安全感，降低其风险。

3. 拥有易于出售的非核心部门或产业

如果目标公司拥有易于出售的非核心部门或产业，则可在必要的时候出售这些部门或产业迅速地获得偿债资金，从而增强对贷款方的吸引力。

4. 较大的提高盈利或降低成本的空间

目标公司被收购后需要承担新的负债，如果公司可以比较容易地提高盈利或降低成本，则负债压力可以得到一定程度的缓解。其措施包括进入新市场、开发新产品、裁员、清理冗余设备和控制运营费用等。

实践表明，杠杆收购最大的原动力是参与者深信被收购公司的价值高于市场价格，特别是其中包括一些隐藏的被低估的无形资产。因此，当这类公司在市场上价值被低估时，就有可能成为杠杆收购的对象。

12.1.2.2 收购阶段

1. 聘请财务顾问

通常在进行杠杆收购前收购方要聘请投资银行作为财务顾问，这有利于处理日后可能发生的诸多财务、融资、法律等问题。目前，这一角色在我国主要由已开展投资银行业务的证券公司担任。杠杆收购工作是一项专业性很强的工作，财务顾问是专门从事杠杆收购工作的机构，在杠杆收购工作方面有较丰富的专业知识和经验，有它的参与可以帮助收购方少走弯路，提高工作效率。收购方还需要聘请具有从业资格的会计师事务所对其资产和负债进行严格的审计，并出具审计报告。由于杠杆收购工作须严格履行一系列的法律程序，同时又要保证杠杆收购工作的公正，在杠杆收购工作中还需要聘请一家律师事务所对目标公司的杠杆收购事宜进行审查监督，并出具法律意见书。

2. 制订收购计划

制订收购计划包括收购行为的主要参与者以及他们的作用和利益；是否需要进行目标公司的财务审计和资产评估；如何进行融资以及企业资本（资产）结构的调整和收购完成之后的操作计划等。收购方或目标公司经理层需要提出一份切实可行的企业发展计划，并具体而定量化地确定。这包括：收购后的公司现金流量将大大增加，这可能比公司盈利增加更为重要；如果是收购一家子公司，强调收购后的公司将节省大笔母公司经营管理费或职工的工资和福利；可能进行适当的资产重组，清理出售公司的闲置资产并用以偿还债务；经理人员将更加积极主动而富有创造性地去工作，整个公司的运作也将更有效率；目标公司将可能进入一个新的市场、生产一项新的产品或其他有益的业务重组。

3. 设立控股的壳公司作为特殊目的公司

特殊目的公司的股本要求极少，理论上满足最低注册资本要求即可。但在实际操作中，因为特殊目的公司是最终吸收风险的载体，对收购的债务融资，尤其是夹层债券的融资，具有稳定性的支柱作用，所以特殊目的公司其实并不是真正的壳公司，需要有一定的资本来稳定金字塔以上的融资。因此，特殊目的公司的股本出资往往占收购资金的 10% 左右。当然，也有比较极端的例子。在 1988 年 KKR-RJR 纳贝斯克收购案中，华尔街的"收购之王"KKR 公司仅动用自身资金 1 500 万美元收购了总金额 250 亿美元的 RJR 纳贝斯克公司，其余 99.94% 的资金都是靠垃圾债券大王米尔肯发行垃圾债券筹措而得。

4. 特殊目的公司开始寻找外部融资

收购企业一般都需要大量融资。其融资来源根据图 12 - 2 的倒金字塔结构，杠杆收购按照求偿位次划分，融资的一般结构是桥式贷款、优先债券、从属债券、延迟支付债券和股权。

5. 完成收购

当融资到位后，并购方便可以开始收购，直至完成对目标公司的全部收购，并实现与目标公司的吸收合并。这样，特殊目的公司的债务就可以转移到目标公司身上，并由其承担还债义务。

12.1.2.3 重组阶段

收购完成后，进入重组阶段。在此阶段，主要进行以下操作：短期而言，出售部分非核心资产，获得现金，偿还一部分短期债务；中长期而言，对公司业务进行重组，增强其现金能力。由于偿债的目标所限，对公司的重组往往是以现金目标为第一要务，而将企业长远发展能力置于其后。

12.1.2.4 谋求重新上市或者出售

债务偿还完成后，收购方将会考虑投资收益的兑现，当然，也有一些失败的案例。在债务偿还出现问题时，选择向第三方出售。

二次并购（secondary buyouts）指的是一个收购方（私募股权基金或者财务提供者"financial sponsor"）向另一家收购基金或者财务提供者出售所购企业。这种并购模式起初主要针对运作不利的杠杆收购，现在也开始被其他交易目的所运用。二次并购主要的交易动机包括：所购企业过小而不能 IPO；二次并购出售速度更快，更易实现；并购基金到了一定年限或者已经实现了期望利润，需要退出所购企业。

当然，重新上市是最佳选择，这样通过 IPO，并购方所持股权能够实现最好的收益，而且证券市场所提供的流动性也是最好的。

12.1.3 杠杆收购的特征

与一般的企业并购相比，杠杆收购的特征也体现了其优缺点。

1. 高负债率

收购公司用以收购的自有资金与收购资金相比较，显得微不足道，使"以小吃大"成为可能。杠杆（leverage）一词在财务上本身就是股本与负债的比率。在杠杆收购中，收购方通过高负债筹集资金，收购目标公司。若目标公司损益表上息税前利润（earnings before interest and tax）远远大于利息支出，则将获得较高的投资报酬率，即体现杠杆收购带来的高收益。同时，由于杠杆收购利用了大量的债务，所以收购之后可以享受利息的税盾作用。对于目标公司，被购进前若有亏损，亏损可以递延冲抵杠杆收购后的盈利，从而减低应纳所得额基数，从而合理逃避所得税。

杠杆收购的高负债性在带来高收益的同时也决定了高风险特性。由于杠杆收购资本结构中债务资本比例很大，利率负担沉重，所以偿债压力极为严重。因此，并购后的公司将面对沉重的偿债压力，股东则要承担极高的财务风险，况且目标公司的资产往往作为贷款的抵押品，一旦收购者经营不善，就有被债权人拍卖抵债的可能。

2. 杠杆收购的结构安排中需要设立专门的特殊目的公司

在杠杆收购中，收购方不是直接去收购目标公司，往往是设立一家专门进行杠杆收购的特殊目的公司（SPC），收购方控股 SPC，然后以 SPC 作为融资主体和并购主体去完成杠杆收购。进行这样结构处理的好处在于方便控制风险，即便收购失败，风险也不会向并购方扩散。而且通过这家 SPC，可以顺利实现融资、合并、偿债这一系列过程。这是杠杆收购在结构安排上的一个重要特点。

3. 杠杆收购需要完成债务的转移

用以偿付贷款的来源是被收购公司营运所产生的现金，即被收购公司之现金流量将支付它自己的出售价值。收购公司除投资非常有限的金额（即自有资金）外，不负担进一步投资的义务。换句话说，贷放绝大部分收购资金的债权人，只能向被收购公司求偿（通常贷方均在被收购公司资产上设有担保，以确保优先受偿地位），而无法向真正的借贷者即收购公司求偿。

总之，杠杆收购是一项可能带来丰厚利润，也可能带来巨大亏损的资本经营活动，它的高收益总是与高风险并存的。其最大的风险来自现金流风险。被收购公司虽然之前有着较为稳定的现金流，但是可能在金融危机、政策调整等不可预见事件的影响下，现金流发生衰减。一旦偿债发生困难，并购方的倒金字塔结构将发生崩溃，而处于最底层的股本将血本无归。同时在融资结构中，并购方往往会加入一些担保之类的信用提升措施，因为并购方也会因此而受到损失。杠杆收购的其他风险还包括目标公司高估、融资成本失控、法律风险、被收购公司的财务风险、重组风险等一系列风险。因此，在杠杆收购过程中，一定要注意可能的各种风险，合理防范和监控风险。

12.2 管理层收购

管理层收购在资本市场相对成熟的西方发达国家较为盛行，本质上是一种杠杆收购（LBO）。当杠杆收购主体是目标公司内部管理人员时，LBO 便演变为 MBO，即管理层收购。当收购主体是目标公司员工时，称为员工收购（employee buyout），即 EBO，其核心内容为员工持股计划（employee stock ownership plans），即 ESOP。而在许多情况下，往往是管理层与员工共同收购（management and employee buyout），即 MEBO。

12.2.1 概念和背景

管理层收购（management buyout，MBO）是指目标公司的管理者或经理层利用借贷所融资本购买本公司的股份，通过改变本公司所有者结构、控制权结构和资产结构，达到重组本公司的目的并获得预期收益的一种收购行为。

MBO 在西方发达国家市场已经有 30 多年的历史，是在传统并购基础上发展起来的。20 世纪六七十年代是 MBO 的前奏，自 80 年代开始，MBO 成为英国对国营部门私有化的手段。1987 年英国 MBO 的数量达到 300 多起，交易额近 400 亿美元。当年 11 月股票市场崩溃，对 MBO 热潮几乎没有影响。之后，英国上市公司经过 MBO 后转为非上市公司成为一种有吸引力的投资选择，并使资本市场更加活跃。进入 90 年代以后，MBO 的交易数量和交易额稳步上升，交易数量在欧洲大陆始终保持稳定，每年大约有 500 件。在美国，1987 年的全美 MBO 的交易总值为 380 亿美元。20 世纪 90 年代，随着垃圾债券市场的萎缩以及 80 年代几宗大交易的失败，MBO 的步伐有所放缓。特别是 2002 年安然事件的曝光，以及出现一些大公司如朗讯、施乐公司伪造虚假财务、业务信息欺骗广大投资者的行为，引发了对公司企业管理层的诚信危机，这无疑会长期对 MBO 产生负面影响。

12.2.2 MBO 的特征

与其他的并购方式相比，MBO 有着自己独有的特征。

1. 收购方为目标公司经理层

MBO 的发起人或主要投资人一般是目标公司的经营和管理人员。由于他们本身的特殊身份，使他们比外界更为了解目标公司的实际经营情况和所处的商业环境。MBO 的操作技术性很强，涉及法律、金融等多个领域，而且风险较大，所以实施 MBO 对收购方即目标公司管理层要求很高，公司管理层不但要具备很强的融资能力，保证 MBO 方案的顺利实施，而且还必须具备足够的管理能力，以保证在收购目标公司后能顺利完成企业治理结构的整合以及经营管理、人力资源等方面的调整，从而为获得较好的经营效益奠定基础。

2. 收购方式为高负债融资收购

MBO 的资金来源分为两个部分：一是内部资金，即经理层自有资金；二是外部来源，即债权融资和股权融资。一般情况下，目标公司的股权或资产的价格往往远远超过收购方（经理层）的支付能力，所以，在收购中，经理层自身提供的资金仅占总收购价格中的很少一部分，大部分还要依靠外来资金，其中，债务融资（包括高级债务、次级债务和流动资金贷款）往往在 MBO 收购融资比例中超过 80%。融资成功与否事关整个收购能否进行和成功，要求目标公司的经理层有较强的资本运营能力，提供的融资方案需满足贷款者的要求，也必须为权益所有者带来预期的价值。这种借贷具有一定的融资风险性。

3. 收购结果为经理层完全控制目标公司

收购完成后，目标公司的股权结构、资产结构以及公司治理结构将发生根本性的变化，经理层不仅掌握着公司的经营控制权，而且还成为公司的所有者和经营管理者的集合体。

4. 收购目的在于获得预期利益

被管理层收购的企业一般都有一定的管理效率的上升空间。借助高比例的财务杠杆完成的管理层收购，使管理层承受着较大的偿债压力。因此，收购完成后，管理层必然会调整公司的经营发展战略，例如实行组织变革、理顺管理体制、进行业务整合等，以迅速提高公司业绩，促使公司产生较好的现金流，以便通过利润偿还债务。同时，时机成熟时，还可以通过出售公司或上市的方式套现，以获得预期收益。

12.2.3 MBO 成功实施的必要因素

1. 卖者愿意卖

现实产权的所有者有转让该产权的意愿。当然并不是所有的企业都适合做 MBO，理论上来讲，适合 MBO 的企业具备以下六个特点：有良好的经营团队，产品具有稳定需求，现金流比较稳定，有较大的管理效率提升空间，拥有高价值资产，拥有高贷款能力等。

2. 买者愿意买

企业经营层有受让企业产权的意愿，这一般取决于经营层对企业前景的判断，以及其对企业的长远打算，同时也与管理层能否接受 MBO 的观念相关。

3. 买者有能力买

MBO 项目一般都涉及巨额的收购资金，由于 MBO 收购主体的支付能力都远低于收购标的一般价值，因此寻找合适的融资渠道，有效利用资本市场，以最低的成本得到所需资金，关系到 MBO 项目能否最终实现。常用的融资渠道有银行借款、民间借贷、延期支付以及 MBO 基金担保融资等。

4. 收购价格的确定

合理、科学的收购价格是双方达成共识的基础，也是 MBO 实现多赢的前提。理论上讲，价格确定的方法主要有现金流量折现法（DCF 模型）、经济附加值指标（EVA 法）和收益现值法。

5. 后 MBO 的整合

MBO 后的整合阶段，又称后 MBO 阶段，包括 MBO 后经营层对企业所做的所有改革，例如业务整合、资本运营、管理制度改革等。后 MBO 阶段是企业实施 MBO 后能否持续发展并不断壮大的关键，同时也是最终完成 MBO 各项初衷的关键。

12.2.4 实施 MBO 的动因

归纳起来，管理者进行 MBO 的动因主要包括以下三点。

1. 摆脱公开上市制度的约束，施展自己的才能

有些经营者认为证券监督机构对上市公司制定的法规制度束缚了他们的手脚。

2. 寻求合理回报，获取与业绩相称的报酬

在由许多部门组成的企业中，出于公司整体发展的需要，部门管理人员的报酬常常与公司总体情况挂钩，而难以如实反映部门的经营业绩。MBO 将部门资产剥离后可以产生更大的激励作用和提高效率。

3. 防御敌意收购，保住职位

管理层为了保住职位，往往会采取不同措施，修筑防御壁垒，而 MBO 可以提供很有效的而又不那么具有破坏性的保护性防御。管理者以 MBO 形式购回公司整体，已发展成为一种防御敌意收购的越来越广泛采用的新型金融技术。

12.2.5 MBO 的意义

MBO 作为一种制度创新，对于企业的有效整合、降低代理成本、经营管理以及社会资源的优化配置都有着重大意义。

1. MBO 能够有效地促进企业结构和产业结构的调整，重新整合企业的业务

具体地讲，MBO 对企业结构调整有以下影响。通过 MBO，企业甩掉了缺乏赢利能力或发展后劲不足的分支部分，得以集中资源，深入拓展构建企业核心竞争力。许多跨国公司在世界范围内从事经营活动，常借助 MBO 分离、分拆或剥离其多余的分支机构。MBO 还提供了企业转移经营重点的途径，有效地促进了产业结构的调整，使企业可以从一个行业成功地退出，转入有高预期和发展潜力的行业。企业可以利用 MBO 改组或卖出不合适的分支机构。企业各部门间的适应程度受环境、技术条件和产品市场生命周期的影响，随着时间的推移，最初相容的部门也可能变得不适应需要了。于是 MBO 在企业

生命周期的各个阶段将不断用来调整结构，使企业适应动态的市场，保持旺盛的发展能力。目标企业的股东可以从 MBO 收购活动中获得现金收入，从而购买有赢利能力的资产，从事新的投资项目，减少对外部融资的依赖和财务成本。集团公司实施 MBO，原母公司与原下属企业间由内部依赖关系变为外部的市场关系。

2. 通过 MBO 能够有效地降低企业代理成本

降低代理成本是 MBO 的深层动因之一。企业所有者以管理者为代理人，行使其对企业的控制权。管理者有充分的自由代表股东进行经营决策，例如监督力度不够时，在一定程度上会导致管理者置股东利益于不顾，而追求自身利益的结果。特别是上市公司，由于股东分散，每个股东又只拥有整个股本的一小部分，直接行使监督权更是难上加难，管理者基本上处于无约束状态，有可能在行政上耗费大量的资源。股东们对此种状况常常又无能为力，企业也只能忍受某些无效率的行为并承担相应的成本。多种经营的大集团公司更突出地存在着代理成本过高的问题。集团拥有众多分公司、子公司和分支机构，这些下属机构的管理者所追求的利益常常发生冲突。总部如要直接监督他们，则必须耗费大量的财力、人力和物力，既不现实又未必奏效，一般只能借助于机械的标准化经营指标进行考核。而当指标未达标时，公司总部也常常因为种种原因无力直接干预。此外，臃肿庞杂的机构带来层出不穷的内部管理矛盾，例如巨额费用、烦琐的管理机构以及企业文化的冲突。特别是当集团公司涉足与其本身业务不相关的行业时，矛盾与冲突更加尖锐，代理成本增加更多。MBO 加强了所有权与经营权的联系，管理者成为所有者兼经营者。

3. MBO 后企业的经营绩效往往会得到很大的改善

相关研究和经验表明企业实行 MBO 后，其业绩往往有较大规模的提升，尤其在经营收入、现金流、经营效率、利润等方面改善明显。

12.3　员工持股计划

员工持股计划是高科技公司创办初期缺少流动资金，公司为留住人员，激励士气所采取的措施之一。但目前 ESOP 的作用并不限于福利方面，已被运用到诸如激励、融资、股东套现、资产剥离、收购防御等更广泛的领域。

12. 3. 1 概念和背景

员工持股计划（employee stock ownership plan，ESOP）是一种特定的员工持股计划，是指由企业内部员工出资认购本企业部分股权，委托一个专门机构（如职工持股会、信托基金会等）以社团法人身份托管运作，集中管理，并参与董事会管理，按股份分享红利的一种新型股权安排方式。ESOP 包括两种方式：非杠杆型 ESOP 和杠杆型 ESOP。非杠杆型 ESOP 是指实行员工持股计划的过程中，不依赖于外部资金的支持，主要采取股票奖金或者是股票奖金与购买基金相结合的方法予以解决。杠杆型 ESOP（LESOP），通常由公司出面以 LESOP 所要购买的股票作为抵押，向商业银行或其他金融机构融资，所得款项用于购买股票，只有在 LESOP 定期利用公司的捐赠偿还本金和利息时才能逐步、按比例将这部分股票划入员工的私人账户。

ESOP 是 20 世纪 50 年代中后期产生于美国，最早由路易斯·凯尔索倡导，目前在美国等国家开展得相当普遍。ESOP 在 1974 年美国的《雇员退休收入保障法案》（*Employee Retirement Income Security Act*，ERISA）中获得了规范的法律框架，也确定了其可享有的基本税收优惠。在其后的 10 多年中，ESOP 又得到了一系列纳税优惠。这些纳税优惠刺激了以 ESOP 为代表的员工持股计划的广泛发展。ESOP 主要是一种员工福利计划，旨在通过促进员工持有股权来增进其福利和财富，从这个意义来讲，ESOP 可以成为其他福利计划（如养老金计划）或奖励计划的补充或替代。同时，ESOP 的作用并不限于福利方面，目前已运用到诸如激励、融资、股东套现、资产剥离、收购防御等更广泛的领域。杠杆化的 ESOP 可以融资并增加纳税优惠，因而在实践中，ESOP 大多倾向运用杠杆融资。目前 ESOP 应用的最多的是用来购买封闭型公司中希望退出的股东的股份，所占比例约 59%。另外有 37% 的杠杆化的 ESOP 被用于资产剥离。

12. 3. 2 ESOP 的运作原理

1. 非杠杆化 ESOP 的运作原理

对于非杠杆化的 ESOP 来说，其基本的运作原理与养老基金计划这样的员工福利计划相似。在整个计划中将涉及三方关系：企业、员工、ESOP 信托基金。即企业捐赠给信托基金，然后由信托基金购买企业股票，当完成

ESOP 计划中员工持股份额认购后，再由信托管理机构将股票分配给员工。因此，ESOP 信托基金的最终受益方为企业的员工。当然在此过程中，企业捐赠的是工资的一部分，同时是享受政府税收优惠的，因此，对于企业来说这是一项低成本的福利计划。

2. 杠杆化 ESOP 的运作原理

在杠杆化的 ESOP 中，通常要建立一个 ESOP 信托，由其进行融资并对 ESOP 的股票进行管理。金融机构向 ESOP 信托提供贷款，由设立 ESOP 的公司对贷款进行担保，ESOP 信托再用贷款购买本公司的股票，并用公司对 ESOP 信托的捐献和所得到的股息偿还贷款。由于公司负有潜在的债务责任，所以在它所担保的贷款被偿还之前，它不会将股票真正转到 ESOP 信托的名下，随着贷款本金的偿还，公司才会将股票逐渐转入 ESOP 信托名下。在实践中，金融机构往往采用一种二次贷款的方式，即先向发起公司贷款，再由公司转贷给 ESOP 信托。公司向 ESOP 信托提供可以享有纳税抵扣的捐献，ESOP 信托以此偿还贷款。杠杆化的 ESOP 对于解决员工认购资金不足，以及企业获得资金运作便利是十分有利的。

12.3.3　实施 ESOP 的程序

对于一个欲实施员工持股计划的企业来说，遵循哪些步骤来进行计划，每一步骤需要解决哪些关键问题是必须了解的。由于 ESOP 在不同的环境中的实施会有不同的规定和做法，因此寻求一个一成不变的公式是不现实的。但是根据多年来西方国家实施 ESOP 的过程，企业实施一项 ESOP 一般遵循以下程序。

1. 确定是否所有的股东都同意这项计划

因为即使当大股东愿意进行一项 ESOP，出售自己的股份，也不能保证其他所有的股东都乐意拿出股份，若如此，在进行这项计划时会遇到大量的麻烦。

2. 进行一项可行性研究

可行性研究通常是可以采取某种由外部咨询顾问来完成的详细的全面研究，包括市场调查、管理层调查、财务工程等，或者也可采取一些较为详细的内部商业计划的形式。但是不管哪一种形式，通常都必须仔细考虑三个问题：首先，公司未来有多少富余的现金流量可以捐赠给 ESOP，是否能够满足实施 ESOP 的需要；其次，公司必须考虑员工薪水的适当水平以保证给予 ESOP 的捐赠是可以获得税收减免优惠的；最后，公司需要考虑其回购义务是怎样的，应该怎样处理。

3. 进行精确的价值评估

对于一个公众公司来说，可行性研究中使用的数据一般都是比较准确的，因而实施 ESOP 的价值有比较正确的估计；但是对于私人公司来说，在实施 ESOP 前进行准确的价值评估则是十分关键的。价值低估，所有者不愿意；价值高估了，显然员工不会有购买力。因此如何寻求一个合理的定价是需要认真考虑的。

4. 聘请 ESOP 专业咨询顾问机构

通常在前面几个步骤中，企业都需要寻求专业咨询机构的帮助，但是如果企业自身有完成这些任务的能力，并且得出的结论又是积极乐观的，那么现在就是需要制作材料申报的时候了，而此时专业咨询顾问机构的介入则是十分必要的，因为它们具有企业所不具有的综合专业知识和协调多方关系的能力，可以帮助企业成功顺利地实施理想中的计划。

5. 获得实施 ESOP 的资金

ESOP 可以有多种筹资渠道。第一，ESOP 可以向银行借款，当然一些大型的 ESOP 会涉及发行债券以及向保险公司借款等；第二，企业的捐赠，并且是用于偿还贷款之外的部分；第三，现有的一些福利计划也是可行的渠道，主要是一些利润分享计划；第四，员工自己也是考虑的渠道，包括员工的工资和一些福利让步。

6. 建立一套运行 ESOP 计划的程序

要建立一套运行程序，基金的托管人至关重要。对于小公司来说，通常选择公司内部组织来完成，而对于一些大的公众公司来说，比较倾向于选择外部的托管人来管理信托基金。另外也需要企业的 ESOP 委员会对整个计划进行管理。

12.3.4   ESOP 的局限性与可能的风险

在美国，对 ESOP 的功效进行详细研究的报告显示，ESOP 并没有使公司的经营有显著的提高。并且一些法律上的案例也指出，由经理人员及其财务人员组建和管理 ESOP 可能会造成利益冲突，也就是经理人员可能将 ESOP 作为增加自己控制权的工具，并且会为了自身利益进行交易，损害 ESOP 及所代表工人的利益。

只有当 ESOP 和员工参与管理决策制度结合起来使用，才可以达到改善经营、提高效率的目的。因为 ESOP 虽然使员工持有公司的股票，成为股东，但是由于 ESOP 员工持股相对分散，以及通常情况下整个员工持股会持有的公司股票份额在 25% 以下，对于企业所有权的控制程度有限，因此，职工的所有者激励机制就难以发挥出来，ESOP 也就只是作为多种员工福利计划中的一种。

另外，也有学者对于政府给予 ESOP 税收优惠以作为刺激的做法持不同观点。他们认为，可能通过市场力量来决定什么时候合适将所有权交给员工。纳税优惠可能会导致资源的错误分配，造成以下两种风险：纳税优惠可以使危机的企业继续挣扎很长一段时间，结果阻碍了更强有力的竞争者，造成该产业内的不平衡和经济效益下降。从长期来看，后果可能更为严重。员工资本的低效率分散化引致过度谨慎，进而减少对新科技及其他增长机会的宝贵投资。

因此，对于期望 ESOP 能够带来经营效率立即改善的企业来说，单单靠实施一项 ESOP 是不够的，是有潜在风险的。当然，ESOP 通过将企业的所有权授予员工，将企业的效益同员工的个人利益紧密结合起来，使员工不仅具有劳动报酬，还可以获得资本收入，这对于员工具有一定的激励作用。而近年在西方兴起的股票期权计划，作为主要对高级管理层的一种激励方式，其对改善企业经营效率的作用是显著的。因此，在 ESOP 中若考虑与股票期权计划同时实施，可能会取得更好的效果。

12.4　理论探讨

我国国有企业实施 ESOP 的经营绩效分析 *

企业员工工作的积极性影响企业的竞争力。实施员工持股计划即 ESOP 提高员工积极性的一条途径，是我国国有企业推进混合所有制改革可选择的方式之一。那我国国有企业实施 ESOP 的经营绩效究竟如何？

沈红波、华凌昊和许基集（2018）根据"管理层激励—公司治理—激励效果"的分析框架，检验了 ESOP 对国有企业的经营绩效的影响，研究发现，

* 沈红波，华凌昊，许基集. 国有企业实施员工持股计划的经营绩效：激励相容还是激励不足 [J]. 管理世界，2018（1）：121–133；赵展慧. 国有企业改革向纵深推进，国有股不再"一股独大" [EB/OL]. [2018–04–13]. http：//www. stcn. com/2018/0413/14110250. shtml.

在降低代理成本、提高投资效率和减少超额员工等公司治理层面的改善效果方面，实施 ESOP 的国企不如民企显著；国企实施 ESOP 的经营绩效弱于民企；在短期公告效应方面，国企与民企无显著差异，但在长期公告效应上，国企显著弱于民企。他们认为，为深化国企混合所有制改革，应鼓励以非公开发行股票等增资方式实施 ESOP；需形成有效的管理层激励机制、降低代理成本；在对管理层激励的同时，应发挥员工对管理层进行监督的作用。

当然，如果国企实施 ESOP 以及管理层收购（MBO）或管理层与员工共同收购（MEBO）等改革措施，需注意的是国有资产流失的问题。

郎咸平（2011）、孙靖涵（2016）对中美两国的 MBO 进行了比较，指出我国的国企 MBO 是在相关法规不健全的背景下产生的，美国的民企 MBO 形式相似，但实施的企业主体产权性质不同；在定价方面，美国既有评估又有竞争者参与，而我国缺乏竞争者参与。[①]

因此，我国出现了多起看上去是手续齐全、程序合法合规、并购后盈利提升的案例，但有些案例却实际上存在着管理层在并购前故意将企业做亏然后再收购的情形。有些曲线或隐性的 MBO 侵害了国家和其他利益相关者的利益（王欢和汤谷良，2012；李寿喜和黄晨晖，2017）。[②]

12.5　案例归纳

12.5.1　案例一　吉利成功收购沃尔沃案[*]

2010 年 8 月 2 日，吉利控股集团正式完成对福特汽车公司旗下沃尔沃轿

---

① 郎咸平等．中国式 MBO：国企改革为什么迷失（修订版）[M]．北京：东方出版社，2011；孙靖涵．我国与西方 MBO 差异对比 [J]．经营管理者，2016（30）：70 – 79；宋泓明．MBO 与中国国有企业改革 [M]．北京：中国金融出版社，2006.

② 王欢，汤谷良．"借道" MBO：路径创新还是制度缺失？[J]．管理世界，2012（4）：125 – 137；李寿喜，黄晨晖．为什么管理层收购会导致国有资产流失——基于法尔胜收购的案例分析 [J]．财会月刊，2017（29）：62 – 69.

* 李哲寅．吉利和沃尔沃深入合作：一天建两公司 [EB/OL]．[2017 – 08 – 06]．http：//www. cs. com. cn/gg/201708/t20170806_5410067. html；王禁．吉利汽车去年利润增长 1 倍，背后与沃尔沃协同共生 [EB/OL]．[2018 – 03 – 23]．http：//www. cs. com. cn/gg/gsxw/201803/t20180323_5754612. html；人民网．吉利 18 亿美元收购沃尔沃 100% 股权 [EB/OL]．[2020 – 10 – 03]．http：//auto. people. com. cn/GB/128665/185394/.

车公司100%的股权收购。这是我国汽车企业第一次全资收购海外车企，也是中国自主品牌企业首次收购高端品牌车企。

1. 并购双方

1999年，福特汽车公司花费64亿美元全资收购总部位于瑞典的豪华乘用车制造商沃尔沃。2008年全球金融危机的蔓延导致沃尔沃出现巨额亏损。出售沃尔沃并获得流动资金，对于同样处于危机之中的福特汽车而言至关重要；与此同时，我国豪华车市场却以超过40%的增速增长，其中，沃尔沃轿车2009年在中国的销量增长超过80%。

浙江吉利控股集团1997年进入轿车领域，并逐步走向国际市场。随着生产规模的扩大，吉利集团开始寻求从生产廉价车的形象转为生产具附加值产品的转型机会。

2. 并购分析

吉利收购沃尔沃所需的资金是并购需要考虑的一个重点问题。此次并购主要是通过借债融资的杠杆来解决，主要资金来源如下：国内资金和境外资金各占总数的50%；其中国内资金中自有资金和银行存款又各占50%；境外资金来自美国、欧洲、中国香港地区。

吉利与沃尔沃并购之后在技术和市场共享等方面进行整合。吉利保留了沃尔沃在瑞典的总部与研发中心以及原来的管理层与研发、生产员工，加大了对沃尔沃欧洲运营资金的投入。2013年，沃尔沃发布了最新的Drive-E动力总成系统。2014年，沃尔沃瑞典员工总数增至16 000余名。2015年，基于SPA全新平台的沃尔沃XC90车型量产上市。

从表12-1中可以看出，吉利集团2011年底至2018年底的营业收入大体上逐年增加，在2018年营业收入达到1 065.8亿元，净利润、所得税在2011~2018年也呈上升的趋势，总体来说，吉利集团在2010年收购沃尔沃后整体效益都有很大的提升。

表12-1　　　　　　　吉利2011~2018年盈利状况　　　　　　单位：亿元

项目	2011年	2012年	2013年	2014年	2015年	2016年	2017年	2018年
营业收入	209.65	246.28	287.08	217.38	301.38	537.22	927.61	1 065.9
净利润	17.16	20.50	26.80	14.49	22.89	51.70	107.35	126.74
所得税	4.67	4.79	6.24	4.94	5.86	10.34	20.39	22.85

资料来源：根据吉利汽车2011~2018年财务数据整理所得，详见 http：//emweb. securities. east-money. com/PC_HKF10/FinancialAnalysis/index？ type = web&code =00175&color = b.

12.5.2 案例二 中国平安的核心人员持股计划

中国平安保险（集团）股份有限公司（简称"中国平安"，股票代码：601318）于 2015 年起实施核心人员持股计划。此计划的存续期为 6 年；2020年，该公司将此计划的存续期延长 6 年。①

1. 核心人员持股计划具体情况及分析

中国平安员工非常多，保险销售人员的数量超过百万人。但人力资源竞争激烈，尤其是中层管理人员和技术型人才。因此中国平安决定由自愿参与核心人员持股计划的员工以其薪酬及奖金购买公司股票。

根据《关于上市公司实施员工持股计划试点的指导意见》及《上海证券交易所上市公司员工持股计划信息披露工作指引》等文件要求，中国平安分别于 2014 年 10 月 28 日和 2015 年 2 月 5 日召开的第九届董事会第十六次会议和 2015 年第一次临时股东大会审议，通过有关核心人员持股计划的议案并发布公告，决定在 2015～2019 年进行若干次核心人员持股计划。

该计划的实际执行情况如下。

（1）中国平安于 2015 年 3 月 30 日公告：该公司有 839 人自愿参加 2015年度核心人员持股计划，于 2015 年 3 月 20 日至 2015 年 3 月 26 日通过二级市场共购公司 A 股股票 4 050 253 股，占公司总股本的比例为 0.044%，交易均价为 77.02 元/股，此次所购买股票锁定期为自 2015 年 3 月 30 日至 2016 年 3月 29 日。②

（2）中国平安于 2016 年 3 月 23 日公告：该公司有 773 人自愿参加 2016年度核心人员持股计划，于 2016 年 3 月 17 日至 2016 年 3 月 21 日通过二级市场共购公司 A 股股票 14 803 850 股，占公司总股本的比例为 0.081%，交易均价为 32.53 元/股，此次所购买股票锁定期为自 2016 年 3 月 23 日至 2017

---

① 东方财富网. 中国平安关于 2015 年度核心人员持股计划完成股票购买的公告 [EB/OL]. [2015 - 03 - 27]. http://data.eastmoney.com/notices/detail/601318/AN201503290008982009, JUU0JUI4JUFEJUU1JT lCJUJEJUU1JUI5JUIzJUU1JUFFJTg5.html；赖少华（证券时报）. 中国平安：核心人员持股计划存续期延长至 2027 年 [EB/OL]. [2015 - 10 - 03]. http://www.cs.com.cn/ssgs/gsxw/202004/t20200423_6049500.html.

② 证券时报网. 中国平安核心人员持股计划完成股票购买 [EB/OL]. [2015 - 03 - 29]. https://finance.sina.com.cn/stock/s/20150329/193321836985.shtml.

年 3 月 22 日。①

（3）中国平安于 2017 年 3 月 29 日公告：该公司有 1 157 人自愿参加 2017 年度核心人员持股计划，于 2017 年 3 月 23 日至 2017 年 3 月 27 日通过二级市场共购公司 A 股股票 16 419 990 股，占公司总股本的比例为 0.090%，交易均价为 36.74 元/股，此次所购买股票锁定期为自 2017 年 3 月 29 日至 2018 年 3 月 28 日。②

（4）中国平安于 2018 年 5 月 2 日公告：该公司有 1 157 人自愿参加 2018 年度核心人员持股计划，于 2018 年 4 月 27 日通过二级市场共购公司 A 股股票 9 666 900 股，占公司总股本的比例为 0.053%，交易均价为 61.29 元/股，此次所购买股票锁定期为自 2018 年 5 月 2 日至 2019 年 5 月 1 日。③

（5）中国平安于 2019 年 3 月 29 日公告：该公司有 1 267 人自愿参加 2019 年度核心人员持股计划，于 2019 年 3 月 25 日至 2019 年 3 月 27 日通过二级市场共购公司 A 股股票 8 078 395 股，占公司总股本的比例为 0.044%，交易均价为 72.79 元/股，此次所购买股票锁定期为自 2019 年 3 月 29 日至 2020 年 3 月 28 日。④

2. 核心人员持股计划的实施效果

中国平安将员工利益与企业发展捆绑在一起，调动了员工的工作积极性。

为继续应对核心人才竞争、保障公司业绩持续增长，中国平安于 2020 年 4 月 23 日公告：该公司于当日召开的第十一届董事会第十三次会议审议通过了延长核心人员持股计划存续期的议案，决定将核心人员持股计划存续期延长 6 年，至 2027 年 2 月 4 日。⑤

表 12 - 2 给出了中国平安在实施员工持股计划之前和之后若干年的盈利情况数据。

① 东方财富网. 中国平安关于 2016 年度核心人员持股计划完成股票购买的公告［EB/OL］.［2016 - 03 - 23］. http：//data. eastmoney. com/notices/detail/601318/AN201603220014029633，JUU0JU I4JUFEJUU1JTICJUJEJUU1JUI5JUIzJUU1JUFFJTg5. html.

② 证券日报网. 中国平安保险（集团）股份有限公司关于 2017 年度核心人员持股计划完成股票购买的公告［EB/OL］.［2017 - 03 - 29］. http：//epaper. zqrb. cn/html/2017 - 03/29/content_27199. htm.

③ 证券日报网. 中国平安保险（集团）股份有限公司关于 2018 年度核心人员持股计划完成股票购买的公告［EB/OL］.［2018 - 05 - 02］. http：//epaper. zqrb. cn/html/2018 - 05/02/content_296577. htm.

④ 证券日报网. 中国平安保险（集团）股份有限公司关于 2019 年度核心人员持股计划完成股票购买的公告［EB/OL］.［2019 - 03 - 29］. http：//epaper. zqrb. cn/html/2019 - 03/29/content_426977. htm.

⑤ 赖少华（证券时报）. 中国平安：核心人员持股计划存续期延长至 2027 年［EB/OL］.［2015 - 10 - 03］. http：//www. cs. com. cn/ssgs/gsxw/202004/t20200423_6049500. html.

表 12 - 2   中国平安 2010 ～ 2019 年净利润情况

项目	2010 年	2011 年	2012 年	2013 年	2014 年	2015 年	2016 年	2017 年	2018 年	2019 年
净利润（亿元）	45.51	58.14	60.64	73.93	108.00	200.00	207.00	231.00	257.00	455.00
较上期增长率（%）	—	27.75	4.30	21.92	46.08	85.19	3.50	11.59	11.26	77.04
扣非归母净利润	45.38	58.07	60.72	73.89	108.00	199.00	205.00	231.00	257.00	456.00
较上期增长率（%）	—	27.96	4.56	21.69	46.16	84.26	3.02	12.68	11.26	77.43

注：表中数据是按照每一年实行员工持股计划的时间划分，因为从 2015 ～ 2019 年员工持股计划的公告 4 年都是 3 月底，所以选取每年 3 月的净利润数据。

资料来源：根据中国平安 2010 ～ 2019 年有关财务数据整理所得，参见：http：//data. eastmoney. com/bbsj/lrb/601318. html.

12.6 本章小结

（1）本章主要介绍了三种特殊的并购方式：LBO、MBO、ESOP。

（2）LBO，即收购企业按照杠杆原理，是指可以用少量自有资金，依靠债务资本为主要融资工具来收购目标公司的全部或部分股权，因此，杠杆收购中的两个关键问题是解决收购模式和融资方式。

（3）杠杆收购是通过 SPC 实现间接收购而不是收购方直接收购，这是杠杆收购在结构安排上的一个重要特点。杠杆收购的另一重要特点就是举债融资。在杠杆收购中，SPC 要完成收购任务，需要寻找外部融资，形成了倒金字塔式的融资结构。

（4）杠杆收购是比较灵活的收购方式。杠杆收购的一般流程包括：收购目标的选择、收购阶段需要进行聘请财务顾问、制订收购计划、设立控股的壳公司（"纸上公司"）作为特殊目的公司、特殊目的公司开始寻找外部融资，当融资到位后，并购方便可以收购，直至完成对目标公司的全部收购，并实现与目标公司的吸收合并。这样，特殊目的公司的债务就可以转移到目标公司身上，并由其承担还债义务。收购完成后，进入重组阶段。债务偿还完成后，收购方将会考虑投资收益的兑现。

（5）与一般的企业并购相比，杠杆收购的特征也体现了其优缺点。第一，高负债率使"以小吃大"成为可能。当然杠杆收购的高负债性在带来高收益的同时也决定了高风险特性。第二，杠杆收购的结构安排中需要设立专门的特殊目的公司。这样结构处理的好处在于方便控制风险，即便收购失败，风险也不会向并购方扩散。而且通过这家 SPC，可以顺利实现融资、合并、偿债这一系列过程。这是杠杆收购在结构安排上的一个重要特点。第三，杠杆收购需要完成债务的转移。用于偿付贷款的来源是被收购公司营运所产生的现金，也即被收购公司的现金流量将支付它自己的出售价值。收购公司除投资非常有限的金额（即自有资金）外，不负担进一步投资的义务。

（6）MBO，即管理层收购，是指目标公司的管理者或经理层利用借贷所融资本购买本公司的股份，通过改变本公司所有者结构、控制权结构和资产结构，达到重组本公司的目的并获得预期收益的一种收购行为。

（7）ESOP，即员工持股计划，是一种新型股权安排方式。ESOP 包括两种方式：非杠杆型 ESOP 和杠杆型 ESOP。

12.7　问题思考

1. 什么是 LBO？相比较一般并购方式，LBO 具有哪些优缺点？
2. LBO 的一般程序是什么？
3. LBO 中需要解决的两个关键问题是什么？如何解决？
4. MBO 的特点是什么？进行 MBO 的意义如何？
5. 请根据实践，谈谈你对 MBO 发展现状的认识。
6. 企业如何实施 ESOP？ESOP 在实践中发挥怎样的作用。
7. 什么模式的企业股权激励措施更加有效？

第13章 敌意并购策略

虽然敌意收购（hostile takeover）的绝对数量相对于并购总数而言并不高，但是敌意并购的价值在第四次并购浪潮的整个并购价值中却占有较大的比例。在第四次并购浪潮末期，并购步伐减缓，敌意收购也渐渐减少。持续了几年的平静期后，敌意收购又逐渐变得频繁；到第五次并购浪潮时，敌意收购再一次卷土重来。在敌意收购中，相对于目标公司（targeted company 或 target company）事前以及期间采取的种种防御措施，敌意收购者所能采用的手段明显要少得多。敌意收购者一般涉及三种主要的策略，分别是熊式拥抱、股权收购和代理权争夺。

13.1　敌意收购

13.1.1　敌意收购的概念

敌意收购又称恶意收购，是指收购公司在未经目标公司董事会允许，不管对方是否同意的情况下，所进行的收购活动。双方强烈的对抗性是其基本特点。若目标公司的股票流通量高，则容易在市场上吸纳，否则收购困难。进行恶意收购的收购公司一般被称作"黑衣骑士"。

敌意收购是指那些没有得到被并方同意的收购。这类收购通常采用股票市场集中竞价购买股票的方式获得控制权，敌意收购是 20 世纪 70 年代才兴起的，以前如果目标公司不愿意被收购，并购顾问做了工作仍不见效，一般就会放弃。但是，从 20 世纪 70 年代起，由于投行业务竞争激烈，并购顾问收入的占比逐步增加，投行开始向客户提供敌意收购的服务。反收购是指被并购方，特别是被并购方的管理层面对收购方的敌意收购时，为维护其自身的利益和公司的利益、为防止公司的控制权落入收购方手中而采取的各种措施，我们将在下一章详细阐述各种反收购措施。

13.1.2　敌意收购的方式

在我国，敌意收购最常见的方式是在二级市场中争购目标公司的股票，争取最大股东的地位，以此获得公司的控制权。由于过去中国上市公司中股份大部分是流通股的公司很少，因此，可实施敌意收购的目标公司也很有限。

在典型的市场经济国家中，可供选择的敌意收购方式较多，但与反收购的方式、方法相比较，也是十分有限的。主要的敌意收购方式只有三种：熊式拥抱方式、要约收购方式（股权收购）和代理权争夺方式。

熊式拥抱，是一种主动的、公开的要约。收购方允诺以高价收购目标公司的股票，董事会出于义务必须要把该要约向全体股东公布，而部分股东往往为其利益所吸引而向董事会施压要求其接受报价。在协议收购失败后，熊式拥抱的方法往往会被采用。

要约收购，是指收购方通过向被收购公司的股东发出购买其所持该公司股份的书面表示，并按照其依法公告的收购要约中所规定的收购条件、收购价格、收购期限以及其他规定事项，收购目标公司股份的收购方式。

代理权争夺，是指斗争双方通过各种方式争夺股东的委托表决权，以获得对股东大会的控制权，最终达到改选原公司董事会或（和）取得管理层职权等目的。

这里，熊式拥抱相对最友好，因此，如目标公司态度坚决、防御稳固，那么仅仅使用熊式拥抱是不足以完成收购任务的。要约收购使用最频繁，因为这种方式最直接、最简明。20 世纪 90 年代，敌意收购者发现通过提高收购价格获得目标公司控制权变得越来越困难，而代理权争夺有助于控制权的争夺。

13.1.3　敌意收购前的准备

1. 建立初始点

在敌意出价者开始应用事先安排的各种收购策略之前，最初的步骤通常是收购目标公司的股份。原因是出价者试图建立一个发起敌意收购的初始点。

优点在于如果市场并不知道它的行动，那么出价者可以因而避免支付溢价，从而降低收购的平均成本。同时，这也可以使出价者获得与其他股东相同的权利，从而建立起受托责任。

虽然在发动股权收购之前建立初始点从理论上讲很有意义，但有证据表明大多数出价者不使用股份积累来建立收购的初始点。

2. 临时通行证

在发动敌意收购之前，出价者可以尝试对目标公司的管理层提出非正式的建议，通常称为临时通行证。这些建议可能来自出价者管理层的一名成员或它的一名代表，例如投资银行人员。如果目标公司对出价者的回应不确定，那么临时通行证就派上了用场。若目标公司曾经拒绝其他的敌意收购者，或目标公司已经公开声明保持独立的意愿，则这一步收效甚微。事实上，临时通行证对出价者并不利，因为这相当于给目标公司事先发出了警告，目标公司从而可以及时采取应对措施。

13.1.4　敌意收购的价值

自敌意收购活动于 20 世纪 60 年代后期在美国展开后，敌意收购即成为有争议的话题，学界对于敌意收购的价值褒贬不一。

首先，敌意收购通过更换不称职的管理层能够降低代理成本。公司在无效率的管理层支配下经营效率极低，反映在公司股票价格上就是股票价格的持续走低，这将会引起收购者的注意，一旦实现了收购，管理层将被代替和惩戒。在新的更具有经营才能和职业道德的管理层的指挥下，公司的经营效率和股票价格都将上升。即使对从未成为收购目标的公司而言，股东也会从敌意收购中获益，因为敌意收购带来的潜在的"袭击者"及收购危险会使管理层竭尽全力勤勉履行责任，最大效率地提高公司的业绩，从而使公司免遭收购。

其次，敌意收购形成了规模经济，产生了协同效应。收购完成后，两个或者两个以上的公司联合在一起，它们在管理、财务和运营方面实现了整合和协同，此时产生的价值要远远大于资产分离时的价值。这种协同可以表现为产品的互补、单位产品成本的下降、借贷开支的减少等。这种理论已经得到广泛的认同。

最后，敌意收购本身还具有一些弊端。由于收购未必就是经营者管理不善带来的后果，经营良好的公司也可能遭到袭击。另外，要成功实现收购，收购公司需要花费巨大的成本，包括聘请法律顾问、财务专家和对目标公司的调查分析所要支付的费用。并且，由于敌意收购的成功往往意味着目标公司管理层的下台，为了维护自己的利益和地位，目标公司管理层也往往会动用一切力量来抵制收购，这种激烈的收购和反收购战会造成社会资源的巨大浪费。此外，收购成功后，随着管理层的被更换，原来由目标公司管理层建立起来的公司与其他经济组织之间良好的合作关系、信任关系也可能会中断，这都是公司在收购成功后所面临的问题。

13.2　熊式拥抱

熊式拥抱并购（bear hug）是一种主动的、公开的要约。收购方允诺以高价收购目标公司的股票，董事会出于义务必须要把该要约向全体股东公布，而部分股东往往为其利益所吸引而向董事会施压要求其接受报价。在协议收购失败后，熊式拥抱的方法往往会被采用。

熊式拥抱在几个主要的并购策略中最不具有侵略性，并且经常发生在敌意收购开始的时候。如果目标公司反对收购的态度不是很坚决，使用熊式拥抱策略就足够了。不过，如果目标公司态度坚决，防御稳固，那么仅仅使用熊式拥抱是不足以完成收购任务的。

13.2.1　熊式拥抱并购的特点

13.2.1.1　"软硬兼施"

一般来说，应用此策略的企业多数实力强大。应用的技巧在于从"硬"和"软"两个方面，争取目标公司董事会和股东的支持，瓦解经营者反收购的行为活动。

明确示强是其硬的一面。目的在于摧毁目标公司坚持抵抗的信心。这往往出现于经营者明确反对收购的情况下，并且通常情况下进攻方比目标公司的实力强大很多，进攻方通过向目标公司的董事会公开提出高价收购的意向，并限定董事会在一定期限内给予答复来表示其收购的决心，意在使目标方知难而退，放弃不明智的对抗。

利益补偿是其软的一面。目的在于以利益攻心，引导对方转变对立的心态和立场。进攻方会采用向股东让渡利益、允诺目标公司管理者留任、给予骨干员工或专业团队以较好位置安排等方式使目标方员工认可收购方的努力。

通过软硬兼施的措施，并购方一方面可以得到目标方股东的支持，特别是非控股股东的支持；另一方面可以有效瓦解企业内部管理层有组织的反对，通过向董事会施压和获得股东及部分员工的认可，从而最终达到收购成功的目的。

13.2.1.2 "先礼后兵"

收购人在发动收购前与目标公司董事会接触，表达收购的意愿，如遭拒绝，就在市场上发动收购。其意思是"先礼后兵"，肯定是要收购的，如果能同意，友好协商谈条件最好；如果不同意，就别怪我不客气了。所以虽有拥抱，但是灰熊所给予的拥抱，力量很大，不容拒绝。一般来说，熊式拥抱比较适合有可能通过协商达成并购交易的目标公司，这样做的好处是省时省力，也可以降低敌意收购时可能带来的消极影响。

13.2.2 熊式拥抱并购的意义

（1）通过熊式拥抱，目标公司的董事会被迫处于公开地位而必须应对出价者可能发起的收购；如果不接受这些建议，出价者将会立刻直接对股东进行股权收购。熊式拥抱对董事会施加了压力，因为他们必须对此加以考虑，否则董事会就会被认为违反了受托责任。

勉强进行高成本股权收购的出价者们经常使用熊式拥抱作为发起点，相对来说这是一种比较便宜的收购工具。其优点是施加在目标公司董事会的压力有时候足以完成收购。

（2）一旦熊式拥抱公开，套利者和投机者将会囤积目标公司股票。投机者大量囤积股票使发起熊式拥抱的出价者或其他任何出价者想要大规模购买目标公司股票变得容易，这常造成目标公司"入局"，从而使其维持独立变得更加困难。

（3）从战略角度来看，如果出价者看到交易谈判具有实际可行性，那么熊式拥抱对于股权收购来说是一个比较有吸引力的选择，它是进行敌意收购的一个省时省力的手段，也可以降低敌意收购有时候会带来的消极影响，例如，目标公司因收购而失去核心员工以及雇员士气受到打击。

（4）熊式拥抱迫使公司的董事会进行权衡，因为董事有义务给股东最丰厚的回报，这是股东利益最大化所要求的。所以，与其说熊式拥抱是一种恶意收购，不如说它更可以作为一种股东利益的保障并能有效促成该收购行为。但是，股东接受恶意收购也不排除其短期行为的可能性，其意志很可能与公司的长期发展相违背。熊式拥抱的效用在某种程度上被毒丸计划日益增强的力量所减弱。同时，如果目标公司强烈反对收购，熊式拥抱的意义就不大。

13.3 要约收购

要约收购（tender offer）是使用最频繁的一种敌意收购策略。在国际镍业公司（International Nickel Company，INCO）于 1974 年对 ESB（前身是电子蓄电池公司）的收购中，股权收购第一次被认为是取得大公司控制权的有力方式。国际镍业公司在投资银行摩根士丹利的帮助下实施股权收购战略，这是第一次由知名大企业和顶尖投资银行选择进行的敌意收购。这次并购行为使人们逐渐认识到有的敌意收购是可接受的。

2003 年 4 月，南钢联合及其实际控制人复星集团对南钢股份的收购，作为第一单要约收购的案例，揭开了我国要约收购的序幕。此后，迪康集团对成商集团的收购，重庆东银对江淮动力的收购，格林科尔对亚星客车的收购，帝亚吉欧对水井坊的收购，神华国能对金马集团的收购等，均采用了要约收购的方式进行。

13.3.1 要约收购概述

要约收购是指收购方通过向被收购公司的股东发出购买其所持该公司股份的书面表示，并按照其依法公告的收购要约中所规定的收购条件、收购价格、收购期限以及其他规定事项，收购目标公司股份的收购方式。

根据收购方是主动还是被动发出收购要约，要约收购分主动要约收购和强制要约收购。主动要约收购是指收购人自主决定通过发出收购要约以增持目标公司股份而进行的收购。强制要约收购是指收购人持有目标公司股份达到一定比例并拟继续增持或者从一定比例以下拟增持并超过该比例股份时，必须向目标公司全体股东发出购买其持有的股份的要约，以完成收购。

通常在收购比例较低（例如低于30%）的情况下，收购人发出的收购要约均属主动要约。但当收购比例超过一定比例（例如超过30%），一些国家规定收购人必须向全体股东发出收购要约，即强制要约收购。采用强制要约收购制度的有英国、法国、比利时、西班牙、中国香港地区等国家和地区，起始点从30%到50%不等。采取主动要约收购制度的有美国、德国、日本、澳大利亚、韩国等。

在美国，关于什么是要约收购方式有明确的规定，是由法庭逐步形成的确切的定义。1977年法院在对维尔曼诉迪金森的案件裁决后，提出了著名的界定要约收购的8因素判定法：（1）是否积极广泛地劝诱股东以获得发行公司的股票；（2）劝诱以获得发行公司的大部分股票；（3）是否提供了高于市场价格的购买价格；（4）收购要约条款是否既稳定又不可以协商；（5）收购要约是否有效决定于能否收到预先设定的股票数量；（6）要约是否仅在有限的时间内有效；（7）受约者是否面临卖出股票的压力；（8）是否在积累股票之前或迅速积累股票的同时公开宣布购买计划。如果以上各项的答案是肯定的，那目标公司面对的就是敌意收购的标购方式。当然，并不是必须同时满足这8个因素才形成要约收购。

13.3.2　中国有关要约收购的法律规定

《证券法》（2019年修订）中的第四章"上市公司的收购"第六十二条规定："投资者可以采取要约收购、协议收购及其他合法方式收购上市公司。"

第六十五条规定："通过证券交易所的证券交易，投资者持有或者通过协议、其他安排与他人共同持有一个上市公司已发行的有表决权股份达到百分之三十时，继续进行收购的，应当依法向该上市公司所有股东发出收购上市公司全部或者部分股份的要约。收购上市公司部分股份的要约应当约定，被收购公司股东承诺出售的股份数额超过预定收购的股份数额的，收购人按比例进行收购。"

第六十八条规定："在收购要约确定的承诺期限内，收购人不得撤销其收购要约。收购人需要变更收购要约的，应当及时公告，载明具体变更事项，且不得存在下列情形：（一）降低收购价格；（二）减少预定收购股份数额；

（三）缩短收购期限；（四）国务院证券监督管理机构规定的其他情形。"

第六十九条规定："收购要约提出的各项收购条件，适用于被收购公司的所有股东。"

13.3.3 要约收购与协议收购的区别与联系

协议收购是指收购方与被收购方的股东以协议方式进行股份转让。

要约收购与协议收购的区别主要表现在以下两个方面：（1）交易场所不同。要约收购只能通过证券交易所的证券交易进行，而协议收购则可以在证券交易所场外通过协议转让股份的方式进行。（2）收购对象的股权结构不同。要约收购倾向于选择股权较为分散的目标公司，公司的控制权与股东所有权分离，以降低收购难度；协议收购则多发生在目标公司股权比较集中，存在控股股东的情况下，收购人可通过协议方式实现控制权的转让，即以较少的协议次数、较低的成本获得控制权。

《证券法》（2019 年修订）第七十三条规定，在进行协议收购时，收购人收购或者通过协议、其他安排与他人共同收购一个上市公司已发行的有表决权的股份达到30% 后，如果继续进行收购，应向该上市公司所有股东发出收购上市公司的全部或者部分股份的要约。但国务院证券监督管理机构规定有免除发出要约情形的除外。

13.4　代理权争夺

13.4.1　代理权争夺的概念

在代理权制度下，股东们可以授权另外一个人担当"代理人"来代替投票。代理权争夺（proxy fight），是指斗争双方通过各种方式争夺股东的委托表决权，以获得对股东大会的控制权，最终达到改选原公司董事会或（和）取得管理层职权等目的。代理权争夺大体上可以分为发起代理权争夺、劝诱过程和投票过程三个步骤。在代理权争夺中，购买者会试图利用他的投票权和其他股东的支持去取得董事会和（或）管理层的职权。

13.4.2 代理权争夺的意义

股东作为公司的所有者，有权利参加股东大会来行使他们的投票权，但只有那些在公司转让股票书上登记的股东才能在选举中投票。登记日界定了哪些股东可以投票，哪些在股东大会之前但在登记日之后购买股票的股东不能收到大会的通知。

有时大多数投票都是通过代理人进行的。原因可以是，股东年度大会一般在春季并且在管理层选定的地址举行，并不是所有感兴趣的股东都有可能参加股东大会，从而去行使他们的投票权。

召集股东大会的权力对购买者来说非常重要，因为购买者本身就是目标公司的股东之一。在目标公司中取得了一定的控制地位后，敌意收购的购买者可能试图撤掉原有的董事会并选举对自己有利的董事会。这样的董事会将会批准与收购企业合并或者建立其他的关系。同样，敌意收购者也可以利用股东大会让股东批准企业的一些行为，例如取消反收购的防御策略。同时，如果下年度的股东大会不会安排在近几个月，收购者也可以要求立即召开股东大会。

代理权争夺有两种情况：一是争夺董事等位置，争当具有决策权的董事，希望可以由此控制董事会、当选董事，进而控制公司管理层及整个公司；二是在董事会中就某项具体的议题进行讨论时表达不同于管理层的意见，争取影响董事会的决策。

13.4.3 代理权争夺的过程

代理权争夺的具体过程大致有以下三个步骤。

（1）发起代理权争夺。由试图改变公司控制权的购买方在即将召开的股东大会上发起代理权争夺。反对的股东集团（收购方）有权利召开特别会议讨论正式更换管理层的问题。

（2）劝诱、说服。在股东大会之前，收购方积极联系其他股东，试图说服他们投票反对管理层中的董事会候选人，或者是投票赞成收购计划，或者是投票反对某些反收购的防御措施。收购方通常会委托专门的机构去了解股东的名单、持股的数量，以及进行必要的说服工作。

（3）投票。在获得股东的委托之后，收购方会将获得的委托投票权提交大会，在此基础上行使委托投票权。

13.5　知识扩充

我国有关上市公司收购管理的主要法规

《证券法》中对有关并购活动做出了规定。该法自 1997 年颁布实施后经历了 2004 年、2013 年、2014 年的个别条款修正，以及 2005 年、2019 年的全面修订。2019 年全面修订的《证券法》于 2020 年 3 月 1 日起实施。

为落实全面修改后的《证券法》对上市公司并购重组的要求，中国证监会对一系列相关并购规定做了配套修改，包括：《上市公司收购管理办法》（2020 年 3 月修订）、《上市公司重大资产重组管理办法》（2020 年 3 月修订）、《公开发行证券的公司信息披露内容与格式准则第 15 号——权益变动报告书》（2020 年 3 月修订）、《公开发行证券的公司信息披露内容与格式准则第 16 号——上市公司收购报告书》（2020 年 3 月修订）、《公开发行证券的公司信息披露内容与格式准则第 17 号——要约收购报告书》（2020 年 3 月修订）、《公开发行证券的公司信息披露内容与格式准则第 18 号——被收购公司董事会报告》（2020 年 3 月修订）等。

13.6　案例归纳

我国资本市场上的代理权争夺的多起案例

我国资本市场上发生过公开征集投票权代理的多起案例，以下列举其中四个比较典型的案例。

1994 年，发生了我国公司控制权市场的首起有轰动效应的代理权争夺君安事件。由于在熊市中包销大量余额 B 股而成为深万科大股东之一的原君安证券公司，通过取得委托授权的形式，联合持有深万科约 12% 股权的四大股东突然向原董事会发难，提出对公司经营决策进行全面改革。但随后不久，挑战者同盟中的一名大股东临阵倒戈，撤销了对君安的委托授权，并表明支持原管理层，最终使君安改组万科的计划搁浅。

1998 年，在金帝建设的董事会选举中，持公司 21% 股份的第二大股东通过收集委托投票权等手段占据了董事会全部席位，而占公司 26% 股份的第一大股东上海新绿企业公司无一人进入董事会，使上海新绿企业对金帝建设的控制权彻底旁落。①

2000 年，胜利股份的代理权争夺进行得非常激烈。"公开征集授权委托书"这种代理权争夺方式首次在中国证券市场完成实践。最终，胜邦企业依靠关联交易战胜了公开征集股东授权委托书的通百惠，取得了胜利股份新一届董事会的控制权。②

2010 年，国美电器创始人黄光裕和职业经理人陈晓之间发生了代理权争夺。2009 年，在国美需资金时，陈晓引入贝恩资本，但黄光裕一直反对。在 2010 年，贝恩资本的债转股完成，成为国美第二大股东，这摊薄了第一大股东黄光裕持有的股权。黄光裕向股东大会提出罢免陈晓等人职位，结果有关议案被否决，陈晓继续留任，贝恩资本三位成员作为非执行董事留任。③

13.7　本章小结

（1）敌意收购可以在加强经营层自律方面起到作用。作为被收购对象的企业，往往是那些股价不能体现其经营资源或资产内容，经营资源没有得以有效利用而导致业绩无法提高等类型的企业。而敌意收购却可以让经营者产生一股动力，即尽量不使自己的公司成为被收购的目标，尽量确保股价可以处于一种适当的水准上，尽量提升业绩。因此，如果对敌意收购一概否定，也就会导致经营者自律功能被弱化。因此，从公司治理的角度来看，让展开

---

① 许立军. 关注外资并购新政策"公开竞价"催生新模式 [EB/OL]. [2000 - 08 - 01]. http: // business. sohu. com/28/87/article204128728. shtml.

② 益智. 中国上市公司代理权之争的案例分析 [J]. 商业经济与管理, 2004 (11)：52 - 56.

③ 祝继高, 王春飞. 大股东能有效控制管理层吗？——基于国美电器控制权争夺的案例研究 [J]. 管理世界, 2012 (4)：138 - 152, 158.

敌意收购成为可能，实际上是在另一个侧面强化了公司经营者为提升"公司价值以及股东共同利益"而展开经营活动的动机。

（2）相比较反并购烦琐的对策而言，敌意并购主要有三种并购方式，熊式拥抱、要约收购和代理权争夺。

熊式拥抱，是一种主动的、公开的要约。收购方允诺以高价收购目标公司的股票，董事会出于义务必须要把该要约向全体股东公布，而部分股东往往为其利益所吸引而向董事会施压要求其接受报价。在协议收购失败后，熊式拥抱的方法往往会被采用。

要约收购是国际上经常使用的一种收购方式，各国为了保护目标公司全体股东特别是中小股东的利益，维护证券市场的秩序，纷纷通过立法来规范上市公司的要约收购行为。要约收购是指收购人通过向被收购公司所有股东发出的，在要约期内按照要约条件购买其持有的股份，从而实现对上市公司的收购。根据收购方是主动还是被动发出收购要约，要约收购分为主动要约收购和强制要约收购。

代理权争夺，是指斗争双方通过各种方式争夺股东的委托表决权，以获得对股东大会的控制权，最终达到改选原公司董事会或（和）取得管理层职权等目的。代理权争夺大体上可以分为发起代理权争夺、劝诱过程和投票过程三个步骤。

（3）很多情况下要完成一项成功的并购需要几种方式的结合使用。例如熊式拥抱后，可以结合要约收购或代理权争夺来完成对目标公司控制权的获得。

13.8　问题思考

1. 请找出最近发生在国内外有影响的敌意并购的案例并作分析。
2. 根据所选的并购案例，分析其所采用的敌意并购方式，并分析其原因。
3. 比较代理权争夺与股权收购有何异同。
4. 微软并购雅虎案例中的所采用的收购方式所适用的条件是什么？
5. 中国资本市场上敌意并购的主要方式有哪些，发生敌意并购的原因是什么？
6. 要约收购与协议收购有何区别和联系？

第 14 章　反并购措施

敌意收购的目标公司的管理层在得知自己的公司成为收购目标后往往会有许多担心，他们可能担心自己和员工的前途与出路，担心公司的发展，因而会采取反收购的措施。反收购措施可以分为两类：预防性的（preventative）和主动性的（active）。预防性的措施是为了减少财务上成功敌意收购的可能性，而主动性的措施是在敌意报价出现后才采取的措施。

14.1　预防性的反并购防御措施

预防性的反收购措施，也称作反收购条款，或称"驱鲨剂（shark repel-lants）条款"或"箭猪条款"，是指目标公司为预防遭遇敌意收购，通过在章程中设置某些条款的方式为收购设置障碍，增大收购成本从而阻止收购行为。反收购条款在国外公司章程中极为常见，尽管反收购条款曾引起了理论界的广泛争论。有学者认为，反收购条款虽然有利于提高公司收购价格，但又增大了上市公司收购风险。其结果是减少了上市公司收购数量，损害了股东利益；并且，由于上市公司股权分散，公司实际上被管理层所控制，因而反收购条款并不能反映股东的真实愿望。另有学者则认为，反收购条款不仅可以提高收购溢价，而且还有利于收购溢价的分配更公平，因而在某种意义上讲，反收购条款可谓股东合作的产物。但由于股权分散问题，公司管理层可能利用反收购条款限制股东的权利，巩固自己的地位。

许多大型公司都制定了公司万一成为敌意收购目标时的防御措施。反收购行为发生在要约收购出现以前，目标公司以各种形式防范以后可能出现的收购进攻。有些措施按照降低出价方能在公司中寻找的价值设计。

反收购措施具体包括以下四种。

14.1.1　毒丸计划

1. 毒丸计划的定义

所谓毒丸计划（poison pills），是指敌意收购的目标公司通过发行证券以降低公司在收购方眼中的价值的措施，也被称为"股东权益计划"或"驱鲨剂"。[①]毒丸计划在对付敌意收购时往往很有效。毒丸计划最初的做法是目标公司向普通股股东发行优先股，一旦公司被收购，股东持有的优先股就可以转换为一定数额的普通股股票。这一方式可以有效地稀释收购方的控制权，所以又称为"股权摊薄反收购措施"，是很好的事前防御准备措施。

作为防御性条款，正常情况下，毒丸计划体现不出其存在价值。但公司一旦遇到敌意收购，或敌意收购者收集公司股票超过了预定比例时，"毒丸"的作用就立刻显现出来。所以，这些公司一般会在企业章程中作出特别规定：例如，规定一旦遭遇敌意收购者，收购者须向企业的各种利益主体，包括原有的股东、债权人以及企业的高级管理者支付一笔可观的补偿金额，从而给收购设置极高的附加成本，驱赶潜在的套利者；再如采取出售、分拆被收购者看重的优良资产、增加企业的负债额、向股东发放额外红利等一般性的财务性措施，以降低敌意收购者的收购价值。当有一定远期前景的公司出现暂时性股价暴跌时，这些公司极易成为被收购目标。譬如许多互联网公司在遭遇股价暴跌时就会面临敌意收购，此时互联网公司可以采用毒丸计划防范可能发生的敌意收购。

作为阻击收购的手段，"毒丸计划"还包括"负债毒丸计划"和"人员毒丸计划"，前者是指目标公司在收购威胁下大量增加自身负债，降低企业被收购的吸引力；后者则是公司的绝大部分高级管理人员共同签署协议，当公司被以不公平价格收购，并且这些人中有一人在收购后被降职或革职时，则全部管理人员将集体辞职。

毒丸计划看上去是个非常有效的防御措施，在 2005 年新浪对盛大的反并购案例中发挥了有效的作用。

2. 对毒丸计划的评价

毒丸计划在适用上具有便利性。毒丸计划是目标公司单方面的快速防御

---

① 有时人们将发起敌意收购的人称为"鲨鱼"。

措施，不需要借助其他公司来摆脱被收购，一旦收购方收购目标公司股份达
到一定比例，毒丸计划即可启动。

但实施毒丸计划很可能激化管理者和股东之间的利益冲突。毒丸计划提
高了收购成本，对股东而言是有利的，然而，管理层则可能利用毒丸计划来
防御收购以确保其对公司的管理权。在这种情况之下，毒丸计划无疑强化了
管理者的利益。目前的对公司管理层的约束机制，都不能有效解决公司治理
结构中的这种利益冲突，因而很可能对公司股价造成负面影响。

14.1.2 公司章程修订

目标公司可以颁布各种各样的公司章程修订（corporate charter amend-
ments）条款以加大敌意收购方对管理控制变更的难度。这些公司条款的改变
有时被称作驱鲨措施。典型的措施包括绝大多数条款、董事会任期错列、公
平价格条款和双重资本化等。

14.1.2.1 董事会任期错列

1. 董事会任期错列的策略实施

错列董事会任期的策略是改变董事的任期，使在给定年份只有一部分董
事需要选举。这在收购战役中非常重要，因为传统的董事会一般由和管理层
意见一致的成员组成，事实上，也许就是有管理层的成员加入。获得董事会
的支持非常重要，因为他们既能向股东推荐这个收购，也能决定这个收购是
否值得让股东投票。如果买方已经获得了大多数的控制权，错列董事会会妨
碍他们选举与自己有相同目标的管理层。此制度的目的在于维护公司董事会
的稳定，从而起到抵御敌意收购的作用。

错列董事会任期一般需通过公司章程修订实现，而公司章程的修订
则需要得到股东大会的表决通过。有的错列董事会条约规定，每位董事任
期 3 年，每年重选 1/3，这种类型的董事有时会被称为分级董事会（classi-
fied board）。相对应地，不分级的董事会的每一位成员在每年的股东大会上
选举产生。

错列董事会任期不是一个非常强大的反收购措施，但它常用来抵御财务
充足的敌意收购者。错列董事会任期作为防御措施的真实作用在于使购买者
不得不多处理一些事情。这些由目标公司摆在出价方面前的各种障碍可以提

高目标公司自身的谈判地位，以便取得更高的价格。

购买者一般认为他们获得了大多数发行在外的股份，他们就能通过诉讼处理董事会的问题。从原则上讲，董事是受股东委托的，因此以前的董事会将站在新的大多数股东这一边。新的多数股东可以在代理权请求程序中利用无条件投票使自己在董事面前的发言分量更重。

2. 中国的有关董事会任期情况

《公司法》（2018 年修订）和《上市公司章程指引》（2019 年修订）中没有禁止分期分级董事会制度，而是把是否执行分期分级董事会制度的权利交给上市公司董事会和股东大会。在一定程度上，董事会的稳定有利于公司的长远发展。上市公司可以在公司章程中沿用《上市公司章程指引》（2019 年修订）第 96 条的规定："董事由股东大会选举或者更换，并可在任期届满前由股东大会解除其职务""董事任期届满未及时改选，在改选出的董事就任前，原董事仍应当按照法律、行政法规、部门规章和本章程的规定，履行董事职务"，同时加入自制条款："董事若发生违反法律、法规及其他规范性文件或公司章程规定的情形，股东大会在董事任期届满前解除其职务的，每年不超过董事会成员的 1/3"，这就意味着即使并购者拥有公司绝对多数的股权，也难以获得目标公司董事会的控制权，从而使并购者不可能马上改组目标公司。

14.1.2.2 绝大多数条款

公司章程中可以规定批准一些像并购这样的重大问题而修订相应的条款时所需要的投票数，通常可以是 2/3 或 80%，在极端的情况下，有可能要求 95%。如果收购方持有的股份数较多，绝大多数条款就会设计出更高的比例，这使让股东批准该并购变得极其艰难。

举个例子，如果管理层加上员工持股计划共持有 23% 的股份，若公司章程规定并购通过需获得 78% 的投票，所以如果这 23% 的股份不支持，并购就很难实现。

绝大多数条款经常和反收购条款修订的其他措施一起使用。公司通常在实施了反收购条款修订的其他措施后使用绝大多数条款。绝大多数条款对部分并购非常有效，100% 的收购则会影响绝大多数条款的效果。但如果有某个群体忠实于目标公司，并且其拥有的股份数超过 100% 与规定的绝大多数的差额时，特例有可能发生。

14.1.2.3　公平价格条款

要求收购方购买少数股东的股票时，至少要以一个公平的市场价格购买。这个公平的市场价格可以是一个给定的价格，也可以按照 P/E 比率。当购买者提出报价时，公平价格条款就被激活。

公平价格条款并不像其他一些反收购的修订比如绝大多数条款和错列董事会那样普遍。

当目标公司收到两阶段收购要约时，公平价格条款是最有效的。

公平价格条款所应用的两阶段收购为我国《证券法》所禁止，执行公平价格是我国有关证券法规内容中的强制性规定，因而公司章程不必对此特别规定。

14.1.2.4　双重资本化

双重资本化是对股权进行重组，把其分成两类具有不同投票权的股票。从反收购的角度来看，双重资本化的目的是给那些与管理层拥有一致意见的股东们更大的投票权。

常见的双重资本方式是发行另一类股票，其投票权高于现有的股票，这种有高级投票权的股票每份可以有 10 票或 100 票的权利。这类股票通常是面向全体股东发行，股东可以把它们换成普通股。事实上很多股东都把它们换成了普通股，因为这类股票缺乏流动性且发放的股利较低。但作为管理层就不会将这种具有高级投票权的股票换成普通股，结果是管理层增加了他们在公司的投票权。

14.1.3　金色降落伞

1. 金色降落伞概述

金色降落伞（golden parachute）是指在公司并购之前，由目标公司董事会通过决议，由公司董事及高层管理人员与目标公司签订合同，约定在目标公司被并购接管后，目标公司的董事及高层管理人员被解雇的时候，可一次性领到巨额的退休金、股票期权收入或额外津贴。目标公司董事和高级管理人员的这种收益就像一把降落伞，让高层管理者从很高的职位上安全下来，故名"降落伞"计划；又因其收益丰厚如金，故名"金色降落伞"。目标公司希望以此方式增加收购的负担与成本，阻止外来收购。"金色"表示的是有较多补偿，"降落伞"表示的是高管可在并购的变动中能够保持平稳。由于这种策略势必让收购者"大出血"，因而被看作反收购的利器之一。

"金色降落伞"在西方国家主要应用在收购兼并中对被解雇的高层管理人员的补偿，在中国则主要想让其在解决中国企业的元老历史贡献的历史遗留问题上发挥作用。"降落伞"通常分金、银、锡三种，对高级管理者为金色降落伞，对于中层管理者为银色降落伞，对于一般员工为锡色降落伞。

2. 金色降落伞利弊及应用分析

在目标公司被收购的情况下，目标公司的高管人员通常会在收购后被"踢"出公司。有的金色降落伞措施规定非自愿离职的高管可以得到补偿，但有的规定无论是主动还是被迫离开公司的高管都可以得到一笔可观的安置补偿费用，因此收购方的收购成本会增加，这成为抵御敌意收购的一种防御措施。

但是，金色降落伞措施的实施有可能诱导管理层低价出售企业。由于高管层得到的经济补偿有时极其高，因此，这种补偿反而可能变成促进高管层出售公司的动机，或者是高管故意压低价格出售。在这种情况下，股东的利益就将受损。

对于有着较长经营历史的企业，例如我国的一些国有企业，企业的成长过程中对企业作过重要贡献的人员较多，因此补偿授予的面可以适当放宽，可企业成长过程中发挥过重要作用的人员，例如业务骨干、技术骨干等。补偿形式可以是一次性的契约解除补偿金、津贴和股票期权等，这也相当于是一种股权激励等方式的措施。

国内已有上市公司对管理层设置了金色降落伞式的保护性安排，如 2006 年 3 月 21 日万科 A 在其首份限制性股票激励计划第 39 条中规定："当公司控制权发生变更时，控制权变更前的半数以上法定高级管理人员在控制权变更之日起的三十日内有权书面要求信托机构将本计划项下信托财产立刻全部归属。"在 2015～2017 年发生的宝能集团对万科控股权的"宝万之争"之后，我国多家上市公司实施了金色降落伞等反敌意收购措施。①

---

① 东方律师网. 从"宝万之争"看资本与企业管理层的博弈［EB/OL］. http：// www. lawyers. org. cn/info/7498c4798fd14cc5b5c98598467e031e.

14.1.4 交叉持股

交叉持股（cross holding 或 cross shareholding）又被称为相互持股或交互持股，是指不同的上市公司之间的互相参股。不同公司之间的交叉持股能够导致公司股权价值的重复计算，进而导致公司估值偏差。

交叉持股可以成为一种反并购措施。关联公司或者友好公司之间互相持有对方股份，一旦其中一方遭到敌意收购威胁时，另一方即施以援手。

14.2 主动的反收购防御措施

实施各种预防性的反收购措施并不能确保公司的独立性，不过它们可能会使收购变得更困难。有些购买者可能会绕过这些防御良好的公司而去寻求那些没有装备强大预防性防御措施的公司。在成为敌意收购的目标时，更需要主动地去抵御袭击者。当公司收到不欢迎的出价或是成为恶意购买的目标时可以采用以下反收购措施。

14.2.1 绿票讹诈

绿票讹诈（greenmail）又被称为讹诈赎金或称溢价回购，由"green"（源自纸制美元的绿色）和"blackmail"（讹诈函）两个词演绎而来，是指目标公司从并购方那里以更高的价格回购本公司的股票，从而达到阻止敌意收购的目的。因此，绿票讹诈是一种目标公司股份回购形式，目标公司需要付出一定的溢价才能够买到股票。

14.2.2 中止性协议

中止性协议（standstill agreement）是指目标公司与潜在收购者达成协议，设置一些阻止并购的条款，例如规定这一收购者将不会在未来的一段时间内增加对该公司的股票持有量。这种策略一般发生在收购公司已经持有目标公司大量的股票并且已经形成收购威胁之时。目标公司在中止性协议中允诺收购方，在他们卖出当前持有的公司股票时会给予他们优先选择权。这种协议可以用来防止股票落入其他出价人之手，从而避免他们以此要挟目标公司给予相应的补偿或是企图进行收购这样的事情发生。还有一种中止性协议是收购方允诺在达到一定的持股比例后将不再增持目标公司的股票数量，即目标公司设置了一个持股上限，达到该水平后收购方就不能再增加持股比例。

与绿票讹诈类似，在中止性协议中目标公司为使收购方不进行收购必须给予相应的补偿。事实上，中止性协议往往伴随着绿票讹诈。

14.2.3　白衣骑士

白衣骑士（white knight）是指目标企业遭遇敌意并购时，主动寻找第三方即所谓的"白衣骑士"以更高的并购价格来应对，造成第三方与敌意并购者竞价并购目标企业的局面。白衣骑士是目标公司为了避免被敌意并购者收购而自己寻找更加愿意接受的买家。这样的善意收购者通常是与目标公司关系良好的企业，所以被称为"白衣骑士"。与之对应，敌意收购者被称为"黑衣骑士"（black knight）。

得到管理层支持和鼓励的白衣骑士的收购成功可能性极大，当白衣骑士和攻击方属同一行业时，白衣骑士出于对自身利益的担忧，例如害怕攻击方收购成功，壮大力量，成为强有力的竞争对手，往往也乐于参与竞价，发起溢价收购，但此时介入往往意味着要出高价，需要花费较高的成本，但目标公司常常愿意给予白衣骑士较其他现实或潜在的收购者更为优惠的条件，例如财产锁定。锁定有两种不同类型：（1）股份锁定，即同意白衣骑士购买目标公司库存股或已经授权但尚未发行的股份，或给予上述购买的选择权；（2）财产锁定，即授予白衣骑士购买目标公司主要财产的选择权，或签订一份当敌意收购发生时即由后者将主要资产售予前者。

14.2.4　白衣护卫

白衣护卫（white squire）是一种与白衣骑士很类似的反收购措施。白衣骑士措施是将公司的控股权出售给友好的公司，而白衣护卫措施是将公司一定比例的股票转让给友好公司，目标公司不需要放弃独立性。目标公司常采取向白衣护卫发行新股的方式，并使用优先股以限制其表决权，或限制其持股比例①。

为了对抗敌意收购，目标公司往往还会通过向合作者提供股票期权，或向与敌意收购竞争的合作伙伴提供补偿等方式来增加并购的难度。在运用股票期权时一般会规定当敌意收购者持有的股票达到一定比例时，期权被触发，而期权触发的结果是大批股票的增发，使敌意收购者的控股比例下降。与敌意收购者竞争的合作伙伴一旦购买失败，可以从目标公司那里得到一定金额的补偿。

14.2.5　其他的一些反收购防御措施

此外，主动性的反收购措施还包括资本结构的调整防御、诉讼防御、反噬防御、自我要约防御、通心粉防御、焦土防御策略等。

资本结构的调整防御是指通过调整资本结构，公司能够承担更多的债务，同时也可以向股东发放更多的红利，从而增加公司的财务杠杆，使目标公司对于收购者而言价值下降。

诉讼防御是指目标公司对收购者提起诉讼，收购者通过诉讼来回应。诉讼也是一种较常见的反收购策略。

反噬防御（Pac-man defense，或称帕克曼防御）是指目标公司变守为攻，反过来去购买收购方的股权的做法。②

自我要约防御（self-tender defense）是指目标公司的管理层发出购买自己公司股权的收购要约。在自我收购要约中，可以邀请股东在指定的时间窗口按指定的价格卖出一定数量的股票。

通心粉防御（macaroni defense）是指目标公司发行金额巨大的债券，债券发行条款中规定在目标公司被收购后，收购后的公司须以较高的价格赎回这些债券。③

焦土防御策略（scorched-earth policy）一种自我摧毁的做法。例如，目标公司可以将收购方所看重的公司资产（crown jewels，皇冠上的珍珠）进行

---

① 在不设有优先股的公司，在这种方式中只能以其他方式限制其持股比例；由于有的国家或地区证券市场禁止目标公司在要约收购过程中发行新股，所以只可在其他敌意收购中使用发行新股的方式。

② 在一个很流行的帕克曼电子游戏中（PAC Man game），游戏中的一方面临若干敌人，可能会被敌人吃掉，但他也可以尽快吃掉敌人，从而保全自己。详见 https：//www. wallstreetmojo. com/pac-man-defense/.

③ 较高的债券赎回价格提高了敌意并购的成本，就行锅中煮的通心粉一起膨胀变大。详见 https：//www. investopedia. com/terms/m/macaronidefense. asp.

清算或出售；目标公司可以购置大量与主营业务无关或盈利能力差的不良资产，从而导致公司资产质量变差；目标公司可以与债权人约定如果敌意收购完成，则立即偿还债务等。

14.3　理论探讨

IPO、反向收购与企业创新

企业创新需要足够的资金，而上市能够为企业提供很好的融资渠道。在我国，企业上市一般通过两种方式：首次公开募股（IPO）与反向收购。在上市便捷程度、成本等方面，相对于 IPO 上市来说反向收购更具有优势，与此同时其在一定程度上也存在着隐患。佟岩、谢思敏、韩春阳等（2019）选取 2007～2015 年 1504 家 A 股 IPO 上市公司以及 171 家反向收购上市的公司作为样本，以企业创新作为被解释变量，上市方式作为解释变量，企业产权性质与两职合一作为调节变量，比较研究通过 IPO 与反向收购上市的公司在创新水平上的差异情况。他们的主要研究结论包括：（1）相对于 IPO 上市公司，在企业创新产出水平上，反向收购公司更低一些；（2）若通过反向收购上市的企业性质是国有，则能够减少对创新的抑制作用；（3）若在通过反向收购上市的企业中董事长与总经理两个职位为一人同时兼任，则能够加强反向收购对创新的抑制作用。

资料来源：佟岩，谢思敏，韩春阳，李思飞. 反向收购与企业创新——反向收购与 IPO 的对比分析 [J]. 厦门大学学报，2019（1）：56-64.

14.4　案例归纳

14.4.1　案例一　我国上市公司的公司章程中有关反并购措施规定

由于敌意收购时而发生，许多上市公司都在其公司章程中加入了专门的反收购条款，下面介绍一些公司中关于反收购的预防性措施。

1. 董事会任期错列

（1）《内蒙古伊利实业集团股份有限公司章程》（2017 年 9 月）第 96 条规定："董事会换届选举时，更换董事不得超过全体董事的三分之一；每一提案所提候选人不得超过全体董事的三分之一。临时股东大会选举或更换（不包括确认董事辞职）董事人数不得超过现任董事的四分之一"（该条规定在 2018 年 4 月公司章程修改时已取消）。

（2）《深圳世联行集团股份有限公司章程》（2019 年 4 月）第 97 条规定："在公司发生敌意收购的情况下，如该届董事会任期届满的，继任董事会成员中应有三分之二以上的原任董事会成员连任；在继任董事会任期未届满的，每一年度内的股东大会上改选董事的总数，不得超过本章程所规定董事会组成人数的四分之一。"

2. 绝大多数条款

（1）《深圳世联行集团股份有限公司章程》（2019 年 4 月）第 78 条规定："股东大会审议收购方为实施敌意收购而提交的关于购买或出售资产、租入或租出资产、赠予资产、关联交易、对外投资（含委托理财等）、对外担保或抵押、提供财务资助、债券或债务重组、签订管理方面的合同（含委托经营、受托经营等）、研究与开发项目的转移、签订许可协议等议案时，应由股东大会以出席会议的股东所持表决权的四分之三以上决议通过。"

（2）《龙蟒佰利联集团股份有限公司章程》（2018 年 12 月）第 78 条规定："股东大会审议收购方为实施敌意收购而提交的关于本《章程》的修改、董事会成员的改选及购买或出售资产、租入或租出资产、赠予资产、关联交易、对外投资（含委托理财等）、对外担保或抵押、提供财务资助、债券或债务重组、签订管理方面的合同（含委托经营、受托经营等）、研究与开发项目的转移、签订许可协议等议案时，应由股东大会以出席会议的股东所持表决权的四分之三以上决议通过。"

3. 金色降落伞

（1）《浙江金洲管道科技股份有限公司章程》（2017 年 8 月）第 10 条规定："当公司被敌意收购后，公司董事、监事、总经理和其他高级管理人员任期未届满前如确需终止或解除职务，且公司须一次性支付其相当于其年薪及福利待遇总和五倍以上的经济补偿，上述董事、监事、总经理和其他高级管理人员已与公司签订劳动合同的，在被解除劳动合同时，公司还应按照

《中华人民共和国劳动合同法》规定，另外支付经济补偿金或赔偿金。"

（2）《深圳世联行集团股份有限公司章程》（2019 年 4 月）第 97 条规定："在公司发生敌意收购的情况下，非经原提名股东提议，任何董事在不存在违法犯罪行为、或不存在不具备担任公司董事的资格及能力、或不存在违反公司章程规定等情形下于任期内被解除董事职务的，公司应按该名董事在公司任职董事年限内税前薪酬总额的 5 倍向该名董事支付赔偿金。"

4. 董事提名权的限制

《方大集团股份有限公司章程》（2019 年 2 月）第 84 条规定："除职工代表董事以外的非独立董事候选人由董事局、单独或合并连续 365 日以上持有公司发行在外有表决权股份总数 5% 以上的股东提出，每一提案中候选人数加上职工代表担任的董事人数和独立董事不得超过公司章程规定的董事人数。"

资料来源：详见巨潮资讯网各相关上市公司公告的公司章程。

14.4.2　案例二　华菱集团的中止性协议案例[*]

2009 年，湖南华菱钢铁集团以 12 亿澳元（合 7.69 亿美元）收购澳大利亚铁矿石生产商福蒂斯丘金属集团（以下简称"FMG"）16.5% 的股份，从而排在 FMG 总裁福利斯特（Andrew Forrest）之后成为 FMG 第二大股东，并获得该矿业公司董事会的一个席位。福利斯特的股份则由原来的 34% 稀释到 32%。

FMG 总裁福利斯特表示，在审议外国在澳大利亚敏感的投资时，双方交易协议中需附带一个限定华菱持股比例不能超过 17.5% 的"中止性协议"（standstill agreement）。这类协议规定收购者在一段时间内不再增持目标公司的股票，如需出售这些股票目标公司有优先购买的选择。

14.4.3　案例三　哈啤反收购战——典型的"白衣骑士"策略[**]

2004 年 5 月 1 日，香港上市的哈啤（0249.HK）宣布单方面终止与其第一大股东 SABMiller（持股 29.41%，以下简称"SAB"）的"独家策略投资

---

　　[*] 中国冶金报 - 中国钢铁新闻网，详见 http://news.steelcn.com/a/95/20090225/364276B663B13F. html.

　　[**] 汤欣，徐志展. 反收购措施的合法性检验［J］. 清华法学，2008（6）：89 - 104.

者协议"。5月2日，SAB 的全球竞争者 Anheuser-Busch Companies，Inc.（以下简称"AB"）宣布将以每股 3.70 港元的价格从哈啤的第二大股东手中购入约 29.07% 的股权。SAB 为巩固其在哈啤中的第一大股东地位，于5月4日宣布将以每股 4.30 港元的价格全面要约收购哈啤。在竞购战中，哈啤管理层抵制 SAB 的收购，而支持 AB 作为"白衣骑士"对哈啤进行收购。5月19日，AB 正式成为哈啤持股 29.07% 的第二大股东，而 SAB 则于5月24日正式公告了要约收购书。5月31日和6月1日是竞购战的转折点，在这两天里 AB 以 5.58 港元的高价增持哈啤股份至 36%，一跃成为第一大股东。6月3日 AB 以每股 5.58 港元的价格全面要约收购哈啤，高出 SAB 的收购价 30%。至此，哈啤竞购战胜负已明，SAB 宣布撤回敌意收购，并将其所有持股转让给 AB。

把本公司控制权最好交到友好的收购方手中，而不是交给敌意收购者，这样的一个反收购过程是成功的。这个案例被认为是香港市场上第一桩真正意义的敌意收购，而且以目标公司的防御成功而告终。

14.4.4 案例四 中钢集团并购中白衣骑士到黑衣骑士的转变*

中国中钢集团公司（简称"中钢集团"）组建于 1993 年，是国务院国资委管理的中央企业。2007 年实现主营业务收入 1 112 亿元。所属二级单位 82 家，其中：境内 57 家，境外 25 家。主要从事冶金矿产资源开发与加工；冶金原料、产品贸易与物流；相关工程技术服务与设备制造，是一家为钢铁工业和钢铁生产企业提供综合配套、系统集成服务的融资源开发、贸易物流、工程科技、设备制造、专业服务为一体的跨国企业集团。

中西部公司/Midwest：澳大利亚 Midwest Corp（即中西部公司，澳大利亚证券交易所代码：MIS）是一家在澳大利亚证券交易所上市的澳大利亚铁矿企业。Midwest 铁矿项目主要包括位于西澳洲的库连努卡磁铁矿项目和午尔得山脉赤铁矿项目以及相关的基础设施。库连努卡磁铁矿工业储量 4.5 亿吨，平均铁品位 34%。午尔得山脉赤铁矿已探明资源量 1.32 亿吨，预计远景储量 5 亿~10 亿吨。

并购过程：2007 年 12 月 5 日，中钢集团针对默奇森公司对中西部公司的无条件要约收购，决定扮演"白衣骑士"，向中西部公司董事会正式递交

---

* 高鹤. 最新经典并购案例评鉴［M］. 北京：中信出版社，2009.

收购意向函，此后通过公开市场大量买入 Midwest 股份，成为其第一大股东；
2008 年 2 月 5 日，默奇森收购建议因未能成功延期而退出收购；2 月 20 日，
Midwest 宣布认为中钢集团 5.6 澳元/股的收购价格低估了其价值；3 月 14 日
中钢集团发出全面收购要约。4 月 27 日中钢集团宣布此收购已获得中国外管
局、澳大利亚外国投资审查委员会（FIRB）批准。4 月 29 日中钢集团将收购
价格提到 6.38 澳元/股，Midwest 董事会一致建议股东接受报价；5 月 24 日，
默奇森再次对 Midwest 提出换股收购方案；7 月 7 日默奇森的收购被中钢集团
再次击退，截至 7 月 18 日中钢集团已经持有 Midwest 54.81% 的股份，但中钢
再次将要约收购提议延期至 7 月 25 日。

并购结果：中钢集团成功获得中西部公司的实际控制权，成就中国钢铁
企业截至当时最大的海外收购，也是中国企业首次成功进行海外敌意收购。

尽管中钢集团击退了默奇森的敌意收购，中西部公司管理层对于中钢集
团的报价并不满意，在双方协议收购难以达成一致的情况下，中钢集团选择
了面向全体股东进行全面要约收购，并最终迫使中西部公司董事会接收收购
要约。

目标企业管理层为击退敌意收购而邀请来"白衣骑士"，但对"白衣骑
士"的收购行动支持也是有限和有条件的，目标企业其实也追求自己的企业
利益最大化。"白衣骑士"也是出于企业自身利益的考虑，在协议不成的情
况下变成"黑衣骑士"，展开敌意收购。

14.4.5　案例五　胜利股份的反收购策略 *

山东胜利股份有限公司（简称"胜利股份"，证券代码：000407）原第
一大股东胜利集团因涉及经济纠纷，其对胜利股份的持股被依法冻结并分期
拍卖。1999 年 12 月 10 日，广州通百惠服务有限公司（"通百惠"）竞拍取得
胜利股份 13.77% 的股票成为其第一大股东。面临被通百惠收购的危险，胜
利股份的管理层利用关联企业山东胜邦企业有限公司（"山东胜邦"）充当
"白衣护卫"，先后购得胜利股份的股票并使持股上升至 15.34%，超过通百
惠成为第一大股东。通百惠不甘落后，于 2000 年 3 月中旬再次以竞拍方式取

* 汤欣，徐志展. 反收购措施的合法性检验［J］. 清华法学，2008（6）：89 – 104；MBA 智库·文档. 广东通百惠和山东胜邦企业争夺胜利控制权的资本战争［EB/OL］. https：//doc. mbalib. com/view/56299cb69885ade78551f7dc0d0f0be0. html.

得胜利股份的股票，使其持股跃升至 16.67%，与此同时，山东胜邦继续受让胜利股份，持股达到 17.35%，仍然保持领先地位。在此后的委托书征集战中，通百惠最终落败，山东胜邦作为"白衣护卫"，成功地挫败了通百惠的收购，保住了胜利股份管理层对公司的控制权。

目标公司胜利股份的管理层有效地实现了公司的反收购。利用一个原来并不重要的关联企业，就是胜邦企业充当白衣护卫角色，白衣护卫公司的董事长同时由胜利股份董事长、总经理徐建国担任。山东胜邦成为中华人民共和国股票市场并购史上的一个白衣护卫。

14.5　本章小结

（1）收购防御战术在过去的几十年中已经逐步发展成为一项复杂的技术。主要分成两类：预防性和主动性的反收购措施。

（2）预防性的防御是潜在的收购目标在敌意收购发生之前采取的措施，比较典型的有毒丸计划、公司章程修订、金色降落伞等措施。很多学者已经针对采取种种预防措施对股东价值究竟会造成什么影响进行了研究。

（3）如果预防性反收购措施不能成功地阻止敌意收购，它们可能会使收购变得更困难更昂贵。有些购买者可能会绕过这些防御良好的公司而去寻求那些没有装备强大预防性防御措施的公司。在成为敌意收购的目标时，更需要主动地去抵御袭击者。当公司收到不欢迎的出价或是称为恶意购买的目标时可以采取主动性防御措施，这些措施包括绿票讹诈、中止性协议、白衣骑士和白衣护卫等。绿票讹诈通常与中止性协议联合使用，在协议中收购者承诺在未来一段时间内不再对目标公司的股票进行收购，以此来换取一定的酬金。

14.6　问题思考

1. 敌意收购有何特征？
2. 预防性的反收购措施在应用过程中出现的问题有哪些？
3. 白衣骑士措施成功的条件是什么？

4. 白衣骑士与白衣护卫措施有何区别?

5. 通过学习反收购措施,你认为是否面对敌意收购时都要无条件地进行反收购?

6. 金色降落伞作为反收购措施有何利弊。

7. 预防性与主动性的反收购措施的效力如何?

8. 针对反并购案例中的防御策略,你是否能够找到更好的防御措施或设计出新型的防御措施。

第 15 章 并购定价方法

目标企业价值评估方法很多，每一种方法都有其优点与不足，但并无绝对优劣之分。每一种方法都有其具体的适用条件，因此，我们在评估之前，必须对每次并购的具体情况加以认真细致地全面分析，从而根据具体情况有针对性地选择具体适用方法，并且可把各种方法交叉使用，或把所选择的各种方法的结果加权计算。只有这样，才可能避免得出简单的甚至是欺骗性的结论，才能减少并购风险，真正实现并购目标。

本章将分别介绍四大类公司价值评估方法：以资产价值为基础的评估方法；以市场为基础的评估方法；以收益为基础的贴现法和实物期权法。

15.1 企业并购价值评估概述

企业价值评估就是根据特定的目的，遵循特定的原则，依照法定的程序，运用适当的方法，对企业的整体经济价值进行判断、估计、测算的过程。对企业价值进行评估时需考虑并处理大量的变量，而这些变量往往是企业在未来经营期间内极为紧要的决策因素。

15.1.1 价值评估在并购决策中的意义

并购中目标企业价值评估是指从并购企业角度对目标企业的股权或资产作出的价值判断。其目的是通过合理的方法对目标企业进行价值评估，为买卖是否可行提供客观基础，也可以使并购企业和目标企业在并购谈判中做到心中有数。

1. 为企业并购提供可靠依据

通过价值评估，可以摸清被并购企业的资产结构和经营状况，评定企业资产的价值和使用价值，分析在并购企业的经营管理下被并购企业资产的未来获利能力和经营管理能力，并根据并购企业的财务经济状况分析其经济实力能否承担该并购项目，进而为企业并购决策提供可靠依据。

2. 促进企业并购的规范化

企业价值评估是一项专业性强、业务范围广泛的综合性工作，它不仅对被并购企业的资产和实际价值进行定性分析，并且还运用恰当的方法对其进行定量分析，并给予合理的评定和估价，从而促进了企业并购工作的定量化、规范化，避免主观随意性。

15.1.2　主要的评估方法

对目标企业价值评估是整个并购活动成败的关键，因此，目标企业价值评估方法选择更是关键的关键。目标企业价值评估的方法与模型有许许多多。每一种方法都有其合理性，也有其缺陷与不足。所以我们在方法适用上，要依据具体情况，选择与特定并购活动相适应的评估方法。

可供选择的方法主要包括：（1）以资产价值为基础的评估方法；（2）以市场为基础的评估方法；（3）以收益为基础的贴现法和实物期权法。

15.1.3　价值评估方法选择的原则

价值评估方法的选择不是主观随意、没有规律可循的，无论是哪一种方法，评估的最终目的是相同的，殊途同归的服务于市场交易和投资决策，因而各种方法之间有着内在的联系。

企业价值评估方法选择的原则有以下三种。

1. 依据相关准则、规范的原则

企业价值评估的相关准则和规范是由管理部门颁布的，具有一定的权威性和部分强制性，对选择企业价值评估方法具有很强的指导意义。

2. 借鉴共识性研究成果的原则

价值评估方法选择的一些共识性研究成果是众多研究人员共同努力的结果，是基于价值评估实践的一些理论上的提炼，对于选择合理的方法用于价值评估有较大的参考价值。

3. 客观、公正的原则

客观性原则要求评估师在选择价值评估方法的时候应始终站在客观的立场上，坚持以客观事实为依据的态度，尽量避免用个人主观臆断来代替客观实际，尽可能排除人为的主观因素，摆脱利益冲突的影响，依据客观的资料数据进行分析、判断。公正性原则要求评估人员客观的阐明意见，不偏不倚地对待各利益主体。客观、公正这一原则不仅具有方法选择上的指导意义，而且从评估人员素质的角度对方法选择做了要求。

15.2　以资产价值为基础的评估方法

资产价值评估法是指通过对目标企业的资产进行估价来评估其价值的方法。确定目标企业资产的价值，关键是选择合适的资产评估价值标准。根据资产评估价值标准，主要可以分为三种做法：（1）账面价值法；（2）重置成本法；（3）清算价值法。

15.2.1　账面价值法

账面价值法是根据传统会计核算中账面记载的净资产确定并购价格的方法。它是一种静态估价方法，其既不考虑资产的市价，也不考虑资产的收益，但是，账面价值十分可靠，且数据很容易获得，并能为大多数人员所理解。因此，如果企业的流动资产所占份额较大，且会计计价十分准确时，利用账面价值评估企业的价值比较重要。

账面价值法简单、直观、资料易于获取，且出让价格一般不低于目标企业的净资产值，对于卖方来说，提供了交易价格的底线，对买方来说，得到了评估的基准价格，所以被经常运用在许多并购案例中。但由于其仅计量企业的存量资产，不考虑企业的赢利能力、成长能力和行业特点等，忽略了企业的战略价值，以致出让价格很可能会严重偏离市场价值，因此这种方法主要适用于账面价值与市场价值偏离不大的非上市企业。

这种方法是以会计核算为基础的，并不能充分反映企业未来的获利能力。会计准则允许各企业选择不同的折旧方法或存货的计价方法，这使企业的账面价值不能反映这些资产的真实市场价值或使用价值。需对资产负债表上的各项目仔细审查，并将净值和其他方法得出的结果进行分析比较。一般情况下，不要将账面价值作为最终的评估结果。

15.2.2 重置成本法

重置成本法的基本原理是重建或重置评估对象，即在条件允许的情况下，任何一个精明的潜在投资者，在购置一项资产时所愿意支付的价格不会超过建造一项与所购资产具有相同用途的替代品所需要的成本。

运用重置成本法进行企业价值评估应具备的前提条件有三个：一是进行价值评估时目标企业的表外项目价值，例如管理效率、自创商誉、销售网络等，对企业整体价值的影响可以忽略不计；二是资产负债表中单项资产的市场价值能够公允客观反映所评估资产的价值；三是投资者购置一项资产所愿意支付的价格不会超过具有相同用途的替代品所需的成本。

重置成本法是基于这样的假设，假设企业是一系列资产的集合体，企业的价值取决于各单项资产的价值，即"1 + 1 = 2"。它通过确定被并购企业各单项资产的重置成本，减去其实体有形损耗、功能性贬值和经济性贬值，来评定被并购企业各单项资产的重估价值，以各单项资产评估价值加总再减去负债作为被并购企业价值的参考。

但重置成本法忽略了企业的管理水平、职工素质、经营效率、商誉等无形效应对企业价值的影响，此外，该方法无法评估并购所带来的协同价值和重组价值。

这种方法适用于并购企业以获得资产为动机的并购行为。它也多应用于目标企业的账面价值与市场价值相差很大的情况下，例如一家生产过剩、产品积压的公司，其资产价值就不能按其账面价值估计，而需通过评估得到这些资产的市场变现价值，这才是并购方愿意支付的价格。

15.2.3 清算价值法

清算价值法是通过估算目标企业的净清算收入来估算并购价格的方法。而企业的净清算收入是通过估算出售企业所有的部门和全部固定资产（通常是在多项交易中）所得到的收入，再扣除企业的应付债务所得到的。清算价值法是在企业作为一个整体已经丧失增值能力情况下的一种资产估价方法。清算价值一般要低于重置价值。企业在清算时，其资产一般只有压价才能售出，另外，企业清算还将发生一笔清算成本，所以清算价值一般都比较低。

有时，并购进行的目的并不在于获得各种协同效应，而是由于某种原因，在并购后，并购方即打算在短期内出售目标企业，不打算长期持有。这时对于并购方来说一个比较有利的估价方法就是采用清算价值法。清算价值法的运用，符合该种并购的动机，可以使对目标企业的估价更有利于在将来出售目标公司的资产。在采用清算价值法时，还可以对目标公司部分资产的价值分别进行评估，计算出一个分解价值，以便于将来对部分资产进行变现处理。

估算所得到的是目标企业可能的变现价格，构成并购价格的底价，可以用于收购陷于困境的企业，可以用在万一预期的并购战略未能实施的防卫措施上，也可以用于根据特定的目的所购买的一些特定的企业。

当严重亏损时采用清算价值计价标准，微利时一般采用重置成本法。

15.2.4 各种以资产价值为基础评估方法的评述

以资产价值为基础的评估方法的优点是具有客观性，着眼于企业的历史和现状，不确定因素较少风险较小。当目标企业缺乏可靠对比数据时，如果重置成本能够合理估算，获利能力也与资产的市场价值或重置成本密切相关，那么这种方法就能近似地得到企业的价值。企业的大部分价值由其掌握的资源组成时情况就是如此。

但是这种方法的缺点也是很明显的，因为它是以企业拥有的单项资产为出发点，所以忽视了整体获利能力，没有将资产负债表外的无形资产项目考虑在内，而企业要为其证券持有人创造价值，这一价值必须超过所有单项资产的价值之和。通常将这种能够产生附加价值的无形资产称为组织资本，它包括无形资产和商誉，例如企业的管理水平、品牌优势、人力资源、分销渠道等，组织资本是企业价值不可分割的重要组成部分，失去了组织资本，企业就会解体，实物资产不能完全代表企业的价值，账面价值调整法忽略了这一部分，尤其不适用于评估高科技公司和服务性公司。

15.3 以市场为基础的评估方法：相对估值法

在相对估值法中，公司的价值通过参考"可比"公司的价值与某一变量，例如收益、现金流量或销售收入等的比率而得到。相对价值法基于经济理论和常识都认同的一个基本原则，即类似的资产应该有类似的交易价格。该原则的一个假设条件为，如果类似的资产在交易价格上存在较大差异，则在市场上就可能产生套利交易的情况，市场法就是基于该理论而得到应用的。在对企业价值的评估中，市场法充分利用市场及市场中参考企业的成交价格信息，并以此为基础，分析和判断被评估对象的价值。按照这一原则，评估一项资产价值的一个直截了当的方法就是找到一个由消息灵通的买者和卖者刚刚进行完交易的、相同的或者至少是相近的可比资产。这一原则也意味着被评估资产的价值等于可比资产的交易价格。

可比公司的选择标准：同一行业或同一业务，最好在同一市场交易且具有相似增长率和股本规模大体相当的公司。

相对估值法涉及行业内的对比，较为直观和客观，但可能忽视了各企业间因盈利模式、盈利能力及收入结构的不同而形成的估值差异。

采用市场法进行企业价值评估需要满足三个基本的前提条件：一是要有一个活跃的公开市场，公开市场指的是有多个交易主体自愿参与且它们之间进行平等交易的市场，这个市场上的交易价格代表了交易资产的行情，即可认为是市场的公允价格；二是在这个市场上要有与评估对象相同或者相似的参考企业或者交易案例；三是能够收集到与评估相关的信息资料，同时这些信息资料应具有代表性、合理性和有效性。

在实际使用市场法来评估目标公司的价值时，一般先是找出产品、市场、目前获利能力、未来业绩增长趋势以及股本规模等方面与目标公司类似的公司，将这些公司的净利润等各种经营绩效与股价的比率作参考，计算目标公司大约的市场价值。适用于成熟股票市场上的上市公司收购。市场法比较简单易懂，而且容易使用，更易得到股东的支持。由于在计算和取值上的便利，可以认为市场比较法是现金流量折现法的一种简化形式，也是现金流量折现法的有益补充。

可供选择的乘数很多，基本上分成两大类：以权益资本为基础的和以企业价值为基础的。

本部分主要分别介绍两个典型的相对估价法，一个是市盈率法；另一个是可比公司 EBITDA 倍数法，前者关注企业的权益价值；后者关注企业的整体价值。

15.3.1 市盈率法

15.3.1.1 概述

市盈率法也称相对收益估价方法或可比公司市盈率倍数法，市盈率（P/E）法或收益倍数收益法，它是根据目标企业的收益和市盈率来确定其价值的方法。

其表达式为：目标企业的价值 = 目标企业的收益×市盈率

市盈率是将股票价格与当前公司盈利状况联系在一起的一种直观的统计比率，它等于每股价格与每股净收益（EPS）的比率。市盈率法需要做两个基础工作，即市盈率和目标企业收益的确定。市盈率可选择并购时与目标企业具有可比性的企业的市盈率或目标企业所处行业平均市盈率。而目标企业收益可选择目标企业最近一年的税后收益，最近 3 年税后收益的平均值或并购后目标企业的预期税后收益作为估价指标。

15.3.1.2 案例分析

我们要对一家化工类公司××进行价值评估。[1]该公司 T + 3 年度预计净利润为 47 742 736.33 元[2]。表 15 - 1、表 15 - 2 为该公司的基本的资产负债表和损益表，有些数据是经过处理后得出的。

表 15 -1	调整后的历史资产负债表（合并）		单位：万元
项目	T + 2	T + 1	T
资产			
货币现金	1 537.48	3 001.97	2 684.81

---

① 数据来自现实中的某公司，部分数据进行了简单修改。
② 具体估算如表 15 - 8 所示。

续表

项目	T + 2	T + 1	T
应收账款	136. 45	276. 31	363. 39
预付账款	873. 34	347. 88	35. 85
其他应收款	4 804. 88	56. 34	34. 67
存货	406. 03	582. 92	42. 43
其他流动资产合计	0	0	236. 26
流动资产总额	7 758. 17	4 265. 41	4 074. 08
固定资产原价	27 110. 27	23 732. 61	23 849. 30
累积折旧	4 345. 08	3 363. 96	2 987. 37
固定资产减值准备	7 602. 87	7 705. 89	1 124. 39
固定资产净额	15 162. 32	12 662. 76	19 737. 54
工程物资	106. 5	106. 5	328. 6
在建工程	698. 35	333. 53	552. 39
固定资产合计	15 967. 17	13 102. 79	20 618. 53
无形资产	330. 65	0	0
长期投资	1 087. 73	894. 04	877. 52
资产总额	25 143. 72	18 262. 24	25 570. 11
负债与股东权益			
短期借款	3 000. 00	9 000. 00	9 000. 00
应付账款和票据	1 785. 76	3 088. 05	3 281. 32
预收账款	2 860. 85	2 138. 22	2 132. 24
其他无息流动负债	11 571. 29	3 197. 42	3 069. 45
无息流动负债总额	19 217. 90	17 423. 69	17 479. 04
长期负债		0	0
负债总额	19 217. 90	17 423. 69	17 479. 04
少数股东权益	0	0	0
股本与实缴资本	14 000. 00	10 000. 00	1 000 000
留存收益	− 8 074. 19	− 9 161. 44	− 1 908. 92
股东权益总额	5 925. 82	838. 56	8 091. 08
负债与股东权益总额	25 143. 72	18 262. 24	25 570. 11

表 15 - 2   调整后的历史损益表   单位：万元

项目	T + 2	T + 1	T
主营业务收入	17 384. 47	14 435. 77	10 814. 00
主营业务成本	14 202. 18	12 395. 19	9 349. 45
税金及附加	64. 54	56. 36	25. 68
主营业务利润	3 117. 76	1 984. 22	1 438. 87
其他业务利润	123. 23	157. 70	38. 12
销售费用	535. 15	425. 94	532. 85
管理费用	1 178. 05	1 160. 55	500. 60
财务费用	294. 55	454. 86	426. 40
资产减值损失	23. 76	6 601. 53	
营业利润	1 209. 48	- 6 500. 96	4 784. 29
投资收益	88. 52	16. 53	- 1. 28
营业外收入	24. 31	1. 20	440. 78
营业外支出	174. 55	676. 06	- 102. 10
税前利润	1 147. 75	- 715 930	4 240. 13
所得税	60. 49	79. 37	1 397. 20
净利润	1 087. 26	- 7 238. 67	2 842. 93

要用市盈率方法对其估值，我们选取了本行业七家相似的可比公司，具体指标如表 15 - 3 所示。

表 15 - 3   可比公司主要指标

公司名称	总股本（股）	T + 3 年度每股收益（元/股）	T + 3 年平均股价	T + 3 年平均市盈率
AAAA	866 061 200	0. 450 6	15. 632	34. 69
BBBB	1 009 759 397	0. 51	14. 26	27. 96
CCCC	1 807 355 026	- 0. 11	0. 201 333	- 1. 83
DDDD	3 332 444 020	0. 02	2. 589 333	129. 5
EEEE	4 190 796 213	0. 02	0. 444 333	22. 22
FFFF	1 957 556 330	0. 08	3. 822	47. 78
GGGG	29 200 000	0. 31	6. 682	14. 849
行业平均	—	—	—	32. 65

注：在计算行业平均市盈率时，我们剔除了奇异样本 CCCC 和 DDDD。

行业平均市盈率等于行业内五家公司市盈率的平均值，为 32.65。

以本行业相近公司的市盈率的平均值作为参考的行业平均市盈率，得出：

$$权益市场价值 = T + 3 \ 年度净利润 \times 行业平均市盈率$$
$$= 47 \ 742 \ 736.33 \times 32.65$$
$$= 1 \ 558 \ 800 \ 341（元）$$

15.3.1.3 评价

首先，市盈率是比较估价法的典型模型，市盈率在首次公开发行企业、并购及资产重组中得到广泛的运用，该乘数是把股票价格和企业盈利联系起来的直观指标，股票的市盈率很容易从市场中计算出来，使这种方法操作简便。在有效市场的情况下，股票价格能反映企业的整体素质和未来盈利前景，反映企业实物资产和组织资本的协同效应，市盈率基本能代表公司的风险和成长性。如果市场并不是很有效的，那么运用从参照系推导出来的市盈率对目标公司进行估价，也会造成价值的高估或低估。尤其在我国，证券市场还不成熟，存在结构性缺陷，股市波动风险大，上市公司数量不多，历史数据少，投资者的选择面较窄，要获得有代表性的参照公司和市盈率并非易事。

其次，市盈率采用损益表中的会计利润来计算。我国上市公司的会计利润质量比较低，企业为了获得配股资格或提升股价，有意选择某种会计政策，在存货计价应收账款核销、折旧及摊销政策、投资收益计算、债务重组、关联交易等方面进行粉饰，虚增收入，少报费用，夸大实际盈利，在会计利润中注入了"水分"。根据这样的盈利计算的市盈率，在一定程度上也被歪曲了。

最后，参照公司的选择带有较大的主观性，同行业的公司在资产规模、业务组合、增长潜力和风险程度上存在很大的差异，周期性波动也会造成市盈率的不准确。

尽管存在以上缺陷，市盈率仍因其可操作性而被广泛应用。它适用于大多数企业，只要有合适的参照企业即可。可用某些方法消除一定的局限性：例如过去 10 年的平均市盈率，对未来的盈利趋势有一定的参考作用。在上市公司的行业分布全面、行业发展成熟的市场中，市盈率指标更能准确地衡量股票价格是否正常。

15.3.2 可比公司 EBITDA 倍数法

相对价值法的另一个广泛应用是根据可比公司 EBITDA 倍数法估算公司证券的价值。可比公司 EBITDA 倍数是将公司价值与公司折旧摊销息税前收益（EBITDA）联系在一起的一种直观的统计比率，它等于公司价值与公司折旧摊销息税前收益（EBITDA）的比率。EBITDA 不受折旧、摊销等会计政策的影响，不易被人为操纵。因此，可比公司 EBITDA 倍数法通常应用于需要大量先期资本投入的行业和摊销比较重的行业。

EV/EBITDA 倍数使用企业价值（EV），即投入企业的所有资本的市场价值代替 PE 中的股价，使用公司折旧摊销息税前收益（EBITDA）代替 PE 中的每股净利润。企业所有投资人的资本投入既包括股东权益也包括债权人的投入，而 EBITDA 则反映了上述所有投资人所获得的税前收益水平。相对于 PE 是股票市值和预测净利润的比值，EV/EBITDA 则反映了投资资本的市场价值和未来一年企业收益间的比例关系。

该方法通过和可比公司 EBITDA 倍数的比较来估算公司总价值（EV），并由此估算公司的权益市场价值。

在计算可比公司数据时，使用的公式为：

EBITDA = 销售收入 – 扣除折旧和摊销的全部经营费用

权益市场价值 = 总股本 × 每股市场价格

企业价值 = 权益市场价值 + 债务市场价值

债务市场价值 = 付息债务市场价值 + 少数股东权益价值 + 资本化租赁价值
　　　　　　　 + 经营性租赁调整价值

可比公司 T + 3 年度 EBITDA 的计算如表 15 – 4 所示。

表 15 – 4　　　　　　　　　　可比公司 EBITDA 计算　　　　　　　单位：万元

科目	AAAA	BBBB	CCCC	DDDD	EEEE	FFFF	GGGG
销售收入	190 947.1	575 627	16 952.4	87 776.2	67 737.2	319 543.4	3 539.2
营业费用	4 036	400 627.1	14 798.2	60 596	50 768.5	260 896.7	1 802.5
其他费用	5 203.92	93 885.6	7 467.3	15 579.4	7 571.3	0	628.9

续表

科目	AAAA	BBBB	CCCC	DDDD	EEEE	FFFF	GGGG
折旧、摊销	0	22 502. 7	937. 8	7 259. 1	2 752	13 612. 7	—
EBIT	60 338. 6	58 611. 6	− 6 250. 9	4 341. 7	6 645. 4	45 034	1 103
折旧、摊销	0	22 502. 7	937. 8	7 259. 1	2 752	13 612. 7	—
EBITDA	60 338. 6	81 114. 3	− 5 313. 1	11 600. 8	9 397. 4	58 646. 7	1 103

可比公司的相关数据如表 15 − 5 所示。

表 15 − 5 可比公司的相关数据

公司名称	T + 3 年 EBITDA	权益市场价值	债务 + 少数股东权益价值	企业价值（EV）	EBITDA 倍数
AAAA	60 338. 6	1 137 138. 356	454 111. 11	1 591 249. 466	26. 372
BBBB	81 114. 3	1 322 784. 81	881 459. 1	2 204 243. 91	27. 175
CCCC	− 5 313. 1	32 893. 861 47	29 176. 1	62 069. 961 47	− 11. 68
DDDD	11 600. 8	756 464. 792 5	665 037	1 421 501. 793	122. 53
EEEE	9 397. 4	161 345. 654 2	93 123. 9	254 469. 554 2	27. 079
FFFF	58 646. 7	714 508. 060 5	93 123. 9	807 631. 960 5	13. 771
GGGG	1 103	19 511. 440 0	208. 3	19 719. 74	17. 88
行业平均	—	—	—	—	22. 675

T + 3 年，×× 有限责任公司折旧摊销息税前收益（EBITDA）为 70 111 660. 28元，故按照可比公司 EBITDA 倍数法，以行业中相近公司 EBITDA 倍数的平均值作为参考行业的平均 EBITDA 倍数，得出：

公司价值 = T + 3 年 EBITDA × 行业平均 EBITDA 倍数

= 70 111 660. 28 × 22. 675

= 1 589 781 897（元）

权益市场价值 = 公司价值 − （付息债务市场价值 + 少数股东权益价值）

= 1 589 781 897 − 280 187 000

= 1 309 594 897（元）

15.4　以收益为基础的贴现法

尽管未来的现金流预测具有主观性，但贴现现金流法（discounted cash flow，DCF）还是被公认为是比较成熟的价值评估方法。现代贴现现金流估价模型的来源是米勒和莫迪里亚尼（Miller and Modigliani，1961）的经典论文。①人们在该文献的基础上进行了一系列研究。

15.4.1　现金流量分析方法

贴现现金流量法就是用未来一段时期内目标企业的一系列预期现金流量以某一贴现率的现值与该企业的初期现金投资即并购支出相比较。如果该现值大于投资额，即净现值（net present value，NPV）等于或大于 0，可以认为这一定价对并购方是可以接受的或有利的；如果净现值小于 0，对并购方来说，常常被认为是不可接受的。

企业进行并购活动，是购买目标企业的未来，因而目标企业的价值是由其未来创造的价值所决定的。而货币是有时间价值的，为了现在确定企业的价值，必须将其未来创造的价值贴现到现在的时点上。

1. 贴现现金流方法的基础、前提条件与假设

贴现现金流方法的基础是经济学中的预期效用理论，一项资产的价值是利用它所能获取的未来收益的现值，其折现率反映了投资该项资产并获得收益的风险的回报率，即对于投资者来讲，企业的价值在于预期企业未来所能够产生的收益。

贴现现金流方法的前提条件：一是投资主体愿意支付的价格不应超过目标企业按未来预期收益折算所得的现值；二是目标企业的未来收益能够合理地预测，企业未来收益的风险可以客观地进行估算，也就是说目标企业的未来收益和风险能合理的予以量化；三是被评估企业应具持续的盈利能力。

其理论基于三个假设：货币具有时间价值；对未来产生的现金流量可以

---

①　Miller, Merton H, Franco Modigliani. Dividend Policy, Growth, and the Valuation of Shares [J]. Journal of Business, 1961, 34 (4): 411 - 433.

进行合理的估计；企业可用资本的边际资本成本与其投资资本的可转换收益是相似并且可以预测的。

2. 贴现现金流方法的要素

对企业而言，其价值等于以反映其预期未来现金流量风险的折现率对该企业预期未来现金流量进行折现所得到的现值，这里所产生的问题是：我们要面对不确定的未来并且要做一个关于决定未来现金流的许多因素的有根据的猜测。由于未来的不确定性，内在价值的估计通常带有主观性并且不很精确。但选取较好的模型和高级估计技巧通常可以降低这种不准确性。

我们在运用这个方法时，先要确定未来的现金流量包括什么内容，再估算出未来的现金流量，这可以通过估算未来的收益增长率得到；然后再考虑应选用多高的贴现率才符合目标企业未来的增长情况。简单来说，应用此方法时，我们需要确定现金流包括哪些内容，未来现金流的增长率是什么，贴现率的具体选定，以及预测期的长短。

3. 贴现现金流的方法种类

在价值评估中可供选择的公司现金流量主要有两种：股权现金流量和实体现金流量。依据现金流量的不同种类，使用该方法评估公司价值可以分为两种具体的操作模型：权益自由现金流贴现模型和实体自由现金流贴现模型。

从理论上来说，只要折现率选择适当，并能够反映每一种现金流量的风险，运用这两种方法计算出来的公司价值是完全相同的。

下面我们将分别来介绍这两种不同的贴现现金流方法。每种方法里我们需要确定上述的四个要素：现金流的内容、现金流的增长率、贴现率、预测期限。

15.4.2 权益自由现金流贴现法

权益自由现金流贴现法（free cash flow to equity，FCFE）的基本原理是企业的价值等于所有流向股东的自由现金流现值的总和，即：

$$V = \sum_{t=1}^{T} \frac{t \text{期可供股东自由支配的现金流}}{(1 + \overline{r_E})^t}$$

15.4.2.1 权益自由现金流

1. 权益现金流的计算

权益自由现金流量表示在满足了公司的资本需求和支付了债权人的成本

后可向股东支付的自由现金流量。

$$权益自由现金流量 = 净利润 + 折旧 - 资本性支出 - 营运资本需求的变化$$
$$- (债务本金偿还 - 新发行的债务)$$

其中，折旧和摊销指在计算利润时已经扣减的固定资产折旧和长期资产摊销数额。它们虽然也是可以减税的项目，但是本期并未支付现金。折旧和摊销包括计提长期资产减值准备、固定资产折旧、无形资产和长期待摊费用摊销；营运资本是指流动资产和无息流动负债的差额；资本支出是指用于购置各种长期资产的支出，减去无息长期负债的差额。长期资产包括长期投资、固定资产、无形资产、其他长期资产。无息长期负债包括长期应付款、专项应付款等。

根据前面提供的××公司的资产负债表和损益表，我们可以计算出××公司的历史的自由权益现金流，具体计算如表15-6所示。

表15-6　　　　　　　　历史自由权益现金流的计算

项目	T+2	T+1	T
净利润	1 087.26	-7 238.67	-986.16
折旧	981.12	376.59	—
资本性支出	4 005.02	-6 681.67	—
营运资本需求增加	1 698.55	246.68	—
债务本金偿还	6 000.00	18 000.00	—
新发行的债务	21 711.43	23 000.00	—
权益自由现金流	12 076.24	4 572.91	—

2. 对权益自由现金流的预测

对未来现金流的预测通常根据现金流的增长模式来确定。通常有三种常用的现金流增长模型。

（1）零增长模型。零增长模型假定现金流是固定不变的。换言之，现金流的增长率等于零，即：

$$FCF_1 = FCF_2 = \cdots = FCF_T = FCF_0，或者 g_t = 0。$$

$$V = \sum_{t=1}^{\infty} \frac{FCF_t}{(1+\overline{r_E})^t} = FCF_0 \left[\sum_{t=1}^{\infty} \frac{1}{(1+\overline{r_E})^t} \right]$$

其中，FCF为可由股东自由支配的现金流；$\overline{r_E}$为权益资本成本。

当 $\overline{r_E}$ 大于零时，$1/(1+\overline{r_E})$ 小于 1，可以将上式简化为：

$$V = \frac{FCF_0}{\overline{r_E}}$$

（2）不变增长模型。不变增长模型又称戈登增长模型或戈登模型（Gordon Dividend growth model，或 Gordon model）[①]。戈登模型有三个假定条件：现金流的支付在时间上是永久性的，即 t 趋向于无穷大（t→∞）；现金流的增长速度是一个常数，即 g_t 等于常数（$g_t = g$）；模型中的贴现率大于现金流增长率，即 $\overline{r_E}$ 大于 g（$\overline{r_i} > g$）。

根据上述三个假定条件，现金流的现值可以表示为：

$$
\begin{aligned}
V &= \frac{FCF_1}{(1+\overline{r_E})} + \frac{FCF_2}{(1+\overline{r_E})^2} + \frac{FCF_3}{(1+\overline{r_E})^3} + \cdots = \sum_{t=1}^{\infty} \frac{FCF_t}{(1+\overline{r_E})^t} \\
&= \frac{FCF_0(1+g)}{(1+\overline{r_E})} + \frac{FCF_0(1+g)^2}{(1+\overline{r_E})^2} + \cdots + \frac{FCF_0(1+g)^{\infty}}{(1+\overline{r_E})^{\infty}} \\
&= FCF_0 \left[\frac{(1+g)/(1+\overline{r_E}) - [(1+g)/(1+\overline{r_E})]^{\infty}}{1 - [(1+g)/(1+\overline{r_E})]} \right] \\
&= \frac{FCF_0(1+g)}{\overline{r_E} - g} = \frac{FCF_1}{\overline{r_E} - g}
\end{aligned}
$$

上式是不变增长模型的函数表达形式，其中的 FCF_0、FCF_1 分别是初期和第一期的现金流。当式中的现金流增长率等于零时，不变增长模型就变成了零增长模型。因此，零增长模型是不变增长模型的一种特殊形式。

（3）现实中大多是根据企业的发展阶段来确定现金流的增长形式。例如夏普将公司的经济增长分为三个阶段，从而选用不同的增长率。

预测未来现金流最难的变量是这些现金流的增长率。公司的经济增长可分为三个阶段：高速增长阶段、过渡阶段和成熟期。处于高速增长时期的公司分享了迅速扩张的市场，高利润率以及销售收入和收益的非正常的高增长率。从过渡时期到成熟期，由于竞争对手在价格和利润率上所带来的压力而造成收益增长放缓或由于增加的市场饱和度而造成销售增长放缓。在成熟期，公司达到了均衡状态，即销售收入和收益增长与长期经济增长保持一致。

[①] Gordon，M J. The Investment，Financing and Valuation of the Corporation［M］. Irwin，Homewood，1962.

最初增长时期（5～15 年）要求预测在最初两年所有的投入变量以及本时期剩余年份的各变量增长率；预测未来两年完整的财务报表以及提供一个像收益这样的最重要变量的长期增长预测。

经过最初时期后，公司的增长率期望回归到经济的平均增长率。萎缩的回报率的经济法则暗示着，并且许多实证分析已经证明公司不可能在很长的时期内一直比本行业增长快。对于大多数公司而言，销售增长会最终降到名义 GDP 增长速度的水平上来。这体现在模型中第二个阶段中的中间衰退时期。增长率，利润率以及其他所有投入因素从第一个阶段的水平衰退到平稳的长期增长水平（通常 3～10 年）。

第三个（最后）时期假设公司达到了生命周期的成熟期（定义为 150 年，假设公司是持续经营的），从此以后，它要跟经济保持同样的增长速度。根据公司的业务，利润率的衰退反映了随着时间的推移竞争优势的恶化。

三个阶段中流向权益的折现现金流的和等于该股票的内在价值。权益现金流是所有经营成本（包括利息和税收）和本金已经被支付后可以被公司权益资本提供者自由支配的现金。运用权益自由现金流量折现模型对公司权益价值进行评估，公司权益价值可以使用权益资本成本对预期未来的权益自由现金流量进行折现来得到。权益资本成本是投资公司股票的投资者所要求的报酬率。

数学表达式为：

$$V = \frac{FCF_1}{(1 + \overline{r_1})} + \frac{FCF_2}{(1 + \overline{r_1})^2} + \sum_{t=3}^{n} \frac{FCF_t}{(1 + \overline{r_1})^t} + \sum_{t=n+1}^{N} \frac{FCF_t}{(1 + \overline{r_t})^t} + \sum_{t=N+1}^{M} \frac{FCF_t}{(1 + \overline{r_T})^t}$$

其中，V：在 t = 0 时权益现金流的价值；FCF_1：在第一年流向权益的自由现金流；FCF_2：在第二年流向权益的自由现金流；FCF_t：在第 t 年流向权益的自由现金流；r_1：第一阶段的折现率；r_t：第 t 阶段的折现率；r_T：第 T 阶段的折现率；n：第一阶段的结束年；N：第二阶段的结束年；M：第三阶段的结束年。

本模型具有足够灵活性以便允许随时间变化的贴现率，变化是由随时间而变化的利率和风险期望而引起的。

凭借对行业结构和公司内在能力的仔细分析，我们在 ×× 股份公司 T + 2 年经营绩效的基础上谨慎地假定未来公司原业务规模和绩效水平上保持较为稳定的增长。根据公司的未来发展规划和行业发展前景，可以对公司的绩效前景作出细目预测，如表 15 - 7 和表 15 - 8 所示。

表 15 -7 　　　　　　　　　资产负债表预测　　　　　　　　单位：万元

项目	T + 3	T + 4	T + 5
资产			
货币现金	3 296. 40	13 218. 93	15 837. 51
应收账款	156. 33	156. 33	1 872. 63
预付账款	954. 88	1 054. 88	1 060. 48
其他应收款	4 181. 71	3 892. 67	4 081. 71
存货	304. 2	304. 2	304. 2
其他流动资产合计	0	0	236. 26
流动资产总额	8 893. 53	18 627. 00	23 156. 53
固定资产原价	28 465. 50	35 465. 5	36 465. 5
累积折旧	6 272. 14	7 972. 14	9 702. 14
固定资产减值准备	7 599. 86	7 299. 86	7 099. 86
固定资产净额	14 593. 50	20 193. 50	19 663. 5
在建工程	8 552. 87	1 830. 00	5 930. 00
固定资产合计	23 146. 37	22 023. 5	25 593. 5
无形资产	3 822. 01	3 706. 24	3 622. 01
长期投资	2 914. 18	2 914. 18	2 914. 18
资产总额	38 746. 08	47 270. 93	55 286. 21
负债与股东权益			
短期借款	2 500. 00	2 500. 00	2 500. 00
应付账款和票据	4 000. 00	3 600. 00	3 300. 00
预收账款	2 760. 00	3 160. 00	3 560. 00
其他无息流动负债	18 758. 70	18 928. 00	18 991. 00
无息流动负债总额	28 018. 70	27 688. 00	27 351. 00
长期负债		0	0
负债总额	28 018. 70	27 688. 00	27 351. 00
少数股东权益	0	0	0

续表

项目	T + 3	T + 4	T + 5
股本与实缴资本	14 000.00	14 000.00	14 000.00
盈余公积		837.44	1 252.84
留存收益	- 3 272.62	4 745.49	12 682.37
股东权益总额	10 727.38	19 582.93	27 935.21
负债与股东权益总额	38 746.08	47 270.93	55 286.21

表 15 - 8　　　　　　　　**损益表预测**　　　　　　单位：万元

	T + 3	T + 4	T + 5
主营业务收入	24 380.62	34 475.59	39 970.00
主营业务成本	17 782.89	23 439.89	26 445.00
税金及附加	263.29	263.29	263.29
主营业务利润	6 334.44	10 772.41	13 261.71
其他业务利润	- 5.60	- 5.60	- 5.60
销售费用	432.93	529.80	618.81
管理费用	1 254.55	1 330.87	1 450.33
财务费用	185.60	185.60	185.60
资产减值损失	—	—	—
营业利润	4 455.76	8 720.54	11 001.38
投资收益	318.51	135.00	135.00
补贴收入	—	—	—
营业外收入	—	—	—
营业外支出	—	—	—
税前利润	4 774.28	8 855.54	11 136.38
所得税	—	—	2 784.10
净利润	4 774.28	8 855.54	8 352.28

注：表中使用财务费用近似代替利息费用。

　　根据表 15 - 7 与表 15 - 8 中的相关数据，并运用自由权益现金流的计算公式，我们可以得出表 15 - 9 的结果。

表 15 – 9	自由权益现金流的预测		单位：万元
项目	T + 3	T + 4	T + 5
净利润	4 774. 28	8 855. 54	8 352. 28
折旧	2 051. 29	1 700. 00	1 730. 00
资本性支出	7 350. 70	7 184. 23	1 115. 77
营运资本需求增加	– 10 105. 49	141. 65	2 247. 93
债务本金偿还	45. 54	45. 54	45. 54
新发行的债务	—	—	—
权益自由现金流	9 534. 82	3 184. 12	6 673. 04

根据公司最近 3 年的发展规划，至 T + 5 年公司的投资工程基本完成，结合国际市场上相似产品价格的不断上涨和供应安全的不确定性等因素，公司将步入一个快速的增长时期，预计权益自由现金流从 T + 5 年开始保持一个10% 的增长率，从 T + 8 年至 T + 12 年保持 8% 的增长率，此后将与国民经济保持同样的增长速度，约为 6%。

15. 4. 2. 2　权益资本成本——贴现率

资本成本是现金流量风险的函数，风险越大，则资本成本越大，因此所选的资本成本和现金流量要相互匹配。权益现金流量只能用权益资本成本，在确定股权的资本成本时，可以使用资本资产定价模型（CAPM），在运用这个模型时需要首先分别确定无风险利率、β 系数和市场风险。无风险利率可以选择我国长期国债的利率或者相应年限的银行存款利率，国债的年限要与预期的现金流年限一致。而在确定 β 系数时，可以选择线性回归的方法，对样本公司某一段时间的个股回报率及该股所在市场回报率进行线性回归得到。

1. 资本资产定价模型

我们使用资本资产定价模型（CAPM）来估计公司的权益资本成本。资本资产定价模型将证券的期望回报率同证券的风险直接联系起来。该模型建立的前提是：收益的方差能够恰当地度量风险，只有系统风险才需要补偿。模型通过估计 β 系数来度量证券的系统风险，并将证券的期望收益与估计的β 系数联系起来。尽管资本资产定价模型存在一定的缺陷，但它毕竟是国际上广泛使用的一种估计权益资本成本的模型。资本资产定价模型用公式为：

$$\overline{r_i} = r_f + \beta_i (r_m - r_f)$$

其中，$\bar{r_i}$为证券i的期望回报率（在风险确定的情况下，股东所要求的回报率即为公司的权益资本成本）；r_f为无风险利率；β_i为证券i的β系数（用来度量证券的系统风险）；r_m为证券市场组合的回报率。

在实际使用资本资产定价模型时，要求以下变量是已知的。

（1）无风险利率；

（2）证券市场组合的风险溢价；

（3）证券的β系数。

2. 确定无风险利率

无风险利率是指无任何违约风险的证券或有价证券投资组合的回报率，它与经济中其余任何回报率完全无关。从理论上讲，对无风险利率最好的估计方法是β系数为零的有价证券的期望回报率。构造β系数为零的有价证券非常复杂，因此，这种方法难以在估计无风险利率时加以使用。

在实践中，确定无风险利率时有使用政府证券的三个合理的备选方法。

（1）短期国库券利率；（2）10年期国债利率；（3）期限更长的国债利率。

一般来说，无风险利率可以选择我国长期国债的利率或者相应年限的银行存款利率，国债的年限要与预期的现金流年限一致。

3. 证券市场组合的收益率

在市场组合期望收益率的代理变量的选取上，可以以我国宏观经济的均衡增长率来代表预期的市场组合收益率。

4. 估计β系数

（1）β系数。如果我们把证券市场处于均衡状态时的所有证券按其市值比重组成一个"市场组合"，这个组合的非系统性风险将等于零。这样我们就可以用某种证券的收益率和市场组合收益率之间的β系数作为衡量这种证券系统性风险的指标，即：

$$\beta_i = \frac{\text{cov}(r_i, r_M)}{\sigma_M^2}$$

其中，β=1时，表示该单项资产的风险收益率与市场组合平均风险收益率呈同比例变化，其风险情况与市场投资组合的风险情况一致；β＞1时，说明该单项资产的风险收益率高于市场组合平均风险收益率，则该单项资产的风险大于整个市场投资组合的风险；β＜1时，说明该单项资产的风险收益率小于市场组合平均风险收益率，则该单项资产的风险程度小于整个市场投资组合的风险。

（2）β系数的估计。β系数的估计是 CAPM 模型实际运用时最为重要的环节之一。估计β系数的一般方法是对股票回报率（r_i）与证券市场组合回报率（r_m）进行回归分析，回归方程的形式如下：

$$r_{it} - r_{ft} = b_i(r_{mt} - r_{ft}) + u_t$$

其中，r_{it} 表示证券 i 在时期 t 的回报率；r_{ft} 表示时期 t 的无风险利率；r_{mt} 表示时期 t 证券市场组合的回报率；b_i 表示要估算的β系数；u_t 表示残差项。

在估算β系数时，r_{ft} 经常被省略，这通常不会对估算结果造成什么影响，因为与被估值证券的回报率相比较而言，无风险利率的波动从各方面来看都是很小的。

在实际运用中，人们常用单因素模型来估计β值。单因素模型一般可以表示为：

$$r_{it} = \alpha_i + \beta_i r_{mt} + u_t$$

其中，r_{it} 为证券 i 在 t 时刻的实际收益率；r_{mt} 为市场指数在 t 时刻的收益率；α_i 为截距项；β_i 为证券 i 收益率变化对市场指数收益率变化的敏感度指标，它衡量的是系统性风险；u_t 为随机误差项，该随机误差项的期望值为零。

虽然从严格意义上讲，资本资产定价模型中的β值和单因素模型中的β值是有区别的，前者相对于整个市场组合而言，而后者相对于某个市场指数而言，但是在实际操作中，由于我们不能确切知道市场组合的构成，所以一般用市场指数来代替，因此，我们可以用单因素模型测算的β值来代替资本资产定价模型中的β值。另外，CAPM 模型中的β值是预期值，而我们无法知道投资者的预测值是多少，我们只能根据历史数据估计过去一段样本期内的β值，并把它当作预测值使用。这里的差距是显而易见的，读者应注意。

单因素模型可以用图 15 - 1 中的特征线表示，特征线是从对应于市场指数收益率的证券收益率的散点图拟合而成的，根据单因素模型的公式，β值可以看作特征线的斜率，它表示市场指数收益率变动 1% 时，证券收益率的变动幅度。

我们可以运用对历史数据的回归分析估计出单因素模型中的参数，从而得出β值。例如，可以计算出过去 10 年内的月收益率，这样市场指数和某一证券的收益率就分别有 120 个观察值，然后对这些观察值进行回归分析。β 值的观察值越多，β 值的估算就越准确。通常来说，β 值的观察值越多，β 值的估算就越准确。例如有学者以宝钢股份为例，选取了 2000 年 12 月至 2004 年 12 月的月数据，运用市场模型进行了时间序列回归，回归结果为：$r_{it} = 1.299 + 0.757r_{mt}$，所以宝钢的 β 系数为 0.757，显示宝钢的波动性小于市场指数的波动性，是一只防守型的股票。[①]

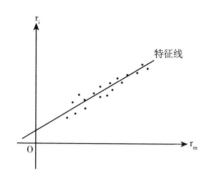

图 15 - 1　β 值和特征线

（3）β 系数决定因素。公司的 β 系数由三个因素决定：公司所处的行业、公司的经营杠杆比率和公司的财务杠杆比率。

①行业类型。β 系数是衡量公司相对市场风险程度的指标，因此，公司对市场的变化越敏感，其 β 系数越高。在其他情况相同时，周期性公司比非周期性公司的 β 系数高。如果一家公司从事多样化经营活动，那么它的 β 系数是公司不同行业产品线 β 系数的加权平均，权重是各行业产品线的市场价值占市场总价值的比例。

②经营杠杆比率。经营杠杆比率是公司成本结构的函数，它通常被定义为固定成本占总成本的比例。公司的经营杠杆比率越高，与生产同种产品但经营杠杆比率较低的公司比较，息税前收益（EBIT）的波动性越大。其他条件不变，公司经营收入的波动性越大，经营杠杆比率就越高，公司的 β 系数就越高。

③财务杠杆比率。其他情况相同时，财务杠杆比率较高的公司，β 系数也较大。因为从直观上看，债务利息支出的增加将导致净收益波动性的增大，

① 邵宇，秦培景. 证券投资分析——来自报表和市场行为的见解 [M]. 上海：复旦大学出版社，2008.

即在经济繁荣时期收益增长幅度较大，而在经济萧条时期收益下降幅度也较大。

当企业的资本全部为权益资本时，我们用资产 β 值或无杠杆 β 值来表示股票的 β 值。此时，企业面临的只是经营风险，而没有财务风险。当企业存在负债时，我们用权益 β 值或杠杆 β 值来表示股票的风险，因为此时企业既要承担经营风险又要承担财务风险，企业的杠杆 β 值包括了这两种风险。在企业债券无市场风险（即其 β 系数等于零）的情况下，企业的资产 β 值与其杠杆 β 值之间的关系如下：

$$\beta_L = \beta_U [1 + (1 - T_C)(D/E)]$$

其中，β_L 表示考虑公司债务后的 β 系数，即杠杆 β 值；β_U 表示假设公司没有负债时的 β 系数，即资产 β 值；T_C 表示公司所得税边际税率；D/E 表示公司债务市值/公司权益市值。

公司无负债的 β 系数由公司所处的行业和公司的经营杠杆比率决定。如果公司债券有市场风险（即其 β 系数大于零），则应将上述公式做相应的调整。如果债券的 β 系数为 β_D，则公司权益的 β 系数为：

$$\beta_L = \beta_U [1 + (1 - T_C)(D/E)] - \beta_D(D/E)$$

上述估计 β 系数的方法需要知道公司资产的价值，但是对于非上市公司而言，其资产的价值是很难确定的。因此，估计非上市公司的 β 系数时，可以利用与该公司经营风险和杠杆比率都具有可比性公司的 β 系数。然后，利用 β 系数与杠杆比率的关系，可以进一步根据被估值公司与可比公司之间财务杠杆的差异进行调整。调整公式如下：

$$\beta_U = \beta_L / [1 + (1 - T_C)(D/E)]$$

公式中参数的含义同上。

有了 β 系数以后，权益资本成本为：

$$r_e = r_f + \beta(r_m - r_f)$$

15.4.2.3　期限

企业的寿命是不确定的，因此在财务管理中通常采用持续经营假设。为了避免预测无限期的现金流量，大部分估价将预测的时间分为两个阶段。第一阶段是明确的、有限的预测期，称为"详细预测期"，对此期间每年的现金流量都要进行详细预测，根据现金流量模型计算其预测期价值。第二阶段是预测期以后的无限时期，称为"后续期"，在此期间假设企业进入稳定阶段，有一个稳定的增长率，据此计算后续期价值。因此，企业价值被分为两个部分：企业价值 = 预测期价值 + 后续期价值。本例中，我们最后一个阶段现金流预测即为后续期价值。关于期限的确定与阶段的划分在前面关于权益现金流部分已经加以详细描述。

一般地，现金流量逐期预测，直到其不确定的程度使得管理部门难以做更进一步的预测。但这种做法随着行业背景、管理部门政策和收购的具体环境不同而不同，存在很大的主观性，容易武断行事。

【例15-1】继续沿用以上××公司数据，用三个阶段现金流增速的方法对企业权益价值进行预测。具体计算如下：

$$
V_0 = \frac{FCF_1}{(1+r_1)} + \frac{FCF_2}{(1+r_1)^2} + \sum_{t=3}^{n}\frac{FCF_t}{(1+r_1)^t} + \sum_{t=n+1}^{N}\frac{FCF_t}{(1+r_t)^t} + \sum_{t=N+1}^{M}\frac{FCF_t}{(1+r_T)^t}
$$

$$
= \frac{95\,348\,200}{1+0.084\,9} + \frac{31\,841\,200}{(1+0.084\,9)^2} + \frac{66\,730\,400}{(1+0.084\,9)^3} + \frac{66\,730\,400(1+0.1)}{(1+0.084\,9)^4}
$$

$$
+ \frac{66\,730\,400\,(1+0.1)^2}{(1+0.084\,9)^5} + \frac{80\,743\,784(1+8\%)}{(1+0.087\,5)^6} + \frac{80\,743\,784\,(1+8\%)^2}{(1+0.087\,5)^7}
$$

$$
+ \frac{80\,743\,784\,(1+8\%)^3}{(1+0.087\,5)^8} + \frac{80\,743\,784\,(1+8\%)^4}{(1+0.087\,5)^9}
$$

$$
+ \frac{80\,743\,784\,(1+8\%)^5}{(1+0.087\,5)^{10}} + \frac{118\,639\,108.9(1+6\%)}{(0.087\,4-0.06)\times(1+0.087\,5)^{10}}
$$

$$
= 87\,886\,625.5 + 27\,052\,662.1 + 52\,258\,218.52 + 74\,914\,147.3
$$

$$
+ 53\,723\,036.61 + 52\,717\,797.82 + 52\,354\,226.8 + 51\,993\,163.12
$$

$$
+ 51\,634\,589.57 + 51\,278\,488.94 + 1\,985\,591\,440
$$

$$
= 2\,541\,403\,797
$$

15.4.3 实体现金流贴现法

实体现金流贴现法主要是关注并评估出公司整体的价值，不像权益法只评估权益，其评估结果就是所有权利要求者所要求的价值，包括债权人和股东。此时要求权益的价值就只能是把公司整体价值减去债权的价值（所以又称为间接法）。求取公司价值最普通的做法就是把公司所有投资者的现金流，包括债权人和股权投资者的现金流折现。

在并购时，实体现金流贴现法是通过计算公司（企业）生命周期内所有现金流量的现值从而给公司定价的。通常假设公司是可以永久存在的，所以这种分析方法可分成两个部分：预测的时期和残值价值。在预测时期时，对将交易的经济成本和收益考虑在内的现金流要有明确的预测。最理想的情况是，预测期与公司具有竞争优势的时间相同（例如，预期的收益超过要求的收益的情况）。在大多数情况下预测时期为 5 ~ 10 年的时间。预测期结束后，由现金流引致的公司价值体现在公司的残值上。残值是在预测时期的最后一年估计出，并且把所有的超出预测时期的未来现金流的现值资本化。残值部分的现金流设立在平稳状态的假设上：公司没有可能获得非正常增长的机会或者说在这期间内预期收益等于要求的收益率。一旦企业的明细自由现金流被确定下来，资本的加权平均成本（weighted average cost of capital，WACC）就会被用来将现金流贴现从而决定现值。预测期的现值和残值现金流之和即为公司或企业价值的估计。

$$FV = \sum_{t=1}^{T} \frac{FCF_t}{(1 + WACC)^t} + \frac{V_T}{(1 + WACC)^T}$$

其中，FV 表示目标企业的评估价值；FCF 表示预期现金净流量；T 表示预测期限；WACC 表示折现率；t 表示年份；V_T表示目标企业期末残值。

15.4.3.1　实体现金流

公司实体自由现金流量（free cash flow to firm，FCFF）是指公司产生的在满足了再投资需要之后剩余的现金流量，这部分现金流量是在不影响公司持续发展的前提下可以"自由"分配给公司全部资本提供者（包括债权人和股东）的最大现金额。

实体现金流 = 息税前利润 + 折旧 – 税收 – 固定资产净投资
　　　　　 – 净营运资本增加的净值

实体现金流 = 息税前利润 ×（1 – t）+ 折旧 – 固定资产净投资 – 净营运资本增加

【例 15 – 2】下面为某公司的一些基本数据，请根据这些资料来计算公司2012 年的实体现金流量（见表 15 – 10）。

表 15 - 10   实体现金流量

项目	T + 2	T + 3
销售收入	1 000	1 200
销售成本	700	850
折旧	30	35
利息	40	50
税率（38%）	80	90
税后利润	150	175
资本投入	40	40
存货	50	60
应收账款	50	60
应付账款	20	25

T + 3 年:实体现金流 = 息税前利润 × (1 − t) + 折旧 − 固定资产净投资
　　　　　　　　　− 净营运资本增加
= (1 200 − 850 − 35) × (1 − 38%) + 35 − 40
− [(60 + 60 − 25) − (50 + 50 − 20)] = 175. 3

15.4.3.2　资本成本

用实体现金流量计算公司的整体价值，对应地需要使用加权平均资本成本，即权益成本和债务成本的加权平均值。确定加权平均资本成本时要确定股权成本、债务成本及各自的比重。

使用加权平均资本成本对未来现金流量折现，依赖于以下假设：企业的债务与股权比率保持不变。公司所得税是唯一要考虑的市场摩擦。

加权平均资本成本的计算：

$$WACC = \frac{E}{D + E}r_E + \frac{D}{D + E}r_D(1 - T)$$

其中，WACC 表示加权平均资本成本；r_E 表示公司普通权益资本成本，运用前面所述的资本资产定价模型进行确定；r_D 表示公司债务资本成本；E

表示权益资本市场价值；D 表示债务资本市场价值；T 表示公司有效的所得税税率。

【例 15 – 3】如果设定，权益资本成本为 0.25，债务资本成本为 0.10，权益在资本结构中的比例为 0.70，负债在资本结构中的比例为 0.30，所得税税率为 0.40，求公司的 WACC。

利用公式 $WACC = \dfrac{E}{D+E}r_E + \dfrac{D}{D+E}r_D(1-T)$ 可得：

$$WACC = 0.25 \times 0.7 + 0.3 \times 0.1 \times (1 - 0.4)$$
$$= 0.175 + 0.018 = 0.193$$

15.4.3.3 预测期限与残值

残值是指目标企业在预测期后现金流量的现值。它并不是企业在清理时真正意义上的残值。目标企业被并购后，应在并购企业的管理下继续生产和经营。从理论上来说，以贴现现金流量方法确定目标企业的价值，应该用目标企业在存续期间内每年的现金流量折现。但并购企业不可能得到目标企业在其管理与控制下至清算破产前的现金流量资料和清算破产时的残值信息。因此，最可行的办法是从目标企业在其管理控制下产生现金流量的第一年起开始预测，直至目标企业的现金流量对其价值没有任何影响为止。

一般地，目标企业的残值取决于以下两个因素：（1）预测期；（2）并购企业在预测期末对其竞争地位的合理估计。不同的情形可以采用不同的估价方法。例如以收益为目的的并购，其残值的最佳衡量标准就是目标企业的清算价值。而以投资为目的的并购，则应采用持续经营的观点来衡量目标企业的残值。

由于企业一般认为是持续经营的，超过 5～10 年的现金流趋向于平滑，所以分析师们一般预计一个有限期间的现金流，然后假设这个时期末的一个残值。

例如，一个可以预测 5 年的现金流，其后现金流一直保持平稳，则其残值可以估计为：$TV = \dfrac{FCF_5}{WACC}$，即假设现金流和贴现率在预测期外保持不变。

更为一般地，通常假设现金流在预测期外保持一个固定的增长速度，如 g，则残值为：

$$TV = \frac{FCF_5(1+g)}{WACC - g}$$

注意，实体现金流贴现方法与权益现金流贴现方法得出的企业价值不是同一个概念，一个是企业整体的价值；另一个是企业的权益价值，需要转换。

15.4.4　评述

现金流量折现法是资本投资和资本预算的基本模型，被看作企业估值定价在理论上最有成效的模型，因为企业的经济活动就表现为现金的流入和流出。由于有坚实的基础，当与其他方案一起使用时，现金流量折现法所得出结果往往是检验其他模型结果合理与否的基本标准。

该方法有两个基本的输入变量：现金流和折现率。因此在使用该方法前首先要对现金流作出合理的预测。在评估中要全面考虑影响企业未来获利能力的各种因素，客观、公正地对企业未来现金流作出合理预测。其次选择合适的折现率。折现率的选择主要是根据评估人员对企业未来风险的判断。由于企业经营的不确定性是客观存在的，因此对企业未来收益风险的判断至关重要，当企业未来收益的风险较高时，折现率也应较高，当未来收益的风险较低时，折现率也应较低。

现金流量折现法的主要缺点就是其对现金流量估计和预测的固有的不确定性。由于必须对许多的有关市场、产品、定价、竞争、管理、经济状况、利率之类作出假定，准确性因而减弱。不过，在每次并购中，人们都应该使用现金流量折现法。因为它把注意力集中到最重要的假定和不确定性上，尤其是将它用于为买方确定最高定价时，其结果具有重要的参考价值。

15.5　实物期权法

与传统的投资决策分析方法相比较，实物期权的思想方法不是集中于对单一的现金流的预测，而是把分析集中在项目所具有的不确定性问题上，即现金流的所有可能变化范围，用概率的语言来描述。当使用关于现金流的概率分布和未来预期的市场信息时，实物期权分析方法把金融市场与投资项目的决策联系起来，对未来现金流没有主观的预测，与传统的定价方法相比，实物期权定价方法能够更好地评估不确定投资项目的价值。

15.5.1　实物期权的概念、特点

1. 金融期权的概念

金融期权（financial option）是一种金融契约，是指它的持有者有权在规定期限内按双方约定的价格（也称协议价格或执行价格）购买或出售一定数量某种金融资产的合约。对于购买者来说是一种金融选择权，即购买者支付一定数额的权利金后，拥有在一定时间内以事先确定的价格向出售者购买或出售一定数量的金融商品的权利，但不负有必须买进或卖出的义务。

从狭义上讲，实物期权（real option）是金融期权理论在实物资产期权上的扩展，但是，实物期权又不同于金融期权，因为其标的资产不是股票、债券、期货或货币等金融资产，而是某个具体投资项目，它们可以被理解为该项目所对应的设备、土地等实物资产，因此，称这些期权为实物期权。从本质上看，实物期权有着与金融期权相类似的特征，即它赋予期权的购买者在未来某一特定时刻或者该时刻之前，以约定价格买进或卖出一定数量的标的资产的权利。不过绝大多数实物期权更像是美式期权，它可以在期权的有效期内任何时刻执行。

2. 实物期权的特点

从广义上讲，实物期权是一种思维方法，它改变了人们对不确定性投资的传统思维方式。

（1）实物期权是或有决策。实物期权可以在看到事情是如何发展之后，再制定决策，但如果向不好的方向发展，将作出另一种决策。这就意味着期权的损益是非线性的，它将随着你的决策变化而变化。固定的（非或有）决策具有线性的损益，因为不管什么事情发生，你都将作出同一个决策。

（2）实物期权估价与金融市场估价是一致的。实物期权方法是使用金融市场的输入量，来为实物资产复杂的损益进行定价。其结果是使管理期权、金融市场的选择方案、内部投资机会以及交易机会（如合资、技术许可证、并购等）具有等值基础上的可比性。

（3）实物期权思维方式能够用来设计和管理战略投资。非线性损益也可以作为一种工具来设计如何降低不确定性带来的风险，如何能够在出现有利结果的情况下增加收益。

实物期权除了具有一些与金融期权相类似的特征之外，由于其应用于实物投资领域，其标的资产是具体的投资项目，因此，还具有一些不同于金融期权的独特性质。一个投资项目可能具有多种实物期权，各种实物期权之间相互关联依赖，相互作用影响，它们之间不是相互独立的，即实物期权具有复合性质，因此实物期权比一般的金融期权更加复杂。

15.5.2 期权理论应用于并购定价的意义

实物期权的思想基于投资机会与金融期权的类比。金融期权是一种具有价值的灵活选择权，其权利是否行使要看其能否带来收益，无收益则该期权会被抛弃。而在企业经营决策中，包括项目投资和企业并购等方面，由于多种因素影响未来发展的不确定性，初始的设想不一定能够实现。但在此过程中，企业也拥有了许多的灵活选择权，例如企业可以等到市场成熟后，更多的信息显示项目投资价值大于投资成本之后，再决定是否投资该项目，也可以尝试小额投资，发现形势变化再判断是否马上撤出或者扩大投资规模，这些选择权具有较高的价值。其实项目投资本身便是一种期权，其中项目的净现值便相当于期权中对应资产的价值，项目投资成本相当于期权执行价格。

实物期权将投资机会视为投资者持有的期权，并购作为企业的一种投资行为可以用实物期权理论来研究并购中的创造的期权价值问题。按照传统的观点，不确定性越高，资产价值越低。实物期权方法则指出，假如管理者能够辨明和使用对应于并购发展中事件的弹性期权，那么增加的不确定性能够带来更高的价值。

根据企业价值评估的实物期权理论，当企业拥有通用资产较多、企业资源的灵活性较大、存在较大的资源调整空间时，可以根据市场需求状况灵活地调整企业的生产规模和产品结构。因此，不管企业有没有收益或收益是否可以衡量，只要企业具有较强的环境适应能力和核心竞争能力，能够针对环境的变化，适时的调整自己的经营策略，通过对企业多元化战略深度和广度的良好把握，不断增加企业的价值，那么企业便具有了一定的资产和技能的适应性和灵活性。通过实物期权法，可以评估这种灵活性和适应性的价值。[①]

15.5.3 期权定价理论的估价模型

在结合贴现现金流量法和实物期权定价理论的基础上，目标企业的并购价值应包括以下内容：由贴现现金流方法反映的是企业"现实资产"的价值，目标企业的价值主要体现之一就是其未来的收益能力，通过预测该企业未来可能产生的自由现金流，经过加权平均资本率进行贴现后，可以计算得出的这一部分现实资产的价值；企业价值的另一部分则是未来增长机会的折现价值，即目标企业包含的期权价值，并购活动本身也具有选择权，因此，总价值中必须考虑并购活动本身带来的期权价值。

目标企业在并购前作为一个拥有独立经营权的主体，有权根据外部环境和自身状况决定是否进一步投资。由于这些投资项目是否进行具有较大的不确定性，它们产生的现金流没有得到估计，因此，如果在并购前仅按折现会造成目标企业价值的低估，所以引入期权模型对目标企业拥有的投资机会进行估价，并将其称为目标企业的期权价值。实物期权法考虑了企业并购所产生的协同效应。

目标企业期权价值为：

$$V_2 = SN(d_1) - Xe^{-R_FT}N(d_2)$$

其中，

$$d_1 = \frac{\ln\left(\frac{S}{X}\right) + \left(R_f + \frac{\sigma^2}{2}\right)}{\sigma\sqrt{t}}$$

$$d_2 = d_1 - \sigma\sqrt{t}$$

V_2 表示目标企业期权价值；S 表示标的资产的当前价值；t 表示距期权到期日的时间；X 表示期权的执行价格；R_f 表示无风险利率；σ 表示标的资产价格波动率；$N(d_1)$ 表示标准正态分布自 $-\infty$ 到 d_1 的累计概率。

目标企业的价值等于现有业务的贴现现金流值与未来投资机会的期权价值之和（$V = V_1 + V_2$）。

[①] 有关实务期权方法在并购估值中的应用，另可参见：杨志强，黄椿丽，黄林娜等. 互联网企业并购的实物期权定价方法 [J]. 财会月刊，2015（29）：120 - 126.

15.6 企业并购价值评估方法局限性分析

净现值法要基于一系列的假设，在实际操作过程中会遇到下列困难：难以准确估算预测期现金流量，误差可能比较大；不易把握预测期限 n 的时间跨度，一般的预测期为 5～10 年，这个期限设定较为笼统；估算必要的预期收益率有困难。例如在资本成本的确定中，围绕资本资产定价模型仍有许多争议，理论上，加权资本成本的计算应当以未来企业的资本结构为基准，企业总体价值中的股权价值是指未来期间内的市价总值；但是在估值的实际操作中，加权资本成本的计算只能以企业即期资本结构与即期市价总值作为相关参数取值的近似替代，这种做法固然方便，却削弱了估算结果的可靠性。

从总体来说，资产价值基础法从静态的角度确定企业价值，而没有考虑企业的未来发展与现金流量的折现值，也没有考虑其他未记入财务报表的因素，例如行业现状、人力资源、企业文化、组织问题以及契约、协同效应等因素，往往使企业价值被低估。

相对价值法比净现值法更有现实性，但同样具有局限性，主要表现在三个方面：相对价值法只能说明可比企业之间的相对价值高低，对于这些可比企业的绝对价值是否全部被低估或高估则无法判断；相对价值法缺乏真正意义上的可比企业，即使是在同一个行业，每个企业还是各有特点，无法准确选取可比企业，从而限制了这种分析的适用性；相对价值法无法确定能够全面反映企业价值的价值尺度或参数。此外，不同估价收益指标的选择具有一定的主观性，而且中国股票市场建设尚不完善，投机性较强，股票相对比率普遍偏高，适当的比率标准难以取得，所以在中国当前的情况下，很难完全运用相对价值法对目标企业进行准确估价。

实物期权法能够更加客观地评价企业的价值，这种客观性来源于对评估信息源的挖掘扩张以及信息可靠性的提高。实物期权法考虑了企业并购产生的协同效应，以净现值法计算独立企业的价值，又提出特殊方法对协同效应进行计量，适用于在未来不确定性强和管理者需要一定的弹性去应付的情况下对所有上市企业和非上市企业进行价值评估。运用实物期权法进行企业并购价值评估主要有三个方面的局限性：难以确定一家企业究竟拥有哪些实物期权；难以确定对实物期权定价所需的要素；现实选择权本身具有复杂性。

15.7 理论探讨

廉价收购：幻想还是现实*

在出现经济危机时，企业的股权或资产可能会被迫以大幅折扣的价格出售（fire sale，以下简称"廉价出售"）。那么，现实情况是什么样的呢？尽管廉价出售经常在论文以及大众媒体中被提及，但是它在金融危机中的作用以及在发生金融危机时处于亏损的公司到底会不会以很低的折扣出售自己的资产都是未知的。

安和莫克（Ang and Mauck，2011）对 2008 年国际金融危机爆发后在美国出现的该突出现象做了研究。以往研究表明并购可能发生在公司价值被高估时，而且涉及的两家公司通常都被估值过高。而在金融危机期间收购方的数量很可能会减少，这可能会导致并购市场中出现廉价出售的现象。

他们收集了 1977～2008 年 SDC 数据库中收购方和被收购方的公开交易数据，共涉及 5794 宗并购案例。他们对两种情况进行了假设检验：（1）如果存在廉价出售，处于亏损状态的公司以比处于非亏损的公司以更大的折扣出售；（2）如果存在廉价出售，在经济衰退期间进行的收购将比正常时期以更大的折扣进行。

他们的主要研究结论是，当并购定价中使用最近的股票价格作为参考点时，不存在廉价出售现象；在危机期间收购陷入困境的公司通常不会给收购方带来更好的业绩，这种廉价出售只存在于收购方产生幻想的头脑中；收购方的公告回报以及长期回报结果表明也是如此。

这个研究发现对于中国企业在全球经济危机时进行海外并购决策具有重要的参考价值。

资料来源：Ang，James，Nathan Mauck. Fire sale acquisitions：Myth vs. reality［J］.

---

* 此文成文于美国佛罗里达州立大学商学院教授、国际知名金融学者詹姆斯·昂（James Ang）博士于 2009 年开设的博士生研讨课，由博士生纳森莫克（Nathan Mauck）主讲此专题，本书作者黄方亮教授选修了此课，全程参与了此篇论文及其他专题的讨论；在黄方亮教授于山东财经大学开设的博士生高级公司金融课中，由博士生王聪聪主讲讨论了此文。

Journal of Banking & Finance，2011，35（3）：532-543.

15.8　案例归纳

15.8.1　案例一　广州岭南集团控股股份有限公司收购中国大酒店之企业价值评估*

根据《广发证券股份有限公司关于广州岭南集团控股股份有限公司收购中国大酒店之估值报告》，2017年2月20日，广州岭南集团控股股份有限公司（以下简称"岭南控股"）成功受让广州岭南国际企业集团有限公司持有的中国大酒店100%股权，作价8.41亿元人民币。此案例中使用了可比公司法和可比交易法对目标公司中国大酒店进行价值评估。

其中，可比公司法评估的第一步：选择可比公司。根据相关原则，此案例最终选择上海锦江国际酒店发展股份有限公司（以下简称"锦江股份"）、北京首旅酒店（集团）股份有限公司（以下简称"首旅酒店"）、华天酒店集团股份有限公司（以下简称"华天酒店"）、金陵饭店股份有限公司（以下简称"金陵饭店"）和岭南控股作为可比公司。

第二步：价值比率的选择与计算。此案例采用P/E倍数与EV/EBITDA倍数对本次收购的交易作价进行分析。截至估值基准日（2016年3月31日）可比公司的P/E倍数和EV/EBITDA倍数如表15-11所示。

表15-11　　可比公司的P/E倍数和EV/EBITDA倍数

上市公司	P/E 倍数	EV/EBITDA 倍数
锦江股份	51.72	35.62
首旅酒店	50.89	18.18
华天酒店	388.50	32.06
金陵饭店	75.00	31.41

* 广发证券股份有限公司关于广州岭南集团控股股份有限公司收购中国大酒店之估值报告［EB/OL］．［2016-08-25］．http：//www.cninfo.com.cn/new/disclosure/detail? plate = &orgId = gssz0000524&stockCode = 000524&announcementId = 1202614468&announcementTime = 2016-08-25.

上市公司	P/E 倍数	EV/EBITDA 倍数
岭南控股	87.13	45.56
平均值	66.19	32.57

第三步：可比公司法分析。根据可比公司的估值情况，此案例选择价值比率倍数的平均数作为中国大酒店估值的可比公司企业价值倍数，即选取 P/E 估值倍数为 66.19，EV/EBITDA 估值倍数为 32.57，考虑流动性折扣比率为 35%，对应的中国大酒店股权价值估值分别为 3.84 亿元和 12.93 亿元。

15.8.2　案例二　北京首旅酒店（集团）股份有限公司收购 Homeinns Hotel Group 及 Poly Victory Investments Limited 之企业价值评估*

根据《华泰联合证券有限责任公司及中信证券股份有限公司关于北京首旅酒店（集团）股份有限公司收购 Homeinns Hotel Group 及 Poly Victory Investments Limited 之估值报告》，2015 年 12 月 7 日，北京首旅酒店（集团）股份有限公司（以下简称"首旅酒店"）与如家酒店集团（以下简称"如家"）达成最终协议。首旅酒店通过重大现金购买和发行股份购买资产两种方式，直接及间接持有如家 100% 股权，交易金额合计约 110.5 亿元。此案例中使用了可比公司法与可比交易法进行价值评估，估值对象是如家酒店集团和 Poly Victory。

其中，可比交易法评估的第一步：选择可比交易。根据可比交易选取遵循的原则，此案例最终选择"红杉资本、凯雷资本等联合收购七天酒店集团 70% 股权""锦江股份收购山西金广快捷酒店""锦江股份收购法国卢浮集团"与"锦江股份收购铂涛集团约 81% 股权"作为此次估值分析的可比交易。

第二步：价值比率的选择与计算。此案例选择 P/E 倍数和 EV/EBITDA 倍数作为估值分析倍数。根据 Wind、Capital IQ 与 Merger Market 等数据库中

---

* 华泰联合证券有限责任公司及中信证券股份有限公司关于北京首旅酒店（集团）股份有限公司收购 Homeinns Hotel Group 及 Poly Victory Investments Limited 之估值报告［EB/OL］.［2015 – 12 – 25］. http：//www.cninfo.com.cn/new/disclosure/detail? plate = &orgId = gssh0600258&stockCode = 600258&announcementId = 1201856625&announcementTime = 2015 – 12 – 25.

的相关数据，上述可比交易的 P/E 倍数及 EV/EBITDA 倍数如表 15 - 12 所示。

表 15 - 12 可比交易的 P/E 倍数和 EV/EBITDA 倍数

可比交易	P/E 倍数（TTM）	EV/EBITDA 倍数（TTM）
可比交易 1： 红杉资本等收购七天酒店 70% 股权	24. 39 ×	7. 20 ×
可比交易 2： 锦江股份收购法国卢浮集团	40. 70 ×	15. 00 ×
可比交易 3： 锦江股份收购山西金广快捷酒店	22. 19 ×	6. 15 ×
可比交易 4： 锦江股份收购铂涛集团约 81% 股权	36. 68 ×	12. 38 ×

第三步：可比交易法分析。根据可比交易的估值情况，P/E 倍数的范围为 22. 19 × ~40. 70 ×，EV/EBITDA 倍数的范围为 6. 15 × ~ 15. 00 ×。此外，综合考虑各个可比交易的交易规模、收购方、交易发生时间以及标的公司的盈利水平与资产负债水平等各个因素，锦江股份收购铂涛酒店集团的交易与本交易最为可比。本次交易中，P/E 倍数为 41. 49 ×、EV/EBITDA 倍数为 8. 48 ×。

15. 9　本章小结

（1）目标企业价值评估方法很多，每一种方法都有其优点与不足，但并无绝对优劣之分。每一种方法都有其具体的适用条件。

（2）如在涉及一个仅进行投资或仅拥有不动产的控股企业，或所评估的企业的评估前提为非持续经营，应该考虑采用重置成本法。以持续经营为前提进行企业价值评估，不宜单独使用重置成本法。在企业的初创期，经营和收益状况不稳定，不宜采用重置成本法进行价值评估。一般来说，收益法更适宜于无形资产的价值评估。此外，如果企业处于成长期或成熟期，经营、收益状况稳定并有充分的历史资料为依据，能合理地预测企业的收益，这时采用收益法较好。在参考企业或交易案例的资料信息较完备、客观时，从成本效率的角度来考虑，适合选择市场法进行价值评估。

（3）就现金流贴现法来说，投资价值取决于未来收益和潜在风险。对上述两个要素的估计构成了这种方法的核心，其中未来收益体现为自由现金流量，潜在风险体现为贴现率，收益在风险基础上的调整，即自由现金流量的贴现值便形成了对投资价值的合理估计。而可比法的价值确定思维则大相径庭，潜在风险对投资价值的影响只是体现在可比公司的选择上，并不直接进入投资价值的评估过程。投资价值的确定依据只是市场上已经对类似投资形成的价值判断与相关收益指标的比例，这个比例构成了一个现实的衡量标准，对目标资产价值的评估只是根据其与可比资产的差异对这个标准进行一定程度的调整。而收益高的企业应该具有更高的价值也是一个几乎能被所有投资者都接受和理解的规则。

只要宏观经济环境、行业发展趋势、企业内在要素等方面没有发生大的变化，现金流贴现法的估值结果就不会发生重大变动。与现金流贴现法以不变应万变的特点相比，由于可比法的估值基础是市场业已形成的对同类资产的价值判断，可比法的特点则完全可以用随波逐流来形容，市场价格的任何波动都将反映到可比法对目标资产的评估结果中。

因此，现金流贴现法可以告诉我们在既定的基本面假设下投资的内在价值是多少，但却无法解决在市场价格已经偏离投资内在价值的情况下，也就是说在现有的市场氛围下，目标投资的合理价格应该为多少。而可比法则正好相反，它可以协助我们确定目标资产在当前市场氛围下的合理价格，但却无法回答这样的价格相对于资产的内在价值是高是低。

（4）当然，估值方法的应用目标并不只是最终得到一个结论，它只是我们对目标投资进行分析的有效工具。从这个角度来看，现金流贴现法更为严谨，它总是以对企业的详尽分析和全面假设为基础，并通过完整的财务模型来实现。相比之下，可比法要简单得多，预测一张损益表，甚至只预测一个收益指标就可以完成对目标投资的估值。这种轻巧和简便的特性一方面为使用者带来了很多方便；另一方面它也非常容易使人忽视对企业内在基本要素的深入分析。其实无论使用哪种方法，我们最终的目的只是在于为公司价值的确定提供一个标准分析，其中现金流贴现法由于其有强大的原理为支撑，所以在评估中占据了有利的地位。

（5）实物期权法在评估企业价值时，对其发展前景，尤其是其拥有什么样的机会和选择权的分析论证，是影响评估结果的关键。但在运用实物期权法进行企业并购价值评估时存在一些局限性，例如，难以确定一家企业究竟拥有哪些实物期权；难以确定对实物期权定价所需的要素；现实选择权本身具有复杂性。

15.10　问题思考

1. 采用净现值法评价方案时，在实体现金流量法下和在股权现金流量法下如何分别选择贴现率？

2. 相对估值法中可比公司选择的标准是什么？

3. 对于本章中的××公司的资料，运用实体现金流方法如何对该公司进行估价？将结果与权益现金流方法进行比较，是否有差别？原因是什么？

4. 权益现金流折现法与实体现金流折现法有何区别与联系？

5. 主要的价值评估方法有哪些，各有何特点？

6. 现金流贴现法在价值评估中有何地位，原因是什么？

7. 市盈率法与可比公司 EBITDA 倍数法计算结果上可能会有何差异？

8. 实物期权法的内容是什么？如何应用？

9. 对于现有的企业估值方法，你认为可以如何改进？

第16章　并购理论研究

尽管一个企业由小变大往往需要经历一个比较漫长的过程，其间企业家需要在产品开发、生产经营、市场开拓等各方面付出巨大努力，但是，收购与兼并给许多企业提供了一条跨越式成长的道路。这种跨越式成长道路不断吸引众多企业加入并购活动中，以至于在某些时期形成了并购浪潮。面对大量的并购实践活动，学者们从多种角度加以解释，并形成多种理论。按照并购决策的制定、实施和效果评估的先后顺序，我们可以将这些理论分为并购动因、并购过程和并购效应三个方面。这三者共同组成企业并购行为的合理性和公共政策制定的理论基础。

16.1　并购理论的发展

企业并购浪潮推动了企业并购理论的发展，到目前为止，全球已经出现了六次大规模的并购浪潮，伴随着每次的并购浪潮，企业并购动因理论也逐步向前发展。①

第一次并购浪潮发生在19世纪末到20世纪初，此次并购浪潮集中体现为横向并购，形成了垄断的市场结构。这期间，美国工业结构发生了重要的变化，公司规模增长迅速，产生了一批行业巨头。这一时期形成的代表性理

---

① 孙耀唯. 企业并购谋略 [M]. 北京：中华工商联合出版社，1997；周林. 企业并购与金融整合 [M]. 北京：经济科学出版社，2002；干春晖. 并购经济学 [M]. 北京：清华大学出版社，2004；Bruner, Robert F. Applied Mergers and Acquisitions [M]. Wiley, 2004；黄方亮等. 新兴国家银行积极参与全球银行并购 [N]. 10 版. 中国社会科学报，2011 - 07 - 05；王世渝. 全球并购、中国整合：第六次并购浪潮 [M]. 北京：中国民主法治出版社，2016；蔡妮. 自贸区金融创新与世界第六次并购浪潮中的中国发展机会 [J]. 时代金融，2014，000 (003)：6 - 7.

论主要有效率理论和价值低估理论。

第二次并购浪潮发生在 20 世纪 20 年代，此次并购浪潮集中表现为纵向并购，在形成垄断与寡头的前提下完成了融通各个产业集群的市场关联，形成寡头的市场结构，产生了一批大型综合性企业。这一时期的代表性理论是交易费用理论。

第三次并购浪潮发生在 20 世纪 50 至 60 年代，集中体现为混合并购，通过这次跨部门和跨行业的混合并购，在美国出现了一批多元化经营的大型企业，例如通用电气。这一时期的主要并购理论是市场势力理论。

第四次并购浪潮发生在 20 世纪 70 年代中期至 80 年代末，以创新的并购技术和投资工具为特征，在这段时期里形成了很多新的并购动因理论，包括信息理论、代理理论、财富重分配理论和自由现金流理论。

第五次并购浪潮发生在 20 世纪 90 年代后期，全球化的跨国并购是这一时期并购的特征，并购动因理论自此发展得更加成熟和完善，核心竞争力理论是这一时期的代表。这一理论将企业并购解释为是围绕企业的核心竞争力进行的。

第六次并购浪潮发生在 21 世纪初期，以及 2008 年国际金融危机之后，这一次的并购浪潮主要显示出以下特征：资源收购的大量出现；PE 基金的广泛参与；现金支付比例提高；新兴市场国家更多地参与跨境并购之中。此外，第六次并购浪潮的一大特点是全球经济开启智慧化、集约化、效能化和市场化的新发展模式，有利于要素的集约分配。这些新动向为并购研究提供了新的素材。

16.2 并购动因理论

公司并购的动机主要是通过公司双方的资源共享、能力和知识转移获取一定的经济效益，国内外的学者对于企业并购的动因进行了深入的研究并形成了不同的并购动因理论。

16.2.1 有关国外并购动因的论述

对于并购动因问题，西方学者进行了广泛而深入的研究，提出了多种并购动因理论。

1. 公司控制权理论

曼尼（Manne，1965）提出的公司控制权理论指出，公司控制权是一项有价值的资产，且其价值独立于如规模经济或垄断利润等其他因素，当公司的管理层不称职时公司的效益会越来越低迷，当接管者对公司的管理改进后，公司的经营会有所改善，收益越来越可观[①]。正是由于存在着一个活跃的公司控制权市场，很多的并购活动才得以发生，而且公司控制权市场的存在还能一定程度上保证公司的管理能够高效进行，有力地保护没有控制权的小股东的利益。

2. 价值低估理论

这一理论认为并购活动的发生主要是因为目标公司的价值被低估。当一家公司对另一公司的估价比后者对自己的估价更高时，前者有可能投标买下后者。胡德尼斯等（Holderness and Sheehan，1988）认为收购公司通过在低位上购入目标公司股票（即使是付出高出现有股价的溢价），而后整合双方业务、并促使市场发现目标公司在整合后的新价值，将目标公司股价提升到其应有的高位，便可从前后价差中获利。[②]另有学者指出，在并购时应考虑目标公司的股票市场价格总额与其全部重置成本的大小，如果后者大于前者，表明目标公司的市场价值被低估，此时可以通过并购刺激市场对目标公司的股票价格重估，从而为并购双方创造价值。[③]造成市场低估的原因主要有：第一，公司现有管理层并没有使公司达到其潜在的效率水平；第二，并购者有内幕消息，依据这种消息，公司股票应高于当前的市场价；第三，公司资产价格与其重置成本之间存在差异。

公司市场价值与其资产重置成本的比率（Tobin's Q）有时被用来反映企业并购发生的可能性。其中 Q 为企业股票市场价值与企业重置成本之比。当 Q > 1 时，发生并购的可能性较小。当 Q < 1 时，发生并购的可能性较大。[④]

---

① Manne，Hennry. Mergers and the Market for Corporate Control ［J］. Journal of Political Economy，1965（75）：110 – 126.

② Holderness，Clifford G，Dennis P. Sheehan. The Role of Majority Shareholders in Publicly Held Corporations：An Exploratory Analysis ［J］. Journal of Financial Economics，1988，20（1 – 2）：317 – 346.

③ 弗雷德·威斯通等. 兼并、重组与公司控制 ［M］. 北京：经济科学出版社，1998.

④ Brainard，William C，James Tobin W. Pitfalls in Financial Model-Building ［J］. American Economic Review，1968，58（2）：99 – 122；Tobin，James. A General Equilibrium Approach to Monetary Theory ［J］. Journal of Money，Credit & Banking，1969，1（1）：15 – 29.

有人认为，当技术、销售市场和股票市场价格变动非常迅速时，过去的信息和经验对未来收益的估计没有什么用处。结果是价值低估的情况屡见不鲜，并且导致并购活动增加。因此，价值低估说认为在技术变化日新月异及市场销售条件与股价不稳定的情况下，并购活动会比较频繁。①

3. 交易费用理论

交易费用理论不再以传统的消费者和厂家作为经济分析的基本单位，而是把交易作为经济分析的基础，认为市场运作的复杂性会导致交易的完成需付出高昂的交易成本（包括搜寻、谈判、签约、监督等成本）。科斯（Coase，1937）提出企业存在的原因是可以替代市场，节约交易成本或交易费用。②这一理论在解释购并活动时，认为购并的目的在于节约交易成本。通过购并节约交易成本主要表现在：（1）通过购并使专门的知识在同一企业内运用，达到节约交易成本的目的。（2）通过购并将商标使用者变为企业内部成员。作为内部成员，降低质量只会承受损失而得不到利益，消除了机会主义动机。（3）通过购并将合作者变为内部机构，就可以消除中间产品投入的相关问题。（4）在大量的促销投资成本高到一定程度时，并购会成为最佳选择。（5）通过并购形成规模庞大的组织，使组织内部的职能相对分离，用企业内的行政指令来协调内部组织活动所需的管理成本会低于市场的交易成本。③

在企业跨国经营与跨境并购方面，一些学者（Hennart and Park et al.，1993；Rossi and Volpin，2004）认为企业跨国经营增加了交易环节的不确定性，导致交易成本增加，因而人的理性和机会主义会促使企业通过跨国并购将外部交易转移到企业内部，从而减少交易费用；并购企业与外部利益相关者相互信任，可以降低市场摩擦和交易成本；如果企业在非相关性行业进行跨国扩张，选择并购而非新建可以降低投资风险，减少交易费用。④埃享等（Ahern and Daminelli et al.，2015）、王喆、王碧珺和张明（2019）、连增、谢丹和孙文莉等（2020）指出，国家语言、文化、地域差异等会引导跨国公司

① 杨欢欢，马丹. 企业并购理论述评 [J]. 金融经济，2009 (18)：65.

② Coase，Ronald H. The Nature of the Firm [J]. Economica，1937 (16)：386 – 405.

③ 欧阳静波. 公司并购动因理论综述 [J]. 金融经济，2010 (2)：77 – 78.

④ Hennart，Jean-François，Young-Ryeol Park. Greenfield vs. Acquisition：The Strategy of Japanese Investors in the United States [J]. Management Science，1993 (39)：1054 – 1070；Rossi，Stefano，Paolo F. Volpin. Cross-country Determinants of Mergers and Acquisitions [J]. Journal of Financial Economics，2004 (2)：277 – 304.

以并购本土企业的方式进入东道国市场，因此并购可以节约跨越文化差异和制度法律差异等的交易费用。① 一些学者认为（Draper and Paudyal，2006；Demerjian et al.，2012），一方面，管理层愿意支付更多对价并购公众公司以提高个人声望，会增加交易成本；另一方面，能力高的管理层对经济环境和自身经营状况的把握优于能力低的管理层，能够提高目标企业与并购企业合作的意愿，减少并购阻碍，从而能够减少交易费用。②

4. 财富重分配理论

在并购理论中，另一探讨的主题是认为并购活动只是财富的重新分配。当并购消息宣布后，由于各投资人（股东）掌握的信息不完全或对信息的看法不一致，会导致股东对股票价值有不同的判断，引起并购公司和目标公司的股价波动。这种价格波动，不是源于公司经营状况的好坏，而是财富转移的结果。并购公司和目标公司间的财富转移使目标公司的市盈率变动，投资人往往以并购公司的市盈率重估目标公司的价值，引起目标公司的股价上涨。同理，并购公司的股票价格也因而上涨。

5. 市场势力理论

威廉姆斯（Williams，1980）提出的市场势力理论认为企业规模的增大将会增强企业的市场势力，企业可以借购并活动通过减少竞争对手来增大企业经营规模，提高市场占有率，并增加长期的获利机会。下列三种情况可能导致以增强市场势力为目标的购并活动：（1）在需求下降，生产能力过剩和削价竞争的情况下，几家企业结合起来，以取得实现本产业合理化的较为有利的地位。（2）在国际竞争使国内市场遭受外商势力的强烈渗透和冲击的情况下，企业间通过联合组成大规模联合企业，对抗外来竞争。（3）由于法律变得更为严格，使企业间包括合谋等在内的多种联系成为非法行为。在这种情况下，通过合并可以使一些非法行为"内部化"，达到继续在市场中保持

---

① Ahern, Kenneth, R, Daniele Daminelli, Cesare Fracassi. Lost in Translation? The Effect of Cultural Values on Mergers around the World [J]. Journal of Financial Economics, 2015 (117): 165 – 189；王喆，王碧珺，张明."一带一路"沿线跨境并购的特征、影响因素及展望——基于美、英、日、中的国际比较 [J]. 亚太经济，2019 (1)：99 – 110, 157；连增，谢丹，孙文莉等. 中国在"一带一路"沿线国家的跨境并购分析：基于语言和文化的视角 [J]. 山东财经大学学报，2020 (4)：5 – 16.

② Draper, Paul, Krishna Paudyal. Acquisitions: Private Versus Public [J]. European Finance Management, 2006, 12 (1): 57 – 80; Demerjian, Peter, Baruch Lev, Sarah McVay. Quantifying Managerial Ability: A New Measure and Validity Tests [J]. Management Science, 2012 (7): 1229 – 1248.

控制力的目的。①

6. 代理理论

代理理论认为追求私利的管理者推动了并购活动。詹森和迈克林（Jensen and Meckling，1976）认为，在代理过程中，由于存在道德风险、逆向选择、不确定性等因素而产生代理成本，这种成本包括：所有人与代理人订立契约成本；对代理人监督与控制成本；以及限定代理人执行最佳或次佳决策所需的额外成本等。②

在存在代理问题的情况下，有关并购活动动因的解释包括以下内容。

（1）并购可降低代理成本。法玛和詹森（Fama and Jensen，1983）指出，在企业的所有权与控制权分离的情况下，将企业的决策管理与决策控制分开，能降低决策代理人侵蚀股东利益的可能性。企业可以通过组织机制和市场机制方面的制度安排来解决代理问题，降低代理成本。③

（2）企业管理层动机理论。这一理论认为在公司所有权和控制权分离后，企业管理层不再遵循利润最大化原则，而选择能使公司和自己长期稳定和发展的决策。克罗尔等（Kroll，Simmons and Wright，1990）等证明了代理成本的存在，管理者的并购决策有时是为了获得自我补偿，而非企业价值增值。④

（3）自由现金流是超过企业投资项目资金要求量的现金流量。詹森（Jensen，1986）认为，由于股东和经理人员在自由现金流配置问题上的冲突而产生的代理成本，是造成并购活动的一个原因。自由现金流支付给股东将会减少管理者所能控制的资源，因此，企业管理者更倾向于将公司剩余现金流通过并购的方式保留在企业里，而非支付股东。⑤

7. 自大假说理论

自大假说认为公司并购的动因是由于收购公司的管理层出于对自己管理

---

① 姚彩红. 企业跨国并购动因理论研究综述 [J]. 商业经济，2010（10）：36－37.

② Jensen，Michael C，William H. Meckling. Theory of the Firm：Managerial Behavior，Agency Costs and Ownership Structure [J]. Journal of Financial Economics，1976（3）：305－360.

③ Fama，Eugene，Michael C. Jensen. Separation of Ownership and Control [J]. Journal of Law and Economics，1983（2）：301－325.

④ Kroll，Mark，Susan A. Simmons，Peter Wright. Determinants of Chief Executive Officer Compensation Following Major Acquisitions [J]. Journal of Business Research，1990（20）：349－366.

⑤ Jensen，Michael C. The Agency Costs of Free Cash Flow，Corporate Finance and Takeovers [J]. American Economic Review，1986（2）：323－329.

能力和市场判断力的过度自信。罗尔（Roll，1986）认为，在高效率的市场中，股票价格反映了所有公开和非公开的信息，而管理层由于自大会在评估并购机会时变得过度乐观。学者（Hayward and Hambrick，1997；Mueller and Sirower，2003）及陈仕华和李维安（2016）的研究发现许多并购案例是由管理者的自利和自大心理所驱动；高管的过分乐观会导致公司以较高的价格进行收购；此外，在公司并购溢价决策中也存在同样具有非理性特征的锚定效应。①

16.2.2 有关国内并购动因的分析

在中国由计划经济转向市场经济阶段，经济发展取得了巨大成就，在经济转轨与新兴的双重特征环境下，国内学者结合中国国情探讨了相关的并购动因。

1. 政府干预、政策支持理论

该理论认为地方政府是推动企业并购的主要因素。企业并购有益于调整产业结构，优化资源配置，地方政府从优化产业结构出发，对企业并购起着积极的导向作用，同时地方政府可以利用企业并购引进战略投资者，带来先进的技术、优秀的人才和现代化的管理模式，加快本地区企业的发展，拉动本地区的经济增长。换言之，政府机构有动机通过出台税收、产业等相关政策影响企业并购活动，从而实现地方经济增长（潘红波、夏新平和余明桂，2008；方军雄，2008；蔡庆丰和田霖，2019）。②

对于国有企业来说，并购的动因有时是根据政府关于就业、养老、社会稳定等方面的要求帮助本地困难企业解困；对于国有企业高管或地方政府官员来说，通过并购快速做大公司规模，可以突进实现个人晋升的目标。这样

① Hayward，Mathew L A，Donald C. Hambrick. Explaining the Premiums Paid for Large Acquisitions：Evidence of CEO Hubris［J］. Administrative Science Quarterly，1997，42（1）：103－127；Mueller，D C，M L. Sirower. The Causes of Mergers：Tests Based on the Gains to Acquiring Firms Shareholders and the Size of Premia［J］. Managerial & Decision Economics，2003（5）：373－391；陈仕华，李维安. 并购溢价决策中的锚定效应研究［J］. 经济研究，2016（6）：114－127.

② 潘红波，夏新平，余明桂. 政府干预、政治关联与地方国有企业并购［J］. 经济研究，2008（4）：41－52；方军雄. 政府干预、所有权性质与企业并购［J］. 管理世界，2008（9）：118－12；蔡庆丰，田霖. 产业政策与企业跨行业并购：市场导向还是政策套利［J］. 中国工业经济，2019（1）：81－99.

就产生了一些不能为企业创造价值的"投机性并购"和"政策干预型并购"（逯东、黄丹和杨丹，2019）。[①]

2. 破产替代理论

该理论认为并购是一种破产替代的方法，为保持经济的良好快速发展，对于亏损的大型国有企业，要从改革和稳定的大局出发，给予救助，而不是轻易让其破产。破产涉及银行、企业及职工的相关利益，很难妥善解决，通过并购能够一揽子解决被并购企业的债务，职工安置及与职工安置相关的医疗、养老、住房等问题，可以尽可能减少社会动荡，国有资产受损失的可能性也会更小一些。

3. 产业联合与弯道超车理论

该理论认为，一国民族工业可能会面临国际竞争挑战。外资以资本实力上的竞争优势对某国民族工业展开攻势，争取市场份额，能够形成大范围占领该国国内市场的态势。面对大敌当前的危险局势，该国民族工业只有强强联合，组成能与国际跨国公司相抗衡的大型企业，才能在日益激烈的国际竞争中求得生存与发展。此外，随着国内产业的快速发展，有些国内企业具备了进行海外并购的实力。进行海外并购可以规避知识产权壁垒和国外政府的技术封锁，也可以促进国外与国内的优势互补，通过技术融合和技术发展实现弯道超车（吴先明和苏志文，2014）。[②]

4. 优化资源配置、促进效率提高理论

并购是一种促进企业资源配置的方式，能够通过所有权的更替及资源重组实现资源的优化配置，使资源从低效率企业向高效率企业转移（Neary，2007）。[③]在一国经济已经发展到一定水平时，如何充分发挥存量资产的效益成为经济发展的重要问题。

在我国，通过并购可以实现国有资产在不同所有制、不同地区、不同产业之间的流动，有利于盘活国有资产存量，实现资源的优化配置，提高资源的使用效率。许多地方把企业并购作为提高国有存量资产运行效率、优化经

---

① 逯东，黄丹，杨丹. 国有企业非实际控制人的董事会权力与并购效率［J］. 管理世界，2019（6）：120 – 141.

② 吴先明，苏志文. 将跨国并购作为技术追赶的杠杆：动态能力视角［J］. 管理世界，2014（4）：146 – 164.

③ Neary, J. Peter. Cross-Border Mergers as Instruments of Comparative Advantage［J］. Review of Economic Studies，2007（4）：1229 – 1257.

济结构的措施，而不再是单纯地为了消除亏损企业（李梅泉，2011）。①

　　综上所述，对于企业并购动因的理论研究国外已经形成了相对完善的理论体系，从价值创造和价值转移的角度主要可分为两大流派，一类是并购创造价值动因理论，包括效率理论、价值低估理论、交易费用理论、财富重分配理论等；另一类为并购价值转移动因理论，包括代理问题、自由现金流理论、市场势力理论、自大假说理论等。国内的研究由于起步较晚还没有形成较为系统的理论体系，主要还是结合中国国情和借鉴国外理论对并购动因进行相应的解释。

16.3　并购过程理论

　　并购的过程其实就是收购公司与目标公司之间相互博弈的过程，因此，对于并购过程的研究往往是根据博弈论的方法构建出相应的模型，通过模型计算得出相应的结论并对这些结论做出理论解释，从而形成了并购过程理论。

　　概括起来，对并购过程进行分析的理论观点主要包括以下七个方面。

　　（1）在要约收购中，收购方愿意支付的收购价格越高则收购成功的概率越大。

　　（2）目标公司股权越分散，目标公司股东搭便车的意愿就越强，导致收购方要付出更高的收购价格，收购方预期收益下降，收购成功的概率随之降低。

　　（3）若收购方承诺在收购过程完成后采取稀释目标公司股权的行动，这种威胁越可信则收购成功的概率越高。

　　（4）收购方式可以传递出部分或全部收购方关于目标公司的信息，现金收购显示收购方对于目标企业估值较高比较希望收购过程顺利完成，股权支付则表明收购方对于目标公司估值不高且股权收购将会使目标公司原有股东分担收购方可能出现的损失。

　　（5）目标公司若采取反收购措施将会产生双重影响：会抬高收购的价格使收购失败的概率增加；使原本对公司估价低的收购方退出收购，这反过来增加了对公司估价较高收购方成功收购的概率。

---

　　①　李梅泉. 国内外企业并购研究文献综述［J］. 时代金融，2011（17）：30.

（6）股本收益率高于负债成本且在市场上股价低迷、价值长期被低估的公司更有可能成为杠杆收购的对象。

（7）在并购双方谈判的过程中，管理层的能力的高低是重要因素，能够对并购溢价、并购整合管理效率以及并购绩效产生影响。[①]

上述并购过程理论实际上是对并购过程中种种现象的理论解释。这些理论多是通过比较严谨的理论模型论证、案例分析或实证检验而提出的，具有一定的参考价值，对于并购过程有一定的指导意义。

16.4　并购效应理论

并购效应理论是对并购活动对并购完成后的企业的影响进行研究，主要包括销售效应、经营效应、投资效应、管理效应以及财务效应五个方面的理论分析。并购效应理论解释了并购的完成对新企业或企业所在行业所带来的影响，对于并购决策的制定具有重要的指导意义。

16.4.1　并购协同效应理论

并购协同效应这一术语在20世纪60年代开始出现，是指并购后企业的经营业绩比两个企业单独存在时的业绩预期要高（Ansoff，1965；Mee，1965）。[②]并购活动并不简单地是不同企业之间的算术加法，而是能够促进企业价值增加的一种活动。公司并购后的社会收益经常是比较显著的（Weston，1996）。[③]

公众公司通常规模较大，管理较为规范，相比于非公众公司来说更容易产生规模经济和范围经济效应，在并购活动中一般更加容易实现协同效应

① 曾海舰. 公司并购理论与实证研究综述［J］. 商场现代化，2010（3）：12－14；张先治，杜春明. 管理层能力与并购过程价值创造［J］. 财经问题研究，2020（12）：78－88；张红霞，杨蕙馨. 跳板理论视角下跨国并购对双元创新的影响机制与未来展望［J］. 经济与管理研究，2020，41（9）：98－111.

② Ansoff, H. Igor. Corporate Strategy-An Analytic Approach to Business Policy for Growth and Expansion［M］. McGraw-Hill, 1965；Mee, John. F. The Synergistic Effect［J］. Business Horizons, 1965：56－58.

③ Weston, Fred J. Essentials of Managerial Finance［M］. Dryden Press, 1996.

（宋晓华、蒋雨晗、魏烁等，2016）。①张先治和杜春明（2020）对 2007～2018 年我国上市公司的并购事件进行实证检验，结果显示较高的管理层能力有助于降低并购双方的信息不对称，由此抑制并购溢价，也有助于提高并购整合能力，进而提升并购整合管理效率，还有助于提升并购协同效应。②总的来看，协同效应主要体现在企业管理、经营以及财务效率的改进上。

　　1. 管理协同效应理论

　　管理协同效应认为，企业并购能够提高并购企业的管理效率。当一家拥有高效管理团队的企业存在剩余管理资源时，可以并购一家管理能力低的企业，利用剩余的管理资源使并购企业的管理效率达到较高的水准。根据薛安伟（2018）对跨国并购对企业管理效率影响的分析，跨国并购在当年产生的是负向影响，但之后出现正向影响并逐步增强。当并购成功实施，高能力的管理层合并后将管理能力在企业间有效转移，与在此基础上新的管理资源的衍生以及企业总体管理能力的提高产生管理协同效应。③

　　2. 经营协同效应理论

　　该理论主要阐述了并购企业生产经营活动在效率方面产生的变化及效率提高所产生的效益，并购对企业效率最明显的作用，表现为它可以为企业带来规模经济效益。同时也应注意，该理论的一个重要前提：该行业确实存在规模经济，并且在并购之前没有在规模经济水平上运营，包括横向降低成本费用的生产规模经济、纵向降低交易费用的规模经济和特定管理职能方面的规模经济。根据胡海青、吴田和张琅等（2016）对吉利汽车并购沃尔沃案例的研究，在并购之后，高能力的管理层利用自身的关系网络和社会资源更有能力建立起稳定、持续的交易模式，通过共享资源，实现规模经济和范围经济效益，产生经营协同效应。④

　　3. 财务协同效应理论

　　有大量内部现金流和少量投资机会的企业拥有超额现金流，有较低内部

　　①　宋晓华，蒋雨晗，魏烁等. 公众公司、公司规模与并购绩效——基于中国上市公司数据的实证分析 [J]. 管理世界，2016（11）：172-183.

　　②　张先治，杜春明. 管理层能力与并购过程价值创造 [J]. 财经问题研究，2020（12）：78-88.

　　③　薛安伟. 跨国并购对企业管理效率的影响研究——基于倾向得分匹配方法的实证分析 [J]. 国际贸易问题，2018（3）：24-36.

　　④　胡海青，吴田，张琅等. 基于协同效应的海外并购绩效研究——以吉利汽车并购沃尔沃为例 [J]. 管理案例研究与评论，2016（6）：531-549.

资金生产能力和大量投资机会的企业需要外部现金流，若是这两个企业合并，则可以得到较低的内部资金成本。该理论认为，并购是将目标企业所在行业中的投资机会内部化，将企业外部融资转化为内部融资，由于内部融资比外部融资成本更低，从而增加了财务协同，降低了融资风险。①阎大颖（2009）发现，企业投资到文化距离越小的东道国，并购后的财务协同效应越好。②李（Lee）等（2018）认为，高能力的管理层所具有的高效资源利用能力，在并购投资中，更能促进产生较好的财务协同效应。③

另外，并购中的无形资产有时能够促进被购并企业的生产经营效率，产生无形资产协同效应，这可表现为品牌协同效应和文化协同效应等。

16.4.2　并购的产业集中效应理论

并购的产业集中效应体现在并购聚集和并购垄断效应上。一些学者（Mitchell and Mulherin，1996；Andrade and Stafford，1999）通过对被收购企业所处行业的研究发现，这些目标企业都集中于某些行业，表现出被收购产业具有聚集的特征。④佩里等（Perry and Porter，1985；Kamien and Zang，1990、1993）着重分析了完全信息条件下厂商之间竞争性并购行为是否会导致行业完全或者部分垄断，认为完全垄断仅限于具有相对较少厂商的企业，而部分垄断仅限于局部地区或者受到《反垄断法》制约的行业。⑤

并购在经济中主要发挥扩张和收缩两种作用，并引起现有资产的重新配置。哈盖道恩等（Hagedom and Duysters，2000）在对计算机行业的并购研究

---

① 吴慧香. 公司并购协同效应研究综述［J］. 财会通讯，2011（14）：47 – 48.

② 阎大颖. 国际经验、文化距离与中国企业海外并购的经营绩效［J］. 经济评论，2009（1）：83 – 92.

③ Lee C C，Wang C W，Chiu W C，et al. Managerial ability and corporate investment opportunity［J］. International Review of Financial Analysis，2018，57（5）：65 – 76.

④ Mitchell，Mark L，J. Harold Mulherin. The Impact of Industry Shocks on Takeover and Restructuring Activity［J］. Journal of Financial Economics，1996（41）：193 – 229；Andrade，Gregor，Erik Stafford. Investigating the Economic Role of Mergers［R］. Harvard Business School Working Paper，1999.

⑤ Perry，Martin K，Robert H. Porter. Oligopoly and the Incentive for Horizontal Merger［J］. American Economic Review，1985（75）：219 – 227；Kamien，Morton，Israel Zang. The Limits of Monopolization through Acquisition［J］. Quarterly Journal of Economics，1990（105）：465 – 499；Kamien，Morton，Israel Zang. Monopolization by Sequential Acquisition. Journal of Law，Economics & Organization，1993（9）：205 – 229.

中表明，在经营战略和组织结构上相近的两个企业之间的并购有利于发挥双方技术和资金上的协同效应，促进先进技术资源和资金的重新配置。①

16.5　理 论 探 讨

16.5.1　理论探讨一　全球银行并购浪潮与新兴国家银行的积极参与

并购伴随着银行业的发展。几乎从银行诞生之日起，银行并购活动就已开始。一百多年来，全球银行业经历了四次并购浪潮。

第一次银行并购浪潮起始于 19 世纪末，持续到 20 世纪 20 年代。19 世纪末 20 世纪初，货币制度与货币体系发生重大变化，信用货币广泛流通，经济货币化趋势日益明显，货币金融在社会经济发展中的地位和作用凸显。伴随着银行业的发展壮大，第一次银行并购浪潮应运而生。此次并购浪潮由英国兴起，最终扩展到欧洲大陆和北美等国。在此次并购浪潮中，国家银行资本和金融资本融合，许多银行通过并购占据了更多的市场份额；许多大型银行对小型银行的并购，导致大量中小银行消失，银行业的产业集中度提高；工业资本与银行资本开始相互渗透，出现大型金融寡头。

第二次银行并购浪潮从 20 世纪 60 年代持续到 80 年代中后期。随着西方经济"黄金时代"带来的繁荣，银行并购活动也开始复苏，并进入第二次银行并购浪潮。在这一时期，随着金融自由化不断深入，此次银行并购浪潮比第一次的范围更广、规模更大，银行对证券业、保险业的渗透明显增加；并购方式也更加灵活，大量并购采纳了杠杆收购和混合收购的模式。20 世纪 70 年代，伴随着布雷顿森林体系的崩溃，国际货币格局发生巨大变化。同时，政治多极化、经济一体化、金融全球化、区域集团化成为当时国际政治经济发展的主流和特点，银行业跨国并购开始登上历史舞台。从银行并购浪潮的主导国美国的情况来看，20 世纪 60 年代到 70 年代，每年并购数量都较为平稳，到 80 年代，此次银行并购浪潮在第四次全球企业并购浪潮的推动下达到高潮。

----

① 杨欢欢，马丹. 企业并购理论述评［J］. 金融经济，2009（18）：65.

第三次全球银行并购浪潮始于 20 世纪 90 年代，此时新兴国家的银行并购已超过 20%。20 世纪 90 年代，科学技术发展迅速，金融系统进入了信息化时代，金融创新成为金融业发展的主要途径。同时，随着全球经济一体化，国际金融市场竞争更加激烈，欧美各国为增强本国金融业的竞争力，大力推行金融体制改革，推进金融自由化进程。在比较宽松的金融环境中，全球银行业并购进入第三次浪潮。

此次并购浪潮的动因比较复杂。银行并购所产生的规模经济优势和市场优势是并购的主要动力。随着区域经济一体化迅速发展，许多国家放开了本国的金融市场，银行的经营空间得以扩大。为了在激烈的竞争中立于不败之地，银行纷纷在国内和国际间通过并购增强自身实力。例如欧盟内部银行业并购放开后，银行的市场空间迅速扩大，原来限于一国的银行，开始面对整个欧盟成员，为了在市场竞争中占据有利地位，欧盟内银行的并购活动非常活跃。

另外，协同作用也是银行并购的内因之一，寻求互补优势成为银行并购活动的诱导因素。其中包括业务互补和技术互补等。为寻求互补优势而进行并购活动的银行，在完成并购后，其产品类型、网点数量等都相应增加，为日后的银行发展提供了更为广阔的市场。另外，知识经济的发展，使银行业务成为一个资金含量和科技含量都很高的行业，技术进步成为银行业获取竞争优势的重要手段，出于争夺先进技术的需要，又为了避免时间和机遇的浪费，各大银行毅然走上了合并道路。

再者，外部环境的刺激也为本次并购浪潮提供了可能，金融自由化浪潮和混业经营推动了银行并购。金融自由化从观念变革到政策调整以及政府对银行业管制的放松，不仅为银行并购提供了法律基础，更加迎合了当代国际金融发展的需要，这些都成为目前如火如荼的全球银行业并购浪潮的外部原因之一。另外，融资方式的日益国际化、多样化，使银行面临的竞争对手不仅来自同行业，而且更多的来自国内和国际资本市场、货币市场及非银行金融机构等，各大银行不得不凭借自身的金融优势通过合并进入证券业、保险界，成为金融超级企业，并依托高科技形成全球化的电子经营网络，以便捷、优质、全面而专业的服务和产品不断地争夺世界市场份额，以获取垄断地位。

此外，进入 20 世纪 90 年代以来，全球各地金融危机不断爆发，东南亚、欧洲、北美洲都深受其影响，银行业坏账增多，实力备受打击。为在危机中求得自保，很多银行纷纷加入并购浪潮中。例如，受亚洲金融危机影响，

1999 年日本几次大规模的银行并购基本都属于这一类型。其中兴业银行、第一劝业银行和富士通银行因泡沫经济破灭及金融丑闻，1998 年亏损分别达21.28 亿美元、54.36 亿美元和55.17 亿美元，居全球收益最差银行前十名之列。三家银行为在激烈竞争的市场中生存而选择了合并之路。

在第三次全球银行并购浪潮中，新兴市场国家的银行开始参与到并购活动中。1990～2000 年，与新兴市场国家有关的全球金融业并购案例多达 2600余起，占同期全球金融业并购案例超过 20%。随着金融全球化和经济一体化进程的加速，国际银行业呈现一种通过并购走向超大型的趋势。在金融业混业经营形成趋势的大背景下，银行与非银行金融机构之间的并购在这次银行并购浪潮中占有很大比重。

第四次银行并购浪潮的起因是爆发于 2007 年、2008 年的国际金融危机。此次危机加快了全球银行业的整合速度，导致了新一轮银行并购浪潮的出现。欧美发达国家银行业格局的变化为业绩优良的新兴国家银行提供了拓展业务的良好机遇。包括中国在内的新兴市场国家的银行业在危机中遭受的冲击较小，我国有实力的银行开始进行海外并购。

资料来源：黄方亮等. 新兴国家银行积极参与全球银行并购［N］. 10 版. 中国社会科学报，2011 - 07 - 05.

16.5.2　理论探讨二　*跨国并购、绿地投资还是合资公司*？

从是否涉及股权状况的角度进行划分，投资企业进入他国进行经营的模式包括股权进入模式和非股权进入模式。股权进入模式包括进行绿地投资（greenfield investment）、设立合资公司（joint ventures）、进行跨国并购等，非股权模式包括建立国际战略联盟、签署合作协议、进行租赁经营等。

跨国并购又称为海外并购，是指企业为了实现全球化战略而进行的并购活动。近些年世界范围内的跨国并购在数量和规模上不断增长，特别是 2008年全球金融危机的爆发又掀起了新一轮的跨国并购浪潮，跨国并购已渐渐成为国际直接投资的主要模式。

绿地投资是一种新建投资，即投资主体在东道国设立所有权均归自己所有的企业，也被称为创建投资。进行绿地投资的一般是拥有先进技术或其他垄断性资源的跨国公司，东道国一般是工业化程度较低的发展中国家。

决定企业以何种模式进入国外市场的因素可以从两大方面来概括：企业

本身的微观因素和国家层面的宏观因素。

从微观的角度上来说，母国企业的发展战略或者发展目标决定着其是否进入某个国外市场以及如何进入。如果投资方的发展战略是建立组织紧密的国际化企业，那么选择绿地投资的可能性就比较大。如果投资方的发展战略是快速增大企业规模或快速占领国外市场等，那么选择跨国并购的可能性就比较大。

从国家宏观层面上来说，对境外市场进入影响比较大的宏观因素包括东道国的文化特质，东道国市场的成长性等。

跨国公司通过跨国并购，可以利用东道国企业现成的符合东道国文化习俗的管理模式和运作习惯，尽快地在东道国开展业务。东道国企业的某些做法甚至有助于改善并购方的管理模式。有些案例甚至表明，国家间的文化差异越大，并购后企业的销售业绩提高越快。所以，只要处理好文化的互补性，进行跨国并购仍然能够取得很好的成效。

而如果东道国市场增长较快，那么，选择并购的模式将能够使投资方更加迅速地进入东道国市场，从而享受东道国市场高速扩张的益处。此时采取并购的模式就更加适合。

由于非股权进入模式的约束性较差，合作各方很容易为了自己的利益违约，多数联盟会陷入博弈论中所称的囚犯困境（prisoner's dilemma），在实务操作中不如股权进入模式更为普遍。

母国公司要做好对外的市场进入决策不只需要资金实力，而是需要考虑诸多方面的问题。根据组织学习理论，我国企业的境外市场进入经验较少，而外资进入我国的情况很多，因而特别需要学习国外的现成经验。我国的企业要有长远的战略眼光，在对外投资中做到综合分析、谨慎决策，争取获得境外经营的高收益。我们的政府也需要在宏观层面培育有利于本国企业进入境外市场的比较优势，为跨国经营创造良好的环境。

资料来源：武锐，黄方亮. 跨境进入的模式选择：跨国并购、绿地投资还是合资公司[J]. 江苏社会科学，2010（6）：67-71.

16.6　本章小结

（1）企业并购理论的发展受益于历史上六次大的并购浪潮，这六次大的并购浪潮让并购理论不断趋于具体和完善。

（2）并购理论按照并购的先后顺序可分为并购动因、并购过程、并购效应三个方面，这三个方面的理论联合在一起解释了并购的各个阶段，共同组成了完整的并购理论体系。

（3）国外的学者研究较为深入，归纳总结出详细的并购动因理论来解释企业并购的动机，我国学者则是从我国具体国情出发，总结出了适合我国国情的并购动因理论。

（4）并购过程理论实际上是对并购过程中各种现象的理论解释，这些解释大多经过实证检验，切实可行。

（5）并购效应理论是研究并购对企业产生怎样影响的理论，较具体地解释了并购完成后可能对企业带来的影响。

16.7　问题思考

1. 全球并购浪潮的特点有哪些，其成因是什么？
2. 并购理论可以有哪些流派的划分，各流派的主要内容是什么？
3. 企业间的并购活动有哪些类别的实证研究，实证研究是如何展开的？
4. 并购效应理论有哪些主要的研究发现？
5. 企业并购时应该关注哪些方面的并购效应？

参考文献

[1] 巴曙松，朱虹．融资融券、投资者情绪与市场波动 [J]．国际金融研究，2016 (8)：82 – 96.

[2] 柏林．优酷土豆合并经济后果分析 [J]．新会计，2016 (4)：34 – 38.

[3] 蔡庆丰，田霖．产业政策与企业跨行业并购：市场导向还是政策套利 [J]．中国工业经济，2019 (1)：81 – 99.

[4] 曹国扬．美国上市与融资百胜宝典 [M]．北京：中国财政经济出版社，2011.

[5] 陈荣达，林博，何诚颖，金骋路．互联网金融特征、投资者情绪与互联网理财产品回报 [J]．经济研究，2019 (7)：78 – 93.

[6] 陈仕华，李维安．并购溢价决策中的锚定效应研究 [J]．经济研究，2016 (6)：114 – 127.

[7] 陈传刚．企业并购动因理论综述 [J]．北方经济，2007 (4)：23 – 28.

[8] 陈小洪，李兆熙．中国企业并购重组 [M]．北京：中国发展出版社，2010.

[9] 陈业宏等．中美外资并购立法宗旨之比较 [J]．法学评论，2012 (3)：108 – 116.

[10] 东方财富网．中国平安关于2015年度核心人员持股计划完成股票购买的公告 [EB/OL]．[2015 – 03 – 27]．http：//data. eastmoney. com/notices/detail/601318/AN2015 03290008982009，JUU0JUI4JUFEJUU1JTlCJUJEJUU1JUI5JUIz JUU1JUFFJTg5. html.

[11] 董学力．互联网企业跨界并购财务风险分析与整合策略——以阿里集团并购优酷土豆为例 [J]．财会通讯，2017 (11)：96 – 100.

[12] 窦炜，Sun Hua，郝颖．“高溢价”还是“高质量”？——我国上市公司并购重组业绩承诺可靠性研究 [J]．经济管理，2019 (2)：156 – 169.

［13］方军雄．政府干预、所有权性质与企业并购［J］．管理世界，2008（9）：118－122.

［14］［美］弗雷德·威斯通等．兼并、重组与公司控制［M］．北京：经济科学出版社，1998.

［15］高鹤．最新经典并购案例评鉴［M］．北京：中信出版社，2009.

［16］高忞．中国场外交易市场发展报告［M］．北京：社会科学文献出版社，2012.

［17］格雷格·N. 格雷戈里奥，卡琳·L. 纽豪瑟，巴曙松，周沅帆．企业并购逻辑与趋势［M］．北京：北京大学出版社，2009.

［18］国家外汇管理局上海市分局．中国人民银行 国家外汇管理局关于人民币合格境外机构投资者境内证券投资管理有关问题的通知［EB/OL］.［2016－10－12］. http：//www. safe. gov. cn/shanghai/2016/1012/193. html.

［19］国家外汇管理局河南分局．国家外汇管理局公告 2018 年第 1 号（合格境外机构投资者境内证券投资外汇管理规定）［EB/OL］.［2018－06－13］. http：//www. safe. gov. cn/henan/2018/0622/360. html.

［20］国家外汇管理局．《合格境外机构投资者境内证券投资外汇管理规定》（国家外汇管理局公告 2018 年第 1 号）、《中国人民银行 国家外汇管理局关于人民币合格境外机构投资者境内证券投资管理有关问题的通知》问题解答［EB/OL］.［2018－10－31］. http：//www. safe. gov. cn/safe/2018/1031/10572. html.

［21］郝奕博，颜明杰．戴尔公司退市分析［J］．经济师，2017（8）：116，118.

［22］何讲日，黄灿．企业并购理论研究：回顾与展望［J］．湖南师范大学社会科学学报，2007（3）：25－29.

［23］何小峰，黄嵩．投资银行学［M］．北京：北京大学出版社，2008.

［24］何振亚．金融开放下的中国银行业并购［M］．北京：中国经济出版社，2005.

［25］和讯资讯．雷曼兄弟破产原因分析［EB/OL］.［2011－11－01］. http：//stock. hexun. com/2011－11－01/134769546. html.

［26］胡代光．西方经济学大辞典［M］．北京：经济科学出版社，2000.

［27］胡海青，吴田，张琅等．基于协同效应的海外并购绩效研究——以吉利汽车并购沃尔沃为例［J］．管理案例研究与评论，2016（6）：531－549.

［28］华股财经．上市公司并购案例［EB/OL］．［2012 – 11 – 19］. http://www.huagu. com/ci/shangshigongsibing2181/.

［29］黄方亮．对中国股票首发（IPO）定价机制的评价［J］.上海投资，2004（3）：45 – 47.

［30］黄方亮．价格发现与股票 IPO 机制研究［M］.上海：上海三联书店，2008.

［31］黄方亮．全球失衡、国际分工与中国的产业升级［J］.宏观经济研究，2011（5）：75 – 79.

［32］黄方亮．新股发行风险信息披露的多维分析［M］.北京：经济科学出版社，2015.

［33］黄方亮等．公司上市与并购［M］.济南：山东人民出版社，2013.

［34］黄方亮，崔红燕，任晓云，李宇庆，张晓波．年报管理层讨论与分析的语调倾向——基于 A 股市场的检验［J］.投资研究，2019（5）：19 – 42.

［35］黄方亮，陈静，韩旭，黄京秋．我国股灾与 IPO 市场供给研究［J］.公司金融研究，2016（12）：196 – 210.

［36］黄方亮，冯栋，王倩，杨敏，朱欣然．股权结构与公司绩效：基于 A 与 H 股市场投资者保护环境的比较研究［J］.投资研究，2018（7）：131 – 157.

［37］黄方亮，齐鲁，赵国庆．新股发行风险信息披露的意向分析［J］.山东大学学报（哲学社会科学版），2015（2）：38 – 48.

［38］黄方亮，宋晓蕾，种莉萍.IPO 风险信息披露的规范性——基于内容分析法的研究［J］.制度经济学研究，2012（3）：89 – 101.

［39］黄方亮，孙莉，陈静，吴超鹏．投资者 IPO 信息获取与权益保护：基于成熟投资者问卷调查的研究［J］.南开管理评论，2019（1）：181 – 193.

［40］黄方亮，王英姿，刘瑞波．新兴国家银行积极参与全球银行并购［N］.中国社会科学报，2011，7（5）：10.

［41］黄方亮，王英姿，刘瑞波．全球银行并购浪潮的演化［N］.中国社会科学报，2011，4（21）：12.

［42］黄方亮，武锐．证券市场信息披露质量：基于内容分析法的研究框架［J］.江苏社会科学，2011（6）：32 – 37.

［43］黄方亮，尹伯成．股票 IPO 市场中的利益冲突问题研究［J］.福建论坛（人文社会科学版），2011（1）：12 – 16.

［44］黄磊，葛永波．证券投资学［M］．北京：经济科学出版社，2013．

［45］黄嵩，李昕旸，何小锋．兼并与收购［M］．北京：中国发展出版社，2008．

［46］黄学庭．企业并购估值贴现现金流模型研究［J］．大连理工大学学报（社会科学版），2007.3．

［47］黄亚均，谢联胜．投资银行理论与实务［M］．北京：中国人民大学出版社，2005．

［48］金敬军，胡灵敏．"华谊兄弟"登陆创业板［EB/OL］．［2009 - 11 - 01］．http：//www.jhnews.com.cn/jhrb/2009 - 11/01/content_769249.htm．

［49］金融界．优酷土豆"结婚"了！［EB/OL］．［2012 - 03 - 12］．http：//finance.jrj.com.cn/tech/focus/youkutudou/．

［50］郎咸平等．中国式MBO：国企改革为什么迷失（修订版）［M］．北京：东方出版社，2011：1 - 17．

［51］赖少华（证券时报）．中国平安：核心人员持股计划存续期延长至2027年［EB/OL］．［2015 - 10 - 03］．http：//www.cs.com.cn/ssgs/gsxw/202004/t20200423_6049500.html．

［52］李红凯，蓝海林，李少白．公司并购战略的动机理论［J］．广西社会科学，2007（2）：28 - 32．

［53］李梅泉．国内外企业并购研究文献综述［J］．时代金融，2011（17）：30．

［54］李敏波，焦健．创业板市场上市操作与案例［M］．北京：中国发展出版社，2009．

［55］李寿喜，黄晨晖．为什么管理层收购会导致国有资产流失——基于法尔胜收购的案例分析［J］．财会月刊，2017（29）：62 - 69．

［56］李曜．公司并购与重组导论［M］．上海：上海财经大学出版社，2006．

［57］李文君．我国上市公司股权融资偏好研究：基于控制权成本收益的分析［M］．北京：中国金融出版社，2010．

［58］黎晓云．吉利18亿美元收购沃尔沃100%股权［EB/OL］．［2012 - 03 - 28］．http：//money.163.com/10/0328/21/62T4SOFJ002534NV.html．

［59］李子白．投资银行学［M］．北京：清华大学出版社，2008．

［60］廖海东．杠杆收购经典案例之——美国RJR Nabisco公司争夺战

[J]. 董事会，2007（6）：73 – 75.

[61] 连增，谢丹，孙文莉等 . 中国在"一带一路"沿线国家的跨境并购分析：基于语言和文化的视角 [J]. 山东财经大学学报，2020（4）：5 – 16.

[62] [美] Liaw, Thomas. 投资银行实务 [M]. 黄嵩、郑仁福，等译 . 大连：东北财经大学出版社，2010.

[63] 林金冰 . 鼓励民企境外投资细则仍待细化 [EB/OL]. [2012 – 07 – 24]. http：//www. caixin. com.

[64] 刘戈 . 洛克菲勒和标准石油公司 [J]. 商业价值，2010，6（10）：156.

[65] 刘继楼 . 跨国公司并购浪潮研究及对我国的影响 [D]. 北京：首都经贸大学，2003.

[66] 刘长春 . 中国证券市场监管制度及其变迁研究 [M]. 北京：中国金融出版社，2010.

[67] 刘豪，胡艳 . 审计质量、投资者注意力与 IPO 抑价 [J]. 财会通讯，2016（33）：3 – 5，33.

[68] 刘林 . 个人投资者情绪变动、居民存款增速与股票价格——基于 TVP – VAR – SMSS 模型的实证研究 [J]. 金融经济学研究，2016，31（6）：49 – 61.

[69] 逯东，黄丹，杨丹 . 国有企业非实际控制人的董事会权力与并购效率 [J]. 管理世界，2019（6）：120 – 141.

[70] 陆晓明 . 美国银行战略转型及对中国银行业的启示 [J]. 国际金融，2014（9）：9 – 16.

[71] 栾华 . 投资银行理论与实务 [M]. 北京：立信会计出版社，2006.

[72] [美] 罗伯特·F. 布鲁纳 . 应用兼并与收购 [M]. 北京：中国人民大学出版社，2011.

[73] 罗浩，李心丹 . 并购的理论和实证研究发展 [J]. 现代管理科学，2004（3）：30 – 33.

[74] 罗琦，张标 . 股权特性、投资者情绪与企业非效率投资 [J]. 财贸研究，2013（4）：148 – 156.

[75] 马瑞清，安迪·莫，珍妮丝·马 . 企业兼并与收购 [M]. 北京：中国金融出版社，2011.

[76] 马小军 . 投资银行学理论与案例 [M]. 北京：机械工业出版

社，2011.

[77] [美] 迈克尔·E.S. 弗兰克尔. 并购原理：收购剥离和投资 [M]. 大连：东北财经大学出版社，2009.

[78] 孟志青，郑国杰，赵韵雯. 网络投资者情绪与股票市场价格关系研究——基于文本挖掘技术分析 [J]. 价格理论与实践，2018（8）：127 – 130.

[79] 欧阳静波. 公司并购动因理论综述 [J]. 金融经济，2010（2）：77 – 78.

[80] [美] 帕斯，洛斯，戴维斯. 科林斯经济学辞典(第三版) [M]. 上海：上海财经大学出版社，2008.

[81] 潘红波，夏新平，余明桂. 政府干预、政治关联与地方国有企业并购 [J]. 经济研究，2008（4）：41 – 52.

[82] 裴瓅，彭飞. 文化距离与中国海外并购绩效：基于跨国并购经验的实证研究 [J]. 经济经纬，2019（5）：65 – 71.

[83] 秦莉等. 中国石油 IPO 案例分析 [EB/OL]. [2010 – 9 – 19]. http://wenku. baidu. com/view/82f54717 55270722192ef7f4. html.

[84] 屈源育，吴卫星，沈涛. IPO 还是借壳：什么影响了中国企业的上市选择 [J]. 管理世界，2018（9）：130 – 142.

[85] 瞿旭，桂波，应旭婧. 上市公司并购研究：回顾与展望 [J]. 财会通讯，2010（11）：94 – 97.

[86] 全联并购公会. 阿里巴巴收购优酷土豆 [EB/OL]. [2020 – 10 – 01]. http://www. ma-china. com/show. asp？id = 955.

[87] 任映国，徐洪才. 投资银行学 [M]. 北京：中国人民大学出版社，2005.

[88] 人民网. 吉利 18 亿美元收购沃尔沃 100% 股权 [EB/OL]. [2020 – 10 – 03]. http://auto. people. com. cn/GB/128665/185394/.

[89] 人民网—人民日报. 大企业引领全球并购潮 2015 年并购交易总额达 4. 9 万亿美元，创历史新高 [EB/OL]. [2016 – 01 – 18]. http://finance. people. com. cn/n1/2016/0118/c1004 – 28061607. html.

[90] 邵万钦. 美国企业并购浪潮 [M]. 北京：中国商务出版社，2005.

[91] 邵新建，王兴春，贾中正，廖静池. 投资银行—机构投资者关系、"捧场" 与 IPO 中的利益问题 [J]. 金融研究，2019（11）：170 – 188.

[92] 邵宇，秦培景. 证券投资分析——来自报表和市场行为的见解

[M]．上海：复旦大学出版社，2008．

[93] 沈红波，华凌昊，许基集．国有企业实施员工持股计划的经营绩效：激励相容还是激励不足 [J]．管理世界，2018 (1)：121 –133．

[94] 沈艺峰，王夫乐，黄娟娟，纪荣嵘．高管之"人"的先天特征在 IPO 市场中起作用吗？[J]．管理世界，2017 (9)：141 –154．

[95] 搜狐 IT 频道．雅虎和阿里巴巴系列策划 [EB/OL]．[2012 –07 –16]．http：//it．sohu．com/s2005/byebye．shtml．

[96] 史新，浩王瑜．实物期权定价法在企业并购估价中的应用 [J]．财会月刊，2007 (9)：21 –22．

[97] 宋宝．企业跨国并购融资支付方式分析 [J]．财会通讯，2009 (7)：24 –25．

[98] 宋泓明．MBO 与中国国有企业改革 [M]．北京：中国金融出版社，2006．

[99] 宋顺林，唐斯圆．首日价格管制与新股投机：抑制还是助长？[J]．管理世界，2019 (1)：211 –224．

[100] 宋晓华，蒋雨晗，魏烁等．公众公司、公司规模与并购绩效——基于中国上市公司数据的实证分析 [J]．管理世界，2016 (11)：172 –183．

[101] 隋平．公司上市业务操作指引 [M]．北京：法律出版社，2012．

[102] 隋平，张楠．公司上市业务操作指引 [M]．北京：法律出版社，2012．

[103] 孙靖涵．我国与西方 MBO 差异对比 [J]．经营管理者，2016 (30)：70 –79．

[104] 孙莉，陈静，黄方亮，杨敏．投资者群体对投资者保护实施方式的需求差异性调查分析——基于投资者问卷调查 [J]．制度经济学研究，2018 (4)：161 –175．

[105] 孙莉，黄方亮，韩旭，杨敏．异质投资者对 IPO 信息披露需求差异调查分析 [J]．山东财经大学学报，2018 (4)：55 –64．

[106] 孙耀唯．企业并购谋略 [M]．北京：中华工商联合出版社，1997．

[107] 唐玮婕．立立电子事件余波未平 [EB/OL]．[2009 –04 –08]．http：//bank．hexun．com/2009 –04 –08/116461991．html．

[108] 唐应茂．登陆华尔街 – 中国企业美国上市操作读本 [M]．北京：中国法律出版社，2010．

［109］汤欣．徐志展．反收购措施的合法性检验［J］.清华法学，2008（6）：32－35.

［110］王春．投资者情绪对股票市场收益和波动的影响——基于开放式股票型基金资金净流入的实证研究［J］.中国管理科学，2014，22（9）：49－56.

［111］王欢，汤谷良．"借道"MBO：路径创新还是制度缺失？［J］.管理世界，2012（4）：125－137.

［112］王喆，王碧珺，张明．"一带一路"沿线跨境并购的特征、影响因素及展望——基于美、英、日、中的国际比较［J］.亚太经济，2019（1）：99－110，157.

［113］王凯．企业多元化动因理论综述［J］.重庆科技学院学报，2010（14）：79－80.

［114］王丽，李向科．美国资本市场分层状况及对我国建设多层次资本市场的启示［J］.中国金融，2006（6）.

［115］王美今，孙建军．中国股市收益、收益波动与投资者情绪［J］.经济研究，2004（10）：75－83.

［116］王银凤，刘和平．欧盟最新并购监管改革评析及启示［J］.证券市场导报，2004（12）：20－26.

［117］王晓璐，徐可．港交所大收购［EB/OL］.［2012－11－16］.http://magazine.caijing.com.cn/2012－07－01/111921726.html.

［118］王玉俊．并购变革与企业绩效［M］.广州：华南理工大学出版社，2011.

［119］王政，刘瑞波，王英姿，黄方亮．20世纪全球三次银行并购浪潮［J］.宏观经济管理，2011（7）：73－74.

［120］汪昌云，武佳薇，孙艳梅，甘顺利．公司的媒体信息管理行为与IPO定价效率［J］.管理世界，2015（1）：126－136.

［121］网易财经．吉利18亿美元收购沃尔沃100%股权［EB/OL］.［2010－03－28］.http：//money.163.com/10/0328/21/62T4SOFJ002534NV.html.

［122］网易财经．雀巢收购徐福记获商务部通过［EB/OL］.［2011－07－05］.http：//money.163.com/special/nestleseeksxufuji/.

［123］魏志华，曾爱民，吴育辉，李常青．IPO首日限价政策能否抑制投资者"炒新"？［J］.管理世界，2019（1）：199－217.

［124］文海涛．西方企业并购绩效论研究评述［J］.北京交通大学学

报（社会科学版），2008（1）：5-10.

[125] 吴弘，胡伟. 市场监管法论——市场监管法的基础理论与基本制度 [M]. 北京：北京大学出版社，2006.

[126] 吴慧香. 公司并购协同效应研究综述 [J]. 财会通讯，2011（14）：47-48.

[127] 吴家明. 戴尔要重新上市 却被"华尔街狼王"盯上 [EB/OL]. http://news. stcn. com/2018/0704/ 14364873. shtml.

[128] 吴先明，苏志文. 将跨国并购作为技术追赶的杠杆：动态能力视角 [J]. 管理世界，2014（4）：146-164.

[129] 吴先明，张雨. 海外并购提升了产业技术创新绩效吗——制度距离的双重调节作用 [J]. 南开管理评论，2019，22（1）：4-16.

[130] 武锐，黄方亮. 跨境进入的模式选择：跨国并购、绿地投资还是合资公司 [J]. 江苏社会科学，2010（6）：67-71.

[131] 肖金泉，黄启力. 并购重组操作指引 [M]. 北京：法律出版社，2011.

[132] 肖细根，王胜华. 经济全球化背景下的第五次跨国并购的特点、成因与启示 [J]. 金融经济，2007（10）：27-28.

[133] 新华网. 工行完成收购南非标准银行公众公司60%股权 [EB/OL]. http：//www. xinhuanet. com//world/2015-02/02/c_1114225228. htm.

[134] 欣士. 纳斯达克：创业板市场的典范 [J]. 深交所，2008（1）：59-62.

[135] 辛苑薇，叶慧珏. 分众传媒私有化，中概股退市潮初显 [EB/OL]. [2012-08-14]. http：//www. 21cbh. com/HTML/2012-8-14/1MNDE1XzQ5NzU1Mw. html.

[136] 徐浩萍，施海娜，金或昉. 新股定价基础：历史业绩还是技术创新？——基于中国创业板市场的研究 [J]. 金融研究，2017（4）：191-206.

[137] 徐洪才. 中国多层次资本市场体系与监管研究 [M]. 北京：经济管理出版社，2009.

[138] 薛安伟. 跨国并购对企业管理效率的影响研究——基于倾向得分匹配方法的实证分析 [J]. 国际贸易问题，2018（3）：24-36.

[139] 亚洲商学院全球并购研究中心. 新世纪中国十大并购 [M]. 北京：首都经济贸易大学出版社，2011.

[140] 阎大颖 . 国际经验、文化距离与中国企业海外并购的经营绩效 [J]. 经济评论, 2009 (1): 83 – 92.

[141] 阎星星 . 企业并购后财务整合问题研究 [D]. 北京: 对外经济贸易大学, 2010.

[142] 杨丹, 林茂 . 我国 IPO 长期市场表现的实证研究——基于超常收益率不同测度方法的比较分析 [J]. 会计研究, 2006 (11): 61 – 68.

[143] 杨欢欢, 马丹 . 企业并购理论述评 [J]. 金融经济, 2009 (18): 65.

[144] 杨文辉 . 美国证券市场的储架注册制度及启示 [J]. 证券市场导报, 2006 (9): 36 – 44.

[145] 杨志强, 黄椿丽, 黄林娜等 . 互联网企业并购的实物期权定价方法 [J]. 财会月刊, 2015 (29): 120 – 126; 姚彩红 . 企业跨国并购动因理论研究综述 [J]. 商业经济, 2010 (10): 36 – 37.

[146] 姚宵, 史帆, 蒋军 . 浅析中国企业海外并购存在的主要问题 [J]. 上海商学院学报, 2011 (增刊): 36 – 38.

[147] 姚颐, 赵梅 . 中国式风险披露、披露水平与市场反应 [J]. 经济研究, 2016 (7): 160 – 174.

[148] 银国宏, 胡宇 . 并购重组运作 [M]. 北京: 中国金融出版社, 2011.

[149] 溢海投资顾问 . 2011 年十个经典并购案例点评 [EB/OL]. www. yieldhi. com, 2012 – 10 – 10.

[150] [英] 伊特韦尔等 . 新帕尔格雷夫经济学大辞典 (第三卷) [M]. 北京: 经济科学出版社, 1992.

[151] [英] 伊特韦尔等 . 新帕尔格雷夫货币金融大辞典 (第一卷) [M]. 北京: 经济科学出版社, 2007.

[152] 尹伯成, 黄方亮 . 新股发行效率、价格异象及相关理论阐释 [J]. 河南社会科学, 2008 (4): 56 – 61.

[153] 尹豪 . 中国企业并购的价值研究 [M]. 北京: 经济科学出版社, 2011.

[154] 易志高, 茅宁 . 中国股市投资者情绪测量研究: CICSI 的构建 [J]. 金融研究, 2009 (11): 174 – 184.

[155] 易志高, 茅宁, 汪丽 . 投资者情绪测量研究综述 [J]. 金融评

论，2010（3）：113 – 121，126.

[156] 益智.中国上市公司代理权之争的案例分析 [J]. 商业经济与管理，2004（11）：52 – 56.

[157] 于宁，郭琼，陈慧颖，曹祯.工商银行大收购 [EB/OL]. http://www. caijing. com，2007 – 10 – 29.

[158] 原东良.投资者情绪与股票横截面收益——基于微博数据的实证研究 [J]. 金融与经济，2018（7）：31 – 39.

[159] [美] 俞业安.掘金美国股市 [M]. 北京：企业管理出版社，2007.

[160] 张海云.中国石油集团资产重组与上市模式研究 [EB/OL]. [2012 – 08 – 09]. http：//www. doc88. com/p – 29224698942. html.

[161] 张国峰.企业上市典型案例深度剖析：疑难问题与解决对策 [M]. 北京：法律出版社，2010.

[162] 张红霞，杨蕙馨.跳板理论视角下跨国并购对双元创新的影响机制与未来展望 [J]. 经济与管理研究，2020，41（9）：98 – 111.

[163] 张辉，黄昊，朱智彬."一带一路"沿线国家重点行业跨境并购的网络研究 [J]. 亚太经济，2017（5）：115 – 124.

[164] 张兰田.企业上市审核标准实证解析 [M]. 北京：北京大学出版社，2011.

[165] 张璐，仲秋雁.企业并购价值评估方法研究 [J]. 大连理工大学学报，2006（6）：13 – 17.

[166] 张时杰，张咏梅.借壳上市过程中关键节点管控探析——以顺丰控股为例 [J]. 财会通讯，2017（31）：11 – 15.

[167] 张矢的，卢月辉."赢者诅咒"及风险假说对中国 A 股市场 IPO 抑价有效性的实证研究 [J]. 管理评论，2014（8）：42 – 52.

[168] 张夕勇.并购与整合 [M]. 北京：中国财政经济出版社，2011.

[169] 张先治，杜春明.管理层能力与并购过程价值创造 [J]. 财经问题研究，2020（12）：78 – 88.

[170] 张新.并购重组是否创造价值？——中国证券市场的理论与实证研究 [J]. 经济研究，2003（6）：20 – 29，93.

[171] 张晓东.IPO 保荐机构主动担责与投资者利益保护 [J]. 中国工业经济，2017（2）：79 – 97.

［172］张艳伟.公司上市审核与保荐重点［M］.北京：中国法制出版社，2012.

［173］张远堂.公司并购实务操作［M］.北京：中国法制出版社，2011.

［174］张翀.尽职调查：企业并购第一课［J］.财会学习，2011（9）：14－16.

［175］张宗新.中国新兴证券市场的均衡监管模式解析［J］.复旦学报（社会科学版），2007（6）：19－24.

［176］张宗新，王海亮.投资者情绪、主观信念调整与市场波动［J］.金融研究，2013（4）：142－155.

［177］章睿鹏.优酷并购土豆的动机分析［J］.中国商贸，2012（22）：134－135.

［178］曾海舰.公司并购理论与实证研究综述［J］.商场现代化，2010（3）：12－14.

［179］赵洪江.投资银行学［M］.成都：西南财经大学出版社，2011.

［180］郑春霞.新一轮跨国并购浪潮的发展趋势和推动因素［J］.特区经济，2007（6）：89－90.

［181］中国教育在线.国际投资银行业需要什么样的人才［EB/OL］.［2005－04－04］.http：//www.edu.cn/article/20050404/3133092.shtml.

［182］中国证监会.人民币合格境外机构投资者境内证券投资试点办法［EB/OL］.［2013－03－01］.http：//www.csrc.gov.cn/pub/newsite/flb/flfg/bmgz/jjl/201310/t20 131021_236659.html.

［183］中国证券监督管理委员会.中国资本市场二十年［M］.北京：中信出版社，2012.

［184］周红，王璞.企业上市全程指引［M］.2版.北京：中信出版社，2010.

［185］周林.企业并购与金融整合［M］.北京：经济科学出版社，2002.

［186］周孝华，陈鹏程.锁定制度、投资者情绪与IPO定价：基于承销商视角的理论与数值分析［J］.管理工程学报，2017（2）：84－90.

［187］朱国泓.并购的异化：模型与案例［M］.北京：中国人民大学出版社，2007.

[188] 祝继高, 王春飞. 大股东能有效控制管理层吗? ——基于国美电器控制权争夺的案例研究 [J]. 管理世界, 2012 (4): 138 - 152, 158.

[189] Aggarwal, Reena, Pietra Rivoli. Fads in the Initial Public Offering Market? [J]. Financial Management, 1990 (19): 58 - 67.

[190] Ahern, Kenneth, R, Daniele Daminelli, and Cesare Fracassi. Lost in Translation? The Effect of Cultural Values on Mergers around the World [J]. Journal of Financial Economics, 2015 (117): 165 - 189.

[191] Allen, Franklin, Gerald R. Faulhaber. Signaling by Underpricing in the Market [J]. Journal of Financial Economics, 1989 (23): 303 - 323.

[192] Andrade, Gregor, Erik Stafford. Investigating the Economic Role of Mergers [R]. Harvard Business School Working Paper, 1999.

[193] Ang, James, James Brau. Firm Transparency and the Costs of Going Public [J]. Journal of Financial Research, 2010, 25 (1): 1 - 17.

[194] Ang, James, Nathan Mauck. Fire sale acquisitions: Myth vs. reality [J]. Journal of Banking & Finance, 2011, 35 (3): 532 - 543.

[195] Ang, James, Yingmei Cheng. The Endogeneity of Information Asymmetry and Corporate Financing Decisions [J]. Journal of Financial Research, 2011, 34 (3): 411 - 440.

[196] Ansoff, H. Igor. Corporate Strategy-An Analytic Approach to Business Policy for Growth and Expansion [M]. McGraw-Hill, 1965.

[197] Arkebauer, James B, Ronald M. Schultz. Cashing Out: The Entrepreneur's Guide to Going Public [M]. New York: Harper Business, 1991.

[198] Baker, M, J. Wurgler. Investor Sentiment and the Cross-Section of Stock Returns [J]. The Journal of Finance, 2006, 61 (4): 1645 - 1680.

[199] Baker, M, J. Wurgler, Yuan Yu. Global, Local, and Contagious Investor Sentiment [J]. Journal of Financial Economics, 2012 (104): 272 - 287.

[200] Bajo, Emanuele, Carlo Raimondo. Media Sentiment and IPO Underpricing [J]. Journal of Corporate Finance, 2017 (46): 139 - 153.

[201] Barberis N, A. Shleifer, R. W. Vishny. A Model of Investor Sentiment [J]. Journal of Financial Economics, 1998, 49 (3): 307 - 343.

[202] Baron, D P. A Model of the Demand for Investment Banking and Advising and Distribution Services for New Issues [J]. Journal of Risk and Insurance,

1982 (63): 49 - 76.

[203] Baron, D P, Holstrom, B. The Investment Banking Contract for New Issues under Asymmetric Information: Delegation and Incentive Problems [J]. The Journal of Finance, 1980 (37): 1115 - 1138.

[204] Benning, Simon, Mark Helmantel and Oded Sarig. The Timing of Initial Public Offerings [J]. Journal of Financial Economics, 2005 (75): 115 - 132.

[205] Benveniste, L M, Spindt, P. How Investment Bankers Determine the Offering Price and Allocation of New Issues [J]. Journal of Financial Economics, 1989 (24): 343 - 361.

[206] Beatty, R, Ritter, J R. Investment Banking, Reputation, and the Underpricing of Initial Public Offerings [J]. Journal of Financial Economics, 1986 (15): 213 - 232.

[207] Beth Deazeley, L L B. What CFOs Need to Know: Decidingto Go Public [R]. Canadian Institute of Chartered Accountants Report, 2008.

[208] Boeh, Kevin, Craig Dunbar. IPO Waves and the Issuance Process [J]. Journal of Corporate Finance, 2014, 25 (2): 455 - 473.

[209] Brainard, William C, James Tobin W. Pitfalls in Financial Model-Building [J]. American Economic Review, 1968, 58 (2): 99 - 122.

[210] Bruner, Robert F. Applied Mergers and Acquisitions [M]. Wiley, 2004.

[211] Burton, Bruce, Christine Helliar, David Power. Practitioners' Perspectives on the IPO Process and the Perils of Flotation [J]. European Journal of Finance, 2007 (8): 671 - 692.

[212] Carter, R, Manaster, S. Initial Public Offerings and Underwriter Reputation [J]. The Journal of Finance, 1990 (45): 1045 - 1067.

[213] Celikyurt, Ugur, Merih Sevilir and Anil Shivdasani. Going Publicto Acquire? The Acquisition Motivein IPOs [J]. Journal of Financial Economics, 2010 (96): 345 - 363.

[214] Chemmanur, Thomas J. The Pricing of Initial Public Offerings: A Dynamic Model with Information Production [J]. The Journal of Finance, 1983 (48): 285 - 304.

[215] Chemmanur, Thomas, An Yan. Product Market Advertising, Heterogeneous Beliefs, and the Long-run Performance of Initial Public Offerings [J]

. Journal of Corporate Finance, 2017 (46): 1 – 24.

[216] Chemmanur, Thomas J, Jie He. IPO Waves, Product Market Competition, and the Going Public Decision: Theory and Evidence [J]. Journal of Financial Economics, 2011 (101): 382 – 412.

[217] Chemmanur, Thomas J, Paolo Fulghieri. A Theory of the Going-Public Decision [J]. Review of Financial Studies, 1999 (12): 249 – 279.

[218] Coase, Ronald H. The Nature of the Firm [J]. Economica, 1937 (16): 386 – 405.

[219] Çolak, Gönül, Hikmet Günay. Strategic waiting in the IPO markets [J]. Journal of Corporate Finance, 2011 (17): 555 – 583.

[220] Credit Suisse. Careers in Investment Banking [EB/OL]. [2012 – 10 – 18]. https://www. credit-suisse. com/careers/experienced_professionals/apac/en/investment_banking. jsp.

[221] Daniel, Kent, David Hirshleifer, Avanidhar Subrahmanyam. Investor Psychology and Security Market Under-and Overreactions [J]. The Journal of Finance, 1998 (6): 1839 – 1885.

[222] De Long, J B, A. Shleifer, L. H. Summers. Noise Trader Risk in Financial Markets [J]. Journal of Political Economy, 1990, 98 (4): 703 – 738.

[223] De Long, B, A. Shleifer, L. H. Summers, R. J. Waldmann. Positive Feedback Investment Strategies and Destabilizing Rational Speculation [J]. The Journal of Finance, 1990, 45 (2): 379 – 395.

[224] Deborah J. Lucas, Robert L. McDonald Equity Issues and Stock Price Dynamics [J]. The Journal of Finance, 1990, 45 (5): 1019 – 1043.

[225] Deloitte. Going Public (2011) [R]. Deloitte Report, 2012.

[226] Deloitte. Strategies for Going Public. [R]. Deloitte Report, 2010.

[227] Demerjian, Peter, Baruch Lev, Sarah McVay. Quantifying Managerial Ability: A New Measure and Validity Tests [J]. Management Science, 2012 (7): 1229 – 1248.

[228] Derrien F. IPO Pricing in "Hot" Market Conditions: Who Leaves Money on the Table? [J]. The Journal of Finance, 2005, 60 (1): 487 – 521.

[229] Dewenter, K, Field, L C. Investment Bank Reputation and Relaxed Listing Requirements: Evidence from Infrastructure Firm IPOs in Hong Kong [J]

. Pacific-Basin Finance Journal, 2001（9）：101 – 117.

［230］Draho, J. The Timing of Initial Public Offerings： A Real Option Approach［D］. Yale University, 2000.

［231］Draper, Paul, Krishna Paudyal. Acquisitions： Private Versus Public［J］. Europeon Finance Management, 2006, 12（1）：57 – 80.

［232］Ecklund, Gunhild J, Sverre Knutsen. Protection Against Crises? A Century of Financial Supervisionin Norway［EB/OL］.［2004 – 08 – 16］. http：//www. kredittilsynet. no/wbch3. exe? p = 2107.

［233］Ernst & Young. Guide to Going Public： Secrets of Successful IPOs［EB/OL］.［2012 – 10 – 18］. http：//www. ey. com/GL/en/Services/Strategic-Growth-Markets/Ernst – Youngs-guide-to-going-public – IPO-readiness – going-public-and-winning.

［234］Evans, Matt H. Excellence in Financial Management［EB/OL］.［2012 – 10 – 16］. http：//www. exinfm. com/training/.

［235］Fabozzi, Frank J, Franco Modigliani. Capital Markets： Institutions and Instruments（4th Edition）［M］. Pearson Prentice Hall, 2009.

［236］Fagan, David N. The U. S. Regulatory and Institutional Framework for FDI［R］. Deloitte Development LLC. Report, 2009.

［237］Fama, Eugene. Market Efficiency, Long-term Returns, and Behavioral Finance［J］. Journal of Financial Economics, 1988（49）：283 – 306.

［238］Fama, Eugene, Michael C. Jensen. Separation of Ownership and Control［J］. Journal of Law and Economics, 1983（2）：301 – 325.

［239］Farrell, Joseph, Carl Shapiro. Horizontal mergers： An Equilibrium Analysis［J］. American Economic Review, 1990（80）：107 – 126.

［240］Financial Industry Regulatory Authority. NASD Rulemaking［EB/OL］.［2012 – 10 – 19］. http：//www. sec. gov/rules/sro/nasd. shtml.

［241］Gao, Yan. What Comprises IPO Initial Returns： Evidence from the Chinese Market［J］. Pacific – Basin Finance Journal, 2010（18）：77 – 89.

［242］Grinblatt, M, Hwang, C. Y. . Signaling and the Pricing of New Issues［J］. The Journal of Finance, 1989（44）：393 – 420.

［243］Gompers, P A, Lerner, J. The really long run performance of initial public offerings: the pre-Nasdaq evidence［J］. The Journal of Finance, 2003

（58）：1355 – 1392.

［244］Hayward, Mathew L A, Donald C. Hambrick. Explaining the Premiums Paid for Large Acquisitions：Evidence of CEO Hubris ［J］. Administrative Science Quarterly, 1997, 42（1）：103 – 127.

［245］Han, Jianlei, Jing He, Zheyao Pan, Jing Shi. Twenty Years of Accounting and Finance Research on the Chinese Capital Market ［J］. Abacus, 2018, 54（4）：576 – 599.

［246］He, Ping. A Theory of IPO Waves ［J］. The Review of Financial Studies, 2007, 20（4）：983 – 1020.

［247］Hennart, Jean-François, Young-Ryeol Park. Greenfield vs. Acquisition：The Strategy of Japanese Investors in the United States ［J］. Management Science, 1993（39）：1054 – 1070.

［248］Hensler, Douglas A. Litigation Costs and the Underpricing of Initial Public Offerings ［J］. Managerial and Decision Economics, 1995, 16：111 – 128.

［249］Holderness, Clifford G, Dennis P. Sheehan. The Role of Majority Shareholders in Publicly Held Corporations：An Exploratory Analysis ［J］. Journal of Financial Economics, 1988, 20（1 – 2）：317 – 346.

［250］Houge, Todd, Tim Loughran, Gerry Suchanek and Xuemin Yan. Divergence of Opinion, Uncertainty, and the Quality of Initial Public Offerings ［J］. Financial Management, 2001, 30（4）：5 – 23.

［251］Huang, Fangliang, Jing Chen, Hui Ma, Qiaoping Hou. Analysis of the Information Disclosure of Commercial Banks' Internal Control ［J］. International Journal of Economics and Finance, 2017, 9（5）：77 – 86.

［252］Huang, Fangliang, Lijin Xiang, Rongbing Liu, Shuling Su, Hao Qiu. The IPO Corporate Social Responsibility Information Disclosure：Does the Market Care? ［J］. Accounting and Finance, 2019, 59（S2）：2157 – 2198.

［253］Huang H, Li Y, Zhang Y. Investors' attention and overpricing of IPO：An empirical study on China's growth enterprise market ［J］. Information Systems and e-Business Management, 2016, 16（4）：761 – 774.

［254］Ibbotson, R, Jaffe, J. "Hot Issue" Markets ［J］. The Journal of Finance, 1975（30）：1027 – 1042.

［255］Investopedia. The Basicsof Mergers and Acquisitions ［R］. Investopedia Report, 2010.

[256] Jaggia S, S. Thosar. The Medium-term Aftermarket in High-tech IPOs: Patterns and Implications [J]. Journal of Banking & Finance, 2004, 28 (5): 931 – 950.

[257] Jenkinson, Tim, Alexander Ljungqvist. Going public: The Theory and Evidence on How Companies Raise Equity Finance (2nd Edition) [M]. Oxford University Press, 2001.

[258] Jensen, Michael C. The Agency Costs of Free Cash Flow, Corporate Finance and Takeovers [J]. American Economic Review, 1986 (2): 323 – 329.

[259] Jensen, Michael C, William H. Meckling. Theory of the Firm: Managerial Behavior, Agency Costs and Ownership Structure [J]. Journal of Financial Economics, 1976 (3): 305 – 360.

[260] Kamien, Morton, Israel Zang. The Limits of Monopolization through Acquisition [J]. Quarterly Journal of Economics, 1990 (105): 465 – 499.

[261] Kamien, Morton, Israel Zang. Monopolization by Sequential Acquisition [J]. Journal of Law, Economics & Organization, 1993 (9): 205 – 229.

[262] Kolb, Johannes, Tereza Tykvová. Going Public via Special Purpose Acquisition Companies: Frogs Do Not Turn into Princes [J]. Journal of Corporate Finance, 2016 (40): 80 – 96.

[263] KPMG LLP. Going Public [R]. KPMG Report, 2008.

[264] Kroll, Mark, Susan A. Simmons, and Peter Wright. Determinants of Chief Executive Officer Compensation Following Major Acquisitions [J]. Journal of Business Research, 1990 (20): 349 – 366.

[265] Lee C C, Wang C W, Chiu W C, et al. Managerial ability and corporate investment opportunity [J]. International Review of Financial Analysis, 2018, 57 (May): 65 – 76.

[266] Lowry, Michelle, G. William Schwert. IPO Market Cycles: Bubbles or Sequential Learning? [J]. The Journal of Finance, 2002 (57), 1171 – 1200.

[267] Lerner, J. The syndication of venture capital investments [J]. Financial Management, 1994 (23): 16 – 27.

[268] Loughran, Tim, Anand M. Vijh. Do Long – term Shareholders Benefit from Corporate Acquisitions? [J]. The Journal of Finance, 1997: 1765 – 1790.

［269］Loughran, Tim, Jay R. Ritter. The New Issues Puzzle ［J］. Journal of Finance, 1995（50）: 23 – 51.

［270］Loughran, Tim, Jay Ritter. Why Don't Issuers get Upset about Leaving Money on the Table in IPOs? ［J］. Review of Financial Studies, 2002（15）: 413 – 443.

［271］Loughran, Tim, Jay Ritter. Uniformly least powerful tests of market efficiency ［J］. Journal of Financial Economics, 2000（55）: 361 – 389.

［272］Luigi Zingales. Insider Ownership and the Decision to Go Public ［J］. The Review of Economic Studies, 1995, 62（3）: 425 – 448.

［273］Manne, Hennry. Mergers and the Market for Corporate Control ［J］. Journal of Political Economy, 1965（75）: 110 – 126.

［274］Mauboussin, Michael. Surge in the Urge to Merge: M&A Trends and Analysis ［J］. Journal of Applied Corporate Finance, 2010, 22（2）: 83 – 94.

［275］Mee, John. F. The Synergistic Effect ［J］. Business Horizons, Summer, 1965: 56 – 58.

［276］Miller, Edward M. Risk, Uncertainty, and Divergence of Opinion ［J］. Journal of Finance, 1977（32）: 1151 – 1168.

［277］Miller, Merton H, Franco Modigliani. Dividend Policy, Growth, and the Valuation of Shares ［J］. Journal of Business, 1961, 34（4）: 411 – 433.

［278］Mitchell, Mark L, J. Harold Mulherin. The Impact of Industry Shocks on Takeover and Restructuring Activity ［J］. Journal of Financial Economics, 1996（41）: 193 – 229.

［279］Mitchell, M L, Stafford, E. Managerial Decisions and Long-term Stock Price Performance ［J］. Journal of Business, 2000（73）: 287 – 329.

［280］Morris, S. Speculative Investor Behavior and Learning ［J］. Quaterly Journal of Economics, 1996（111）: 1111 – 1133.

［281］Mueller, D C, M. L. Sirower. The Causes of Mergers: Tests Based on the Gains to Acquiring Firms Shareholders and the Size of Premia ［J］. Managerial & Decision Economics, 2003（5）: 373 – 391.

［282］Neary, J. Peter. Cross-Border Mergers as Instruments of Comparative Advantage ［J］. Review of Economic Studies, 2007（4）: 1229 – 1257.

［283］Nocke, Volker, Stephen Yeaple. Cross-border Mergersand Acquisitions vs. Greenfield Foreign Direct Investment: The Roleof Firm Heterogeneity [J]. Journal of International Economics, 2007 (72): 336 – 365.

[284] NYSE Euronext. How to List with NYSE [EB/OL]. [2012 – 11 – 19]. http: //usequities. nyx. com/listings/list-with-nyse.

[285] Pastor, L, Veronesi, P. Rational IPO Waves [J]. Journal of Finance, 2005, 60: 1713 – 1757.

[286] Pastor, L, Taylor, L, Veronesi, P. Entrepreneurial learning, the IPO decision, and the Post-IPO drop in firm profitability [J]. Review of Financial Studies, 2009 (22): 3005 – 3046.

[287] Paul Schultz Pseudo. Market Timing and the Long-Run Underperformance of IPOs [J]. The Journal of Finance, 2003, 58 (2): 483 – 517.

[288] Perry, Martin K, Robert H. Porter. Oligopoly and the Incentive for Horizontal Merger [J]. American Economic Review, 1985 (75): 219 – 227.

[289] Pontiff, J. Excess Volatility and Closed-End Funds [J]. American Economic Review, 1997 (87): 155 – 169.

[290] Premti, Arjan, Jeff Madura. Motives and Consequences of IPOs in Cold Periods [J]. The Quarterly Review of Economics and Finance, 2013 (53): 486 – 496.

[291] Pricewaterhouse Coopers LLP. Roadmap for an IPO: A guide to going public [R]. Pricewaterhouse Coopers Report, 2010.

[292] Purnanandam, Amiyatosh K, Bhaskaran Swaminathan. Are IPOs Really Underpriced? [J]. The Review of Financial Studies, 2004, 17 (3): 811 – 848.

[293] PwC. Roadmap for an IPO: A guide to Going Public [R]. PwC Report, 2020.

[294] Rathnayake D N, Louembe P. A. , Kassi D. F. , et al. Are IPOs underpriced or overpriced? Evidence from an emerging market [J]. Research in International Business and Finance, 2019 (50): 171 – 190.

[295] Ritter, Jay R. Investment Banking and Securities Issuance [A]. In: G. M. Constantinides, M. Harris, and R. Stulz (eds). Handbook of the Economics of Finance [M]. Amsterdam: Elsevier Science, 2003: 253 – 304.

[296] Ritter, Jay R. The Hot Issue Market of 1980 [J]. Journal of Business,

1984（32）：215 – 240.

［297］ Ritter, Jay R. The long-run performance of initial public offerings ［J］. Journal of Finance, 1991（46）：3 – 27.

［298］ Ritter, Jay R. , Ivo Welch. A Review of IPO Activity, Pricing, and Allocations ［J］. Journal of Finance, 2002, 57（4）, 1795 – 1828.

［299］ Rock, K. Why New Issues Are Underpriced ［J］. Journal of Financial Economics, 1986（15）：187 – 212.

［300］ Roosenboom, Peter. Valuing and Pricing IPOs ［J］. Journal of Banking & Finance, 2012（26）：1653 – 1664.

［301］ Rossi, Stefano, Paolo F. Volpin. Cross-country Determinants of Mergers and Acquisitions ［J］. Journal of Financial Economics, 2004（2）：277 – 304.

［302］ Santos, Francisco. IPO Market Timing with Uncertain Aftermarket Retail Demand ［J］. Journal of Corporate Finance, 2016（42）：247 – 266.

［303］ Stigler, George J. Monopoly and Oligopoly by Merger ［J］. American Economic Review, 1950, 40（2）：23 – 34.

［304］ Subrahmanyam, Avanidhar, Sheridan Titman. The Going Public Decision and the Development of Financial Markets ［J］. Journal of Finance, 1999, 54（3）：1045 – 1082.

［305］ Smith, Clifford W J, and Ross L. Watts. The Investment Opportunity Set and Corporate Financing, Dividend, and Compensation Policies ［J］. Journal of Financial Economics, 1992（32）：263 – 292.

［306］ Tian, Lihui. Regulatory Underpricing：Determinants of Chinese Extreme IPO Returns ［J］. Journal of Empirical Finance, 2011（18）：78 – 90.

［307］ Tinic, Seha M. Anatomy of Initial Public Offerings of Common Stock ［J］. Journal of Finance, 1988（43）：789 – 822.

［308］ Tobin, James. A General Equilibrium Approach to Monetary Theory ［J］. Journal of Money, Credit & Banking, 1969, 1（1）：15 – 29.

［309］ U. S. Securites and Exchange Commission. Regulatory Actions ［EB/OL］. ［2012 – 11 – 19］. http：//www. sec. gov/rules. shtml.

［310］ Vermeulen, Freek, Harry Barkema. Learning through Acquisitions ［J］. Academy of Management Journal, 2001（3）：457 – 476.

［311］ Welch, Chris. Dell Returns to Public Stock Market after Years as Pri-

vate Company ［EB/OL］. ［2018 – 12 – 28］. https：//www. theverge. com/
2018/12/28/18159305/dell-stock-market-return-public-nyse.

［312］ Welch, Ivo. Seasoned Offerings, Imitation Costs, and the Underpric-
ing of Initial Public Offerings ［J］. Journal of Finance, 1989 (44)：421 – 449.

［313］ Welch, Ivo. Sequential sales, Learning, and Cascades ［J］. Journal
of Finance, 1992 (47)：695 – 732.

［314］ Weston, Fred J. Essentials of Managerial Finance ［M］. Dryden
Press, 1996.

［315］ Wikipedia. Principal-agent Problem ［EB/OL］. ［2012 – 11 – 19］.
http：//en. wikipedia. org/wiki/Principal% E2% 80% 93 agent_problem.

［316］ World Federation of Exchanges. 2019 WFE Market Highlights ［R］.
World Federation of Exchanges Report, 2020.

［317］ World Federation of Exchanges. 2012 WFE Market Highlights ［R］.
World Federation of Exchanges Report, 2013.

［318］ Zingales, Luigi. Insider Ownership and the Decision to Go Public ［J］.
The Review of Economic Studies, 1995, 62 (3)：425 – 448.